Hans-J. Engelke

Dassault Systèmes
3DEXPERIENCE©

SOLIDWORKS for Makers
SOLIDWORKS Connected
2025

Bauteile
Erstellen und Anpassen

1. Auflage 2025

© 2025 Hans-J. Engelke

Verlag: BoD · Books on Demand GmbH, Überseering 33,
22297 Hamburg, bod@bod.de
Druck: Libri Plureos GmbH, Friedensallee 273,
22763 Hamburg

ISBN: 978-3-8192-4885-6

Bibliografische Information der Deutschen Nationalbibliothek

Die Deutsche Nationalbibliothek verzeichnet diese Publikation in der Deutschen Nationalbibliografie; detaillierte bibliografische Daten sind im Internet über dnb.d-nb.de abrufbar.

Der Autor:

Hans- J. Engelke war als Lehrkraft für die Ausbildung Technischer Produktdesigner und Technischer Zeichner zuständig, außerdem als CAD-Dozent in der Erwachsenenbildung- und Weiterbildung tätig.

Dassault Systèmes
3DEXPERIENCE©
SOLIDWORKS for Makers
SOLIDWORKS Connected
2025

Bauteile
Erstellen und Anpassen

Inhalt

Inhaltverzeichnis
Kapitel 1 bis 11

„Indem wir auf die Betrachtung der Fläche gleich die in Bewegung befindlichen Körper folgen ließen, ehe wir noch die Körper bloß für sich betrachten, während es sich doch eigentlich gehörte nach der zweiten Ausdehnung erst die dritte folgen zu lassen."

- Platon „Der Staat" -
- Sokrates beklagt den Zustand der Raumgeometrie –
(etwa 375 v. Chr.)

"Die Geometrie ist vor der Erschaffung der Dinge, gleich ewig wie der Geist Gottes selbst
und hat in ihm die Urbilder für die Erschaffung der Welt geliefert."

- Johannes Kepler, Harmonices Mundi, 1619 -

Vorwort

Sie haben Ideen, die Sie umsetzen möchten, Ihnen fehlt aber der Zugang zu einer 3D-CAD-Software für die Planung? Dann ist die 3DEXPERIENCE SOLIDWORKS Privatlizenz das Werkzeug für Sie. Die **3DEXPERIENCE SOLIDWORKS© for Makers-Lizenz** kann von Privatleuten für eine nichtkommerzielle Nutzung erworben werden. Nutzen Sie die besten professionellen Konstruktionswerkzeuge zu einem unschlagbaren Preis.

3D-CAD oder dreidimensionale computergestützte Konstruktion ist eine Technologie für Konstruktion und Entwicklung, bei der das manuelle Zeichnen durch einen automatisierten Prozess ersetzt wird. Bei der 3D-Modellierung werden geometrische Objekte in dreidimensionaler Form aufgebaut und gespeichert.

Dadurch erlauben diese einerseits eine realitätsnahe Darstellung und bessere räumliche Vorstellung des Körpers, andererseits lässt sich durch die dreidimensionalen Darstellungen wie Schnitt- und Ansichtsdarstellungen automatisieren.

Dieses Buch wendet sich an Einsteiger, die ihre ersten Schritte mit der neuen SOLIDWORKS© for Makers 2025 gehen wollen oder müssen. Programmschritte, Anpassungen und Befehlsfunktionen werden ausführlich Schritt für Schritt dargestellt und mit erläuternden Bildfolgen unterstützt.

Im ersten Kapitel wird die geschichtliche Entwicklung der Geometrie beleuchtet, dieser Einstieg nimmt die starre Struktur eines reinen Lernbuches.

Das Kapitel 2 bis 4 bilden den Anfang für die Anwendung verschiedener Darstellungstechniken auf Basis einer fertigen Vorlage.

Die Grundinstallation, die aufwendige Programmanpassung und die benötigten weiteren Anwendungs-Installationen finden einen breiten Raum im Kapitel 12 auf der Buch-DVD.

Ein Wort noch in persönlicher Sache, dies Buch erscheint wieder über BOD, da es für Fachbuchverlage nicht gewinnbringend ist, CAD Bücher in hoher Druckqualität und mit großer Seitenzahl, für einen kleineren Anwenderbereich zu verlegen.

Um dieses Buch auch kostenüberschaubar einem kleineren Anwenderkreis zur Verfügung zu stellen, habe ich auf ein Druckformat in Farbe verzichtet.

Für die Käufer dieses Buches biete ich die Möglichkeit an, eine DVD gegen Vorlage der Kaufbestätigung, gratis zu bestellen, hierzu sehen Sie bitte das Kapitel 11 an. Mit dem Kapitel 11 und dem Index-Verzeichnis endet die Papierausgabe des Buches.

Mit den Support-Kapiteln 12 bis 17, die zur Erarbeitung der verschiedenen Möglichkeiten der Bauteilerstellung von SOLIDWORKS© for Workers 2025 unbedingt nötig sind, wird diese BOD-Seitengrenze bei Weitem überschritten, eine Reduktion, an dieser wichtigen Stelle, wollte ich nicht vornehmen, deshalb sind die zusätzlichen Seiten auf der Buch-DVD zu finden.

Die Buch-DVD beinhaltet die, in den Kapiteln 2 bis 10 beschriebenen Arbeitsdateien, außerdem sind auch die Arbeitsdateien für die Supportkapitel 12 bis 16 in den Kapitel-Verzeichnissen zu finden.

Weiterhin sind das komplette Buch und die Support-Kapitel, in einer Farbausgabe im PDF-Format beigegeben, um die Nachteile der **BOD**-Graustufen-Ausgabe zu mildern.

Wer dem Autor einen Gefallen tun möchte, bestellt direkt bei dem BOD-Verlag:
https://www.bod.de/buchshop/

Ein besonderer Dank gilt meiner Frau Birgit, die sich wieder als Lektorin ausgezeichnet hat.

Hans- J. Engelke, im Juni 2025

1

Dassault Systèmes
3DEXPERIENCE©
SOLIDWORKS for Makers
SOLIDWORKS Connected
2025

Bauteile
Erstellen und Anpassen

Technische Zeichnungen
eine Kulturgeschichte

1 Technische Zeichnungen, eine Kulturgeschichte

1.1 Älter als Papier

Unser Wort *Karte* stammt vom griechischen Wort *Chártes*, was so viel wie »Papierblatt« bedeutet. Die ersten erhaltenen grafischen Umgebungsdarstellungen, die an unsere heutigen Karten erinnern, stammen aus der Zeit 2300 v. Chr. Die Babylonier kratzten zu dieser Zeit Weglinien in Lehmtafeln und brannten diese.

Das so gesammelte Wissen lief in der Stadt Milet zusammen, das bis 600 v. Chr. zu einem Zentrum der Geografie wurde, aus dieser Zeit stammt auch der Begriff *Geometrie* (Erdaufzeichnung).

In dieser Zeit kam man zu durchaus zu unterschiedlichen Hypothesen. *Hekataios von Milet* (etwa 550–480 v. Chr.), Autor des ersten Geografiebuches um 500 v. Chr., vertrat die Meinung, die Erde sei tatsächlich eine Scheibe.

Ein paar Jahrzehnte später sah das *Herodot* schon deutlich anders, da er mehr Daten aus einer phönizischen Afrika-Umsegelung hatte.

Es bildete sich jedoch aus immer genaueren Beobachtungen der Konsens heraus, dass die Erde eine sphärische Form haben müsse, eine ausführliche Begründung lieferte etwa Aristoteles um 350 v. Chr. Die Griechen, als letzter und wichtigster ist *Ptolemaios/Ptolemäus* (90–168 v. Chr.) zu nennen, waren allerdings in ihrem Fach so gut, dass sich auch ihre Fehler sehr lange hielten. So haben wir es etwa teilweise der Tatsache, dass *Ptolemäus* den Radius der Erde kräftig unterschätzte, zu verdanken, dass Kolumbus mit allgemein bekannten Ergebnissen den Weg nach Westen einschlug, um Indien zu finden.

China hatte ein hoch entwickeltes Vermessungswesen, und im Osmanischen Reich war die griechische Tradition weiter gepflegt worden. Parallel zu dieser neuen Genauigkeit trat bis weit in die Neuzeit zum Ausgleich eine neue Lust an der Ausschmückung und Ausmalung der Karte. Viele Gegenden waren ganz buchstäblich weiße Flecken, die mit Fantasie gefüllt werden wollte, bald tummelten sich dort Seeungeheuer, Drachen und dergleichen, oft auf Kupferstichen oder Holzschnitten wiedergegeben.

1.2 Die Geschichte der Geometrie

Geometrie, Vermessung der Erde, ist sicher eine der ältesten Wissenschaften. Überall dort, wo Ausgrabungen Geschichten prähistorischer Kulturen in unsere Zeit sprechen lassen, erzählen sie auch eine Geschichte der Geometrie: regelmäßig oder symmetrisch geformte, bemalte oder angeordnete Alltags-, Gebrauchs-, oder Ritualgegenstände zeugen von dem Erkennen und Übertragen geometrischer Strukturen, die sich vielfältig in der Natur finden lassen. Kugelähnliche Tongefäße lassen sich bei gleichem Fassungsvermögen materialsparender und stabiler herstellen wie quaderförmige, die sich dafür besser schlichten lassen.

Anhand von Gestirnen kann man sich orientieren und bei Malereien in Höhlen und auf Ton erkennt man Menschen, Tiere und Landschaften wieder, wenn man sie so verkleinert darstellt, dass die Proportionen erhalten bleiben. Auch die mit den ersten Hochkulturen entstehenden Schriftsprachen überliefern geometrisches Wissen aus Baukunst, Handwerk, Landwirtschaft und Astronomie.

Die Weltkarte des Hekataios

Herodot

Aristoteles

Ptolemaios

So konnte man in Ägypten nicht nur geradlinig begrenzte Flächen in rechtwinklige Dreiecke und diese wiederum in Rechtecke flächengleich umwandeln, auch die Formel für das Volumen allgemeiner Pyramidenstümpfe war bekannt. Die Umsetzung dieser Kenntnisse in Bauwerken wie den Pyramiden von Gizeh (ca. 2900 v. Chr.) beeindrucken noch heute.

Den Ursprung der Geometrie findet man auch bei den Chaldäern. Der Phönizier *Tales* ging nach Ägypten, um sich dort auszubilden und ließ sich darauf zu Milet nieder, wo er die ionische Schule stiftete, aus welcher die griechischen Philosophen hervorgingen, denen man die ersten Fortschritte der Geometrie zu verdanken hat.

Pythagoras von Samos, ein Schüler des *Thales* ging wie dieser zuerst nach Ägypten und Indien, zog sich dann nach Italien zurück und gründete hier seine Schule, die weit berühmter geworden ist, als die, aus welcher diese hervorging. Diesem Philosophen und seinen Schülern gebührt der Ruhm der ersten Entdeckungen in der Geometrie, zu deren ausgezeichnetsten die *Theorie der Incommensurabilität*, nicht gemeinsam messbar gewisser Linien, wie der Diagonale eines Quadrats im Vergleich mit der Seite desselben und die Theorie der regulären Körpern gehören.

Diese ersten Schritte in der Wissenschaft von den ausgedehnten Größen bieten nur einige elementare Sätze dar, die sich auf die gerade Linie und den Kreis beziehen, worunter die merkwürdigsten von *Pythagoras* sind.

Die Unmöglichkeit des Messens der Diagonalen eines Quadrats oder eines regelmäßigen Fünfecks mit Hilfe von Zahlenverhältnissen sowie die Paradoxien des *Zenon von Elea* mit bewegten Objekten (um 450 v. Chr.) haben dazu beigetragen, dass sich die griechische Mathematik stärker auf die Geometrie konzentrierte.

Im Mittelalter gab es den von Wentzel Jamnitzer entworfenen Ausdruck *Perspectiva corporum regularium*, damit wurden geometrische Argumentationsketten bezeichnet, die streng logisch abgeleitet und von dem Radierer *Jost Amman* in geschnittene Bilder umgesetzt wurden. Diese Regeln sind das Ergebnis seiner intensiven Beschäftigung mit den Problemen der perspektivischen Darstellung. Jedoch drücken seine Bilder nicht nur den gekonnten Umgang mit Zirkel und Lineal nach den Regeln Euklids aus, sondern die fünf regulären Körper und deren Metamorphosen werden in einem metaphysischen Zusammenhang gesehen.

Eine Reihe weiterer Mathematiker, Philosophen und Künstler setzten sich in der Vergangenheit mit Geometrie, Volumen und Perspektiven auseinander. Dazu gehören:

Michelangelo, Kant, Hilbert, William Hogarth, Oscar Reutersvärd, B. Kruse, T. Olsson, János Bolyai, Nikolai Iwanowitsch Lobatschewski, Carl Friedrich Gauß, Bernhard Riemann, Roger Penrose, George Polya, F. Haag und andere.

Das Wissen um den Raum, die Geometrie und die Perspektive gilt heute als abgeschlossen, dennoch gibt es auch heute noch immer wieder darstellende Künstler, die dem Thema der perspektivischen Darstellung in ihren Werken neue, oft überraschende und faszinierende Aspekte abgewinnen.

Tales

Pythagoras

Titelblatt von 5 Serien von je 5 Kupferstichen zu den REGULÄREN KÖRPERN der „Perspectiva corporum regularium

1.3 Die „Technische Zeichnung"

Bevor wir innovative Produkte und technische Entwicklungen nutzen können, müssen diese konstruiert werden. Das ist die Aufgabe eines technischen Zeichners. Ein neues Gebäude, der Motor für ein Fahrzeug oder eine Produktionsanlage für eine Firma, für all das tragen Architekten, Ingenieure oder Graphiker Messdaten zusammen und achten auf die korrekte Anordnung der Maße. Auch wenn ihre Zeichnungen mittlerweile zu einem großen Teil über CAD-Programme am Computer abgebildet werden, ist die Arbeit mit Papier und einer klassischen Ausrüstung unabdingbar.

Die ersten technischen Zeichnungen entstanden mit einem dünnen Stock in feinem Sand. Schon etwas später nutzte man das Reißbrett, in das man Zeichnungen mit einem sogenannten *Reißbley* einritzte. Anschließend kam der Bleistift zum Einsatz, der nach einiger Zeit von der Tusche aus China übermalt wurde, um die Zeichnungen unverwischbar zu machen. Der Bleistift war das perfekte Gerät für präzise Arbeiten mit Reißschiene, Winkeln sowie Zirkeln. Im Grunde hat sich diese Ausrüstung für technische Zeichnungen auf Papier bis heute bewährt, ergänzt durch einige zusätzliche Werkzeuge für die Ausführungen in Tusche.

1.3.1 Die Geschichte der Zeichnung als Konstruktionsvorlage

Die geometrische Beschreibung der Perspektive (Zentralprojektion) beginnt am Ende des 13. Jahrhunderts. Vor allem italienische Maler begannen sich in dieser Zeit mit der perspektiven Abbildung zu beschäftigen.

Das eigentliche perspektive Zeitalter beginnt aber mit dem Künstler und Baumeister *Filippo Brunellesch* (1377-1446), sein berühmtestes Bauwerk ist der Dom von Florenz, Santa Maria del Fiore.

Filippo Brunelleschi

Brunelleschi verwendete in seinen Zeichnungen und Skizzen bereits das Prinzip von 2 Fluchtpunkten; in der italienischen Hochrenaissance beschäftigten sich viele namhafte Künstler mit der Perspektive wie *Michelangelo Buonarotti* 1475-1564 und *Leonardo Da Vinci* 1452-1519. So entwarf *Michelangelo* die Kuppel der Peterskirche in Rom.

Michelangelo Buonarotti

Durch die Planung von solchen gigantischen Projekten wurden viele naturwissenschaftliche Bereiche neu belebt. Mathematik, Physik, Statik und eben und vor allem die Geometrie, hier wurde die perspektive Abbildung zum Zentrum der Geometrie der Renaissancezeit. Eines der berühmtesten Beispiele stellt das Bild *Das letzte Abendmahl* von *Leonardo Da Vinci* dar.

Leonardo Da Vinci

In ganz besonderer Weise hat sich aber der deutsche Maler *Albrecht Dürer* (1471-1528) mit der Perspektive auseinandergesetzt. Die folgenden Bilder zeigen, wie *Dürer* seine Perspektive praktisch erzeugt. *Albrecht Dürer* hat sich aber mit vielen anderen Bereichen der Naturwissenschaft auseinandergesetzt. So beschäftigte sich Dürer mit der Erzeugung magischer Quadrate und ebenso mit der Theorie von *Platonischen-* und *Archimedischen Körpern*.

In einigen seiner Holzstiche treten solche Objekte auf. *Albrecht Dürer* beschrieb die Perspektive in einem Buch derart exakt, dass dieser Text bis in das frühe 20. Jahrhundert als Standardwerk für die Geometrie der Perspektive galt. Die von *Albrecht Dürer* verwendete Methode wird heute in der *Darstellenden Geometrie* als *Durchstoßverfahren* bezeichnet.

1.4 Die perspektivische Darstellung

1.4.1 Die Geschichte der Perspektive

Die Suche nach den korrekten Regeln für die zeichnerische Ausführung der Zentralprojektion hat seit dem ausgehenden Mittelalter zahlreiche Künstler und Mathematiker beschäftigt, von denen in der folgenden Beschreibung einige wichtige Arbeiten genannt sind:

Leon Battista Alberti, 1435 *De pictura, Piero della Francesca* ca. 1450 *De prospetiva pingendi, Luca Pacioli* 1494 *Summa de arithmetica*, 1509 *De divina proportione* mit Zeichnungen von *Leonardo da Vinci, Albrecht Dürer* ab 1495 vier Bücher über die Geometrie, *Leonardo da Vinci* 1514 *De ludo geometrico, Sebastiano Serlio* 1545 *Libro di geometria e di prospettiva, Wentzel Jamnitzer* 1568 *Perspectiva corporum regularium, Daniele Barbaro* 1568 | 69, *La practica della perspettiva, Guidobaldo del Monte* 1600 *Perspectivae libri sex, Johannes Kepler* 1604 *Ad Vitellionem paralipomena quibus astronomiae pars optica traditur, René Descartes* 1637 Geometrie.

M. C. Escher

1.4.2 Der Meister der unmöglichen Perspektive

M. C. Escher ist für die Kunstgeschichte immer ein Problem geblieben. Seine Auseinandersetzung mit perspektivischen Unmöglichkeiten und optischen Täuschungen unterscheidet sich stark von den klassischen Themen bildender Kunst und lässt sich in keine der klassischen Schubladen einordnen. So wurde Escher von der Kunstwelt lange Zeit nicht als Künstler im klassischen Sinne akzeptiert.

M. C. Escher
„Relativity"

Im Gegensatz dazu wurde *Escher* schon früh von Wissenschaftlern und Mathematikern sehr geschätzt, da seine sauberen, exakten Arbeiten sich auf eine intuitive und sinnliche Weise mathematischen Themen annähern und Problemstellungen der Wissenschaft illustrieren. *Escher* wurde nicht selten zu Mathematik-Vorlesungen eingeladen, obwohl er von sich selbst sagte, er verstünde nichts von Mathematik. Er hielt auch selbst stark frequentierte Vorlesungen über seine Arbeit in ganz Europa.

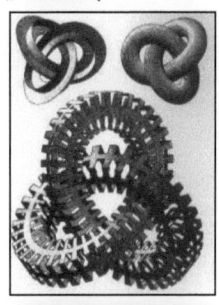

Das Paradoxe und nicht selten Mystische seiner geheimnisvollen Bilder fand auch Anklang bei Esoterikern und der Popkultur des 20. Jahrhunderts. Seine Bilder wurden als Poster gedruckt und als Plattencover verwendet. 2002 wurde im ehemaligen Palais der Königin Emma ein eigenes Escher-Museum eingerichtet, das neben seinem grafischen Werk auch Privatfotos und Arbeitsskizzen zeigt.

Nach eigenen Aussagen, also ohne große mathematische Begabung, gelang es, *Escher* dennoch in seinem künstlerischen Werk, einige abstrakte geometrische Ideen grafisch sehr ansprechend umzusetzen, so dass seine Bilder vor allen Dingen bei Mathematikern, jedoch keinesfalls nur bei diesen, überaus bekannt und beliebt sind.

In einer ganzen Reihe von Werken hat *M. C. Escher* auch einzelne mathematische Objekte dargestellt, wie Spiralen, Knoten, Möbiusbänder und regelmäßige Körper.

1.4.3 Die Zeichnung als Konstruktionsvorlage in der Technik

Technik, aus dem Griechischen für Kunst, bezeichnet allgemein die von Menschen erstellten, künstlichen Objekte, die eine nutzbare Funktion erfüllen. Der Mensch der in der Technik bewandert war hieß im Griechischen *techmites*. Der Begriff *Technik* umfasst heute auch das Wissen und die Erfahrung zur Nutzung der Objekte erforderlich sind. Für die Betrachtung des konstruktiven Zeichnens in der Technik reicht es, den Zeitraum ab der Frührenaissance, also ab etwa 1400, zu betrachten. In den Epochen davor machte man keinen Unterschied zwischen der künstlerischen Zeichnung und denen der Technik. Die Darstellungen waren darüber hinaus stark von individuellen Unterschieden geprägt. Mit Beginn der Frührenaissance wurden die konstruktiven Zeichnungen immer klarer und eindeutiger.

Der Betrachtungsrahmen endet etwa 1930. Aus dem konstruktiven Zeichnen war mit der Entwicklung allgemeiner Zeichenregeln und dem weitgehenden Abschluss der Zeichnungsnormung die *Technische Zeichnung* geworden. Die danach folgenden Weiterentwicklungen betrafen nur noch Details. In den Linearzeichnungen der Renaissance insbesondere in den technischen Skizzen, sind die Beziehungen zu klassischen Zeichenkunst noch deutlich sichtbar. Durch den Einsatz ähnlicher Zeichentechniken und vergleichbarer Gestaltungsmittel, wie Schraffuren, Punktraster, Teilschnitte, wechselnde Blickrichtungen und verschiedene Ansichten, waren die Unterschiede gering. Im Laufe der Zeit trat aber die Darstellung der Funktion und der genauen Geometrie der Objekte in den Vordergrund. Das Problem, das bei anschaulichen Darstellungen zwar ein verständlicher Bildeindruck aber keine Maßhaltigkeit zu erreichen war, musste gelöst werden. Einige Lösungsansätze waren aus dem Altertum schon bekannt. In den Zeichnungen wurden die perspektivische Darstellung und die Projektion mit unterschiedlichen Richtungen durch eine schiefe Parallelprojektion mit einer Blickrichtung abgewandt.

Viele der frühneuzeitlieben technischen Bilderhandschriften und Darstellungssammlungen wurden nur sehr begrenzt im Sinne des konstruktiven Zeichnens eingesetzt. Als Grundlage einer baulieben Realisierung eines Objekts waren diese durch die ungenaue und unvollständige Darstellung meistens ungeeignet. Daran änderten auch die eingearbeiteten schriftlichen Erläuterungen nichts. Die Zeichnungen enthielten diverse allegorische Elemente, Kuriositäten und technische Spielereien, oft ohne Bezug zur Funktion des Objekts. Benutzt wurden die Blätter von gebildeten Personen zum Vergnügen und zum Kennenlernen mechanischer Besonderheiten. Der Verbreitungsgrad war, durch die handwerkliche Herstellung und den erheblichen Preis der Blätter, gering.

1.4.4 Die Zeichnung als Konstruktionsvorlage, geschichtliche Darstellungsregeln

Die Regeln zur Anfertigung von Zeichnungen der Technik waren in der Praxis noch sehr uneinheitlich, sogar individuell unterschiedlich. Die freie Zeichnung in individueller Manier war zwar auf dem Rückzug, aber die gebundene Zeichnung besaß noch längere Zeit Elemente mit allegorischem Charakter und persönlichen Stilelementen. Wenn die Umsetzung von der Idee zum Objekt in einer Hand lag, war diese Darstellungsvielfalt kein Problem. Mit zunehmendem Handel und der Aufteilung der Anfertigung auf verschiedene Gewerke an unterschiedlichen Orten, wurde die Notwendigkeit zur eindeutigen und einheitlichen Darstellung immer dringender.

In Frankreich nahm sich der Mathematiker und Ingenieur *Girard Desargues* (1591 bis 1661) des Problems an. Er versuchte die verschiedenen Zeichenkonstruktionen und anschaulichen Darstellungen in einem geschlossenen Ansatz zusammenzufassen. *A.-F. Frezier* (1682-1773) verfasste ein detailreiches dreibändiges Werk über das *Grund-und Aufrissverfahren*. Diese Ansätze und die Arbeiten weiterer Mechaniker, Instrumentenbauer und Ingenieure führten im 17. Jahrhundert zu den Anfängen eines eigenständigen Maschinenzeichnens. *Gaspard Monge* (1746 bis 1818) analysierte die einzelnen Ansätze in seinem Werk *Geometrie descriptive* und stellte diese auf eine exakte wissenschaftliche Basis, einschließlich der Übertragung der zeichnerischen Ausführungen in mathematischen Funktionsgleichungen der analytischen Geometrie.

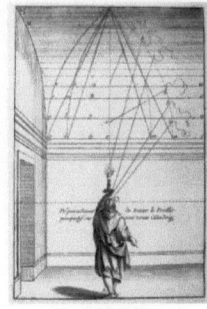

Girard Desargues

Jetzt trat die Funktion, die genaue geometrische Darstellung, die Maßhaltigkeit in den Vordergrund. Die technische Zeichnung war endgültig zum verbindenden Element zwischen der Idee und der Realisierung durch die Herstellungstechniken geworden. Erste Fachbücher, die sich ausschließlich mit den Problemen des Technischen Zeichnens auseinander gesetzt haben, sind Anfang des 19. Jahrhunderts erschienen. In den Titeln werden die Begriffe *Konstruktives Zeichnen, Maschinenzeichnen*, und *Technisches Zeichnen* verwendet. Eines der ersten war das 1830 in Paris erschienene Werk *Choix de Modeles, Dessin des Machines* von *Le Blanc*. Es beinhaltete: Projektionslehre, Durchdringungen, Darstellung unterschiedlicher Maschinenteils, anschauliches Zeichnen, verschiedene Arten der Perspektive und Hinweise zum Vorgehen beim Erstellen einer technischen Zeichnung.

Gaspard Monge

Choix de Modeles, Dessin des Machines

1.4.5 Zeichnerische Verfahren im Maschinenbau

Im 19. Jahrhundert waren zeichnerische Verfahren zur Lösung der unterschiedlichsten Auslegungsprobleme weit verbreitet. Bekannt sind aus dieser Zeit insbesondere die Verfahren der *Graphostatik* und *Graphodynamik* zur Lösung von Belastungs- und Bewegungsproblemen. Geschlossene mathematische Lösungen gab es oft nur für einfache Probleme, die in der Praxis selten auftraten. Häufig konnten die technischen Probleme zwar mathematisch formuliert werden, aber die Lösung der komplizierten Integral-und Differentialgleichungen war nicht möglich. Eine Barriere für viele Ingenieure stellten auch die außerordentlich hohen Anforderungen an die mathematische Vorbildung da. Zur Lösung der meisten technischen Probleme reichten die zeichnerischen Näherungslösungen aus. Die zeichnerischen Verfahren besaßen darüber hinaus die Vorteile, dass diese schnell zu Ergebnissen führten, der Lösungsweg unmittelbar verständlich und eine Prüfung auf *Richtigkeit* bei vielen Anwendungen schon im Verfahren angelegt waren. Die zeichnerischen Darstellungen der Verfahren stellten keine hohen Anforderungen an die eigentliche Zeichentechnik Das Verstehen der Verfahren war weitaus schwieriger. Gelehrt wurden diese in allen Ausbildungsgängen für Ingenieure. Eine intensive Übung war obligatorisch. Zu der Behandlung des konstruktiven Zeichnens gehören die zeichnerischen Verfahren des Maschinenbaus, genauer die zeichnerischen Ergebnisse der Verfahren, mit zum Inhalt, da die entsprechenden Darstellungen von Ingenieuren angefertigt werden mussten.

Fast alle dieser Verfahren sind heute in Vergessenheit geraten. Sie wurden durch numerische ersetzt. Die neuen Verfahren sind genauer, denn diese führen durch den Einsatz der elektronischen Datenverarbeitung und entsprechender Programme ebenfalls schnell zu Ergebnissen und lassen bei Auslegungsproblemen eine Vielzahl an Variationen und Optimierung zu.

Schraube als Bild-
Zeichnung

1.4.6 Die Geschichte der Normung

Technische Zeichnungen sind wie der Name schon sagt im Zusammenhang mit technischen Maschinen, Vorrichtungen oder Apparaten zu sehen bzw. mit deren *Technische Zeichnungen* sind wie der Name schon sagt im Zusammenhang mit Fertigung.

Zum einen waren noch keine Regelwerke vorhanden und zum anderen kein ausgeprägter arbeitsteiliger Prozess. Der Entwerfende war mehr oder weniger auch der Produzent und die Schrauben wurden für diese eine Maschine gefertigt und passten auch nur dort.

In diesem Zusammenhang ist auch die Schaffung von Normen zu verstehen. Damit konnte eine normgerecht gefertigte Schraube überall eingesetzt werden. Parallel dazu musste eine gemeinsame Sprache für die Visualisierung geschaffen werden, die genormte *Technische Zeichnung*, fast ohne künstlerische Ergänzungen, dass dies frühzeitig geschah ist auch heute noch an der niedrigen DIN-Nummer der Normen abzulesen.

Das *Deutsche Institut für Normung* (DIN) wurde 1917 gegründet. Die erste *Deutsche Industrie-Norm* bezog sich auf Kegelstifte.

Mit dieser Normierung kam es zu einer fortschreitenden Abstraktion und Reduzierung der Darstellung. Details vielen weg und die Schraube als Bild wird heute fast symbolhaft dargestellt.

Technische Zeichnungen basieren auf einem genormten Regelwerk. Dieses beschreibt die grundlegenden Bausteine und die Systematik eines Zeichnungssatzes, wobei die DIN-Normen nicht unbedingt zu gleichen Ergebnissen in der Umsetzung führen müssen. Obwohl eine Anzahl von Normen die Zeichnungserstellung regeln, sind diese nicht unbedingt als negativ und einengend zu sehen.

Vielmehr bilden Sie ein sinnvolles Grundgerüst und ermöglichen dem Zeichnungsersteller trotzdem konstruktive Freiheiten. An vielen Stellen sind relativierende Beschreibungen wie *bevorzugt* oder *überwiegend*' zu finden, so dass im Bedarfsfall davon abgewichen werden kann.

1.5   3D-Volumenkörper, eine Einführung

In der Geometrie versteht man unter einem Körper eine dreidimensionale beschränkte geometrische Figur, die durch Grenzflächen beschrieben werden kann. Eine geometrische Figur heißt dabei dreidimensional, wenn sie in keiner Ebene vollständig enthalten ist, und beschränkt, wenn es eine Kugel gibt, welche diese Form vollständig enthält.

Die dreidimensionalen Körper besitzen flache oder kreis- bzw. kugelförmige Grenzflächen. Als Beispiele für Körper im Allgemeinen dienen: Würfel, Tetraeder, Pyramide, Prisma, Deltaeder, Zylinder, Kegel, Kugel, Paraboloid, Hyperboloid, Torus.

Zu den bekanntesten geometrischen Körpern gehören die regelmäßigen Polyeder. Das sind die dreidimensionalen, von regelmäßigen Vielecken begrenzten Vielflächner, deren Kanten nur nach außen zeigen und nicht unendlich groß sind, die also auch konvex und beschränkt sind, wie beispielsweise der Würfel, der Tetraeder oder auch der sogenannte Fußballkörper. Von diesen Körpern gibt es nur 5 Arten:

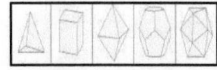

Platonische Körper

Kepler-Poinsot-Körper

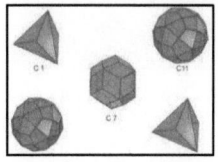

Catalanische Körper

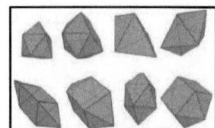

Johnson-Körper

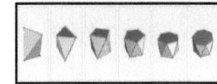

Antiprismen

> Platonische Körper, die mit sich selbst oder untereinander dual sind,
>
> Archimedische Körper
>
> Kepler-Poinsot-Körper
>
> Duale Catalanische Körper
>
> Johnson-Körper
>
> Prismen und Antiprismen.

Diese Arten umfassen meist je auch nur eine begrenzte Menge von Körpern. So gibt es 5 Platonische Körper, 13 Archimedische Körper dazu die 13 Catalanischen Körper sowie die 92 Johnson-Körper also insgesamt 123.

Die mögliche Höchstzahl der Ecken der begrenzenden Vielecke beträgt dabei 10. Die Anzahl der Prismen bzw. Antiprismen ist hingegen unbegrenzt, da die Grundfläche grundsätzlich beliebig viele Ecken haben kann.

Wenn jedoch die Zahl der Ecken der Grundfläche auch auf 10 begrenzt wird, ergeben sich je 8 Körper, von denen aber der Würfel und der Oktaeder schon in anderen Arten enthalten sind, also je 7 weitere Körper, so dass es dann insgesamt 137 Körper wären. Es gibt aber nur insgesamt 5 regelmäßige Polyeder mit denen allein eine lückenlose Raumfüllung möglich ist.

1.5.1   Platonische Körper

In der Geometrie bezeichnet man mit den platonischen Körpern, benannt nach dem griechischen Philosophen Platon, vollkommen regelmäßige Polyeder, dreidimensionale Körper, die von Polygonen als Seitenflächen begrenzt sind.

Jeder Platonische Körper besitzt eine Innenkugel, auf der die Mittelpunkte sämtlicher Flächen des Körpers liegen, und eine Außenkugel, auf der sämtliche Körperecken liegen.

Der griechische Philosoph Plato (ca. 428-348 v. Chr.), dessen Namen sie heute tragen, beschreibt diese Körper in seinem Werk **Timaios** und nennt diese auch **Kosmische Körper**, indem er ihnen die Elemente zuweist, aus denen sich die Welt aufbaut.

Feuer-Tetraeder,   Wasser-Ikosaeder,   Luft-Oktaeder,   Erde-Würfel (Hexaeder), Äther-Dodekaeder.

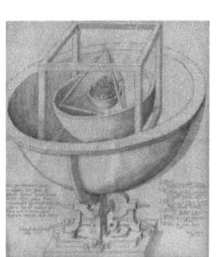

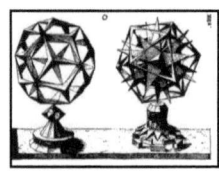

1.5.2 Kepler-Poinsot-Körper

Kepler-Poinsot-Körper sind reguläre, nicht-konvexe Polyeder und zählen zu den Sternkörpern. Dazu gehören der Dodekaeder- und der Ikosaederstern sowie das Große Dodekaeder und das Große Ikosaeder.

Benannt sind sie zu Ehren von Johannes Kepler (1571–1630) und Louis Poinsot (1777–1859).

1.5.3 Archimedische Körper

Die archimedischen Körper sind eine Klasse von regelmäßigen geometrischen Körpern. Sie zeichnen sich dadurch aus, dass ihre Ecken nicht voneinander unterschieden werden können. Es gibt 13 solcher Körper. Sie sind nach dem griechischen Mathematiker Archimedes benannt, der sie alle vermutlich bereits im dritten Jahrhundert vor Christus entdeckte. Die Schrift des Archimedes ist nicht erhalten, es ist nur eine Zusammenfassung des alexandrinischen Mathematikers Pappos (4. Jahrhundert nach Christus) überliefert.

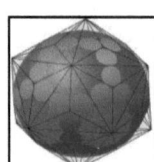

1.5.4 Catalanische Körper

Ein catalanischer Körper oder auch dual-archimedischer Körper ist ein Körper, der sich zu einem archimedischen Körper dual verhält. So ist zum Beispiel das Rhombendodekaeder dual zum Kuboktaeder. Benannt sind die catalanischen Körper, von denen es dreizehn gibt, nach dem belgischen Mathematiker Eugène Charles Catalan.

Allen catalanischen Körpern ist gemein, dass sie eine Inkugel, die sämtliche Flächen von innen berührt, aufweisen. Außerdem existiert eine Kantenkugel, die sämtliche Kanten von innen berührt. Alle Torsionswinkel eines catalanischen Körpers sind gleich.

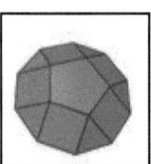

1.5.5 Johnson Körper

Johnson-Körper sind streng konvexe Polyeder, die ausschließlich aus regelmäßigen Vielecken aufgebaut sind, aber weder platonische Körper, archimedische Körper, Prismen noch Antiprismen sind. Gemeinsam mit den catalanischen Körpern ist, dass die Ecken eines Johnson-Körpers nicht identisch sind. 1966 veröffentlichte Norman Johnson eine Liste von 92 derartigen Polyedern, von der er annahm, dass sie vollständig ist.

1.6   3D-Volumenkörper und SOLIDWORKS 2025

1.6.1   Erstellen von 3D-Volumengrundkörpern

3D-Volumenkörperobjekte können von einfachen Grundkörpern oder von extrudierten, gesweepten, gedrehten oder erhabenen Profilen ausgehen. Sie können diese mithilfe von booleschen Operationen kombinieren, außerdem können Sie verschiedene einfache 3D-Formen mit Volumen-Grundbefehlen erstellen.

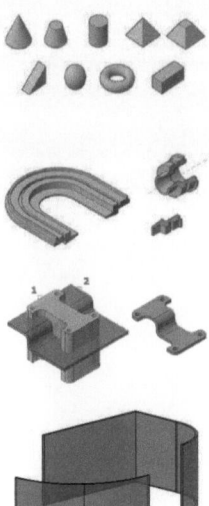

Sie können 3D-Volumenkörper auch durch Vorgänge wie Extrudieren, Drehen oder Sweeping geschlossener 2D-Objekte erstellen. In der Abbildung wird die gleiche geschlossene 2D-Polylinie an einem Pfad entlanggeführt, um eine Achse gedreht und in eine angegebene Richtung extrudiert.

Durch die Kombination von 3D-Volumenkörpern mit Booleschen Operationen wie Vereinigung, Differenz und Schnittmenge können Sie einen zusammengesetzten Volumenkörper erstellen.

Eine schnelle Methode zum Erstellen von 3D-Volumenkörpern in der Form von Wänden funktioniert mithilfe des Befehls **Polykörper**. Die Vorgehensweise ähnelt der beim Erstellen einer Polylinie mit geraden und gebogenen Segmenten, mit der Ausnahme, dass Sie einen Standardwert für Höhe, Breite und Ausrichtung des resultierenden 3D-Volumenkörpers angeben können.

1.6.2   Erstellen von Volumenkörpern aus 2D-Geometrie

Sie können Flächen und 3D-Volumenkörper durch Extrusion, Sweeping, Anheben und Rotation konstruieren

Wenn Sie eine Extrusion, eine Drehung, ein Sweeping oder eine Erhebung aus Kurven erstellen, können Sie sowohl Volumenkörper als auch Flächen erstellen.

Offene Kurven erstellen immer Flächen, aber geschlossene Kurven können je nach bestimmten Einstellungen entweder Volumenkörper oder Flächen generieren.

1.6.3   Volumenkörper auf der Grundlage anderer Objekte

Sie können auch 3D-Volumenkörper aus 2D-Geometrie oder anderen 3D-Objekten erstellen. Zum Beispiel können 3D-Volumenkörper auch auf der Extrusion einer 2D-Form entlang eines angegebenen Pfades im 3D-Raum beruhen.

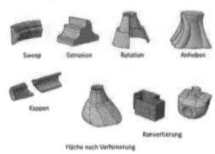

Die folgenden Methoden sind verfügbar:

Sweeping: Dehnt ein 2D-Objekt entlang eines Pfads aus.

Extrusion: Dehnt die Form eines 2D-Objekts in lotrechter Richtung in den 3D-Bereich aus.

Rotation: Sweept ein 2D-Objekt um eine Achse.

Anheben: Dehnt die Konturen einer Form zwischen einem oder mehreren offenen oder geschlossenen Objekten.

Kappen: Teilt ein Volumenkörperobjekt in zwei separate 3D-Objekte.

Flächen zu einem Volumenkörper formen: Konvertiert und stutzt eine Gruppe von Flächen, die eine dichte Fläche einschließen, in einen Volumenkörper.

Konvertierung: Konvertiert Netzobjekte und planare Objekte mit der Objekthöhe zu Volumenkörpern und Oberflächen

1.7 Geometrische Grundkörper und SOLIDWORKS©

1.7.1 Grundkörper „Quader", geometrische Beschreibung

Ein dreidimensionaler Körper mit sechs, paarweise parallelen, Flächen heißt Parallelepiped, unabhängig von der Rechtwinkligkeit. Somit ist jeder Quader ein rechtwinkliges Parallelepiped.

Unter einem Parallelepiped versteht man einen geometrischen Körper, der von sechs paarweise kongruenten (deckungsgleichen) in parallelen Ebenen liegenden Parallelogrammen begrenzt wird

Jeder Quader ist ein Prisma mit rechteckiger Grundfläche.

Ein Quader ist ein Körper mit sechs rechteckigen Flächen, deren Winkel alle rechte Winkel sind, acht rechtwinkeligen Ecken hat und zwölf Kanten, von denen jeweils vier gleiche Längen besitzen und zueinander parallel sind.

Extrusion bezeichnet in der Geometrie eine Dimensionserhöhung eines Elementes durch Parallelverschieben im Raum. Durch Extrusion einer Fläche erhält man einen Körper mit dem Querschnitt der Fläche, durch Extrusion eines Polygons entsteht ein Prisma.

Die Geometriedaten, Maße für Länge und Breite der Rechteckbasis, werden während der Skizzenkonstruktion definiert, der Konstruktionsbefehl ist Rechteck-Mittelpunkt.

1.7.2 Grundkörper „Würfel", geometrische Beschreibung

Der Würfel (von lat. cubus „Würfel") ist einer der fünf platonischen Körper, genauer ein dreidimensionales) Polyeder (Vielflächner) mit sechs kongruenten Quadraten als Begrenzungsflächen, zwölf gleich langen Kanten und acht Ecken, in denen jeweils drei Begrenzungsflächen zusammentreffen.

Der Würfel ist ein spezielles, dreidimensionales, Parallelepiped, ein spezieller, gleichseitiger, Quader sowie ein spezielles gerades quadratisches Prisma. Die Größe eines Würfels wird bereits durch die Angabe der Kantenlänge festgelegt.

Wegen seiner hohen Symmetrie, alle Ecken, Kanten und Seiten sind untereinander gleichartig, ist der Würfel ein reguläres Polytop und ist punktsymmetrisch zum Mittelpunkt.

1.7.3 Grundkörper „Zylinder", geometrische Beschreibung

Ein endlicher Zylinder (von Rollen, Wälzen') ist laut der allgemeinen Definition von zwei parallelen, ebenen Flächen, Grund- und Deckfläche, und einer Mantel- bzw. Zylinderfläche, die von parallelen Geraden gebildet wird, begrenzt.

Sind die Geraden senkrecht zu Grund- und Deckfläche, spricht man von einem geraden Zylinder. Die Höhe des Zylinders ist gegeben durch den Abstand der beiden Ebenen, in denen Grund- und Deckfläche liegen.

Wenn in der Geometrie von einem Zylinder die Rede ist, handelt es sich häufig um einen geraden Kreiszylinder.

1.7.4 Grundkörper „Kugel", geometrische Beschreibung

Die Kugelfläche ist die, bei der Drehung einer Kreislinie um einen Kreisdurchmesser, entstehende Fläche auch Rotationsfläche zu nennen. Die Kugel hat die kleinste Oberfläche von allen Körpern mit einem vorgegebenen Volumen. Von allen Körpern mit vorgegebener Oberfläche umschließt sie das größte Volumen.

Die Kugel besitzt unendlich viele Symmetrieebenen, nämlich die Ebenen durch den Kugelmittelpunkt. Ferner ist die Kugel drehsymmetrisch bezüglich jeder Achse durch den Mittelpunkt und jedes Drehwinkels und punktsymmetrisch bezüglich ihres Mittelpunktes.

Sowohl Kugelfläche als auch Kugelkörper werden oft kurz als Kugel bezeichnet, die Vereinigungsmenge einer Kugelfläche und ihres Inneren heißt Kugelkörper oder Vollkugel.

1.7.5 Grundkörper „Kegel", geometrische Beschreibung

Ein Kegel ist ein geometrischer Körper, der entsteht, wenn man alle Punkte eines in einer Ebene liegenden, begrenzten runden Flächenstücks geradlinig mit einer Spitze außerhalb der Ebene verbindet. Das Flächenstück nennt man Grundfläche, deren Begrenzungslinie die Leitkurve und den Punkt die Spitze oder den Scheitel des Kegels.

Der Abstand zwischen Spitze und Grundfläche ist die Höhe des Kegels, die Verbindungsstrecken der Spitze mit der Leitkurve heißen Mantellinien, ihre Vereinigung bildet den Kegelmantel oder die Mantelfläche.

Wenn in der Geometrie von einem Kegel gesprochen wird, ist häufig der Spezialfall des geraden Kreiskegels gemeint. Vor allem in der Technik wird für den Drehkegel auch das Wort Konus (von lat. conus) verwendet.

1.7.6 Grundkörper „Kegelstumpf", geometrische Beschreibung

Der Kegelstumpf ist in der Geometrie die Bezeichnung für einen speziellen Rotationskörper. Ein Kegelstumpf entsteht dadurch, dass man von einem geraden Kreiskegel parallel zur Grundfläche einen kleineren Kegel abschneidet. Dieser kleinere Kegel wird als Ergänzungskegel des Kegelstumpfs bezeichnet
Unter der Höhe des Kegelstumpfs versteht man den Abstand von Grund- und Deckfläche.

1.7.7 Grundkörper „Rotationsellipsoid", geometrische Beschreibung

Ein Rotationsellipsoid ist ein Ellipsoid, das durch die Drehung einer Ellipse um eine ihrer Achsen entsteht. Im Gegensatz zu einem allgemeinen Ellipsoid sind zwei Achsen gleich lang.
Man unterscheidet dabei je nach Länge der Drehachse das verlängerte Ellipsoid bei Rotation um die große Halbachse das abgeplattete Ellipsoid bei Rotation um die kleine Halbachse.

1.7.8 Grundkörper „Torus", geometrische Beschreibung

Der Torus ist eine spezielle Dreh- und Rohrfläche, oder auch schlauchringförmiger mathematischer Körper, der durch Drehung eines Kreises um eine in seiner Ebene liegende, ihn nicht schneidende Achse entsteht. Je nach der Lage zur Drehachse tritt der Torus in den Formen Ringtorus, Dorntorus oder Spindeltorus auf. Der Torus heißt in der Mathematik auch Ringkörper oder Kreiswulst.

1.7.9 Grundkörper „Pyramide", geometrische Beschreibung

Die **Pyramide** ist ein geometrischer Körper, genauer ein Polyeder, dessen Grundfläche ein Polygon ist und dessen Seitenflächen Dreiecke sind, die einerseits dem Polygon benachbart sind und die sich andererseits in einem Punkt, der sogenannten Spitze der Pyramide, treffen. Das Polygon heißt auch Grundfläche der Pyramide. Die Dreiecke bilden zusammen die Mantelfläche der Pyramide.

Von einem ausgezeichneten Punkt, der Pyramidenspitze, geht ein Strahlenbüschel aus, dessen Strahlen eine Ebene in den Eckpunkten der Grundfläche der Pyramide schneiden. Mit vier Strahlen einer bestimmten Neigung im Raum erhält man beispielsweise eine quadratische Grundfläche und bildet so die Quadratpyramide. Man kann die Konstruktion auch mit einer beliebigen Grundfläche eines Vielecks der Ebene beginnen und einen Punkt außerhalb dieser Ebene wählen, der dann die Pyramidenspitze wird. Indem man jeden Eckpunkt der Grundfläche mit der Spitze verbindet, entsteht das erwähnte Strahlenbüschel. Die Punkte jeder einzelnen Grundflächenkante sind über die Dreiecksfläche mit der Pyramidenspitze verbunden.

1.7.10 Grundkörper „Pyramidenstumpf", geometrische Beschreibung

Ein Pyramidenstumpf ist ein Begriff aus der Geometrie, der einen speziellen Typ von Polyedern beschreibt. Ein Pyramidenstumpf entsteht dadurch, dass man von einer Pyramide parallel zur Grundfläche eine kleinere, ähnliche Pyramide (Ergänzungspyramide) abschneidet.

Die beiden parallelen Flächen eines Pyramidenstumpfes sind zueinander ähnlich. Die größere dieser beiden Flächen bezeichnet man als Grundfläche, die kleinere als Deckfläche. Den Abstand zwischen Grund- und Deckfläche nennt man die Höhe des Pyramidenstumpfes.

1.8 CAD im Unterricht, ein Erfahrungsbericht

Die traditionellen Werkzeuge des Technischen Zeichnens wurden in den vergangenen Jahren, in Industrie und Handwerk, durch ein neues Werkzeug in zunehmendem Maß ergänzt oder nahezu vollständig ersetzt. Dieses neue Werkzeug ist der Computer, der auch das Technische Zeichnen gelernt hat. In Mechanik, Maschinenbau, Architektur, Design, Kartographie und vielen anderen Bereichen begegnet verstärkt das, was mit dem Begriff CAD belegt wird.

Die in den nächsten Jahren sicherlich noch zunehmende Bedeutung rechnerunterstützten Planens und Fertigens in unterschiedlichen Technologiebereichen wie CNC und 3D-Druck verlangt nach einer Vielzahl von Fachkräften, die Erfahrungen mit CAD vorweisen können.

Im Unterricht des Faches **Technisches Zeichnen/CAD** lernen die Schüler, technische Zeichnungen zu lesen, zu verstehen und selbst zu konstruieren. Sie werden befähigt, die in technischen Zeichnungen dargestellten Sachverhalte und Funktionen gedanklich zu analysieren, zu ordnen, zu beurteilen und zu beschreiben.

Ziel ist es, den Blickwinkel für eine technisierte Umwelt zu erweitern und in die Funktionsweisen der Technik einzuführen. Die Schülerinnen erkennen, welche Rolle die technische Zeichnung auf dem Weg von der Idee bis zur Fertigung eines Gegenstandes spielt und dass diese bei der Herstellung ein unverzichtbares Bindeglied zwischen Planung und Ausführung, Konstruktion und Fertigung, Gestaltungsidee und Gestaltungsergebnis ist. Wesentliche Ziele sind außerdem die Fähigkeit zu sauberem, exaktem und rationellem Arbeiten, die Förderung des räumlichen Vorstellungsvermögens und die Vermittlung von Grundlagen der Skizze, normgerechte Konstruktion geometrischer Körper und Werkstücke, räumliche Anordnung, Dreitafelbild als Zeichnungsableitung, Raumbild, Abwicklung und Durchdringung, mit Hilfe eingesetzter CAD-Programme.

Daneben lernen die Schüler, vermehrt als Wahl/Pflicht-Bereich den Aufbau eines CAD-Arbeitsplatzes kennen und beschäftigen sich mit 2D- und 3D-Konstruktionen mit Hilfe eines CAD-Programms, hier inzwischen, durch die Angebote von Dassault Systèmes® mit SOLIDWORKS®.

Allgemeinbildende und berufsvorbereitende Schulen mussten mit der Entwicklung von CAD im Technischen Zeichnen Rechnung tragen. Mit den Bildungsangeboten der Bildungsserver der Bundesländer sind die Inhalte auf Lebensnähe bedacht und versuchen den Schülern Fähigkeiten und Kenntnisse zu vermitteln, die sie auch im späteren beruflichen Leben anwenden und weiterentwickeln können. Im Lehrplan ist daher seit Jahren die Verwendung von CAD-Programmen im Unterricht des Faches Technisches Zeichnen fest verankert.

Die Entwicklung des computerunterstützten Technischen Zeichnens in den letzten Jahren führte auch zu weitreichenden Veränderungen im schulischen Unterricht. Der Computer hat die traditionellen Werkzeuge des Technischen Zeichnens in den künstlerischen Bereich verdrängt. Das Konstruieren an der Zeichenplatte wird, für das Erlernen von Grundlagen, nie mehr einen hohen Stellenwert, außer in der mathematischen Geometrie, haben. CAD ist somit ein vollständiger Ersatz für das herkömmliche Technische Zeichnen.

Der CAD-Einsatz im Unterricht ist sinnvoll, da er beispielsweise die Produktivität der Schülerarbeiten erhöht. Zeitraubende und lange Konstruktionswege können abgekürzt werden: ein einmal konstruierte Elemente können beliebig verändert, beschnitten, erweitert, gedreht oder gewendet werden.

Diese schnellere und einfachere Veränderung komplexer Objekte ermöglicht in starkem Maß auch das Experimentieren mit dem gezeichneten Körper. Formen können variiert oder vergrößert werden, durch den Körper kann ein Schnitt gelegt werden, die Perspektive kann gewechselt werden.

Der problemlose Übergang vom zweidimensionalen zum dreidimensionalen Konstruieren ist dabei gerade für die Förderung des räumlichen Vorstellungsvermögens der Schülerinnen von großer Bedeutung. Beim Zeichnen von dreidimensionalen Körpern ist der Schüler gefordert, verstärkt räumlich zu denken. Vor allem für Schüler, deren räumliche Vorstellungskraft nicht sonderlich stark ausgeprägt ist, ist dies einerseits eine große Herausforderung, zugleich aber auch Hilfe, da die dritte Dimension anschaulicher und erfahrbarer wird als auf dem ebenen Zeichenbrett.

1.8.1.1 CAD im Einsatz am „Werkstatttag", Jahrgangsstufe 8 bis 10

Der Werkstatttag richtet sich an Schülerinnen und Schüler der Jahrgangsstufen 8 bis 10, diese Werkstatttage reihen sich in das Konzept der Berufs- und Studienorientierung in den Jahrgangsstufen 8, 9 und 10 ein.

Dieser Werkstatttag unterstützt Schülerinnen und Schüler gezielt bei ihrer begründeten Berufs- und Studienwahlentscheidung. In diesem Rahmen eröffnen die Werkstatttage die Möglichkeit, berufsorientierten Schülerinnen und Schülern, die noch ohne Ausbildungsvertrag sind, den angestrebten Ausbildungsberuf durch vertieftes praktisches Handeln in professionell ausgestatteten Werkstätten zu erleben, um erfahrungsbasiert zu entscheiden, ob ihre begründete Berufswahlentscheidung weiterhin trägt oder ob Alternativen erarbeitet werden sollen.

2

Dassault Systèmes
3DEXPERIENCE©
SOLIDWORKS for Makers
SOLIDWORKS Connected
2025

Bauteile
Erstellen und Anpassen

3DEXPERIENCE©
Programm-Grundlagen

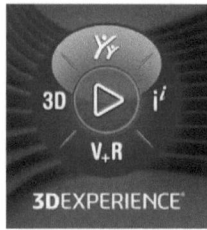

2 3DEXPERIENCE©

2.1 3DEXPERIENCE©, Grundlagen

2.1.1 3DEXPERIENCE©, Basis der Plattform

Die **3D**EXPERIENCE ist eine Unternehmens- und Innovationsplattform, die Unternehmen eine ganzheitliche Echtzeitansicht ihrer Geschäftsprozesse und des gesamten Ökosystems bietet. Sie verbindet Menschen, Ideen, Daten und Lösungen in einer einzigen Umgebung und bietet Unternehmen völlig neue Möglichkeiten für Innovation, Produktion und Handel.

Die Plattform fungiert als zentrale Informationsquelle und damit als Grundlage für ergebnisorientierte Prozesse und die einheitliche Erfassung aller Aktivitäten. Sie verbindet Einzelpersonen, Teams, Abteilungen und externe Mitarbeiter sicher miteinander, um Ideen in innovative Produkte, Dienstleistungen und Erfahrungen umzuwandeln.

Die **3D**EXPERIENCE Plattform bietet eine zentrale Umgebung für Entwurf, Entwicklung und Fertigung von Produkten, Dienstleistungen und Erlebnissen der nächsten Generation. Sie bringt Teams aus verschiedenen Fachdisziplinen zusammen und stellt die nötige Kontinuität für die schnellere Entwicklung komplexer und internetfähiger Produkte her. Sie fungiert als zentrale Informationsquelle und damit Grundlage, um Ideen in innovative Produkte und Erlebnisse umzuwandeln.

2.1.1.1 Die einheitliche Umgebung

Eine zentrale einheitliche Umgebung stellt Kontinuität her, indem sie verschiedene Fachbereiche miteinander verbindet und Teams in die Lage versetzt, komplexe, internetfähige Produkte schneller zu entwickeln. Wenn Produkte und Erlebnisse in 3D entwickelt werden, können Entwurfsprüfungen und Fertigungssimulationen virtuell erfolgen.

Durch Simulationsverfahren wird die Montage verbessert, und potenzielle Fertigungsprobleme können ohne physischen Prototyp erkannt und behoben werden. Gleichzeitig werden die Entwicklungskosten gesenkt und die Markteinführungszeit verkürzt.

Besonders praktisch ist eine zentrale, einheitliche Umgebung bei komplexen Projekten, weil Menschen parallel und sicher an verschiedenen Teilen bzw. Untersystemen arbeiten können.

Eine zentrale, einheitliche Umgebung ermöglicht eine höhere Transparenz der einzelnen Prozesse oder Projekte sowie die Rückverfolgbarkeit von Änderungen und Entscheidungen.

Eine zentrale einheitliche Umgebung setzt Folgendes voraus:

> Ein stabiles Datenmodell für alle Fachgebiete.
>
> Datenmanagementfunktionen zur Erfassung, Verwaltung, Verarbeitung und Rückverfolgung der erzeugten Daten.
>
> Eine gemeinsam nutzbare Umgebung, die alle Beteiligten miteinander verbindet und eine sichere Echtzeit-Zusammenarbeit aller Teams ermöglicht.
>
> Eine einheitliche Erfahrung, die der Benutzerfreundlichkeit einer Website entspricht und die Zusammenarbeit und Prozesse beschleunigt.

2.1.1.2 Virtual Twin Experience

Mit der 3DEXPERIENCE Plattform können Unternehmen virtuelle Zwillinge von Produkten, Prozessen und Vorgängen erstellen und visualisieren. Mithilfe von wissenschaftlich fundierten Modellen und Simulationen, wissenschaftsbasierten Daten und nahtloser Zusammenarbeit können Unternehmen komplexe Systeme graphisch abbilden.

Die Virtual Twin Experience, die auf der 3DEXPERIENCE Plattform basiert, ermöglicht Unternehmen eine lückenlose Verbindung zwischen der virtuellen und der realen Welt, sodass sie alle Möglichkeiten und Szenarien erkunden können. So können Unternehmen Produkte und Erlebnisse von der Idee bis zur Markteinführung und Nutzung entwickeln und testen, bevor sie sie tatsächlich produzieren.

Ein Virtual Twin geht weit über einen Digital Twin hinaus, da er nicht nur physische Objekte widerspiegelt, sondern auch deren Verhalten und Entwicklung in Echtzeit simuliert.

Ein Virtual Twin bildet den gesamten Lebenszyklus, das Verhalten und die Entwicklung eines Produkts oder Systems ab. Grundlage dafür ist ein 3D-Modell, das die Form, die Abmessungen und die Eigenschaften eines physischen Objekts abbildet. Ein Virtual Twin optimiert durch Simulationen die Konstruktion, die Werkstoffe und die Prozesse und dokumentiert gleichzeitig die Ergebnisse der Entscheidungen zwecks Rückverfolgbarkeit.

Virtual Twins werden im Laufe der Zeit immer leistungsfähiger, indem sie Betriebsdaten und Wartungsprotokolle integrieren und sich zusammen mit dem physischen Produkt weiterentwickeln, um den Zustand **wie entworfen**, **wie hergestellt** und **wie benutzt** zu reflektieren. Diese Echtzeitsimulation liefert vorausschauende Erkenntnisse, die die Entscheidungsfindung verbessern und gleichzeitig neue Möglichkeiten für nachhaltige Innovationen eröffnen.

Virtual Twins interagieren auch miteinander, um Simulationen auf Systemebene zu ermöglichen, wie von der Produktion über die Verpackung und den Versand bis hin zum Gebrauch durch den Verbraucher. Durch einen ganzheitlichen Ansatz, der von der Konstruktion über den Betrieb bis zum Ende der Lebensdauer reicht, entsteht ein umfassendes digitales Gegenstück zum realen Produkt oder System.

2.1.1.3 Nachhaltige Innovation

Die 3DEXPERIENCE Plattform ermöglicht die Entwicklung, Konstruktion und Prüfung völlig neuer Produkte, Materialien und Prozesse für die nachhaltige Wirtschaft von morgen. Die Plattform hilft Unternehmen dabei, ihren Wertschöpfungsprozess neu zu erfinden, Erfahrungen statt Produkte zu verkaufen, völlig neue nachhaltige Innovationen umzusetzen und Emissionen zu minimieren. Sie fördert eine neue Art der Zusammenarbeit zwischen Verkäufern, Käufern und Kunden und unterstützt sie bei der Durchsetzung ihrer Nachhaltigkeitsziele.

2.1.1.4 Cloud-basierte Plattform

Die 3DEXPERIENCE Plattform in der Cloud befreit Unternehmen von IT-technischen Einschränkungen, sodass sie alle Facetten ihres Unternehmens auf einer zentralen Cloud-basierten Plattform zusammenführen können. Sie bietet sofortigen Zugriff auf die neuesten Apps und Online-Dienste für die Zusammenarbeit mit Teams, Kunden und externen Mitarbeitern.

- **Governance & Zusammenarbeit**

Steuern Sie die Produktgestaltung von der ersten Planungsphase bis zur Entwicklung und endgültigen Freigabe. Nutzen Sie eine vollvernetzte Online-Umgebung, um die Zusammenarbeit zwischen den Teams und die Produktentwicklung zu beschleunigen. Alle Teams nutzen ein- und dieselbe Produktdefinition, sodass immer alle mit aktuellen Informationen arbeiten.

- **Design / Gestaltung**

Von 3D-Skizzen und Unterteilungsflächen bis hin zu direkter oder parametrischer Modellierung, generativer Gestaltung, Blechkonstruktionen und Reverse Engineering: Entdecken Sie das leistungsstärkste Lösungspaket für kreative Designs, hohe Oberflächengüten und Produktoptimierung.

- **Engineering Excellence**

Maschinenbauingenieure, die mit CATIA 3D Modeling arbeiten, können schon früh im Produktentwicklungsprozess Einblicke in die entscheidenden Qualitäts- und Leistungsmerkmale erhalten. Mithilfe digitaler Prototyperstellung in Kombination mit digitaler Analyse und Simulation können Produktentwicklungsteams mechanische Produkte virtuell erschaffen und diese in ihrem Einsatzumfeld analysieren.

- **Simulation**

Bewerten Sie Materialien und Produkte schneller hinsichtlich ihrer Performance, Zuverlässigkeit und Sicherheit, noch vor dem Prototypenbau. Integrieren Sie Simulationsverfahren von Strukturen, Strömungen, Kunststoff-Spritzguss, Akustik und Konstruktionsanwendungen in die tägliche Arbeit am Produktdesign.

- **Fertigung & Betrieb**

DELMIA on the Cloud stellt Lösungen bereit, mit denen Sie die virtuelle Welt der Modellierung und Simulation in die echte Welt Ihres Betriebs holen können. Entdecken Sie eine Komplettlösung, die allen Beteiligten im Wertschöpfungsnetzwerk nutzt: Lieferanten, Herstellern, Logistikern, Transportdienstleistern, Dienstleistern und Beschäftigten.

- **Marketing**

Marken aus aller Welt nutzen 3DEXCITE-Services und -Software, um Produktmarketing und ganz gezieltes Storytelling für alle Medienkanäle zu entwickeln. 3DEXCITE ermöglicht auf der Grundlage des Produktinformationsmodells eine kreative Freiheit, die sich ganz unterschiedlich in digitale, interaktive Marketing- und Vertriebsergebnisse übersetzen lassen.

2.1.1.5 Marketplace

Die 3DEXPERIENCE Plattform verbindet Unternehmen mit einem umfassenden Netzwerk industrieller Dienstleister. Mit dem 3DEXPERIENCE Marketplace können Konstrukteure und Ingenieure auf den größten Online-Katalog von 3D-Komponenten mit Millionen Bauteilen und Hunderten qualifizierter Anbieter zugreifen. Sie können auch ganz unkompliziert Konstruktionen hochladen und Angebote für ihre Fertigungsprojekte einholen, oder technische Experten beauftragen, die auf Digitalisierung, Konstruktion und Zertifizierung von Produkten spezialisiert sind.

- **Fertigung**

  On-Demand-Marketplace für die Fertigung.

  Vernetzen Sie sich mit Herstellern.

  Eigenes Design hochladen.

  Hersteller durchsuchen, Angebote anfordern und das passende auswählen, Bauteile erhalten.

  Sofortangebote für 3D-Druck erhalten.

  Den perfekten Partner für jedes Projekt finden.

  Direkt vom Entwurf zum fertigen Bauteil.

  Zusammenarbeit optimieren.

  Kosten und Risiken senken.

  Rückverfolgbarkeit sichern.

- **PartSupply**

  Erhalten Sie schnellen Zugriff auf 3D-Komponenten.

  Download von 3D-Teilen.

  Der größte Online-Katalog von 3D-Komponenten mit Millionen Bauteilen und Hunderten qualifizierter Anbieter.

  Zugriff auf die Bauteilkataloge hochwertiger Lieferanten.

  Die besten Bauteile für Ihr Projekt finden.

  Bauteile direkt aus Ihrer Designumgebung beziehen.

2.1.2   3DEXPERIENCE©, Bedienungselemente der Plattform

2.1.2.1 Informationen zum „Compass"

Der **Compass** bietet Zugriff auf Ihre Rollen, Apps und Dienste. Mit 3DEXPERIENCE können Benutzer auf ihre verfügbaren **Rollen**, **Apps**, **Business Experiences** und **Cockpits** zugreifen und das gesamte Lösungsportfolio von Dassault Systèmes entdecken.

2.1.2.2 Informationen zu „Rollen"

Um mehr über eine **Rolle** zu erfahren, klicken Sie auf eine beliebige **Rolle**, um die Liste der damit verknüpften Apps anzuzeigen.

Jede **Rolle** kann vor Ort oder als Cloud-Lösung verfügbar sein. Standardmäßig werden alle Lösungen angezeigt.

2.1.2.3 Informationen zu „Apps"

Abhängig von den Ihnen zugewiesenen Rollen können Sie im **Compass** auf **Apps** zugreifen.

Eine **Desktop-App** ist auf dem Gerät eines Benutzers installiert.

Eine **Web-App** ist eine App, die in einer separaten Webbrowser-Registerkarte geöffnet wird.

2.1.2.4 Informationen zu „Dashboards" und „Apps"

Ein **dashboard** ist eine gemeinsam nutzbare und anpassbare Seite, die eine oder mehrere Registerkarten enthält. Jede Registerkarte eines **dashboard** kann eine oder mehrere Web-Apps enthalten.

Eine Web-App ist eine interaktive App innerhalb einer Registerkarte eines **dashboard**, die Dienste für einen bestimmten Zweck bereitstellt, wie das Anzeigen eines Feeds, eines Status, eines Diagramms oder einer App.

Sie können ein **dashboard** entwerfen, indem Sie die häufig verwendeten Apps und Dienste hinzufügen. Sie können eine App direkt an die gewünschte Stelle auf der **dashboard**-Registerkarte ziehen. Wenn Sie eine Web-App über den **Compass** öffnen, wird die App als Vorschau im aktuellen **dashboard** geöffnet, wird aber nur dann dauerhaft eingefügt, wenn sie an das **dashboard** angeheftet.

2.1.2.5 Definieren bevorzugter „Apps"

Sie können die am häufigsten verwendeten Apps zum Abschnitt Meine bevorzugten Apps hinzufügen, um einfacher und schneller darauf zuzugreifen.

Sie können Rollen verwenden, um bevorzugte Apps festzulegen. Alle der Rolle zugeordneten Apps werden zu Meine bevorzugten Apps hinzugefügt. Sie können jede App einzeln oder alle gleichzeitig entfernen.

2.2 3DEXPERIENCE© SOLIDWORKS for Makers, die Installation

2.2.1 3DEXPERIENCE© Basis-Installationen

2.2.1.1 Installation des „3DEXPERIENCE Launchers"

Für die 3DEXPERIENCE Plattform ist das Installationstool 3DEXPERIENCE Launcher für Native Apps erforderlich. Auf der 3DEXPERIENCE Platform wird eine Lizenzierung nach benannten Benutzern verwendet. Eine Lizenz wird zugewiesen, wenn ein Administrator Ihnen eine Rolle erteilt. Über eine Rolle wird festgelegt, welche 3DEXPERIENCE Services und Apps Sie verwenden dürfen. Sie können Ihre Lizenz auf jedem Gerät verwenden. Die Lizenz ist nicht an einen bestimmten Computer gebunden. Der Launcher ist ein Hintergrunddienst, der native Apps wie **SOLIDWORKS Connected** beim Zugriff auf die Platform unterstützt. Das Symbol für den **Launcher** wird nach der Installation in der Windows-Taskleiste angezeigt.

2.2.1.2 Überprüfung der Netzwerkkonfiguration

Für eine ordnungsgemäße Funktion muss der 3DEXPERIENCE Launcher in der Lage sein, mit anderen Services der 3DEXPERIENCE Plattform lokal auf dem Computer zu kommunizieren. Die falsche Einrichtung eines Netzwerk-Proxyservers kann dies beeinträchtigen, wenn er nicht ordnungsgemäß konfiguriert wurde. Achten Sie darauf, dass der Proxy, sofern Sie über einen solchen verfügen, ordnungsgemäß eingerichtet wurde und lokale Kommunikation autorisiert. Außerdem können Sie mit dem Tool zur Überprüfung der Eignung für 3DEXPERIENCE prüfen, ob Ihre Netzwerkumgebung vollständig mit der 3DEXPERIENCE Plattform in der Cloud kompatibel ist.

2.2.1.3 3DEXPERIENCE-Startprogramm

Ein Popup-Fenster zum Herunterladen des Installationsprogramms für das 3DEXPERIENCE Startprogramm wird angezeigt, wenn Sie eine Rich App aus dem IFWE Compass angeklickt haben, sofern das 3DEXPERIENCE Startprogramm nicht bereits auf dem Computer installiert ist.

2.2.1.4 MSI-Installationsprogramm für das 3DEXPERIENCE Startprogramm

Laden Sie das MSI-Installationsprogramm für das 3DEXPERIENCE Startprogramm herunter und führen Sie es aus.

2.2.1.5 Abschluss der Installation

Nach Abschluss der Installation wird der Service gestartet und ein Symbol wird in der Taskleiste angezeigt. Aktualisieren Sie den Browser, bevor Sie den Installationsvorgang der Native Apps beginnen, drücken Sie dafür die Taste F5.

2.2.1.6 Installation weiterer Programme

Beginnen Sie nach abgeschlossener Installation des **3DEXPERIENCE Launchers** oder nach einem Klick auf **Später aktualisieren** den Installationsvorgang der Native Apps, indem Sie auf das Symbol der entsprechenden App klicken.

2.2.2 SOLIDWORKS Privatlizenz, Grundlagen

2.2.2.1 Warum 3DEXPERIENCE SOLIDWORKS Privatlizenz?

Für nur 48€/Jahr erhalten Privatanwender und Hobby-Konstrukteure Zugriff auf 3DEXPERIENCE SOLIDWORKS für die nicht-kommerzielle Verwendung.

Sie haben Ideen, die Sie umsetzen möchten, Ihnen fehlt aber der Zugang zu einer 3D-CAD-Software für die Planung? Dann ist die 3DEXPERIENCE SOLIDWORKS Privatlizenz das Werkzeug für Sie. Nutzen Sie die besten professionellen Konstruktionswerkzeuge zu einem unschlagbaren Preis. Tauschen Sie sich mit anderen Anwendern aus und planen, konstruieren und detaillieren Sie Ihre Projekte zu Hause.

Die **3DEXPERIENCE SOLIDWORKS for Makers Lizenz** kann von Privatleuten für eine nicht-kommerzielle Nutzung erworben werden. Die Privatlizenzen werden über ein Abonnement von 48 € pro Jahr bezogen (ohne Steuern). Die erstellten Daten werden mit einem digitalen Wasserzeichen belegt und können nur in einer Maker-Umgebung geöffnet werden. Kommerzielle Produkte und Add-Ins werden in dieser Umgebung nicht unterstützt. Für den Austausch und Support steht Ihnen die Maker-Support-Community zur Verfügung.

2.2.2.2 Inhalt von 3DEXPERIENCE SOLIDWORKS für Maker & Privatanwender

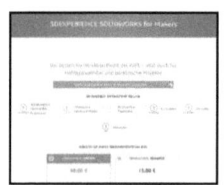

Die 3DEXPERIENCE SOLIDWORKS Privatlizenz ist eine Möglichkeit für Privatanwender und Maker, cloudbasierte Konstruktionstools auf einem professionellen Level zu nutzen. Sie enthält die SOLIDWORKS Grundtools und kann ein Jahr für nicht-kommerzielle Projekte eingesetzt werden. Der Preis liegt bei 48€ pro Jahr. Im Anschluss wird die Laufzeit automatisch für ein weiteres Jahr verlängert.

Diese professionellen Werkzeuge sind in der 3DEXPERIENCE SOLIDWORKS Privatlizenz enthalten:

- **3DEXPERIENCE SOLIDWORKS Professional**

3D CAD-Konstruktion mit nützlichen zusätzlichen Funktionen wie Standardkomponenten und fotorealistischer Darstellung.

- **3D Creator und 3D Sculptor**

Cloudbasierte Konstruktionstools für parametrische und organische Designs.

- **Cloud-Datenmanagement und Aufgabenplanung**

Cloud-Speicher und Werkzeuge für die Zusammenarbeit, sowie grundlegende, cloudbasierte Datenverwaltung (PDM).

- **NC Shop Floor Programmer**

Leitungsstarke 3D-Maschinenprogrammierfunktionen mit Oberflächenbearbeitung, automatischer Komponentenerkennung und Werkzeugwegprüfung.

- **3DEXPERIENCE Marketplace**

Zugriff auf Dienstleister für Engineering und Fertigung und Download von 3D CAD-Teilen.

2.2.2.3 Wer ist zum Kauf der SOLIDWORKS Privatlizenz for Makers berechtigt?

Die SOLIDWORKS Privatlizenz (3DEXPERIENCE SOLIDWORKS for Makers) ist für persönliche Projekte und die nicht kommerzielle Nutzung gedacht. Gemäß den Allgemeinen Geschäftsbedingungen von Dassault Systèmes können Sie die von Ihnen hergestellten Artikel mit einem Gewinn von bis zu 2.000 € pro Jahr verkaufen.

2.2.2.4 Was kostet die „SOLIDWORKS for Makers" Lizenz

Ein Jahresabonnement der SOLIDWORKS Privatlizenz kostest 48,00 € (zzgl. MwSt.). Die Mitgliedschaft in den Communitys und der Kontakt zu anderen SOLIDWORKS Privatlizenz-Anwendern sind kostenlos.

2.2.2.5 Was ist eine „3DEXPERIENCE ID"?

Die 3DEXPERIENCE ID ist Ihre Eintrittskarte in die 3DEXPERIENCE Plattform, unsere Maker-Communitys und 3DEXPERIENCE SOLIDWORKS for Makers. Ein Konto lässt sich in weniger als einer Minute erstellen.

2.2.2.6 „3DEXPERIENCE SOLIDWORKS for Makers" Daten-Download

3DEXPERIENCE SOLIDWORKS Connected erfordert einen Download und eine Installation auf einem Computer mit dem Betriebssystem Windows® 10. 3D Creator und **3D Sculptor** sind vollständig online verfügbar und erfordern keine Installation auf Ihrem Computer.

2.2.2.7 Unterschied von „SOLIDWORKS Desktop" und „3DEXPERIENCE SOLIDWORKS"

3DEXPERIENCE SOLIDWORKS verfügt über dieselben branchenführenden Funktionen, Features und Tools wie die Desktop-Version von SOLIDWORKS Professional, nutzt jedoch das Cloud-Datenmanagement. Sie können alle Ihre Konstruktionsdaten in der sicheren Cloud speichern, ganz einfach mit anderen SOLIDWORKS Privatlizenz-Anwendern teilen und sich mit diesen austauschen.

2.2.2.8 Einschränkungen von Dateien oder Daten

Mit Ihrem Maker-Konto erstellte Dateien und Daten werden mit einem digitalen Wasserzeichen versehen und können nur in einer anderen Maker-Umgebung geöffnet werden. Sie können die mit Ihrem Maker-Konto erstellten Dateien nicht in einer kommerziellen oder akademischen Umgebung öffnen. Dieses digitale Wasserzeichen wird zu nativen 3D-Dateiformaten wie **.3dxml, .sldprt, .sldasm** und **.slddrw** hinzugefügt. Neutrale 3D-Dateiformate, wie etwa **.stp** oder **.iges**, können in jeder Umgebung geöffnet werden.

2.2.2.9 Support-Möglichkeiten von „3DEXPERIENCE SOLIDWORKS"

Treten Sie unserer Maker-Support-Community bei, um Unterstützung von anderen Makern zu erhalten und fantastische Dinge zu erschaffen. Mitarbeiter von Dassault Systèmes SOLIDWORKS stehen Ihnen in den Communitys bei Fragen zur Verfügung.

2.2.2.10 Jahresabonnement von „3DEXPERIENCE SOLIDWORKS for Makers"

Sie können ein Jahresabonnement von **3DEXPERIENCE SOLIDWORKS for Makers** kaufen. Dieses wird automatisch verlängert.

2.2.3 3DEXPERIENCE SOLIDWORKS for Makers, die Installation

2.2.3.1 3DEXPERIENCE SOLIDWORKS for Makers kaufen

Der Kauf dieser Version 3DEXPERIENCE SOLIDWORKS for Makers kann von der folgenden Website erfolgen:

https://www.solidworks.com/de/solution/solidworks-makers

Für den Kauf können Sie sich für eine browserbasierte Version oder eine lokale Installation entscheiden.

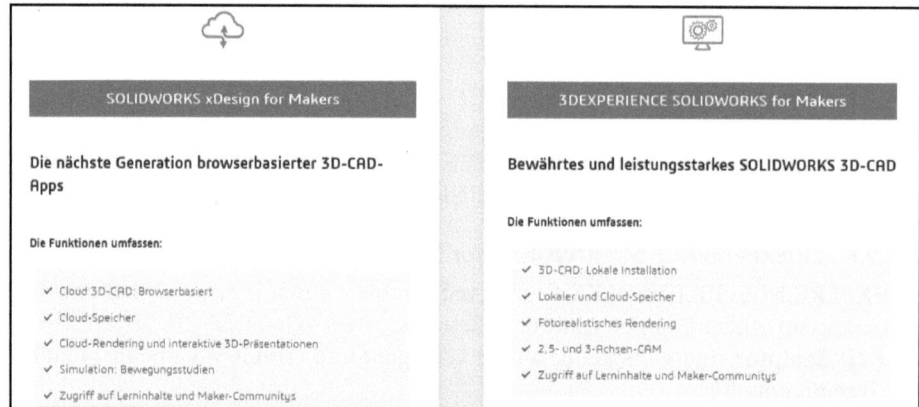

- Legen Sie die gewählte Version in den Warenkorb.

- Zum Kaufpreis wird die entsprechende Mehrwertsteuer addiert.
- Zahlen Sie mit der vorhandenen Kreditkarte.

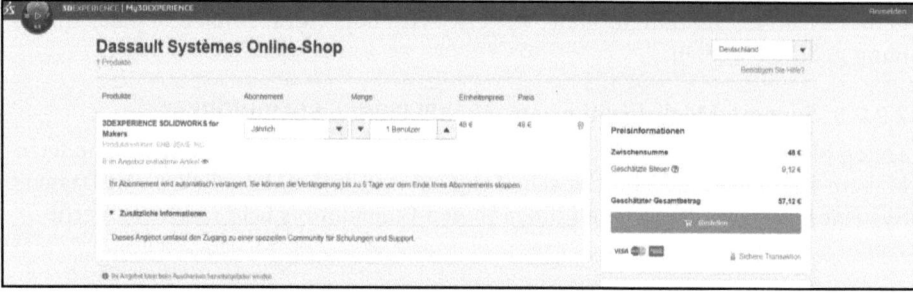

- Bestätigen Sie den Kauf, damit erhalten Sie die Kaufbestätigung.
- Sie erhalten eine Bestellbestätigung per E-Mail.
- Sie erhalten eine E-Mail über die ersten Schritte mit dem Link für den Zugriff auf die 3DEXPERIENCE-Plattform.

2.2.3.2 SOLIDWORKS Connected, die Installation

Installieren Sie den **3D**EXPERIENCE Launcher, wenn Sie dazu aufgefordert werden.

- Melden Sie sich auf der **3DEXPERIENCE-Plattform** an.
- Bei der ersten Anmeldung auf der Plattform laden Sie den **3DEXPERIENCE-Launcher** herunter.
- Installieren Sie den **Launcher** in das vorgegebene Verzeichnis.
- Akzeptieren Sie alle **Rollen**, die in **SOLIDWORKS-Connected** enthalten sind.

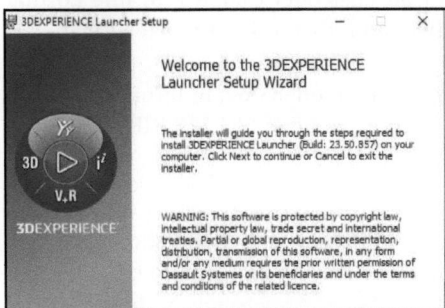
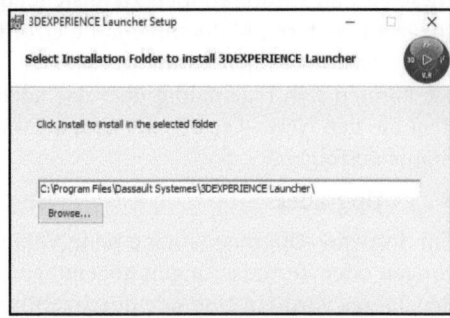

- Klicken Sie in der oberen Leiste des **3D**-Dashboard auf den **Compass**.

Compass

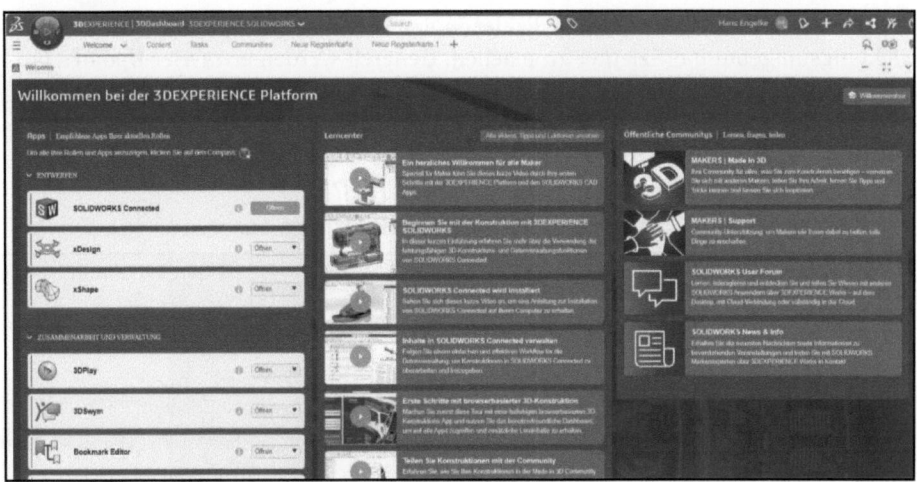

- Klicken Sie unter **Willkommen** auf **SOLIDWORKS Connected**.
- Befolgen Sie die Anweisungen zum Herunterladen und Installieren von **SOLIDWORKS Connected**.

2.2.3.3 SOLIDWORKS Connected, der Start

- Kehren Sie in Ihrem Browser zum **3D**Dashboard zurück.
- Klicken Sie auf den **Compass** und dann auf **SOLIDWORKS Connected** öffnen (1, 2).

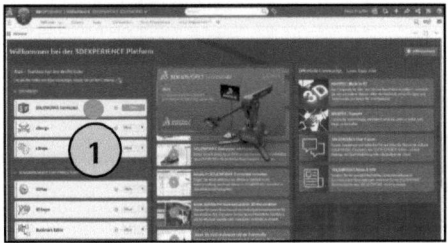

2.2.4 „3DEXPERIENCE SOLIDWORKS for Makers", Plattform-Update

2.2.4.1 Update und Upgrade

Jedes Jahr werden unterschiedliche Upgrades und Updates als Verbesserungen an der **3DEXPERIENCE Plattform** vorgenommen.

Sie erhalten etwa 21 Tage vor Upgrades oder Updates per E-Mail eine Mitteilung von unserem **Online User Excellence Center**.

Diese enthält Informationen zu anstehenden Upgrades oder Updates für Ihre Lösung sowie zu weiteren Maßnahmen, die erforderlich sind, damit Sie Ihre Arbeit während-dessen fortsetzen können.

Sie können sich regelmäßig über das nächste Upgrade oder Update informieren, in-dem Sie den News-Feed in der Cloud-Community sowie den 3DEXPERIENCE Live-Status verfolgen.

- **Upgrades**

Ein Software-Upgrade ist eine neue Version der Plattform mit erheblichen Ände-rungen oder Verbesserungen gegenüber Ihrer aktuellen Version. Am Ende eines je-den Jahres wird ein Upgrade durchgeführt.

- **Updates**

Bei einem Update werden kleinere Fehler in der Software korrigiert, um die Ent-wicklungsumgebung effizienter zu machen. Generell werden etwa vier Updates pro Jahr durchgeführt.

2.2.4.2 „3DEXPERIENCE-Plattform Launcher"-Update

- Sie haben eine Update-Info als Email erhalten?
- Melden Sie sich auf der **3DEXPERIENCE-Plattform** an.

- Sie erhalten die Meldung **3DEXPERIENCE-Launcher** aktualisieren.
- Klicken Sie den Button **Jetzt die Aktualisierung starten**.
- Warten Sie, bis die **Aktualisierung** abgeschlossen ist.

- Klicken Sie **Weiter** um den **3DEXPERIENCE-Launcher** zu aktualisieren.

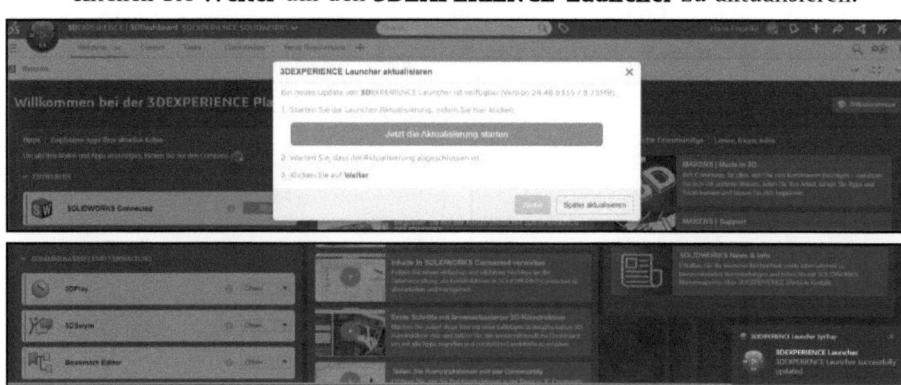

2.2.4.3 „3DEXPERIENCE-Plattform SOLIDWORKS Connected"-Update

Sie erhalten die Meldung **3DEXPERIENCE-Plattform wurde aktualisiert**, SOLIDWORKS Connected muss ebenfalls aktualisiert werden.

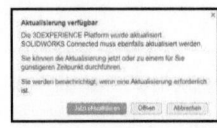

- Klicken Sie **Jetzt aktualisieren**.
- Wählen Sie **Installieren**.

 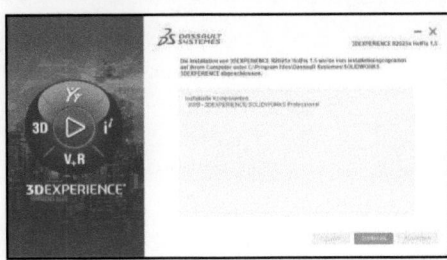

- Starten Sie den Computer neu.
- Starten Sie die **3DEXPERIENCE-Plattform** neu.

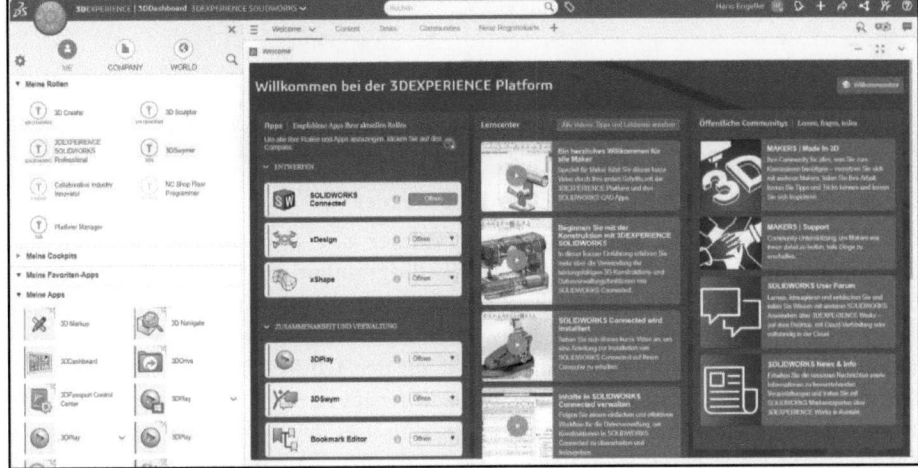

2.2.5   **3DEXPERIENCE©, nutzbare Programme, ein Auszug**

2.2.5.1   **3DEXPERIENCE SOLIDWORKS Professional**

SOLIDWORKS© ist der Standard für professionelle CAD-Nutzer. Eine leistungsstarke parametrische Modellierung mit lokaler Installation von SOLIDWORKS.

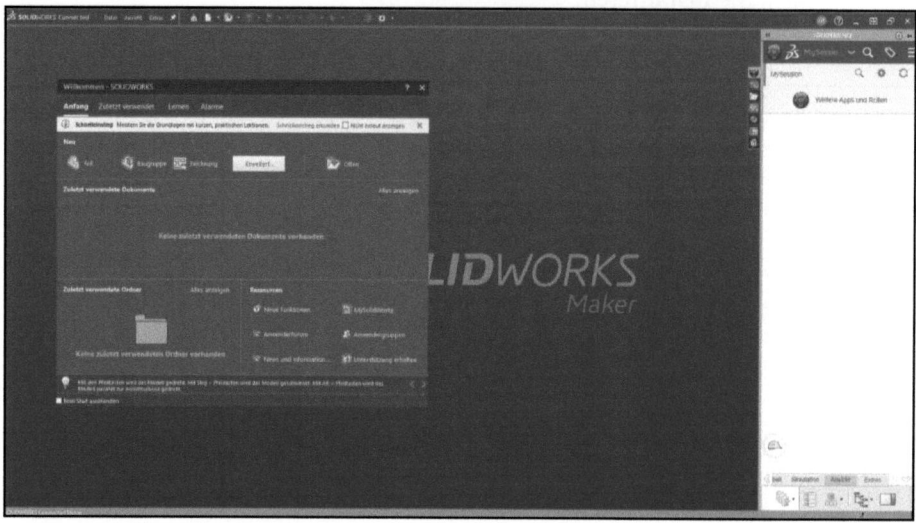

2.2.5.2   **3DEXPERIENCE NC Shop Floor Programmer**

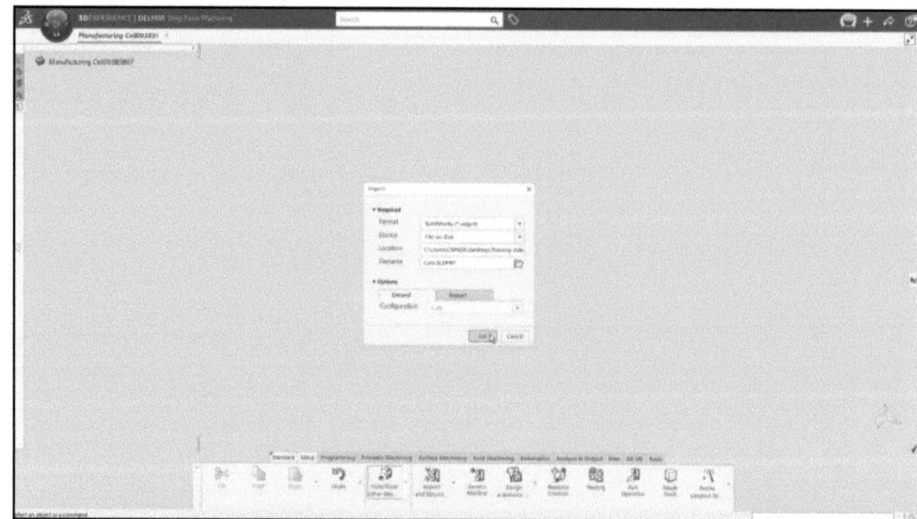

Der **3DEXPERIENCE NC Shop Floor Programmer** ist eine leistungsstarke Rolle im **3D**EXPERIENCE® Works Portfolio, die es NC-Programmierern ermöglicht, 2,5- und 3-Achsen-NC-Programme zu erstellen und zu validieren, Draht-EDM-Arbeitsabläufe zu generieren und mögliche Probleme während der Produktion mit Maschinensimulation zu überprüfen. Sie können Ihre Daten auf der **3D**EXPERIENCE Plattform speichern und darauf zugreifen, schnell das zu fertigende Teil finden und anschließend mit der NC-Programmierung beginnen, damit es lange vor Projektabschluss für die Bearbeitung bereit ist.

2.2.5.3 3DEXPERIENCE SOLIDWORKS Visualize Connected

SOLIDWORKS Visualize Connected ist eine Hybrid-Rendering-Umgebung. Die Software aktualisiert die Szene ständig, wobei optimierte Renderer für alle verfügbaren CPUs, CUDA-basierten GPUs oder beide unter Verwendung des Hybridmodus verwendet werden. **SOLIDWORKS Visualize Connected** ist der schnellste und einfachste Weg zu fotorealistischen Bildern für jeden, der Fotos seiner 3D-Daten benötigt.

Rendering ist der Vorgang der Umwandlung von in einem Softwarepaket gespeicherten 3D-Daten in das 2D-Bild, das von der Kamera in der Szene „gesehen" wird. Rendering verbindet die Szenengeometrie, Z-Tiefe, Oberflächeneigenschaften, Beleuchtungseinrichtung und Rendering-Methode zur Erstellung eines fertigen Rahmens. **SOLIDWORKS Visualize Connected** enthält einen umfangreichen Werkzeugsatz, mit dem Sie problemlos Bilder, Animationen und interaktive Inhalte erstellen können.

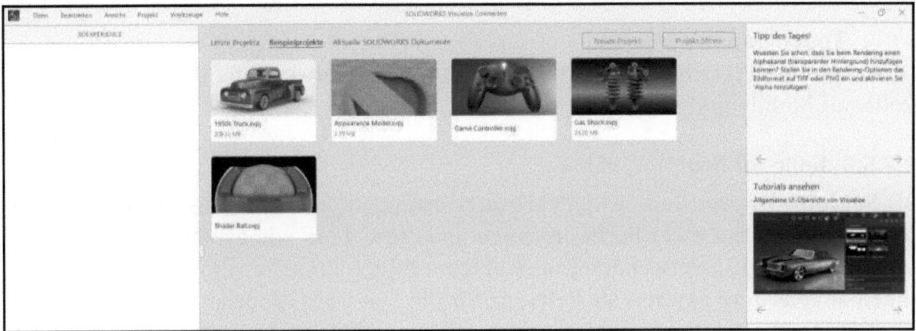

2.2.5.4 Rolle 3D Creator, xDesign

Das leistungsstarke, intuitive und innovative 3D-Konstruktionswerkzeug, das in Ihrem Browser auf jedem beliebigen Gerät ausgeführt wird. Erstellen Sie schnell 3D-Konstruktionen in einer einzigen parametrischen Modellierungsumgebung mit innovativen Funktionen wie der Gestaltungsanleitung und maschinellem Lernen und arbeiten Sie mit allen Beteiligten auf der **3DEXPERIENCE Platform** zusammen.

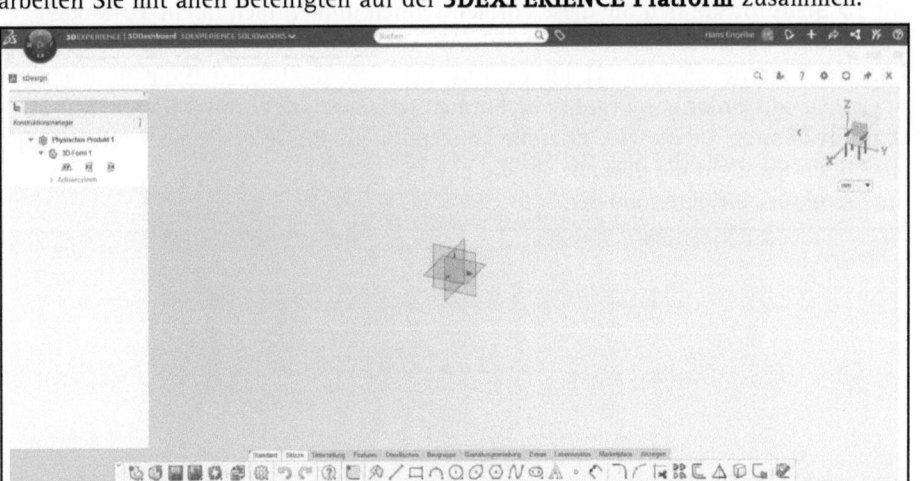

- **Intuitive Funktionen**

Die **3D Creator**-Rolle bietet intuitive, leicht erlernbare Funktionen sowie integrierte Lernprogramme und Kurzüberblicke, um einen schnellen und erfolgreichen Einstieg zu ermöglichen.

- **Konstruktionsassistent**

Sich wiederholende Aufgaben in **3D Creator** übernimmt für Sie der Assistent mit künstlicher Intelligenz.

- **Design Guidance**

Dies ist eine interaktive Funktion in **3D Creator** basierend auf Simulations- und Optimierungsalgorithmen, um Ihnen die beste Lösung für schwierige strukturelle Konstruktionsherausforderungen zu bieten.

- **Parametrisch**

Mit **3D Creator** modellieren Sie parametrische Volumenkörper und Oberflächen, die für Konzeptmodelle, Teile und Baugruppen erforderlich sind.

- **Touch-Modus**

Dieser spezielle Touch-Modus ermöglicht Ihnen die Verwendung der **3D Creator** Rolle auf Mobil- und Touchscreen-Geräten.

2.2.5.5 Rolle 3D Sculptor, xShape

3D Sculptor ist eine Sub-D-Modellierungslösung, die viel mehr als Modellieren bietet. Sie können mit einer Form beginnen und diese dann wie gewünscht schieben und ziehen. Häufig verwenden Konstrukteure Bilder ähnlicher Produkte oder von ihnen angefertigte Skizzen als Referenz für die Form des Modells. Sie können auch um Volumenkörpergeometrien oder sogar Netzgeometrien herum konstruieren, wie Sie sie von 3D-Scannern und Topologie-Optimierungsstudien erhalten würden. Änderungen vorzunehmen ist so einfach wie das Schieben, Ziehen und Knittern der Form. Mit **3D Sculptor** können Sie alles konstruieren, was Ihnen in den Sinn kommt, wie zum Beispiel eine neue Wasserflasche oder eine Kaffeetasse; Sie müssen nicht im Voraus wissen, was Sie möchten. Die Anwendung hilft Ihnen zu entscheiden, welche Form Sie tatsächlich wollen. Und das ist der große Unterschied.

Mit **3D Sculptor** können Sie diese Formen schnell und einfach in ein 3D-Modell umwandeln, um dieses dann in einer VR/AR-Umgebung zu rendern und zu betrachten, oder Sie drucken es in 3D, um ein physisches Produkt in der Hand zu haben. Es ist eine Herausforderung, organische Formen parametrisch zu modellieren. Mit **3D Sculptor** können Sie die Idee oder die konzeptionelle Phase der Konstruktion optimieren, da Sie nicht die gesamte für die parametrische Modellierung erforderliche Unterstruktur einrichten müssen.

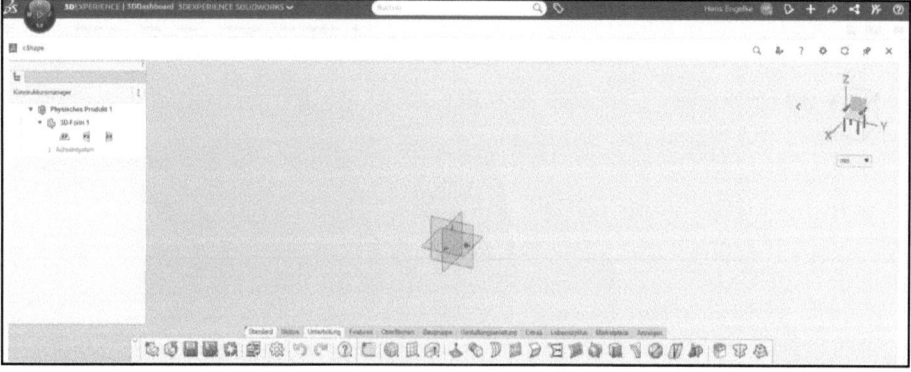

2.3 Bauteile und Baugruppen, Möglichkeiten der Datensicherung

2.3.1 Datensicherung von Bauteilen

2.3.1.1 Datensicherung „In 3DEXPERIENCE speichern"

 auf 3DEXPERIENCE Platform speichern

Sie können die Dateien auf der **3DEXPERIENCE Platform** speichern, indem Sie die Befehle **Save Active Window** (Aktives Fenster speichern) und **Als Neu speichern** verwenden, die in der Aktionsleiste von MySession verfügbar sind. Sie können die Dateien auch speichern, indem Sie die Befehle **Speichern, Speichern mit Optionen** und **Als Neu speichern** verwenden, die im Kontextmenü eines Objekts verfügbar sind.

Im Dialogfeld **Speichern** in **3DEXPERIENCE** werden die Dateien aufgelistet, die Sie für den Speichervorgang ausgewählt haben. Wenn eine Datei von einem anderen Benutzer gesperrt ist, können Sie diese Datei nicht in einer Revision speichern.

Sie können die Daten auch dann speichern, wenn die CGRs nicht generiert werden. Wenn alle Bedingungen für den Speichervorgang erfüllt sind, ist der Befehl Speichern aktiv. Der Fortschrittsbalken zeigt den Speicherfortschritt an, während die CGR-Generierung im Hintergrund weiterläuft.

2.3.1.2 Datensicherung „Auf diesen PC speichern"

 Auf diesen PC speichern

Öffnet das SOLIDWORKS Dialogfeld **Speichern unter**, damit Sie die Datei auf dem lokalen Laufwerk speichern können.

2.3.1.3 Datensicherung „Speichern als neu"

 Speichern als neu

Im Dialogfeld **Speichern als neu** legen Sie Optionen für Dateien fest, die Sie mit neuen Namen auf der **3DEXPERIENCE Platform** oder auf dem eigenen **PC** speichern.

2.3.1.4 SOLIDWORKS Dokumente als vorherige Versionen speichern

Ab SOLIDWORKS 2024 können Sie SOLIDWORKS Teile, Baugruppen und Zeichnungen, die in der neuesten Version von SOLIDWORKS erstellt wurden, als voll funktionsfähige Dokumente in einer früheren SOLIDWORKS Version speichern. Sie können Dokumente aus den letzten zwei Versionen speichern. Pack and Go unterstützt diese Funktionalität ebenfalls.

Dank dieser Kompatibilität mit früheren Versionen können Sie Dateien für andere freigeben, die eine der beiden vorherigen SOLIDWORKS Versionen verwenden. Sie können die Kompatibilität mit vorherigen Versionen nicht über diese beiden Versionen hinaus erweitern. So können beispielsweise SOLIDWORKS 2025 Benutzer ihre Dokumente als SOLIDWORKS 2024 und SOLIDWORKS 2023 Versionen speichern.

Freigeben

2.3.1.5 SOLIDWORKS Dokumente freigeben

 Freigeben

Die 3DEXPERIENCE Platform bietet viele Möglichkeiten zur gemeinsamen Nutzung Ihrer Modelle.

Die Optionen hier sind für die Ad-hoc-Freigabe von Dateien gedacht; Sie exportieren eine Kopie der Konstruktion, wie sie heute aussieht, in einem Standarddateiformat und geben sie dann über die Apps für die Zusammenarbeit 3DDrive und 3DSwym frei.

2.3.2 Datensicherung von Baugruppen

2.3.2.1 Pack and Go, Datensicherung von Baugruppen, Grundlagen

 Pack and Go

 Pack and Go

Mit Hilfe von **Pack and Go** können Sie eine Dateistruktur archivieren, einen kompletten Dateiensatz kopieren und dabei Verknüpfungen mit referenzierten Dateien aufrecht erhalten, oder eine Gruppe von Dateien isolieren, um mit der Konstruktion zu experimentieren.

Die Funktion **Pack and Go** sammelt alle für eine Modellkonstruktion relevanten Dateien und kopiert sie in einen Ordner oder eine Zip-Datei.

Eingebettete Dateien (z.B. ein Konstruktionsjournal) sind Teil des Dokuments und werden mit einbezogen, ohne aber im Dialogfeld **Pack and Go** aufgeführt zu sein.

Wenn Sie **Pack and Go** aus dem Windows-Explorer öffnen, werden das Dokument und seine Referenzen aufgeführt, einschließlich der Eltern-Teile von abgeleiteten und gespiegelten Teilen.

Pack and Go ist besonders dann unbedingt nötig, wenn Sie Bauteile und Normteile aus der SOLIDWORKS-Toolbox verwenden.

2.3.2.2 Datensicherung von Baugruppen, Pack and Go, die Anwendung

Erstellen Sie einen neuen Ordner für die zu sichernde Baugruppe.

Die von **Pack and Go** vorgeschlagenen Dateien sollten auch akzeptiert werden, hier kann allerdings auch eine andere Auswahl erfolgen.

Wählen Sie die Optionen Zeichnungen einbeziehen, Simulationsergebnisse einbeziehen, benutzerdefinierte Abziehbilder, Erscheinungsbilder und Bühnen einbeziehen, Standardabziehbilder, - Erscheinungsbilder und - Bühnen einbeziehen und eingebettete Ansicht.

Wählen Sie den neu eingerichteten Baugruppenordner.

Speichern Sie die markierten Dateien in dem ausgewählten **Pack and Go**-Ordner.

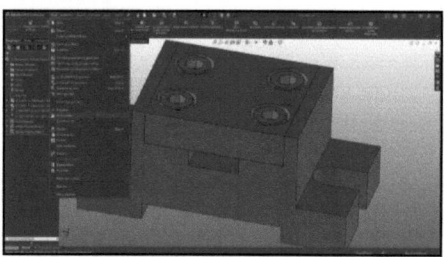 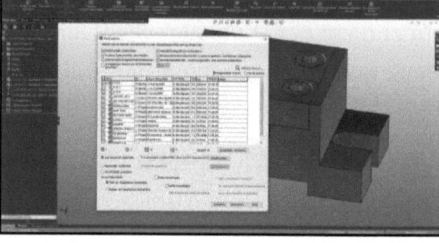

3

Dassault Systèmes
3DEXPERIENCE©
SOLIDWORKS for Makers
SOLIDWORKS Connected
2025

Bauteile
Erstellen und Anpassen

Benutzer-Oberfläche
Grundlagen

3 **3D**EXPERIENCE© SOLIDWORKS for Makers

3.1 **3D**EXPERIENCE© SOLIDWORKS 2025 for Makers, SOLIDWORKS Connected 2025, der Programmstart

3.1.1 Einführung in Konstruktionskonzepte und SOLIDWORKS Begriffe, Grundlagen, eine Übersicht

Die SOLIDWORKS Connected 2025 CAD Software ist eine Konstruktionsanwendung für den Maschinenbau, mit der Konstrukteure ihre Ideen schnell in Skizzen umsetzen, mit Features und Bemaßungen experimentieren sowie Modelle und detaillierte Zeichnungen erstellen können.

3.1.1.1 Teile

Demonstration der Konstruktionsmethoden, Werkzeuge und Features, mit denen üblicherweise Teile erstellt werden.

3.1.1.2 Baugruppen

Hinzufügen von Teilen zu einer Baugruppe, Festlegen von Verknüpfungen und Verwenden von In-Kontext-Konstruktionsmethoden.

3.1.1.3 Zeichnungen

Zeichenblattformate, Ansichten, Bemaßungen, Beschriftungen und Stücklisten.

3.1.1.4 Technische Aufgabenstellungen

Beschreibung von Zusatzanwendungen, Hilfsprogrammen und anderen Ressourcen, die für anspruchsvolle Aufgaben benötigt werden.

3.1.2 **3D**EXPERIENCE© SOLIDWORKS 2025 for Makers, SOLIDWORKS Connected 2025, der Programm-Aufruf

- Melden Sie sich auf der **3DEXPERIENCE-Plattform** mit dem **Launcher** an.

Compass

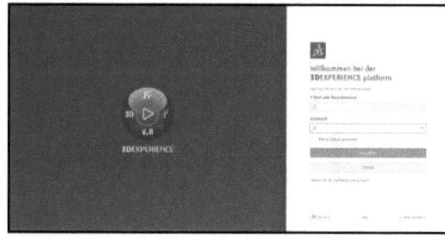

- Klicken Sie in der oberen Leiste des **3D**Dashboard auf den **Compass**.
- Klicken Sie auf **SOLIDWORKS Connected** öffnen (1, 2).

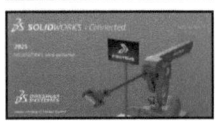

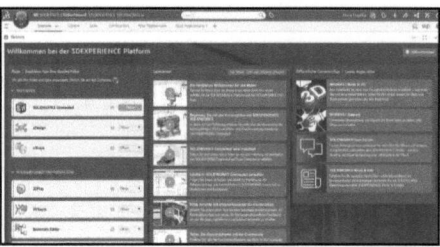

3.1.2.1 3DEXPERIENCE© SOLIDWORKS 2025 for Makers, SOLIDWORKS Connected 2025, der Startbildschirm

Die folgende Darstellung zeigt den Startbildschirm von **SOLIDWORKS 2025**.

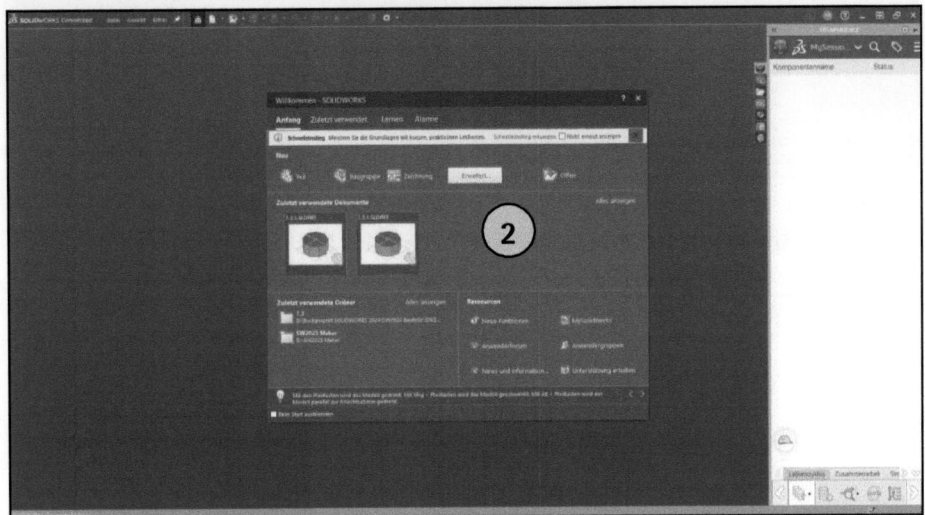

3.1.3 Die Vorlagendateien, eine Einführung

Vorlagen sind Teil-, Zeichnungs- und Baugruppendokumente mit benutzerdefinierten Parametern und bilden die Basis für neue Dokumente. Sie können viele unterschiedliche Dokumentvorlagen verwalten. Sie können beispielsweise folgende Vorlagen erstellen:

Eine Dokumentvorlage mit Millimetern und eine andere Vorlage mit Zoll.
Eine Dokumentvorlage mit der ANSI- und eine andere mit der mit ISO-Bemaßungsnorm.

Sie können Ihre Dokumentvorlagen organisieren und auf sie zugreifen, indem Sie diese auf verschiedenen Registerkarten ablegen. Die Vorlagen können Einstellungen für folgende Dokumenteigenschaften enthalten:

Gitterabstand, Überstandslinie und Bruchkantenabstand, Länge der geknickten Hinweislinie bei Stücklistensymbolen, Textmaßstab und Größe der Textanzeige, Materialdichte usw.

Für neue Dokumente werden Vorlagen als Grundlage für ihr Format und ihre Eigenschaften verwendet. Vorlagen enthalten benutzerdefinierte Dokumenteigenschaften, wie Maßeinheiten oder andere Detaillierungsnormen. Vorlagen ermöglichen es, viele verschiedene Dokumentstile zu speichern. Eine Dokumentvorlage kann ein Teil, eine Zeichnung oder eine Baugruppe sein, das Sie als Vorlage gespeichert haben. Sie können unterschiedliche Modelldateien mit SOLIDWORKS 2024 erstellen. Bauteildateien enthalten nur ein Bauteil; Zusammenbaudateien bestehen hingegen immer aus mehreren Bauteilen.

3.1.3.1 Startbildschirm für neue Vorlagendateien

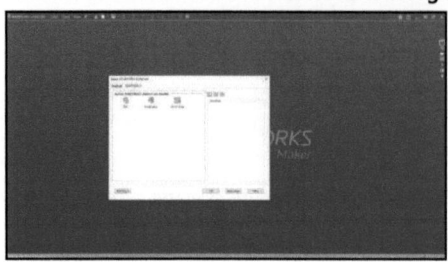

Einsteiger:

Symbole für Teil-, Baugruppen- und Zeichnungsdokumente an.

Erweitert:

Zeigt die Vorlagensymbole auf verschiedenen Registerkarten an

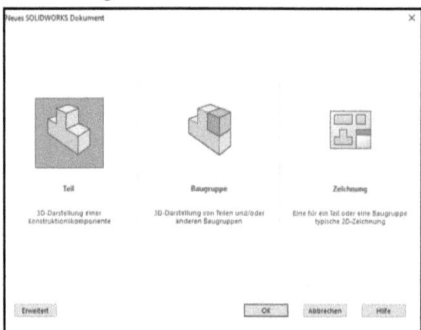

3.1.4 Vorlagendateien, Programm-Funktionen

Die SOLIDWORKS-spezifische Art, diese Möglichkeiten auszuwählen, geschieht nicht wie in vergleichbaren CAD-Programmen über einzelne Programmmodule, sondern über Vorlagendateien. Die nachfolgenden Seiten enthalten eine Übersicht zu den Voraussetzungen bei der Arbeit mit Bauteil-bzw. Zusammenbaudateien.

3.1.4.1 Bauteildateien

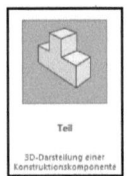

Eine Bauteildatei kann nur ein Teil enthalten. Nutzen Sie Bauteildateien, um das individuelle Design eines Einzelteiles zu steuern, Standardbauteile zur Verwendung in Baugruppen zu erstellen, die 2D-Geometrien für Skizzen und Arbeitselemente als Basis für ein Zusammenbaulayout zu konstruieren oder Blechteile zu erstellen. Bauteildateien erhalten beim Speichern die Dateierweiterung *.PRTDOT*.

3.1.4.2 Zusammenbaudateien, Baugruppen

Zusammenbaudateien können ein oder mehrere Bauteile bzw. Baugruppen enthalten. Sie können einer Zusammenbaudatei beliebig viele externe Bauteile und Baugruppen zuordnen. Um in einem Zusammenbau ein neues Bauteil zu erzeugen, steht die Funktion **Komponente erstellen** zur Verfügung. Zusammenbaudateien erhalten beim Speichern die Namenserweiterung *.ASMDOT*.

3.1.4.3 Zeichnungsdateien

Zeichnungsdateien enthalten die Zeichnungsansichten Ihrer Bauteile und Baugruppen, dargestellt in beliebig vielen Blättern. Sie können Zeichnungen von geöffneten Bauteil-, Zusammenbau- und Präsentationsdateien. Zeichnungsdateien werden mit der Namenserweiterung *.DRWDOT* gespeichert.

3.2 SOLIDWORKS Connected 2025, Bauteile

Starten Sie **SOLIDWORKS Connected 2025** über einen Doppelklick auf das Desktopsymbol **3DEXPERIENCE-Launcher**.

3.2.1 Arbeitsdatei öffnen, Bauteil von der Buch-DVD

- Öffnen Sie die Bauteildatei von der Buch-DVD.

 Öffnen (Menüleiste) (1) / Bauteil von der Buch-DVD / **OK** (2)

 Öffnen

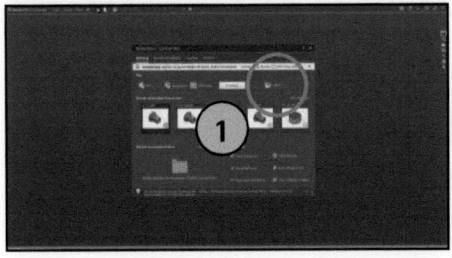 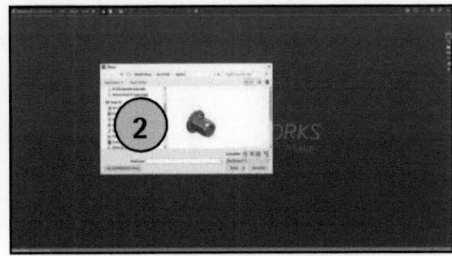

3.2.2 SOLIDWORKS2025 Connected, die Bauteil-Benutzeroberfläche

3.2.2.1 SOLIDWORKS2025 Connected, die Bauteil-Benutzeroberfläche, Vorbemerkungen

Die Benutzeroberfläche der SOLIDWORKS Software enthält verschiedene Werkzeuge und Funktionen, mit denen Sie Ihre Modelle auf effiziente Weise erstellen und bearbeiten können.

3.2.2.2 Benutzeroberfläche, Übersicht

- Menüleiste (1)
- **PropertyManager** (2)
- **ConfigurationsManager** (3)
- **FeatureManager** (4)
- **CommandManager** (5)
- Kontextmenü (7)

- **Head-Up**-Ansichtssymbolleiste (7)
- Grafikbereich mit Bauteil/Baugruppe (8)
- Hilfebereich (9)
- **Referenztriade** (10)
- Feature-Auswahl (11)

3.2.2.3 Benutzeroberfläche, Feature-Auswahl, Übersicht

- Auswahl-Breadcrumbs (12)
- **Kontext**-Menüleiste (13)
- **Feature**-Auswahl (14)
- Anzeigen von **Feature**-Beziehungen (15)

3.2.2.4 Benutzeroberfläche, Befehlsauswahl, Übersicht

- Aufschwingender **FeatureManager** (15)
- **PropertyManager** (16)

3.2.3 SOLIDWORKS Connected 2025, die Benutzeroberfläche Begriffsdefinitionen

3.2.3.1 Windows Funktionen

Die SOLIDWORKS Software kann mit vertrauten Windows Funktionen, wie **Ziehen** und **Ändern** der Fenstergröße genutzt werden. Viele identische Symbole, **Drucken**, **Öffnen**, **Speichern**, **Ausschneiden** und **Einfügen**, sind ebenfalls Teil der SOLID-WORKS Anwendung.

3.2.3.2 SOLIDWORKS Dokumentfenster

SOLIDWORKS Dokumentfenster verfügen über verschiedene Bereiche. Der linke Fensterbereich oder Manager-Fensterbereich enthält den **FeatureManager**, den **PropertyManager** und den **KonfigurationsManager**. Der rechte Bereich ist der Grafikbereich, in dem das Teil oder die Zeichnung erstellt oder bearbeitet wird.

3.2.3.3 PropertyManager

Der **PropertyManager** bietet Einstellungen für viele Funktionen wie Skizzen, Verrundungs-Features und Baugruppenverknüpfungen.

3.2.3.4 FeatureManager

Zeigt die Struktur des Teils, der Baugruppe oder Zeichnung an. Wählen Sie ein Element aus dem FeatureManager aus, um z. B. die zugrundeliegende Skizze oder das Feature zu bearbeiten und das Feature oder die Komponente zu unterdrücken bzw. die Unterdrückung aufzuheben.

3.2.3.5 KonfigurationsManager

Der **KonfigurationsManager** hilft Ihnen beim Erstellen, Auswählen und Anzeigen mehrerer Konfigurationen von Teilen oder Baugruppen in einem Dokument. Konfigurationen sind Varianten eines Teils oder einer Baugruppe in einem einzelnen Dokument.

3.2.3.6 SOLIDWORKS Dokumentfenster, Erweiterungen

Weitere Bereiche des Dokumentfensters sind Menüs, Symbolleisten, Shortcut-Leisten und Kontext-Symbolleisten.

3.2.3.7 Menüs

Der Zugriff auf alle SOLIDWORKS Befehle ist über Menüs möglich. Die Menüs in SOLIDWORKS entsprechen den Windows Konventionen. Sie enthalten z. B. Untermenüs und Häkchen zur Kennzeichnung eines aktiven Menüpunkts. Sie können auch kontextbezogene Kontextmenüs verwenden, indem Sie mit der rechten Maustaste klicken.

3.2.3.8 Symbolleisten

Sie können über **Symbolleisten** auf die SOLIDWORKS Funktionen zugreifen. Die Symbolleisten sind nach Funktion strukturiert, wie die Skizzieren- oder die Baugruppen-Symbolleiste. Jede Symbolleiste enthält individuelle Symbole für spezifische Werkzeuge.

Symbolleisten können ein- oder ausgeblendet, an den vier Rändern des SOLIDWORKS Fensters befestigt oder frei beweglich an beliebiger Stelle auf dem Bildschirm angeordnet werden. Die SOLIDWORKS Software registriert den Status der Symbolleisten bei jeder Sitzung. Sie können die Symbolleisten auch anpassen, indem Sie Symbole hinzufügen oder entfernen. **Tooltipps** werden angezeigt, wenn Sie den Mauszeiger über ein Symbol führen.

3.2.3.9 BefehlsManager

Der BefehlsManager ist eine kontextbezogene Symbolleiste, die basierend auf dem aktiven Dokumenttyp, dynamisch aktualisiert wird.

3.2.3.10 Shortcut-Leisten

Anpassbare **Shortcut-Leisten** lassen Sie Ihre eigenen Befehlssätze für Teil, Baugruppe, Zeichnung und Skizzenmodus erstellen. Um auf die Leisten zuzugreifen, drücken Sie eine benutzerdefinierte Tastenkombination, standardmäßig die Taste S.

3.2.3.11 Kontext-Symbolleisten

Kontext-Symbolleisten werden eingeblendet, wenn Sie im Grafikbereich oder im FeatureManager Elemente auswählen. Sie bieten Zugriff auf oft ausgeführte Aktionen in diesem Kontext. Kontext-Symbolleisten sind für Teile, Baugruppen und Skizzen verfügbar.

3.2.4 SOLIDWORKS Connected 2025, die Benutzeroberfläche, erweiterte Darstellungen, Begriffsdefinitionen

3.2.4.1 Die Menüleiste

Die Menüleiste enthält einen Satz der am häufigsten verwendeten Werkzeugschaltflächen der Standardsymbolleiste. Wenn Sie neben einer Werkzeugschaltfläche auf den Pfeil nach unten klicken, wird diese erweitert, und ein Flyout-Menü mit zusätzlichen Funktionen wird angezeigt. Auf diese Weise können Sie von der Symbolleiste auf die meisten Befehle im Menü Datei zugreifen. So enthält beispielsweise das Flyout-Menü **Speichern** die Befehle **Speichern**, **Speichern unter** und **Alles speichern**.

3.2.4.2 Die SOLIDWORKS-PullDown-Menüs

Die Menüs werden eingeblendet, wenn Sie den Cursor über das SOLIDWORKS Logo bewegen oder darauf klicken. Sie können die Menüs auch mit dem Stecknadelsymbol anheften, um sie jederzeit sichtbar zu haben. Wenn die Menüs angeheftet sind, wird die Symbolleiste nach rechts verschoben.

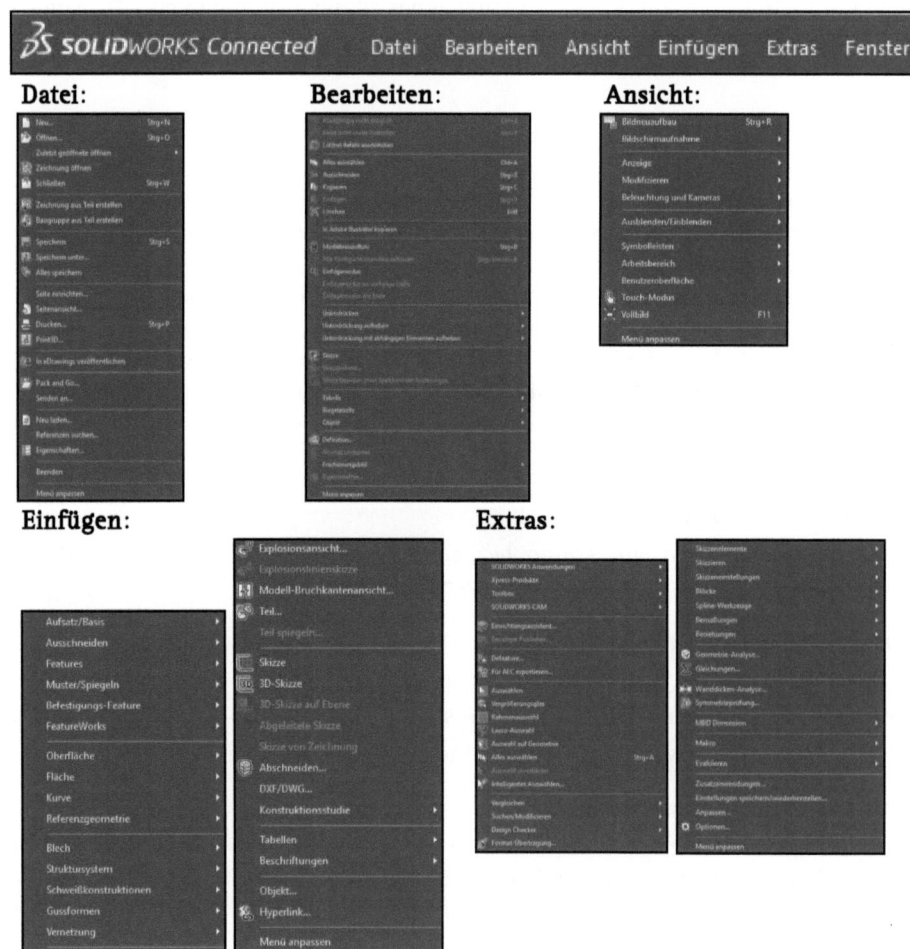

Fenster:

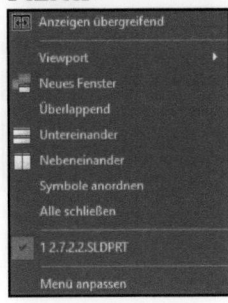

PhotoView360:

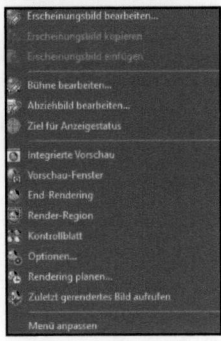

Hilfe:

3.2.4.3 Flyouts in den PullDown-Menüs, Auszüge

Datei/ zuletzt geöffnet:

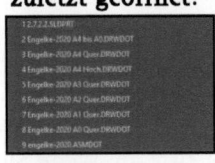

Bearbeiten/ Erscheinungsbild:

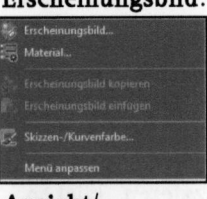

Ansicht/Anzeige:

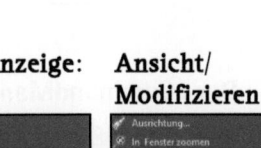

Ansicht/ Modifizieren:

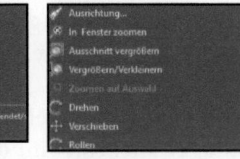

Ansicht/ Beleuchtung:

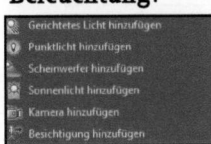

Ansicht/ Ausblenden:

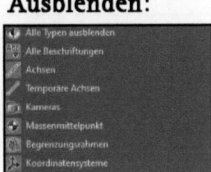

Ansicht/ Symbolleisten:

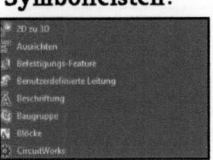

Ansicht/ Oberfläche:

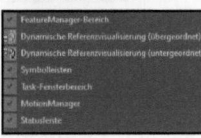

Einfügen/ Aufsatz:

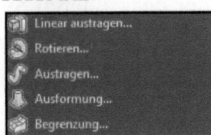

Einfügen/ Ausschneiden:

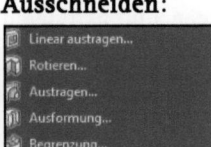

Einfügen/ Feature:

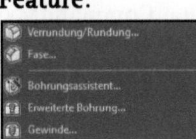

Einfügen/ Muster:

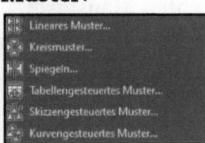

Einfügen/ Befestigung:

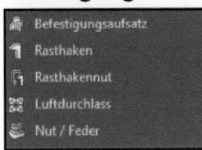

Einfügen/ Oberflächen:

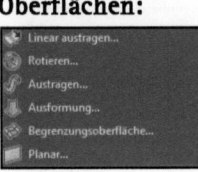

Einfügen/ Fläche:

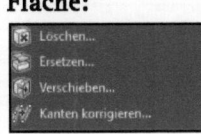

Einfügen/ Kurve:

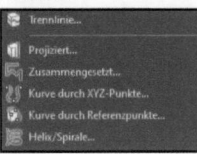

Einfügen/ Referenz:

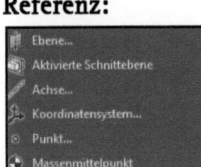

Einfügen/ Tabellen:

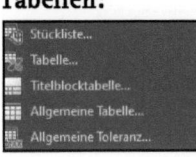

Einfügen/ Beschriftungen:

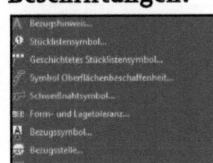

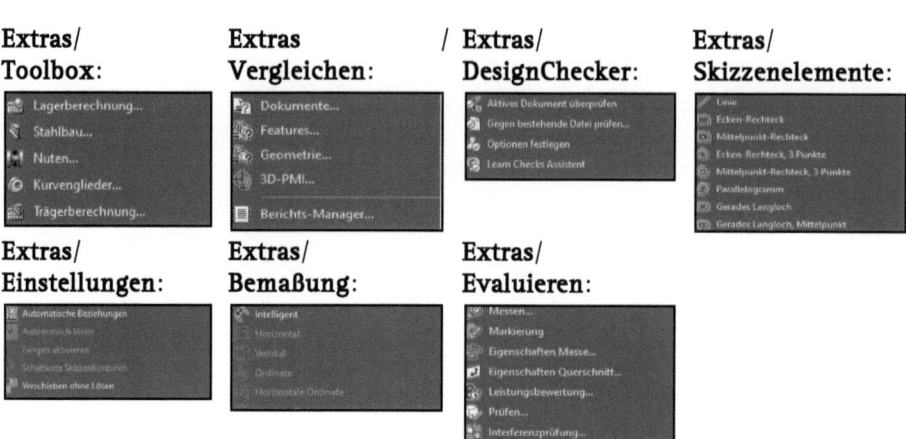

3.2.5 Der „CommandManager" (Befehlsmanager) für Bauteile

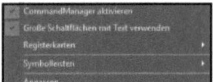

Der **CommandManager** ist eine kontextbezogene Symbolleiste, die in Abhängigkeit von der Symbolleiste, auf die Sie zugreifen möchten, dynamisch aktualisiert wird. Standardmäßig sind je nach Dokumenttyp bestimmte Symbolleisten in den **CommandManager** eingebettet. Wenn Sie auf eine Registerkarte unter dem **CommandManager** klicken, wird dieser aktualisiert und zeigt diese Symbolleiste an. Wenn Sie beispielsweise auf die Registerkarte **Skizzieren** klicken, wird die Skizzieren-Symbolleiste eingeblendet.

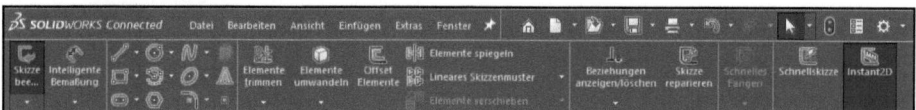

Über den **CommandManager** können Sie auf zentral angeordnete Symbolleisten-schaltflächen zugreifen und Platz für den Grafikbereich sparen. Um die Beschreibungen und die Größe der Schaltflächen ein-bzw. auszuschalten, klicken Sie mit der rechten Maustaste auf den **CommandManager**, und aktivieren oder deaktivieren Sie die Option **Große Schaltflächen mit Text**. Diese Option ist auch auf der Registerkarte **Symbolleisten** in **Extras/Anpassen** verfügbar.

3.2.5.1 Der „CommandManager" (Befehlsmanager) für Bauteile, Befehlsleisten

- Die CommandManager-Zeile **Features**

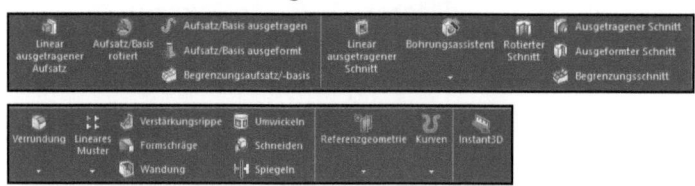

- Die CommandManager-Zeile **Skizze**

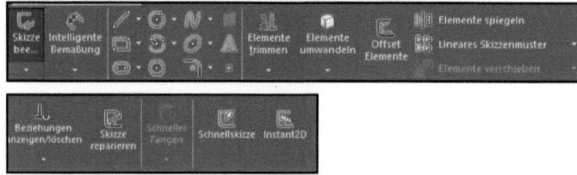

- Die CommandManager-Zeile **Tintenskizze**

- Die CommandManager-Zeile **Oberflächen**

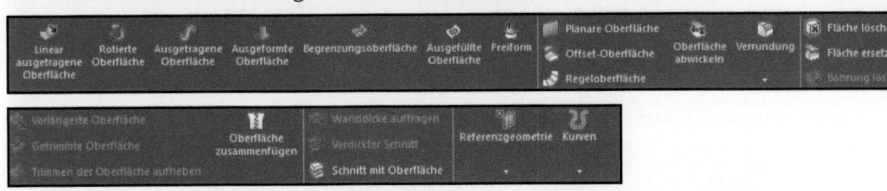

- Die CommandManager-Zeile **Blech**

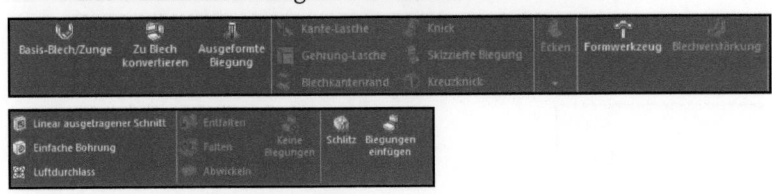

- Die CommandManager-Zeile **Struktursystem**

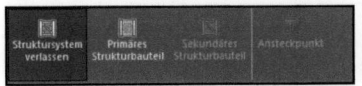

- Die CommandManager-Zeile **Schweißkonstruktion**

- Die CommandManager-Zeile **Gusswerkzeuge**

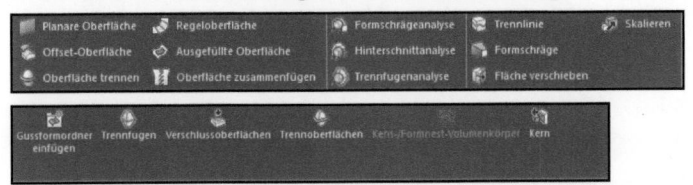

- Die CommandManager-Zeile **Netzmodellierung**

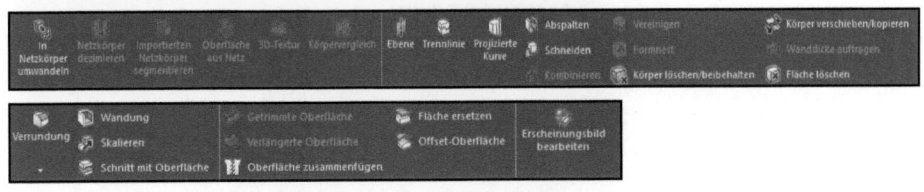

- Die CommandManager-Zeile **Datenmigration**

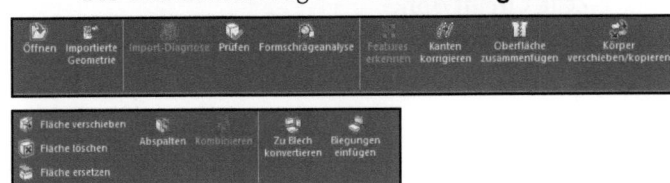

- Die CommandManager-Zeile **Direktbearbeitung**

- Die CommandManager-Zeile **Markierung**

- Die CommandManager-Zeile **Evaluieren**

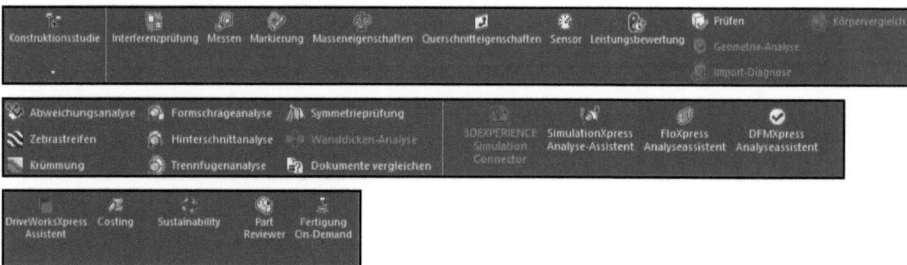

- Die CommandManager-Zeile **MDB-Dimension** (alt DIMXpert)

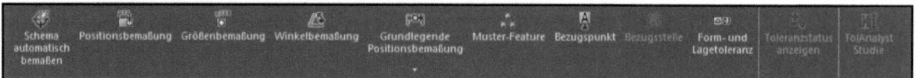

- Die CommandManager-Zeile **Render-Werkzeuge**

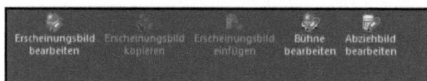

- Die CommandManager-Zeile **SOLIDWORKS-Zusatzanwendungen**

- Die CommandManager-Zeile **SOLIDWORKS-Simulation**
  Klicken Sie den Button **SOLIDWORKS-Simulation** zur Aktivierung.

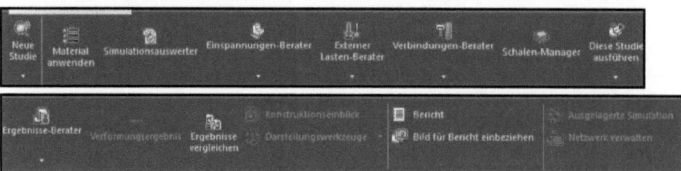

- Die CommandManager-Zeile **CircuitWorks**
  Klicken Sie den Button **CircuitWorks** zur Aktivierung.

- Die CommandManager-Zeile **MBD**

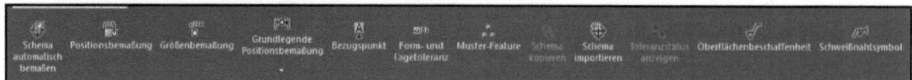

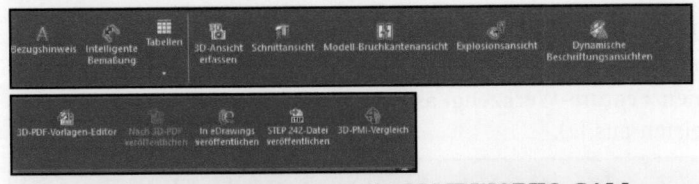

Die CommandManager-Zeile **SOLIDWORKS-CAM**

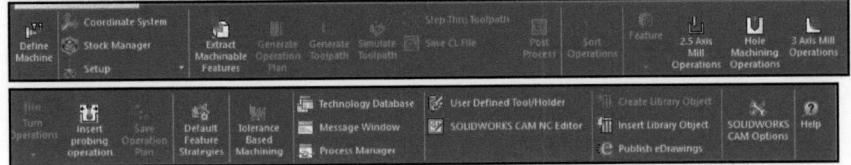

3.2.5.2 „Flyouts" im „CommandManager" für Bauteile, Auszüge

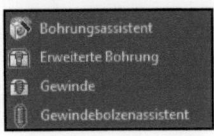

Feature/Bohrung

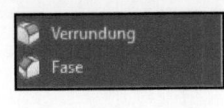

**Feature /
Verrundung-Fase**

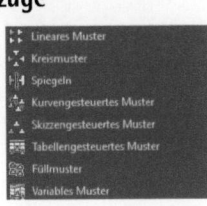

Feature / Muster

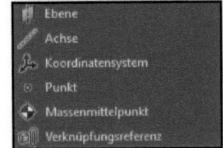

**Feature /
Referengeometrie**

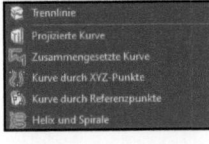

Feature / Kurven

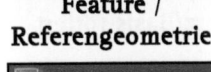

Skizze / Skizze

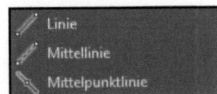

Skizze / Linie

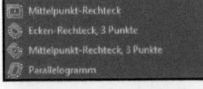

Skizze / Rechteck

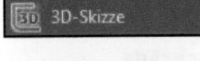

Skizze / Langloch

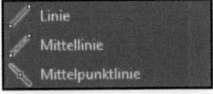

Skizze / Kreis

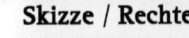

Skizze / Bogen

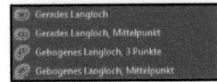

Skizze / Spline

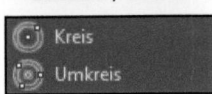

Skizze / Ellipse

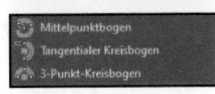

Skizze / Verrundung

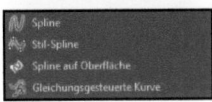

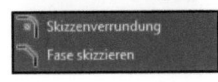

3.2.6 Die Werkzeugkästen, Bauteil-Features, Auszug

Klicken Sie in den freien Bereich neben der Symbolleiste (1) mit der rechten Maustaste, und wählen einen Feature-Werkzeugkasten entsprechend der folgenden Darstellung der Symbolleisten aus (2).

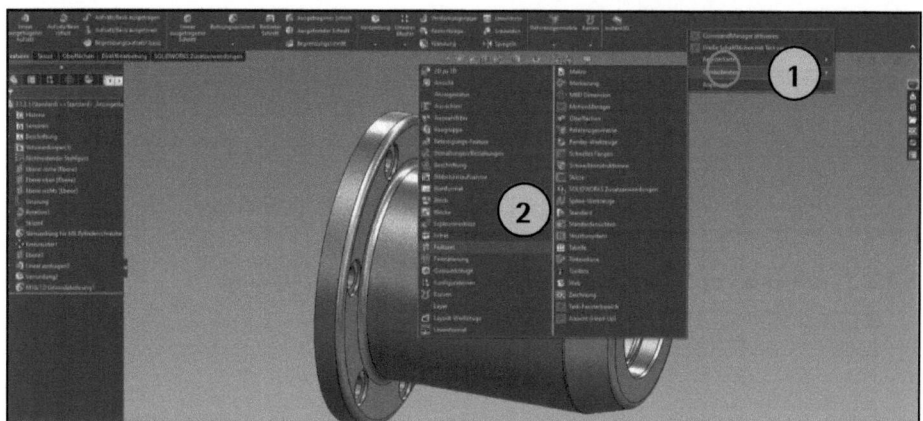

3.2.6.1 Der „Feature"-Werkzeugkasten

Aktivieren Sie bei Bedarf den Werkzeugkasten **Features**.

Mögliche Funktionsaufrufe, Auszug:

	Linear ausgetragener Aufsatz		Linear ausgetragener Schnitt
	Fase		Verrundung
	Rotierter Schnitt		Aufsatz/Basis rotiert
	Aufsatz/Basis ausgeformt		Verstärkungsrippe
	Wandung		Formschräge
	Bohrungsassistent		Lineares Muster
	Kreismuster		Feature spiegeln
	Referenz-Geometrie		Kurven
	Instant3D		

3.2.6.2 Anwählbare „Flyouts" im Werkzeugkasten „Features", Auszug

Einige anwählbare Funktionen sind als Flyouts ausgeführt.

 Linear ausgetragener Aufsatz

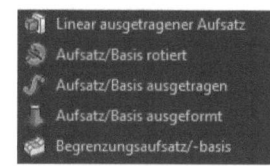

	Linear ausgetragener Schnitt	Linear ausgetragener Schnitt
		Rotierter Schnitt
		Ausgetragener Schnitt
		Ausgeformter Schnitt
		Begrenzungsschnitt
	Verrundung	Verrundung
		Fase
	Lineares Muster	Lineares Muster
		Kreismuster
		Spiegeln
		Kurvengesteuertes Muster
		Skizzengesteuertes Muster
		Tabellengesteuertes Muster
		Füllmuster
		Variables Muster
	Referenz-Geometrie	Ebene
		Achse
		Koordinatensystem
		Punkt
		Massenmittelpunkt
		Verknüpfungsreferenz
	Kurven	Trennlinie
		Projizierte Kurve
		Zusammengesetzte Kurve
		Kurve durch XYZ-Punkte
		Kurve durch Referenzpunkte
		Helix und Spirale

3.2.7 „FeatureManager" und „PropertyManager"

Der **FeatureManager** auf der linken Seite des SOLIDWORKS-Fensters gibt Ihnen einen Überblick über das aktive Teil, die Baugruppe oder Zeichnung. Dies ermöglicht es Ihnen, zu sehen, wie das Modell oder die Baugruppe konstruiert wurde, oder die verschiedenen Blätter und Ansichten in einer Zeichnung zu prüfen.

Der **FeatureManager** und der Grafikbereich sind dynamisch miteinander verknüpft. In beiden Bereichen können Sie Features, Skizzen, Zeichenansichten und Konstruktionsgeometrie auswählen.

Sie können den **FeatureManager** teilen und entweder zwei Exemplare des **FeatureManagers** anzeigen oder den FeatureManager mit dem **ConfigurationManager** oder **PropertyManager** kombinieren. Mit dem **Aufschwingenden FeatureManager** können Sie den FeatureManager und den PropertyManager gleichzeitig anzeigen. Manchmal ist es einfacher, Elemente im aufschwingenden FeatureManager auszuwählen als im Grafikbereich.

3.2.7.1 Anzeige der Manager

Sie können zwischen dem **FeatureManager, PropertyManager, ConfigurationManager** und dem **DisplayManager** wechseln, indem Sie auf die Registerkarten oben im linken Fensterbereich des SOLIDWORKS-Fensters klicken.

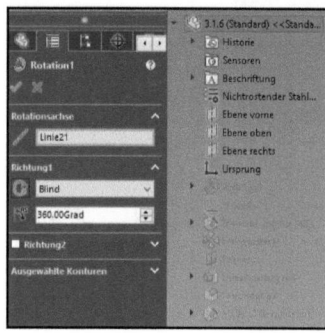

Wenn ein **PropertyManager** aktiv ist, wird automatisch der aufschwingende **FeatureManager** eingeblendet.

Aufklappen, Möglichkeiten:

Klicken Sie auf **+** neben dem Dokumentnamen im aufschwingenden **FeatureManager**.

Klicken Sie auf den Namen des Elements auf oberster Ebene im aufschwingenden FeatureManager. Drücken Sie die **C**-Taste".

3.2.7.2 Der „FeatureManager"

Der **FeatureManager** (1) auf der linken Seite des SOLIDWORKS Fensters gibt Ihnen einen Überblick über das aktive Teil, die Baugruppe oder Zeichnung. Sie erhalten dadurch Einblick in die Konstruktionsweise des Modells oder der Baugruppe oder können die verschiedenen Blätter und Ansichten in einer Zeichnung prüfen.

3.2.7.3 Der „PropertyManager"

Mithilfe des **PropertyManagers** (2) können Eigenschaften und andere Optionen für viele SOLIDWORKS Befehle festgelegt werden. Der **PropertyManager** wird auf der PropertyManager Registerkarte in der Fensterhälfte links vom Grafikbereich eingeblendet. Er wird geöffnet, wenn Sie Elemente oder Befehle, die im **PropertyManager** definiert sind, auswählen.

3.2.7.4 Aufschwingender „FeatureManager"

Mit dem aufschwingenden **FeatureManager** (3) können Sie den FeatureManager und den PropertyManager gleichzeitig anzeigen. Manchmal ist es einfacher, Elemente im aufschwingenden **FeatureManager** auszuwählen als im Grafikbereich. Außerdem können Sie ausgewählte Elemente ausblenden, ihre Transparenz ändern, sie vergrößern oder aufrufen. Sie können Elemente aber nicht unterdrücken oder den Aufbau

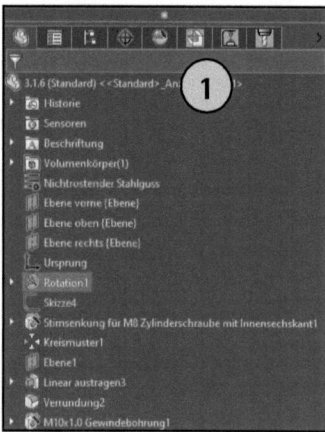
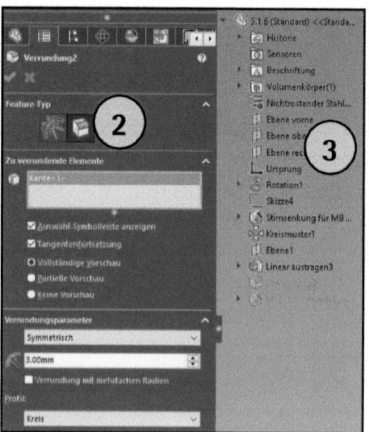

3.2.7.5 „ConfigurationManager"

ConfigurationManager:

Der **ConfigurationManager** ist ein Werkzeug, mit dem mehrere Konfigurationen von Teilen und Baugruppen erstellt, ausgewählt und angezeigt werden können.

Configuration-
Manager

3.2.7.6 „DimXpertManager"

DimXpertManager:

Der **DimXpertManager** führt die Toleranz-Features auf, die von DimXpert für Teile definiert sind. Er zeigt auch DimXpert-Werkzeuge an, die Sie zum Einfügen von Bemaßungen und Toleranzen in Teile verwenden. Sie können diese Bemaßungen und Toleranzen in Zeichnungen importieren.

DimXpert-
Manager

3.2.7.7 „DisplayManager"

DisplayManager:

Der Anzeige-Manager gibt Bearbeitungszugriff auf Erscheinungsbilder, Abziehbilder, Bühnen, Beleuchtungskörper und Kameras, die beim aktuellen Modell angewendet werden, und führt diese auf. Wenn **PhotoView 360** als Zusatzanwendung aktiviert ist, bietet der **DisplayManager** Zugriff auf PhotoView Optionen.

Display-
Manager

3.2.8   Task-Fensterbereich

Der Task-Fensterbereich bietet Zugriff auf SOLIDWORKS Ressourcen, Bibliotheken von wiederverwendbaren Konstruktionselementen, Ansichten, die auf ein Zeichenblatt gezogen werden können, und andere nützliche Elemente und Informationen. Der Task-Fensterbereich wird beim Öffnen der SOLIDWORKS Software eingeblendet.

3.2.8.1 Die Registerkarte „Taskansicht", Register „SOLIDWORKS Resourcen"

Die Registerkarte **SOLIDWORKS Ressourcen** im Task-Fensterbereich enthält Befehle, Verknüpfungen und Informationen.

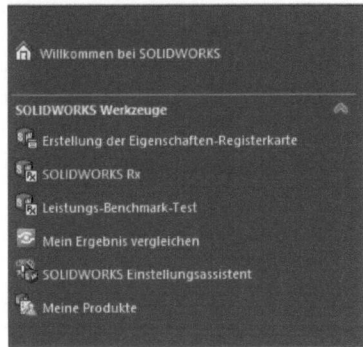

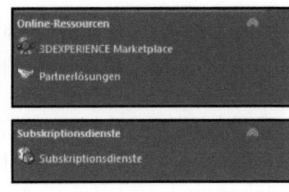

3.2.8.2 Die Registerkarte „Taskansicht", Register „Konstruktionsbibliothek"

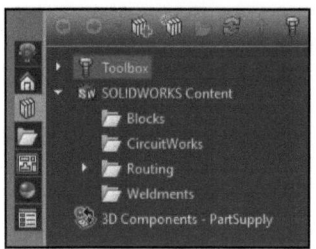

Konstruktionsbibliothek:

Die Registerkarte **Konstruktionsbibliothek** im Task-Fensterbereich bietet einen zentralen Speicherort für wiederverwendbare Elemente wie Teile, Baugruppen und Skizzen.

Sie erkennt Elemente, die nicht wiederverwendbar sind, wie etwa SOLIDWORKS Zeichnungen, Textdateien oder andere Dateien, die keine SOLIDWORKS Dateien sind, nicht.

Konstruktions Bibliothek

Konstruktionsbibliothek:

Unterordner, die von SOLIDWORKS mit wiederverwendbaren Elementen wie Teilen, Blöcken und Beschriftungen gefüllt werden.

Toolbox:

Toolbox

Um auf den Inhalt zugreifen zu können, installieren Sie den SOLIDWORKS-Toolbox Browser und aktivieren Sie ihn als Zusatzanwendung.

SOLIDWORKS Content:

SOLIDWORKS Content

Weiterer SOLIDWORKS Inhalt für Blöcke, Routing, CircuitWorks und Schweißkonstruktionen; **Ctrl+** -klicken Sie, um **.Zip**-Dateien auf Ihr System zu laden.

PartSupply

3D-Componets PartSupply

So greifen Sie über den **3D**EXPERIENCE Marketplace auf Part Supply zu.

3.2.8.3 Die Registerkarte „Datei-Explorer"

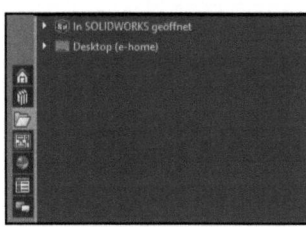

Datei-Explorer:

Die Registerkarte **Datei-Explorer** im Task-Fensterbereich ist eine Kopie von Windows Explorer auf Ihrem lokalen Computer und zeigt die Verzeichnisse an.

3.2.8.4 Die Registerkarte „Ansichtspalette"

Ansichts-Palette

Verwenden Sie die Ansichtspalette im Task-Fensterbereich zum schnellen Einfügen einer oder mehrerer Ansichten in die Zeichnung. Diese Palette enthält Bilder von Standardansichten, Beschriftungsansichten, Schnittansichten und Abwicklungen (Blechteile) des ausgewählten Modells. Sie können die Ansichten auf das Zeichenblatt ziehen, um eine Zeichenansicht zu erstellen.

Jede Ansicht wird dabei als Modellansicht. Die Ausrichtung der Ansichtspalette basiert auf den acht Standardausrichtungen (*Vorderseite, *Rechts, *Oben, *Rückseite, *Links, *Unten, *Aktuell und *Isometrisch) und den benutzerdefinierten Ansichten im Teil bzw. in der Baugruppe. Nachdem Sie die Ansicht platziert haben, können Sie Ansichten falten oder hieraus projizieren.

3.2.8.5 Die Registerkarte „Taskansicht",
Register „Erscheinungsbilder, Bühnen, Abziehbilder"

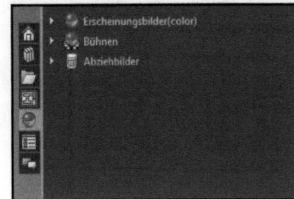

Erscheinungsbilder, Bühnen, Abziehbilder:
Wenn Sie ein Erscheinungsbild, eine Bühne oder ein Abziehbild von der Registerkarte Erscheinungsbilder in den Grafikbereich ziehen, können Sie es direkt auf das Modell anwenden.

Wenn Sie auf der Registerkarte **Erscheinungsbilder** auf Erscheinungsbild oder Bühne doppelklicken, werden die Elemente dem aktiven Dokument angefügt.

Wenn Sie auf ein Abziehbild doppelklicken, wird der PropertyManager **Abziehbild** geöffnet. Das Abziehbild wird jedoch nicht in den Grafikbereich eingefügt.

Erscheinungsbilder:
Ein Erscheinungsbild definiert die visuellen Eigenschaften eines Modells, einschließlich Farbe und Textur.

Erscheinungsbilder wirken sich nicht auf die physikalischen Eigenschaften aus, die von Materialien definiert werden.

Erscheinungs-
bilder

Bühnen:
Bühnen bilden den visuellen Hintergrund hinter einem Modell. In SOLIDWORKS sorgen sie für Reflexionen auf dem Modell.

Wenn **PhotoView 360** aktiviert ist, bieten Bühne eine realistische Lichtquelle mit Beleuchtung und Reflexionen, wodurch weniger Beleuchtungseinstellungen nötig sind.

Die Objekte und Lichter in einer Bühne können Reflexionen auf dem Modell darstellen und Schatten auf den Boden werfen.

Bühnen

Abziehbilder:
Ein Abziehbild ist ein 2D-Bild, das auf ein Modell angewendet wird. Sie können Abziehbilder zur Anbringung von Warnungen oder Instruktionen an Modellen verwenden.

Sie können die Abziehbilder auch zur Erstellung von Modelldetails verwenden, die sie effektvoll mit einem Bild anstatt mit der Modellgeometrie repräsentieren können, wie z.B. eine Motorhaube oder einen Bilderrahmen.

Sie können Abziehbilder in SOLIDWORKS ansehen und anwenden. Sie können Abziehbilder in in **eDrawings** und **PhotoView 360** ansehen.

Abziehbilder

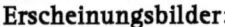

Benutzerdefinierte Eigenschaften

3.2.8.6 Die Registerkarte „Benutzerdefinierte Eigenschaften"

Verwenden Sie die Registerkarte **Benutzerdefinierte Eigenschaften** in der Taskansicht, um benutzerdefinierte und konfigurationsspezifische Eigenschaften in SOLIDWORKS Dateien einzugeben und anzuzeigen.

Die zur Dateneingabe verfügbaren Felder richten sich nach dem aktiven Dokumenttyp und den Feldern, die der Administrator für diesen Dokumenttyp definiert hat. Wenn für den aktiven Dokumenttyp mehrere Vorlagen verfügbar sind, wählen Sie in der Liste die gewünschte Vorlage aus.

3.2.8.7 Die Registerkarte „SOLIDWORKS Forum"

SOLIDWORKS Forum

Sie können das **SOLIDWORKS Discussion Forum** (Diskussionsforum) von innerhalb des Task-Fensterbereichs auf der Registerkarte SOLIDWORKS Forum durchsuchen. Wenn Sie die Registerkarte SOLIDWORKS Forum zuerst öffnen, werden dort die neuesten Forumsbeiträge angezeigt. Sie können Forumsbeiträge mithilfe der Suche und über verschiedene Dropdown-Menü-Filter durchsuchen.

3.2.9 Der „Hilfe"-Fensterbereich

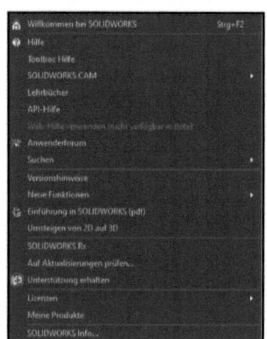

Beim Zugriff auf die Hilfe wird eine Web-Version der Dokumentation in einem Web-Viewer angezeigt. Ermittlung relevanter Themen mittels Relevanzaufstellung, Rechtschreibkorrektur, kurzen Beschreibungen in Suchergebnisansichten und Navigation unter Anleitung. Navigieren Sie mittels der Schaltflächen Weiter und Zurück sowie der Pfadangabe oben in den Hilfethemen. Greifen Sie auf die aktualisierte Web-Hilfe zu, ohne große kompilierte Hilfedateien (.chm-Dateien) herunterladen zu müssen.

3.2.9.1 Der „Hilfe"-Fensterbereich, weitere Dialogboxen

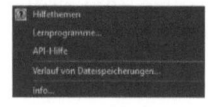  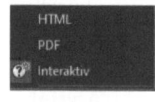 

SOLIDWORKS CAM   **Suchen**   **Neue Funktionen**   **Lizenzen**

3.2.9.1 Die Registerkarte „Taskansicht", Register „3DEXPERIENCE"

Verwenden Sie die **3D**EXPERIENCE Platform, um Ihre Daten in der Cloud zu speichern und mithilfe eines zentralen Speicherorts für Ihre Dateien mit anderen Kollegen zusammenzuarbeiten.

3.2.10 Head-Up-Ansichtssymbolleiste

Eine transparente Symbolleiste in jedem einzelnen Viewport bietet alle üblichen Werkzeuge, die bei der Ansichtsbearbeitung Verwendung finden. Im Anzeige-Fensterbereich können Sie verschiedene Anzeigeeinstellungen in Teil-und Zeichnungsdokumenten anzeigen. Bei Baugruppen und Teilen können Sie die Einstellungen außerdem ändern. Die Pfeilsymbole öffnen folgende Flyouts:

Flyout **Ansichtseinstellungen**, Flyout **Bühne übernehmen**,
Flyout **Elemente Ein-und Ausblenden**, Flyout **Anzeigeart** und
Flyout **Ansichtsausrichtung**.

Weiterhin sind folgende Schaltflächen zu aktivieren:

in **Fenster zoomen**, **Ausschnitt vergrößern**, **vorherige Ansicht**,
„**Schnittansicht** und **Erscheinungsbild bearbeiten**.

3.2.10.1 Flyout „Ansichts-Einstellungen", Auszug

Ansichts-Einstellungen

RealViewGraphics:
RealView Graphics ist ein Hardware-Support für erweitertes Schattieren in Echtzeit, einschließlich Eigenschatten und Bühnenreflexionen.

RealView-Graphics

Schatten im Modus „Schattiert":
Zeigt einen Schatten unter dem Modell an. Wenn Schatten angezeigt werden, fällt das Licht vom höchsten Punkt des Modells in der aktuellen Ausrichtung. Wenn Sie das Modell drehen, wird der Schatten mit dem Modell gedreht.

Schatten im Modus „Schattiert"

Perspektive:
Die Perspektive steht in Bezug auf die Größe des Objekts, das betrachtet wird, und die Entfernung dieses Objekts vom Betrachter. Sie können die Perspektive modifizieren, indem Sie Objektgrößen entfernt definieren. Je kleiner der Wert ist, umso größer ist die perspektivische Verzerrung.

Perspektive

3.2.10.2 Schaltfläche „Bühne übernehmen"

Bühnen und ihre Beleuchtungsschemata sind eng miteinander verknüpft, Bühnenbeleuchtung kann von den folgenden Quellen stammen:
Punktlicht, Scheinwerfer und gerichtete Lichter, die in SOLIDWORKS Open GL Grafik, RealView und PhotoView sichtbar sind. Beleuchtung vom Umgebungslicht der Bühne, die nur in PhotoView sichtbar ist. Diese Quelle der Beleuchtung ist von hoher Qualität und imitiert die echte Beleuchtung bei der Erstellung der Umgebung sehr genau. Neben den Steuerungen für Punktlichter, Scheinwerfer und gerichtete Lichter können Sie die Bühnenbeleuchtung steuern, wenn PhotoView aktiviert ist. Diese Steuerungen sind im PropertyManager Bühne auf der Registerkarte Beleuchtung verfügbar.

Bühne übernehmen

Erscheinungs-
bild bearbeiten

3.2.10.3 Schaltfläche „Erscheinungsbild bearbeiten"

Verwenden Sie die Registerkarte **Erscheinungsbild**, um dem ausgewählten Material eine neue Farbe oder Textur zuzuweisen. Änderungen am Erscheinungsbild wirken sich nur auf die visuelle Darstellung, nicht aber auf die physikalischen Eigenschaften des Teils aus.

Anwenden des Erscheinungsbilds von **Materialname** wendet die visuellen und physikalischen Eigenschaften des ausgewählten Materials an. Wenn die Option deaktiviert ist, werden nur die physikalischen Eigenschaften angewendet.
Wählen Sie in der Erscheinungsbildstruktur auf der linken Seite der Registerkarte ein Erscheinungsbild aus. Die Standardvorschau des Erscheinungsbilds wird in der unten rechts auf der Registerkarte eingeblendet

3.2.10.4 Flyout „Elemente Ein-und Ausblenden"

Diese Funktion ermöglicht die Auswahl von aus-oder einzublendenden Elementen.

Flyout Elemen-
te Ein-und
Ausblenden

Klicken Sie auf der Ansichts-Symbolleiste oder der **Head-Up-Ansichtssymbolleiste** auf **Elemente ausblenden/einblenden**, und aktivieren oder deaktivieren Sie dann ein Element im Menü.

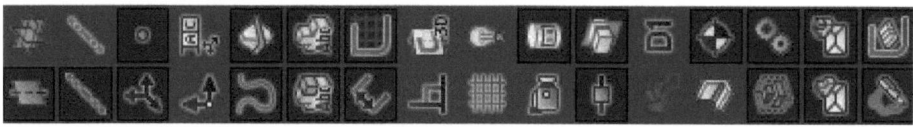

3.2.10.5 Flyout „Anzeigeart"

Sie können Optionen für die Standardanzeige von Kanten in allen Zeichnungsdokumenten festlegen. Die festgelegten Anzeigetypen gelten für neue Zeichenansichten mit Ausnahme neuer Ansichten, die von bestehenden Ansichten erstellt werden. Wenn Sie eine neue Ansicht von einer bestehenden Ansicht erstellen, so werden in der neuen Ansicht die Anzeigeeinstellungen der Ausgangsansicht verwendet.

Schattiert
mit Kanten

Schattiert

Drahtmodell

Verdeckte Kan-
ten sichtbar

Verdeckte Kan-
ten ausgeblen-
det

Integrierte
Vorschau

Anzeigesteuerung:
Flyout-Steuerung, mit der Sie die Anzeigeart des aktiven Dokuments auswählen können.
Schattiert mit Kanten:
Zeigt eine schattierte Ansicht mit sichtbaren Kanten an.
Schattiert:
Zeigt eine schattierte Ansicht des Modells an.
Drahtmodell:
Zeigt alle Kanten des Modells an.
Verdeckte Kanten sichtbar:
Zeigt das Modell mit allen Kanten, die von der aktuellen Perspektive nicht sichtbar sind, in Grau an.
Verdeckte Kanten ausgeblendet:
Zeigt das Modell mit allen Kanten, die vom aktuellen Gesichtswinkel nicht sichtbar sind, ausgeblendet an.
Integrierte Vorschau
Zeigt die PhotoView 360-Vorschau im Grafikbereich an.

3.2.10.6 Flyout „Ansichtsausrichtung"

Sie können das Modell oder die Zeichnung zu einer vordefinierten Ansicht drehen oder zoomen. Wählen Sie eine der Standardansichten aus:

Normal auf, **Vorderseite**, **Rückseite**, **Isometrisch** usw. für ein Modell, **Ganzes Blatt** für eine Zeichnung oder fügen Sie Ihre eigenen benutzerdefinierten Ansichten im Dialogfeld **Ausrichtung** hinzu.

Um zur vorherigen Ansicht zurückzukehren, klicken Sie in der **Head-Up-Ansichtssymbolleiste** auf **Vorherige Ansicht**. Die letzten 10 Ansichtsänderungen können jeweils rückgängig gemacht werden Die Standardansichten-Symbol-leiste bietet folgende Werkzeuge:

Ansichts-Ausrichtung

Zum Ausrichten des Teils und der Baugruppe in der vordefinierten Standardansicht an.

Zur Ansicht des Modells oder der Zeichnung durch Viewports.

Sie können den Ansichten-Selektor verwenden, um Modellansichten anzuzeigen und auszuwählen.

Ansichtsausrichtung, DIN ISO 128-30:

 Vorderansicht

 Rückseite

 Links

 Rechts

 Oben

 Unten

Ansichtsausrichtung, axometrische Projektion DIN ISO 5456:

 Isometrisch

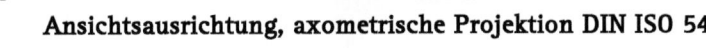 Trimetrisch

 Dimetrisch

Ansichtsausrichtung, Ansichtsfenster:

 Einzelne Ansichten

Doppelansicht Horizontal

 Doppelansicht Vertikal

Vierfach-Ansicht

Ansichten verknüpfen

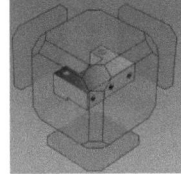

Ansichtsausrichtung, Ansichten-Selektor:

Sie können den **Ansichten-Selektor** verwenden, um Modellansichten im Kontext anzuzeigen und auszuwählen.

Im **Ansichten-Selektor** können Sie anzeigen, wie die Ansichten von rechts, links, vorne, hinten und oben sowie die axonometrischen Ansichten aussehen sollen. Klicken Sie auf eine Fläche des Ansichten-Selektors, um eine Ansicht anzuzeigen.

Ansichtsausrichtung, Ansicht nach Fläche ausrichten:

Bei dieser Methode ist die erste Fläche, die Sie auswählen, parallel zum Bildschirm, und die zweite Fläche, die Sie auswählen, ist oben in der Ansicht.

Ansichtsausrichtung, Ansichten steuern:

Ansichtsausrichtung, Vorherige Ansicht:

Nachdem Sie das Modell zu einer oder mehreren Ansichten verschoben haben, können Sie das Modell oder die Zeichnung in die vorherige Ansicht zurückversetzen.

3.2.11 Weitere Schaltflächen der Head-Up-Ansichtssymbolleiste

3.2.11.1 Flyout „Schnittansicht"

 Schnitt-ansicht

Schnittansicht, in Modellen:

In einer Schnittansicht in einem Teil-oder Baugruppendokument, wird das Modell angezeigt, als wäre es durch Ebenen und Flächen, die Sie festlegen, geschnitten, damit die Innenkonstruktion des Modells angezeigt wird.

3.2.11.2 Flyout „Vorherige Ansicht"

 Vorherige Ansicht

Vorherige Ansicht:

Nachdem Sie das Modell zu einer oder mehreren Ansichten verschoben haben, können Sie das Modell oder die Zeichnung in die vorherige Ansicht zurückversetzen. Die letzten 10 Ansichtsänderungen können jeweils rückgängig gemacht werden.

3.2.11.3 Flyout „Ausschnitt vergrößern"

 Ausschnitt vergrößern

Ausschnitt vergrößern:

Vergrößert einen Ausschnitt, den Sie durch Ziehen eines Rahmens auswählen.

3.2.11.4 Flyout „In Fenster Zoomen"

 In Fenster Zoomen

In Fenster Zoomen:

Vergrößert oder verkleinert, damit Sie das gesamte Modell, die Baugruppe oder das ganze Zeichenblatt sehen können.

3.2.12 Kontextmenüs, Bauteile

Kontextmenüs bieten praktischen Zugriff auf Werkzeuge und Befehle. Um die Menüs sehen zu können, klicken Sie mit der rechten Maustaste, wenn Sie den Cursor über Folgendes führen:

- **Modellgeometrie** (1), **FeatureManager** (2), **Grafikbereich** (3)

Kontextmenüs werden standardmäßig in Kurzversion angezeigt. Klicken Sie auf, um die Langversion mit allen möglichen Punkten anzuzeigen.

Kontextmenüs können angepasst werden:

- Menüpunkte ein- und ausblenden
- Alle Menüpunkte anzeigen
- Menüs auf den Systemstandard zurücksetzen

3.2.12.1 Kontextmenüs im Grafikbereich, Beispiele

- Kontextmenü **Bauteil** (1)
- Kontextmenü **Feature** (2)
- Kontextmenü **Ausgewähltes Objekt-Feature** (3, 4)
- Kontextmenü Arbeitsebene **Ansichtseinstellungen/Änderungen** (5)

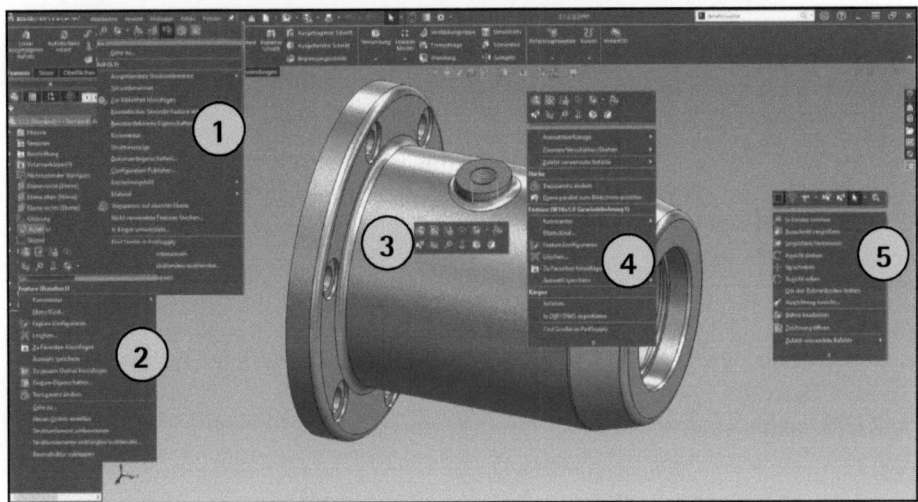

3.2.13 Kontext-Symbolleisten

Wenn Sie Elemente im Grafikbereich oder im **FeatureManager** auswählen, werden Kontext-Symbolleisten eingeblendet und bieten Zugriff auf Operationen, die im vorliegenden Kontext häufig verwendet werden. Die Werkzeuge auf der Kontext-Symbolleiste sind ein Teil jener Elemente, die sich früher in den Kontextmenüs befanden. Kontext-Symbolleisten werden eingeblendet, wenn Sie im Grafikbereich oder im FeatureManager Elemente auswählen. Sie bieten Zugriff auf oft ausgeführte Aktionen in diesem Kontext. Kontext-Symbolleisten sind für Teile, Baugruppen und Skizzen verfügbar.

		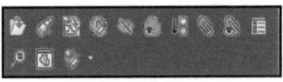
Grafikbereich	**Modellgeometrie**	**FeatureManager**

Studienfehler

 Fehler im Studienfeature

 Warnhinweis

3.2.14 Fehleranzeige

Die Fehleranzeige dient zum Anzeigen von Fehlern und Warnhinweisen im aktuellen Status einer Studie. Wenn ein Fehler vorliegt, kann die Software die Studie nicht ausführen. Bei einem Warnhinweis können Sie nach wie vor die Studie ausführen und vorhandene Ergebnisse anzeigen. Beispiele für häufig auftretende Fehler:

Freistehende Features wie Materialdefinitionen, Lager, Lasten, Vernetzungsprüfung oder Kontaktbedingungen, die auf nicht mehr vorhandene Elemente angewendet sind, vorhandene Ergebnisse, die zwar angezeigt werden können, aber nicht zum aktuellen Status des Modells gehören.

3.2.14.1 Fehlerbeschreibung

Anhand der Symbole im FeatureManager können Sie Neuaufbaufehler und Warnungen erkennen:

 Zeigt einen Fehler beim Modell ein. Das Symbol befindet sich auf dem Dokumentnamen oben im FeatureManager und auf dem Feature, bei dem der Fehler vorliegt ist. Der Text des Teils oder Features wird in Rot angezeigt.

 Zeigt einen Fehler bei einem Feature an. Dieses Symbol befindet sich auf dem Feature-Namen im FeatureManager. Der Text des Features wird in Rot angezeigt.

 Zeigt eine Warnung unterhalb des angezeigten Knotens an. Dieses Symbol befindet sich auf dem Dokumentnamen oben im FeatureManager und im FeatureManager auf dem Eltern-Feature, bei dessen Kind-Feature der Fehler vorliegt ist. Der Text des Features wird in Grün angezeigt.

 Ein Warnhinweis in Bezug auf ein Feature oder eine Skizze. Dieses Symbol befindet sich im FeatureManager auf dem Feature, bei dem der Fehler vorliegt. Der Text des Features oder der Skizze wird in Grün angezeigt.

Das Dialogfeld enthält Spalten mit folgenden Elementen:

Typ: Fehler oder Warnung.

Feature: Der Name des Features und sein Symbol im **FeatureManager**.

Vorschau: Wenn das Symbol **Vorschau** in der Spalte angezeigt wird, klicken Sie auf das Symbol, um das entsprechende Feature im Grafikbereich hervorzuheben.

Hilfe: Wenn das Symbol **Hilfe** in der Spalte angezeigt wird, klicken Sie auf das Symbol, um auf ein Hilfethema mit weiteren Informationen über den Fehler oder das Feature zuzugreifen.

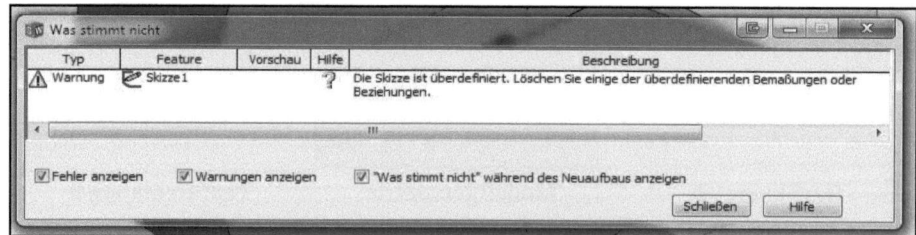

3.2.14.2 Fehlermeldungen und Lösungsmöglichkeiten

Fehlermeldungen und Lösungsmöglichkeiten für Fehler bei der Erstellung von SOLIDWORKS Skizzen und Modellen:

- **Unlösbare Skizze**

Skizzen mit Bemaßungen, die zu unmöglicher Geometrie führen.

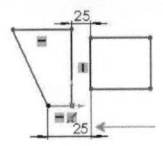

Die Bemaßung referenziert ein Skizzenelement, das für diese Bemaßung nicht gültig ist. Das ungültige Skizzenelement wird in Rot angezeigt.

Mit der Bemaßung wird eine ungültige Skizze erstellt, weil eine Linie mit der Länge 0 erstellt wird.

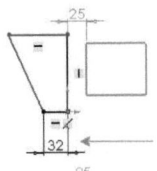

Mögliche Lösung 1:

Die Skizze wird gelöst, indem die Maßhilfslinie zu einem gültigen Element für diese Bemaßung gezogen wird.

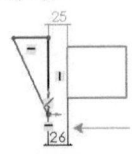

Mögliche Lösung 2:

Die Skizze wird gelöst, indem die untere Bemaßung auf einen Wert > 25 geändert wird, so dass die untere horizontale Linie nicht mehr die Länge 0 hat.

- **Überdefinierte Skizze**

Skizzen mit überflüssigen Bemaßungen oder Beziehungen.

Mit der Bemaßung 100 wird eine unlösbare Skizze erstellt, weil diese Bemaßung die Summe der zwei anderen Dreiecksseiten nicht übersteigen kann. Die unlösbare Skizze ist in Gelb angezeigt.

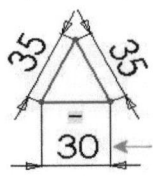

Die Skizze wird gelöst, indem die Bemaßung auf einen lösbaren Wert geändert wird.

- **Element kollidiert**

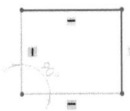

Bei überdefinierten Beziehungen werden die überdefinierenden Skizzenelemente und Beziehungsbeschreibungen in Gelb angezeigt.

Überdefinierte Bemaßungen werden in Gelb angezeigt.

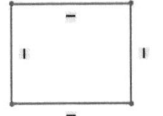

Mögliche Lösung:

Die Skizze wird durch Löschen der überflüssigen 90°-Bemaßung repariert.

Zum Reparieren der Skizze kann auch die überflüssige vertikale oder horizontale Beziehung gelöscht werden.

Manchmal kann eine Verknüpfung nicht erfüllt werden, weil die Komponenten über Zwangsbedingungen verfügen, die eine Verknüpfung unmöglich machen. Die Komponenten können fixiert oder mit anderen Komponenten verknüpft sein.

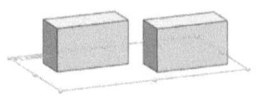

Die unteren Flächen dieser zwei Blöcke sind mit derselben Ebene verknüpft.

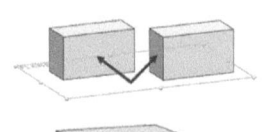

Wenn Sie eine deckungsgleiche Verknüpfung zwischen die Seite des einen Blocks und die Seite des anderen Blocks hinzufügen.

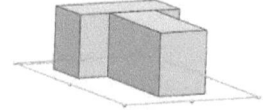

Die Blöcke werden in die Verknüpfung verschoben.

- **Freistehende Geometrie**

Bemaßungen oder Beziehungen zu Geometrie, die nicht mehr existiert.

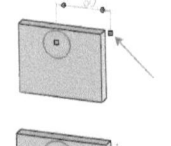
Freistehende Bemaßung

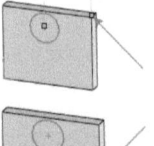
Mögliche Lösung: Bemaßung wird durch Ziehen repariert.

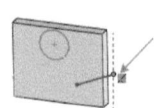
Freistehende Beziehung

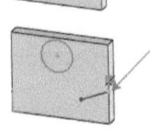
Mögliche Lösung: Beziehung wird mit dem Werkzeug Beziehungen anzeigen / löschen repariert.

- **Skizze auf Feature prüfen**

Beispiel für die Prüfung von Skizzenkonturen auf die Eignung für ein Rotations-Feature.

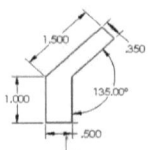

Klicken Sie in einer offenen Skizze auf Extras / Skizzierwerkzeuge / Skizze auf Feature prüfen. Wählen Sie für Feature-Verwendung die Option Basis-Rotation aus. Mehrfach unverbunden geschlossen wird als Konturtyp angezeigt.
Klicken Sie auf **Prüfen**.
Eine Diagnosemeldung wird angezeigt, und die entsprechende überflüssige Kante wird hervorgehoben.

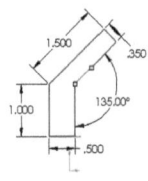

Die Skizze kann nicht für ein Feature verwendet werden, da ein Endpunkt fälschlicherweise von mehreren Elementen geteilt wird. Löschen Sie die hervorgehobene Kante.
Klicken Sie erneut auf **Prüfen**.
Die gleiche Meldung wird eingeblendet und eine andere überflüssige Kante wird hervorgehoben.

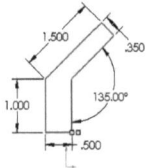

Die Skizze kann nicht für ein Feature verwendet werden, da ein Endpunkt fälschlicherweise von mehreren Elementen geteilt wird. Löschen Sie die hervorgehobene Kante.
Klicken Sie erneut auf Prüfen. Eine neue Meldung weist darauf hin, dass die hervorgehobene Kante nicht mit den schneidenden Kanten verbunden ist. Die Skizze hat mehr als eine offene Kontur. Trimmen Sie ein Ende der Kante, und verlängern.

Wenn Sie die Geometrie einer Komponente so ändern, dass die Verknüpfung nicht mehr erfüllt sein kann, werden die Verknüpfungen freistehend.

Eine konzentrische Verknüpfung besteht zwischen der Welle und dem kleineren Durchmesser auf der Kappe. Später werden Sie eine Verrundung zur Kappe hinzufügen, wodurch die kleinere zylindrische Fläche eliminiert wird. Die konzentrische Verknüpfung mit dieser Fläche kann nicht mehr erfüllt werden.

- **Wandungsfehler**

Potentielle Fehler im Zusammenhang mit Wandungsoperationen.

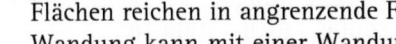

Flächen reichen in angrenzende Flächen hinein.
Wandung kann mit einer Wandungsdicke von 1 mm nicht erstellt werden. Die Modelldicke am gezeigten Punkt liegt unter 1 mm. Die innere Fläche dringt durch die äußere Fläche.

Die Wandungsdicke ist größer als der Mindestradius der Krümmung.
Die Wandung kann nicht erstellt werden, da die Wanddickeneinstellung größer als der Mindestkrümmungsradius für das Modell ist.

Einige dreiseitige Oberflächen können nicht ordnungsgemäß ausgewandet werden, da es Probleme beim Lösen von Wandungen am Eckpunkt gibt.

Wandungen können fehlschlagen, wenn ausgetragene Schnitte, die eine bestehende Modellkante verwenden, kleine Flächen entlang der resultierenden Kante produzieren.

- **Geometrie der Dicke Null**

Volumenkörperkanten, -Eckpunkte, und tangentiale Kanten, die zu einer Geometrie mit der Dicke Null führen.

Jede Kante eines Volumenkörpers muss genau zwei angrenzende Flächen aufweisen.

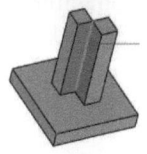

Eckpunkte, an denen sich Geometrie der Dicke Null befindet.

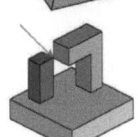

Eckpunkte, an denen sich Geometrie der Dicke Null befindet.

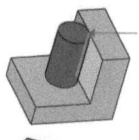

Tangentiale Linie mit Geometrie der Dicke Null.

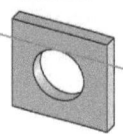

Geometrie der Dicke Null entsteht, wenn Sie versuchen, einen Schnitt tangential zu einer Bohrung linear auszutragen. Dies ist häufig der Grund für fehlerhafte Schnittansichten in Zeichnungen.

- **Verknüpfungsfehler**

Fehlermeldungen, Warnungen und Fehlersymbole im Zusammenhang mit Baugruppenverknüpfungen.

Wenn es im Ordner **Verknüpfungen** 📎 **eingeblendet** wird, bedeutet dies, dass mindestens eine Verknüpfung nicht erfüllt ist.

Wenn es im Ordner **Verknüpfungen** 📎 **angezeigt** wird, weist es darauf hin, dass zwar alle Verknüpfungen erfüllt sind, aber mindestens eine Verknüpfung überdefiniert ist.

Im folgenden Beispiel besteht zwischen den rechtsseitigen Bohrungen der zwei Teile eine konzentrische Beziehung. Wenn Sie versuchen, eine zweite konzentrische Beziehung den blau angezeigten, linksseitigen Bohrungen hinzuzufügen, ist die Baugruppe überdefiniert, weil der Abstand zwischen den Bohrungen an einem Teil nicht mit dem Abstand zwischen den entsprechenden Bohrungen am anderen Teil identisch ist.

Manchmal scheint die Geometrie in oder zwischen den Komponenten richtig zu sein, ist aber geringfügig inkorrekt.

Es können beispielsweise folgende Situationen vorliegen:

- Zwei Komponenten sehen parallel aus, laufen aber leicht auseinander.
- Ein importierter Block scheint orthogonale Seiten zu haben, aber der Winkel zwischen den zwei Flächen beträgt 90,1 Grad.
- Zwei Komponenten scheinen gleich hoch zu sein, sind aber leicht unterschiedlich.
- Schraubenbohrungen in zwei Komponenten, die den gleichen Abstand zueinander haben. Eine Komponente verwendet jedoch gerundete metrische Einheiten, die andere Komponente abgerundete englische Einheiten.

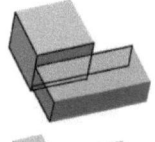

Sie richten zwei Blöcke so aus, dass sie auf einer Seite und einem Ende deckungsgleich sind, wie in der Abbildung gezeigt. Bei visueller Betrachtung entsteht der Eindruck, dass die Blöcke orthogonal sind.

Fügen Sie zuerst eine deckungsgleiche Verknüpfung zwischen den Seiten ein.

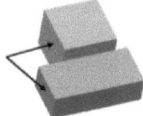

Fügen Sie dann eine deckungsgleiche Verknüpfung zwischen den Enden hinzu.

3.2.15 SOLIDWORKS Connected 2025 Hauptfenster

Sie können automatisch das SOLIDWORKS-Hauptfenster so positionieren und vergrößern bzw. verkleinern, dass es sich über zwei Anzeigen erstreckt. Sie können außerdem zwei Dokumentfenster so positionieren und vergrößern bzw. verkleinern, dass sie sich über eine oder zwei Anzeigen erstrecken.

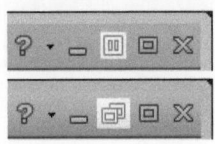

Wenn Sie mehrere Anzeigen haben, können Sie mithilfe von Anzeigen übergreifend zwei Anzeigen aufspannen, ohne manuell die Größe des SOLIDWORKS-Fensters ändern zu müssen.

Wenn zwei Anzeigen nebeneinander konfiguriert sind, werden mit Anzeigen übergreifend die zwei Anzeigen unter Verwendung der Höhe der Anzeige mit der kleinsten vertikalen Auflösung aufgespannt, wie in der Abbildung gezeigt.

Wenn zwei Anzeigen übereinander konfiguriert sind, werden mit Anzeigen übergreifend die zwei Anzeigen unter Verwendung der Breite der Anzeige mit der kleinsten horizontalen Auflösung aufgespannt, wie in der Abbildung gezeigt. Bei mehr als zwei Anzeigen werden mit Anzeigen übergreifend nur zwei davon aufgespannt, und die folgende Prioritätsreihenfolge wird verwendet, um zu bestimmen, welche zusätzliche Anzeige aufgespannt wird: Rechts, Links, Unten, Oben.

3.2.15.1 Fenster teilen auf „Anzeigen"

Sie können ein Dokumentfenster so teilen, dass es die Hälfte einer Anzeige einnimmt oder den ganzen verfügbaren Platz auf einer von zwei Anzeigen. Sie können auch die Größe des SOLIDWORKS Fensters anpassen, um eine einzelne Anzeige auszufüllen oder um zwei Anzeigen gleichzeitig zu erstellen, während Sie ein Dokumentfenster teilen.

Links Anordnen

Rechts Anordnen

Diese Funktion ist nützlich bei der Anordnung von zwei Dokumentfenstern, um den verfügbaren Anzeigeplatz optimal zu nutzen. Sie können z. B. ein Dokumentfenster mit einer Baugruppe auf einer Anzeige und eines mit einem Teil dieser Baugruppe auf der anderen Anzeige teilen. Auf diese Weise können auch zwei Dokumentfenster angeordnet werden, wenn mehr als zwei Dokumentfenster geöffnet sind.

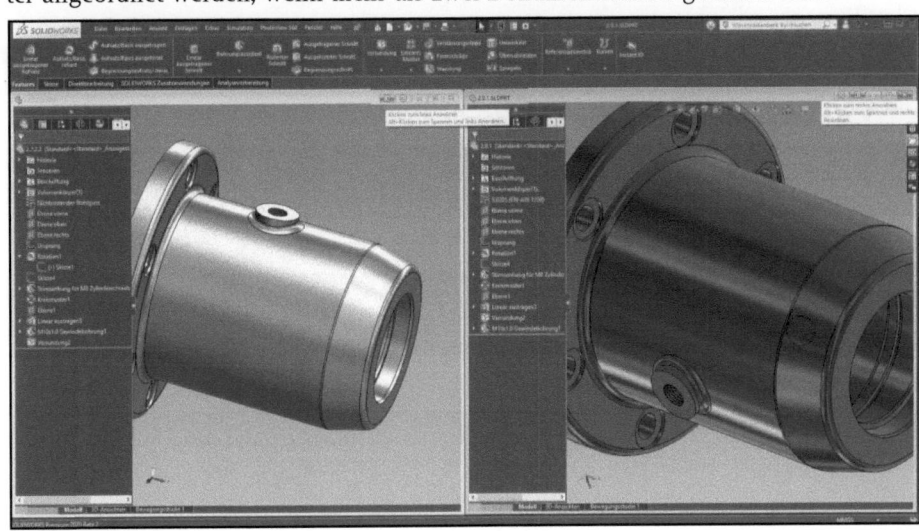

Compass

Neu

Teil.prtdot

3.3 Erstellen einer neuen Vorlagendatei für Bauteile

3.3.1 SOLIDWORKS Connected 2025, der Programmstart

- Melden Sie sich auf der **3DEXPERIENCE-Plattform** mit dem **Launcher** an.
- Klicken Sie in der oberen Leiste des **3D**Dashboard auf den **Compass**.
- Klicken Sie auf **SOLIDWORKS Connected** öffnen (1, 2).

3.3.2 Öffnen der SOLIDWORKS-Vorlagendatei

- Menüleiste **Neu** (1) / / **Teil** anklicken (2) / **OK** (3, 4)

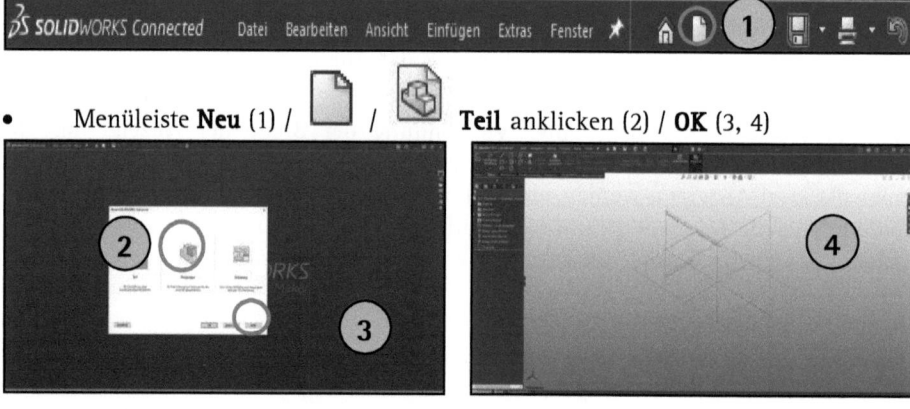

3.3.3 Anpassen der Symbolleisten

3.3.3.1 Festlegen der Schaltflächengröße, Befehlsleiste

Im Flyout **Optionen** (5) können Sie die Schaltflächengröße als klein, mittel oder groß festlegen. Sie können die größere Größe auswählen, wenn Sie die SOLIDWORKS Software auf einem Computer mit einer hochauflösenden Anzeige ausführen oder um die Auswahl von Werkzeugen beim Verwenden einer Touch-Oberfläche zu erleichtern.

Optionen

Klein (Standardwert)

Mittel

Groß

- Schaltflächengröße **Klein** (Standard):

- Schaltflächengröße **Mittel:**

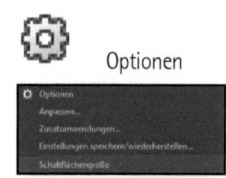

- Schaltflächengröße **Groß:**

3.3.3.2 Festlegen der Schaltflächengröße über Optionen/Anpassen

- Klicken Sie auf den Pfeil neben dem Symbol **Optionen**.
- Wählen Sie **Anpassen**.
  Auf der Registerkarte **Symbolleisten** wählen Sie:
  CommandManager aktivieren,
  Große Schaltflächen mit Text (6),
  Große Tooltips mit Bildern (7),
  Kontext-Symbolleiste bei Auswahl anzeigen
  in Kontextmenü anzeigen (8)

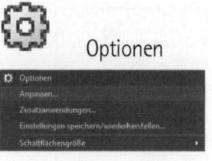

Optionen

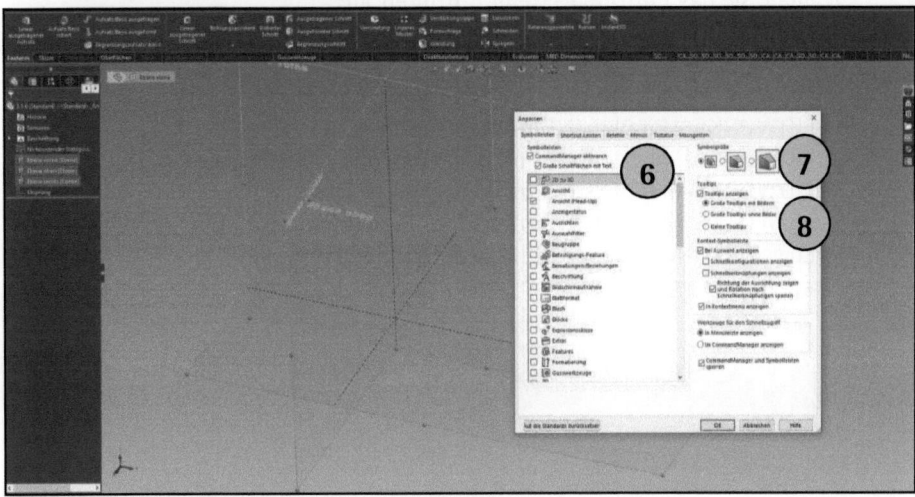

3.3.3.3 Verankern der festgelegten Symbolleisten

- Klicken Sie auf den Pfeil neben dem Symbol **Optionen**.
- Wählen Sie **Anpassen**.
- Auf der Registerkarte **Symbolleisten** wählen Sie:
  CommandManager und Symbolleisten sperren (9)

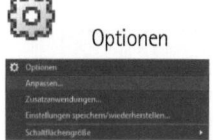

Optionen

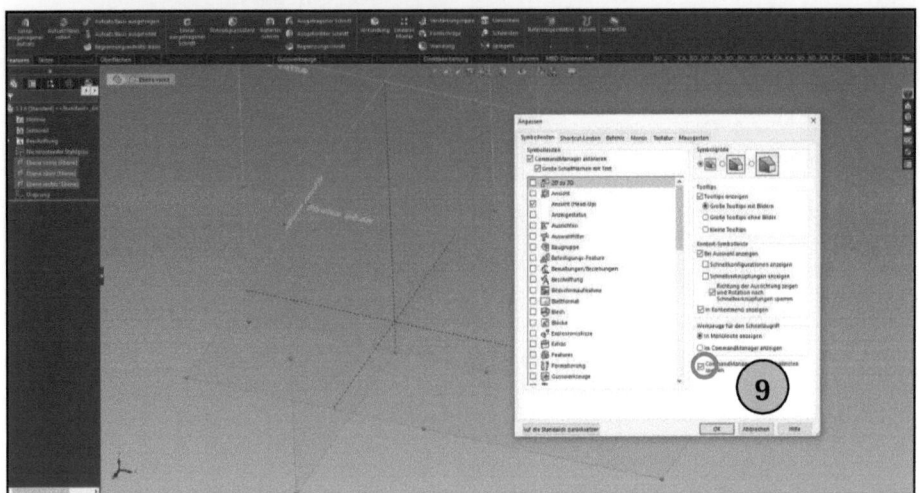

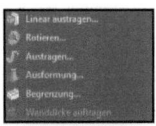
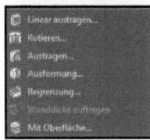

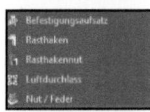

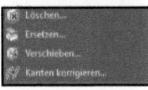
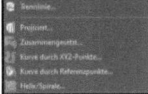

3.3.3.4 Die SOLIDWORKS-Menüleiste, Bauteil-Features, Auszüge

Nicht alle Feature-Funktionen haben Platz auf der Symbolleiste gefunden so dass diese Funktionen über die SOLIDWORKS-Menüleiste aufgerufen werden müssen. Die Menüs werden eingeblendet, wenn Sie den Cursor über das SOLIDWORKS Logo bewegen oder darauf klicken.

Sie können die Menüs auch mit dem Stecknadelsymbol anheften, um sie jederzeit sichtbar zu haben. Wenn die Menüs angeheftet sind, wird die Symbolleiste nach rechts verschoben.

- Wählen Sie das PullDown-Menü **Einfügen** an:
  SOLIDWORKS-Menüleiste **Einfügen / Aufsatz Basis** (1)
  SOLIDWORKS-Menüleiste **Einfügen / Ausschneiden** (2)
  SOLIDWORKS-Menüleiste **Einfügen / Features** (3)
  SOLIDWORKS-Menüleiste **Einfügen / Muster spiegeln** (4)
  SOLIDWORKS-Menüleiste **Einfügen / Befestigungs-Feature** (5)
  SOLIDWORKS-Menüleiste **Einfügen / Oberfläche** (6)
  SOLIDWORKS-Menüleiste **Einfügen / Fläche** (7)
  SOLIDWORKS-Menüleiste **Einfügen / Kurve** (8)

3.3.4 Anpassen des Grafikbereiches

3.3.4.1 Farbzuweisung des Grafikbereiches, Vorschlag

Optionen / Register **Systemoptionen** / **Farben**
Option Symbolfarbe **Klassisch** Hintergrund **Dunkel** / **OK** (10)

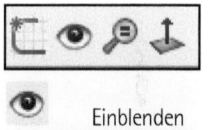

Optionen

3.3.4.2 Aktivieren der Arbeitsebenen

Für die Konstruktion der ersten Lerneinheiten ist es sinnvoll, eine isometrische Ansichtslage des Grafikbereichs mit eingeschalteten Hauptebenen einzustellen.
Klicken Sie im **FeatureManager** (11) nacheinander auf:

Ebene oben, Ebene vorne, Ebene rechts

Wählen Sie im erscheinenden **Flyout** jeweils die Option **Einblenden**.

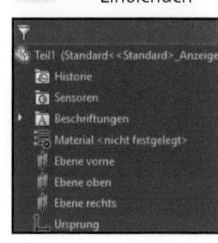

Einblenden

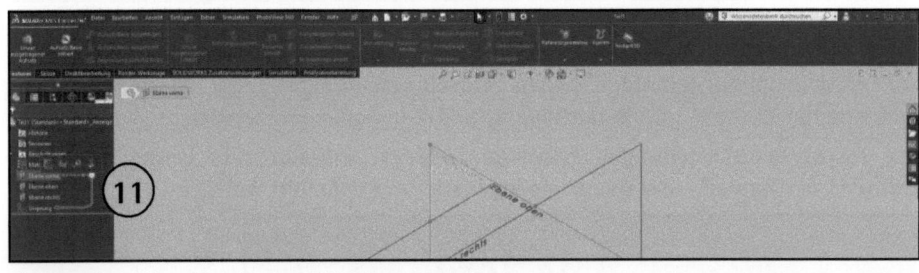

3.3.4.3 Einschalten der isometrischen Darstellung

Flyout **Ansichtsausrichtung** (**Head-Up**-Ansichtssymbolleiste)

Wählen Sie **Isometrisch** (12).
Die isometrische Darstellung der Arbeitsebene zeigt die anwählbaren Arbeitsebenen
Ebene oben (13), **Ebene vorne** (13), **Ebene rechts** (13)

Flyout
Ansichts
ausrichtung

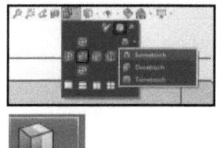

Isometrisch

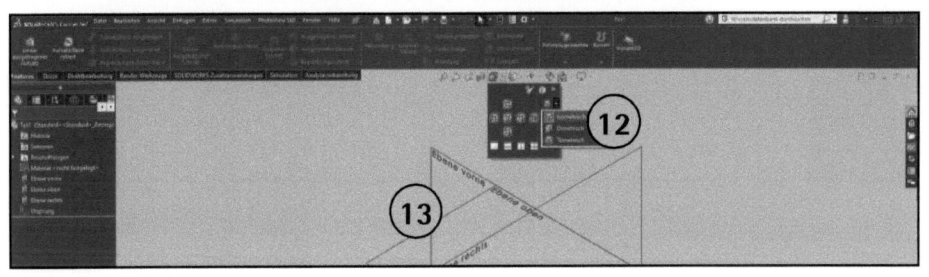

Bühne
bearbeiten

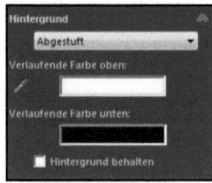

3.3.4.4 Zuweisung einer Hintergrunddarstellung

Klicken Sie mit der rechten Maustaste im Grafikbereich.

Wählen Sie aus dem Kontextmenü **Bühne bearbeiten** (1).

Klicken Sie das Register **Grundlegend**.

Wählen Sie in der Option **Hintergrund** die Auswahl **Abgestuft** (15).

Wählen Sie die Farben entsprechend der gezeigten Darstellungen (16, 17).

 Dialogfeld schließen (18)

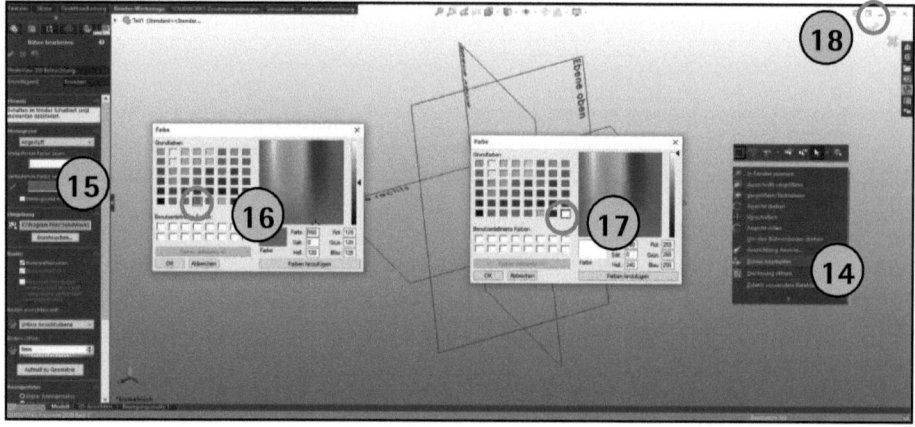

3.3.4.5 Anzeigeart im Bauteil-Modus

Die Ansichtsvoreinstellungen haben Vorschlagscharakter, eine Umstellung kann während der Bauteil- und Baugruppengenerierung geändert werden.

Die Ansichtsvoreinstellungen haben Vorschlagscharakter, eine Umstellung kann während der Bauteil- und Baugruppengenerierung geändert werden.

Schattiert
mit Kanten

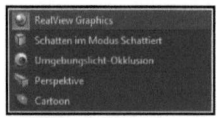

Fixieren Sie in der **Head-Up-Ansichtssymbolleiste** im Flyout **Anzeigeart** die Option **Schattiert mit Kanten** (19).

RealView-
Graphics

Fixieren Sie in der **Head-Up-Ansichtssymbolleiste** im Flyout **Ansichtseinstellungen** die Option **RealView** (20).

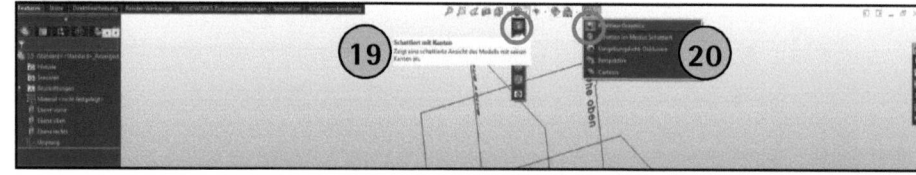

3.3.5 Anpassen der Systemeigenschaften, Vorschläge

Passen Sie die Vorlagendatei entsprechend der Verwendung an, die gezeigten Einstellungen sind in Bezug auf die folgenden Lerneinheiten zu sehen, unterschiedliche Aufgaben bedürfen einer Änderung in der Vorlagendatei. Die verschiedenen Einstellungen könnten bei Bedarf in Vorlagendateien abgespeichert werden. Die Einstellungen lassen sich auf verschiedenen Wegen aufrufen:

 Optionen

- über die **Menüleiste** (1),
- über die **SOLIDWORKS-Menüs** (2)

3.3.5.1 Übernommene Voreinstellungen

In den nichtgenannten Registern werden für die Ersteinstellung keine Veränderungen vorgenommen, dies kann aber bei Bedarf geändert werden.

3.3.5.2 Festlegen von Optionen / Beziehungen / Fangen

Optionen / Systemeigenschaften / Skizze.
Wählen Sie Register **Beziehungen / Fangen** (3)

Fangen aktivieren, Modellgeometrie fangen
Skizze fangen, Anwahl aller Fangelemente
Gitter, Fangen nur bei Gittereinblendung / OK (4)

 Optionen

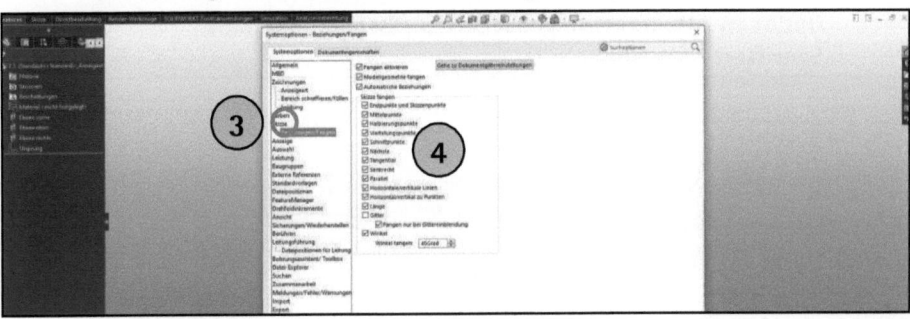

3.3.5.3 Festlegen der Optionen aus dem Register „Leistung"

Optionen / Systemoptionen / Leistung (5)
Hohe Qualität (6) / Verknüpfungsempfindlichkeit **Schnell** (7)

 Optionen

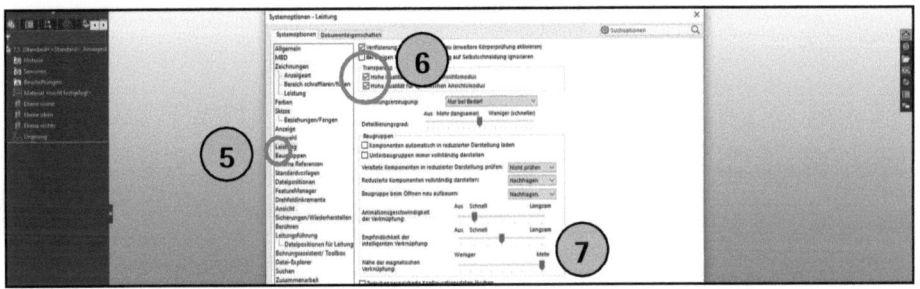

Optionen

3.3.6 Anpassen der Dokumenteigenschaften, Vorschläge

Passen Sie die Vorlagendatei entsprechend der Verwendung an, die gezeigten Einstellungen sind in Bezug auf die folgenden Lerneinheiten zu sehen, unterschiedliche Aufgaben bedürfen einer Änderung in der Vorlagendatei. Die verschiedenen Einstellungen könnten bei Bedarf in Vorlagendateien abgespeichert werden. Die Einstellungen lassen sich auf verschiedenen Wegen aufrufen:

* über die **Menüleiste** (1)

3.3.6.1 Beschriftungstextstile für die Vorlagendatei festsetzen

 Optionen

Optionen / Dokumenteigenschaften / Beschriftungen (2)
Schriftart / SWIsop3 (3, 4)

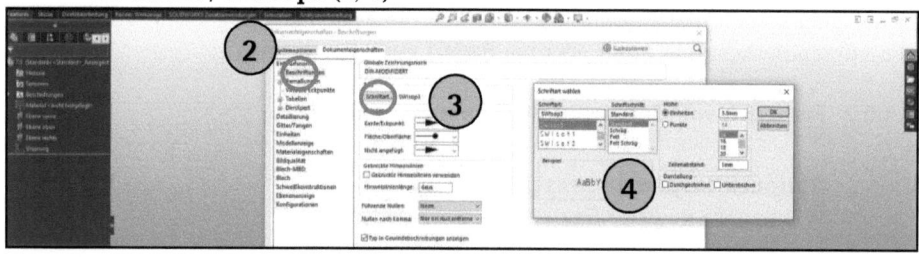

3.3.6.2 Bemaßungstextstile für die Vorlagendatei festsetzen

 Optionen

Optionen / Dokumenteigenschaften / Bemaßungen (5)
Schriftart / SWIsop3 (6, 7)

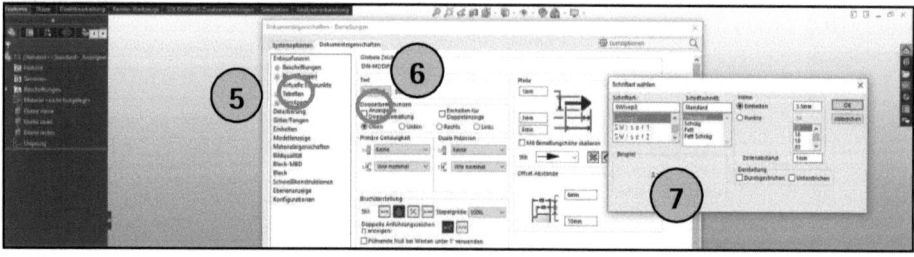

3.3.6.3 Beschriftungstextstile „Tabelle" für die Vorlagendatei festsetzen

 Optionen

Optionen / Dokumenteigenschaften / Tabellen (8)
Schriftart / SWIsop3 (9, 10)

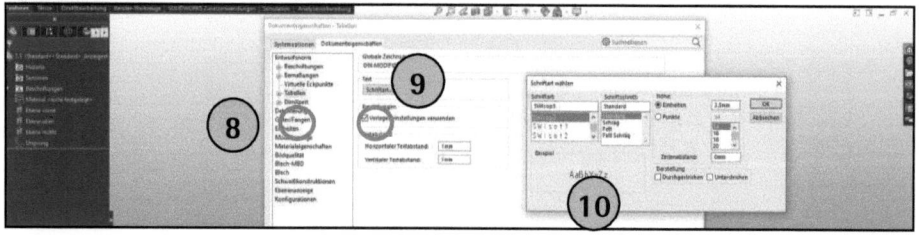

3.3.6.4 Festlegung der Detaillierung

Optionen / Dokumenteigenschaften / Detaillierung (11)

Optionen

- Wählen Sie die gezeigten Anzeigefilter (12).
- Ändern Sie den **Beschriftungsstil** für die Anzeigebeschriftungen (13, 14).

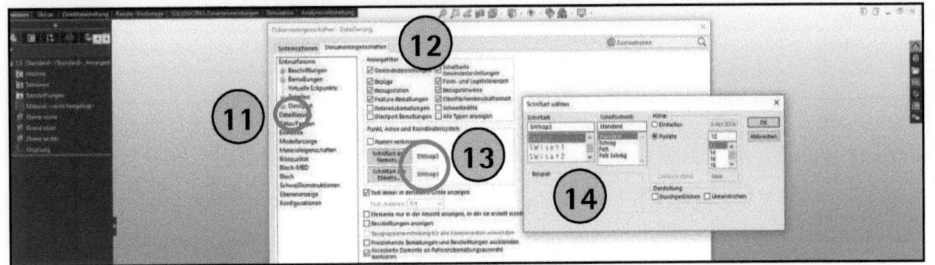

3.3.6.5 Festlegen der Gitter- und Fangen-Optionen für das aktive Dokument

Optionen / Dokumenteigenschaften / Gitter / Fangen (15)
Gitter anzeigen (16), **Gitterabstand 5** mm (17) / **OK**

Optionen

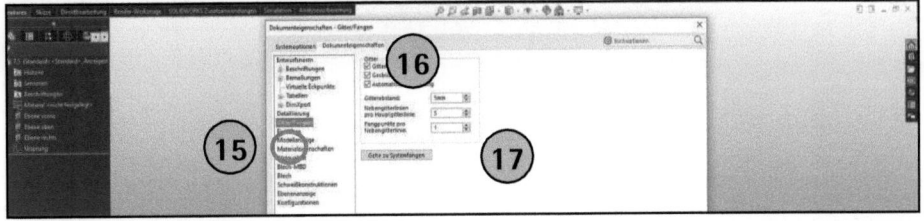

3.3.6.6 Einheiten für das aktive Dokument festsetzen

Die Einstellung der Einheiten ist bei Bedarf anzupassen.

Optionen / Dokumenteigenschaften / Einheiten
Setzen Sie für die Lerneinheiten folgende Wertetypen auf
keine Dezimalstellen (18) für **Länge**, **Winkel** und **Sekunde**

Optionen

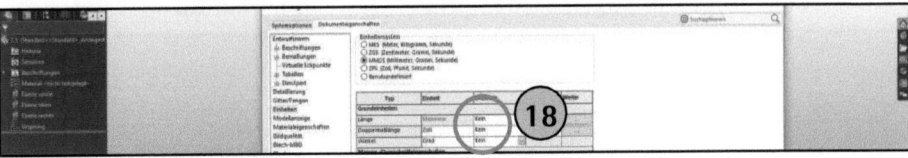

eine Dezimalstelle (19) für **Länge**, **Winkel** und **Sekunde**

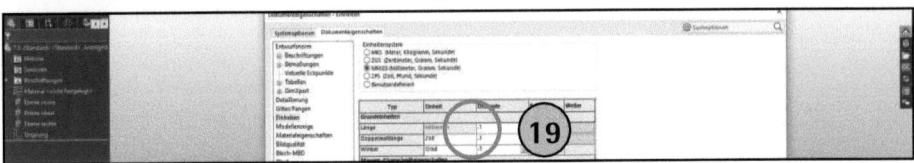

Optionen

3.3.6.7 Bildqualität für das aktive Dokument festsetzen

Optionen / Dokumenteigenschaften / Bildqualität

Setzen Sie die gezeigten Einstellungen, die Leistungsreserven der System-
einheit ist hier zu beachten (20, 21).

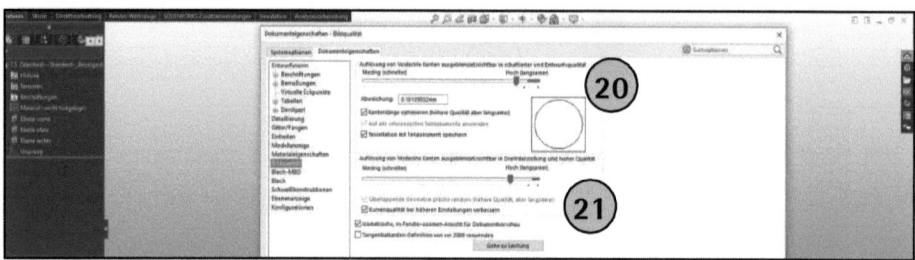

3.3.6.8 Festlegen der Standardvorlagen

Optionen

Klicken Sie auf **Optionen / Systemoptionen / Standardvorlage**
Wählen Sie den Template-Ordner (22).

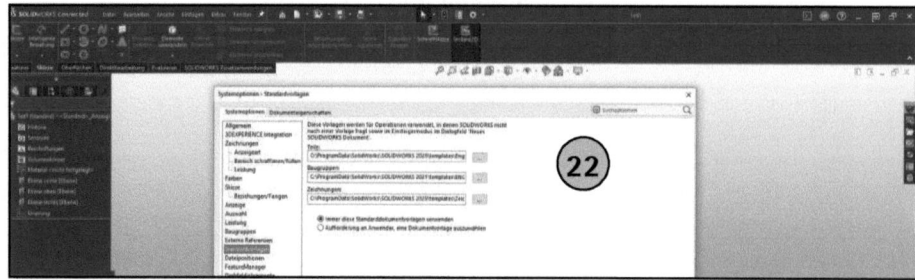

3.3.7 Festlegung der Optionen als Vorlagendatei

Auf diesem PC
speichern

Auf diesem PC speichern (23)

Dateityp: **Part Templates*.prtdot** (24)

Name eingeben: **Engelke-2025.prtdot** / Klicken Sie auf **OK**

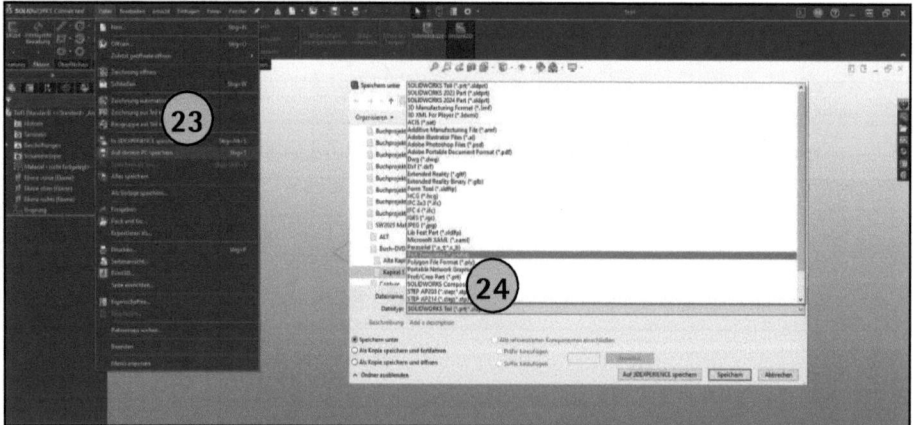

3.4 Assistent zur Kopie der Anwendereinstellungen

3.4.1 Assistent zur Kopie der Anwendereinstellungen, Vorbemerkungen

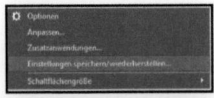

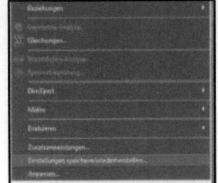

Mit dem Assistenten zur Kopie der Anwendereinstellungen können Systemeinstellungen gespeichert, wiederhergestellt und an Anwender, Computer oder Profile weitergegeben werden. Wenn Sie Optionen für die SOLIDWORKS Software auswählen, werden diese Einstellungen in einer Registrierungsdatei gespeichert und die Software erkennt die Einstellungen von einer SOLIDWORKS Version zur nächsten wieder. Die meisten Anwender brauchen nichts zu tun, um ihre Einstellungen aufrecht zu erhalten. Sie können Systemeinstellungen speichern oder wiederherstellen für:

Systemoptionen, alle Symbolleisten, Tastenkombinationen, Mausgesten, Anpassen der Menüs, gespeicherte Ansichten.

Bei Auswahl von **Einstellungen wiederherstellen** wird der Assistent zum Kopieren der Einstellungen in einem besonderen Modus ausgeführt, bei dem die SOLID-WORKS Software weiter ausgeführt wird, während Sie die aktuellen Anwendereinstellungen speichern oder wiederherstellen. Die Einstellungsdateien haben eine Standarderweiterung von **.sldreg**. Wenn Sie auf eine Datei mit dieser Erweiterung doppelklicken, wird der Assistent zum Kopieren der Anwendereinstellungen angezeigt.

3.4.1.1 Speichern von Systemeinstellungen

- Wählen Sie im PullDown-Menü **Extras** (1) die Option
  Einstellungen speichern (2) aus, und klicken Sie auf **Weiter**.

- Wählen Sie einen Dateinamen, Dateipfad und die Einstellungstypen aus (4). Klicken Sie auf **Fertig stellen** (5). Der Assistent bestätigt, dass die Einstellungen in die festgelegte Datei geschrieben wurde. Klicken Sie auf **OK** (6).

Einstellungen speichern

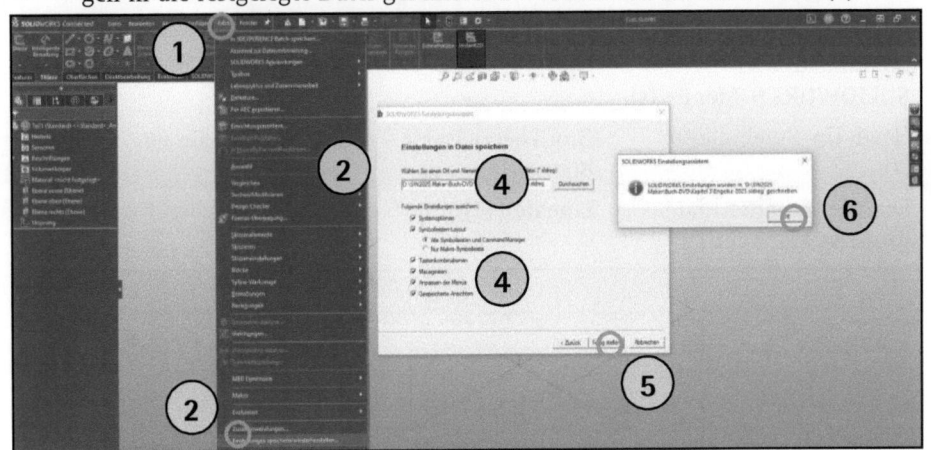

3.4.1.2 Wiederherstellen von Systemeinstellungen

- Wählen Sie im PullDown-Menü **Extras** die Option **Einstellungen wiederherstellen** aus, und klicken Sie auf **Weiter**.

- Wählen Sie eine Datei aus, von der die Einstellungen wiederhergestellt werden sollen. Wählen Sie die Einstellungen zum Wiederherstellen aus, und klicken Sie auf **Weiter**.

- Wählen Sie den Zielort aus und klicken Sie auf **Weiter** und klicken Sie dann auf **Fertig stellen**. Der Assistent bestätigt, dass die Einstellungen erfolgreich kopiert wurden, klicken Sie dann auf **OK**.

Einstellungen wieder herstellen

3.5 SOLIDWORKS Connected 2025, Zeichnungsableitung, die Benutzeroberfläche

In der Darstellung der Aufruf-Möglichkeiten für Benutzeroberfläche werden nur die, gegenüber der Bauteil-Benutzeroberfläche, geänderten oder neuen Bereiche gezeigt.

3.5.1 Vorlagendatei öffnen, Zeichnungsblatt

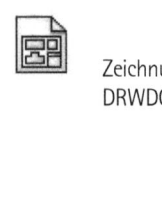

Neu

Zeichnung.
DRWDOT

Neu (Menüleiste) (1) / Verzeichnis **Engelke** anklicken / **OK**

Wählen Sie aus der Formatbox die Auswahl **Engelke-2025** (2, 3) / **OK**

Schließen Sie die gezeigten Fenster über **Abbrechen**.

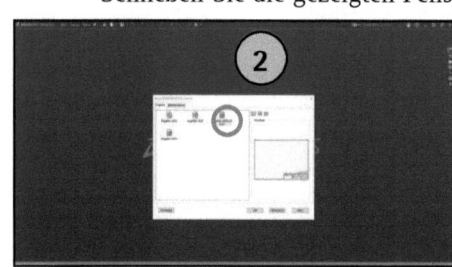

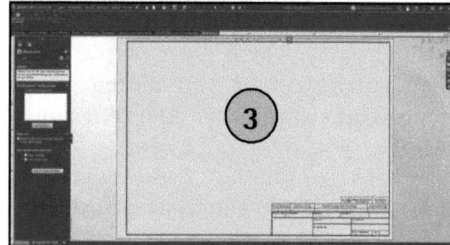

3.5.2 Die Hauptelemente der SOLIDWORKS Benutzeroberfläche

Die Menüs umfassen fast alle SOLIDWORKS Befehle. Menüs und Menüpunkte stehen je nach aktivem Dokumenttyp und der Arbeitsablaufanpassung zur Verfügung. Die Hauptelemente der SOLIDWORKS Benutzeroberfläche sind:

Menüleiste und **SOLIDWORKS-Menüs** (4).	**Befehlsmanager** (5)	**Task-Fensterbereich** (6)
Head-Up-Symbolleiste (7).	Grafikbereich mit Blattvorlage (8).	**Statuszeile** (9).
FeatureManager und **PropertyManager** (10).	**Lineale** (11)	

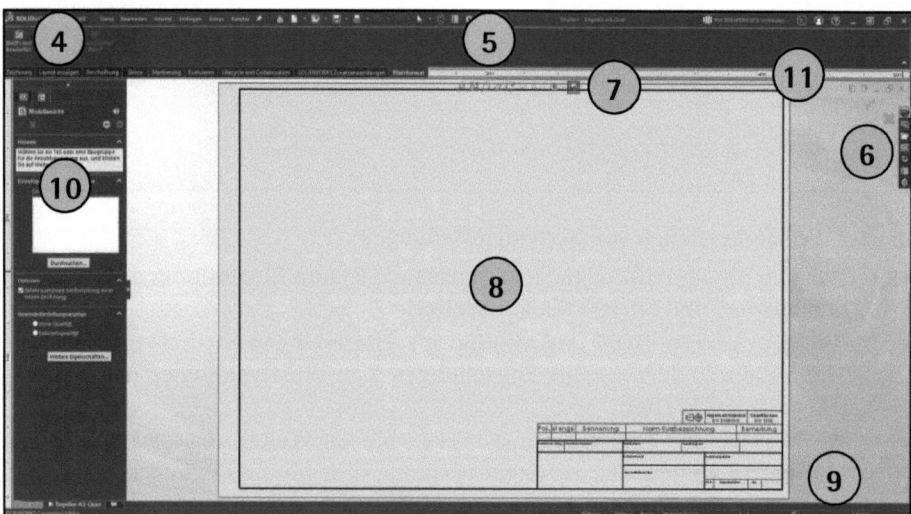

3.5.3 Die „CommandManager"-Leiste, Auszüge

Die Befehlsmanagerleiste ändert sich in Anpassung an die jeweils aktive Umgebung. Standard-Werkzeuge, die zu bestimmten Umgebungen gehören, sind in den folgenden Tabellen aufgeführt.

- Das CommandManager-Register **Zeichnung**

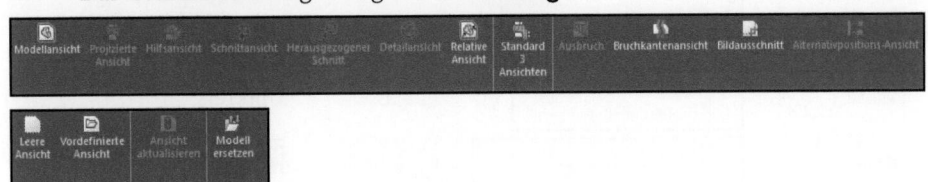

- Das CommandManager-Register **Layout anzeigen**

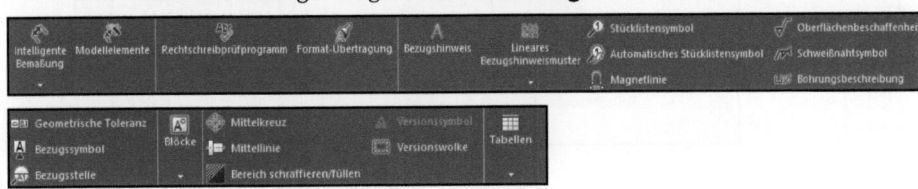

- Das CommandManager-Register **Beschriftung**

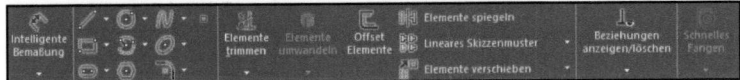

- Das CommandManager-Register **Skizze**

- Das CommandManager-Register **Blattformat**

3.5.4 „Flyouts" in der „CommandManager"-Leiste

3.5.4.1 Flyouts im CommandManager „Beschriftung"

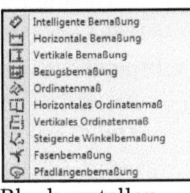   Lineares Bezugshinweismuster

  Kreisförmiges Bezugshinweismuster

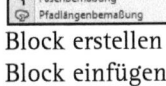 Block erstellen
Block einfügen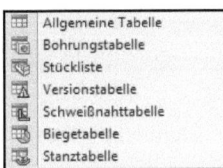

3.5.4.2 „Flyouts" im „CommandManager" „Skizze", Auszug

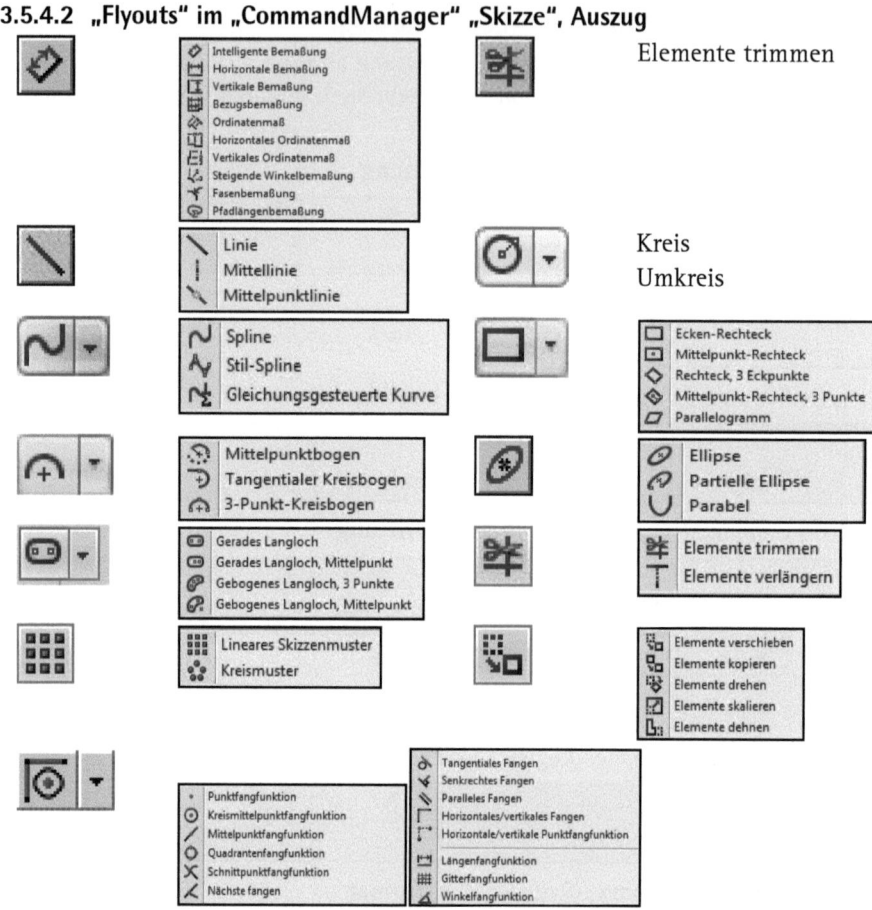

Elemente trimmen

Kreis
Umkreis

3.6 Erstellen einer neuen Vorlagendatei für Zeichnungsableitungen

Der Aufruf der Zeichnungsumgebung ist in SOLIDWORKS integriert und nicht, wie bei verschiedenen anderen CAD-Programmen, ein eigenständiges Programm. Der Start erfolgt über den Aufruf einer neuen Datei und die Auswahl der Vorlagendatei mit der Dateiendung **.drwdot**.

Es gibt eine Basisvorlage **Zeichnung.drwdot** die entsprechend ausgewählt werden kann.

3.6.1 Öffnen der Vorlagendatei

Neu

Zeichnung.
DRWDOT

• Menüleiste **Neu** (1) /   / **Zeichnung** anklicken (2) / **OK**

- Wählen Sie aus der Formatbox die Auswahl **A3 (ISO)** (3, 4) / **OK**
  Schließen Sie die gezeigten Fenster über Abbrechen (5, 6).

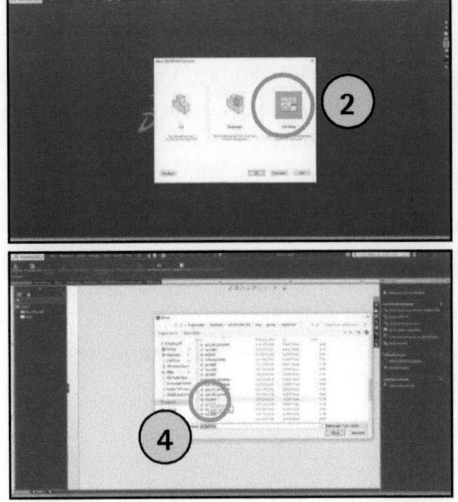
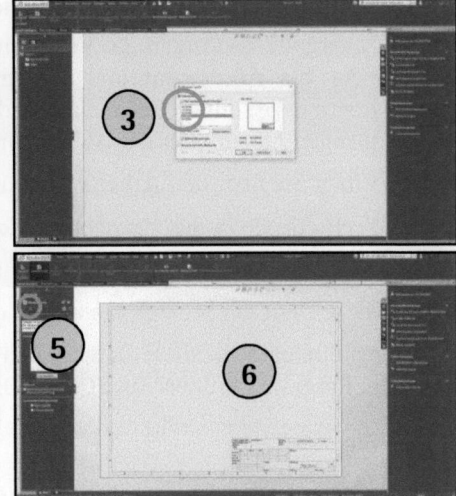

3.6.2 Problem der Formatvorlagen für Zeichnungsableitungen

Die gezeigte, vergrößerte, Darstellung des Schriftfeldes stellt hier die SOLIDWORKS-Problematik der Vorlagen für Zeichnungsableitung, DIN und leider auch ISO, dar. Das eingefügte ISO-Schriftfeld ist auch noch in der SOLIDWORKS-Version 2024 nicht normgerecht.

3.6.2.1 Schriftfelder und Stücklisten

Die Firmen des Maschinenbaus richten sich im Allgemeinen bei der Gestaltung der Schriftfelder für technische Produktdokumentationen noch DIN EN ISO 7200 und für Stücklisten noch DIN 6771-2. Die technischen Zeichnungen erhalten ein Schriftfeld. Es wird im Abstand von je 10 mm von den Blattkanten so angeordnet, dass es noch dem Falten der Zeichnung auf A4 sichtbar in der unteren rechten Ecke erscheint.

Aus organisatorischen Gründen und im Hinblick auf die maschinelle Datenverarbeitung, sowie die wirtschaftliche Erstellung der Dokumentationen legt diese DIN EN ISO 7200 für alle Benutzer die gleichen Datenfelder fest. Datenfelder sind begrenzte Gebiete, die für bestimmte Daten verwendet werden. In der DIN EN ISO 7200 wurde die Anzahl der Datenfelder in Schriftfeldern auf ein Mindestmaß begrenzt. Wenn nötig dürfen die Datenfelder z. B. für Maßstab, Projektionssymbol, Toleranzen und Oberflächenangabe außerhalb des Schriftfeldes angegeben werden. Diese Datenfelder müssen ein Schriftfeld zur Identifizierung enthalten. Außerdem gibt es beschreibende und administrative Datenfelder. Die Position des Schriftfeldes für technische Zeichnungen ist in der ISO 5457 festgelegt, die Gesamtbreite ist 180 mm.

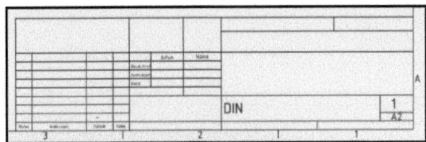

Altes Schriftfeld, **DIN6771-1**, zurückgezogen 05/2004

Schriftfeld für technische Produktdokumentationen, DIN EN ISO **7200**

3.6.3   Die benutzerspezifischen Vorlagen für die Zeichnungsableitung

3.6.3.1 Normgerechte Formatvorlage laden, der Kopiervorgang

Für den Lehrgang benötigen Sie Vorlagendateien wie **Engelke-2025.DRWDOT** und **Engelke-A4 bis A0.drwdot** und die entsprechenden Einzelblatt-Vorlagendateien vom Datenträger, sollten Sie den, auf der DVD erläuterten Kopiervorgang noch nicht vollzogen haben, hier der Ablauf für die Vorlagedatei:

- Öffnen Sie über den **Arbeitsplatz** den Buchdatenträger.

- Wechseln Sie in das Verzeichnis **Vorlagen**.

- Markieren Sie die Vorlagendateien mit Suffix **.drwdot**.

- Klicken mit der rechten Maustaste und wählen **Kopieren**.

- Positionieren Sie diese Datei in den Programm-Unterordner \ **Template** im Programmordner von SOLIDWORKS über **Einfügen**.

Verfahren Sie entsprechend mit den Einzelblatt-Vorlagendateien.

3.6.4   Öffnen der angepassten Vorlagedatei von der Buch-DVD

- Menüleiste **Neu** (1) / 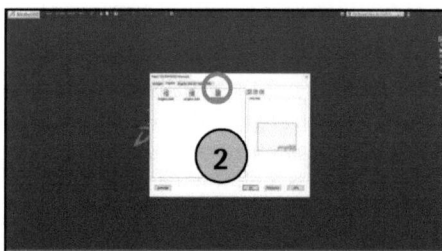 / Verzeichnis **Engelke** anklicken / **OK**
  Wählen Sie aus der Formatbox die Auswahl **Engelke-2025** (2, 3) / **OK**
  Schließen Sie die gezeigten Fenster über Abbrechen (4).

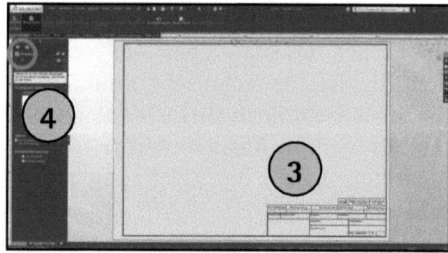

3.6.5   Die angepassten Vorlagendateien von der Buch-DVD

Für die Darstellung des Schriftfeldbereichs gibt es seit 2004 die DIN EN ISO 7200, das Schriftfeld nach DIN 6771 soll nicht mehr für Neukonstruktionen verwendet werden.

Die Vorlagedatei hat die Zeichnungsformate **A4-Hochformat** (1),
und **A4- bis A0-Querformat** (2- 6) mit diesem Schriftfeld-Format.

Neu

Engelke-2025.
DRWDOT

Diese Zeichnungsformate sind auch jeweils als einzelne Blattformate als Vorlage aufrufbar.

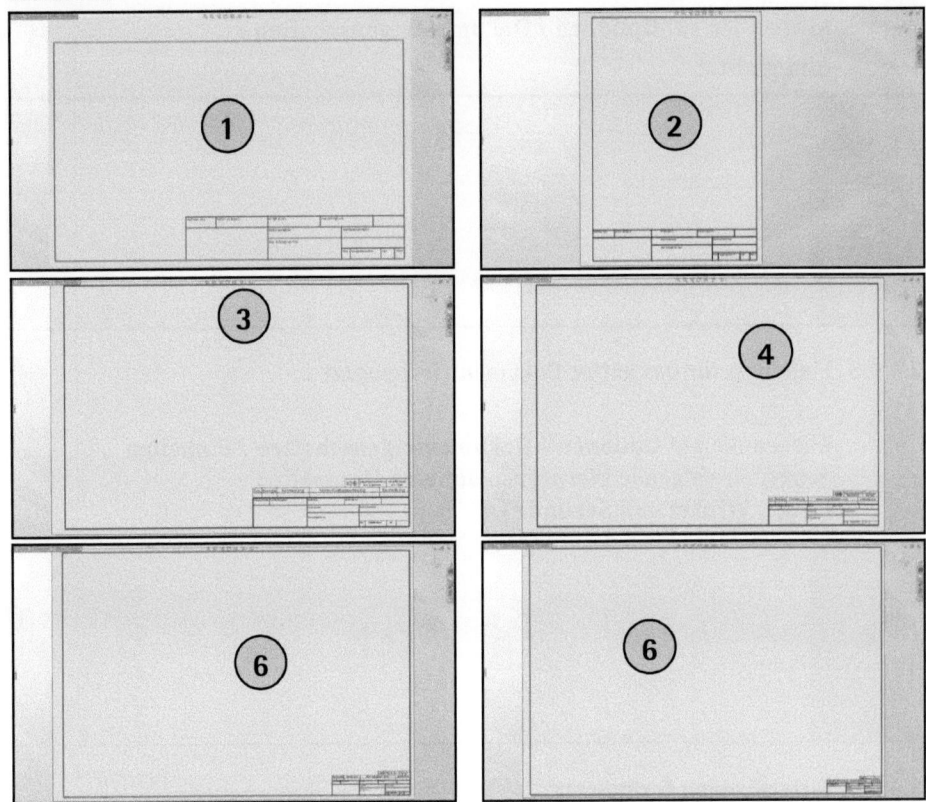

3.6.6 Die angepasste Vorlagendatei, Einstellungen, Auszug

Die, in diesem Kapitel, gezeigten Einstellungen, Einstellmöglichkeiten und Anpassungen der Vorlagendateien stellen meine Vorschläge da, sollen die vielfältigen Möglichkeiten zeigen und sind nach eigenem Bedarf anzuwenden.

3.6.6.1 Anzeige der Lineale ausschalten

- Wählen Sie Menü **Anzeige / Benutzeroberfläche / Lineale**
- Deaktivieren Sie die Anzeige der **Lineale**.

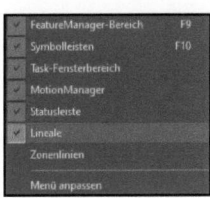

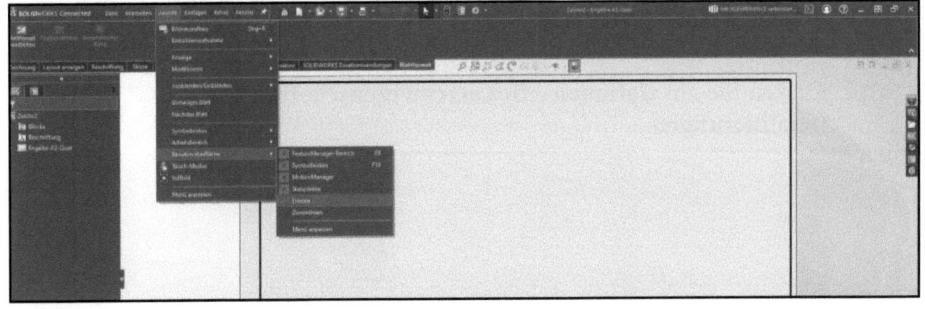

3.6.6.2 Bildqualität für das aktive Dokument festgesetzt

Optionen

Klicken Sie auf **Optionen / Dokumenteigenschaften /
Bildqualität**

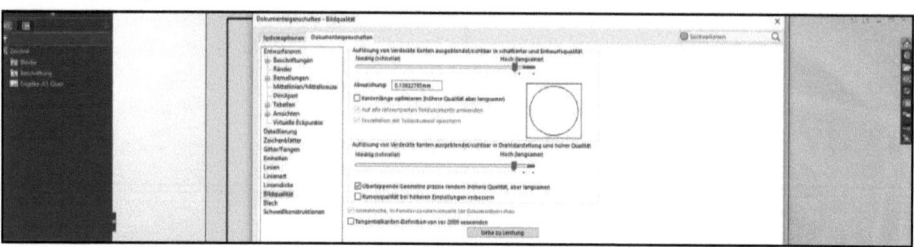

3.6.6.3 Einheiten für das aktive Dokument festgesetzt

Optionen

Klicken Sie auf **Optionen / Dokumenteigenschaften / Einheiten**
Setzen Sie folgende Wertetypen auf **eine** Dezimalstelle:
Länge, **Winkel** und **Sekunde** (1).

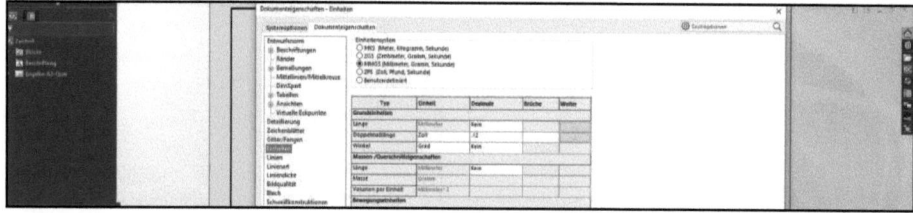

3.6.6.4 Gitter/Fangen festgesetzt

Optionen

Klicken Sie auf **Optionen / Dokumenteigenschaften / Gitter/Fangen**
Setzen Sie Abstand **5** mm, Nebengitterlinie **1** mm.

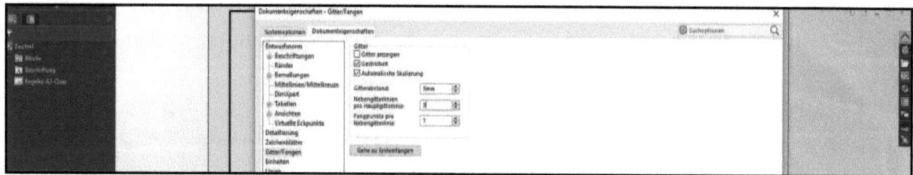

3.6.6.5 Detaillierungen festgesetzt

Klicken Sie auf **Optionen / Dokumenteigenschaften /
Detaillierungen**

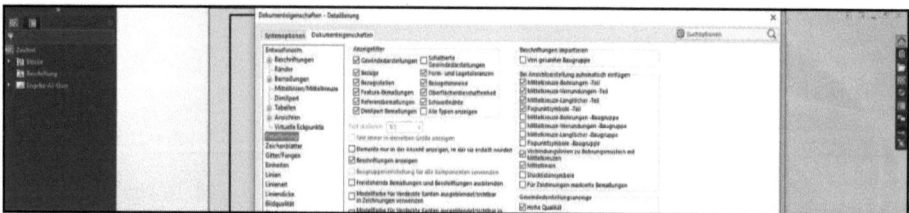

3.6.6.6 Linienbreiten und Layer festgesetzt

Klicken Sie auf **Optionen / Dokumenteigenschaften**
Beschriftungen und Bemaßungen

Optionen

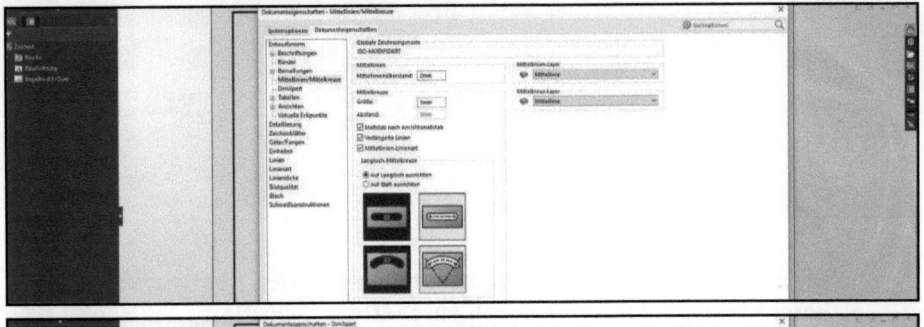

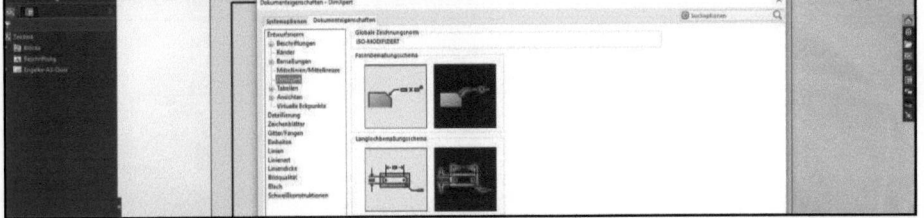

3.6.6.7 Beschriftungstextstile festgesetzt

Klicken Sie auf **Optionen / Dokumenteigenschaften**
Entwurfsnorm / Beschriftungen / Schriftart / SWIsop3 / OK

Optionen

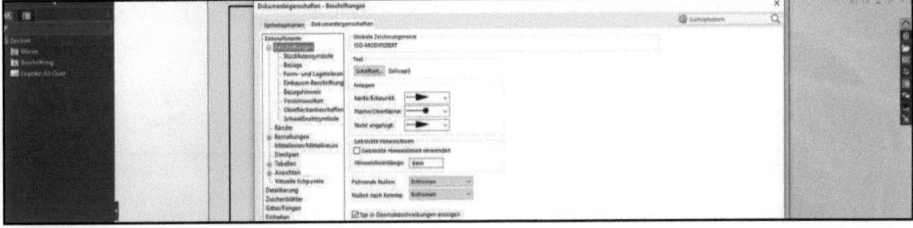

Klicken Sie auf **Optionen / Dokumenteigenschaften / Entwurfsnorm**
Beschriftungen / Bezüge / Schriftart / SWIsop3 / OK

Optionen

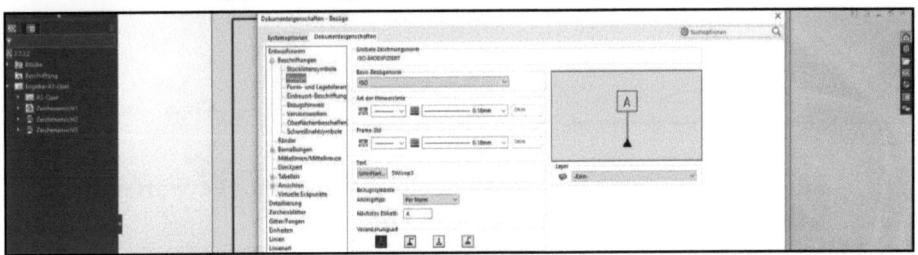

Optionen

Klicken Sie auf **Optionen / Dokumenteigenschaften / Entwurfsnorm Beschriftungen / Form- und Lagetoleranz / Schriftart / SWIsop3 / OK**

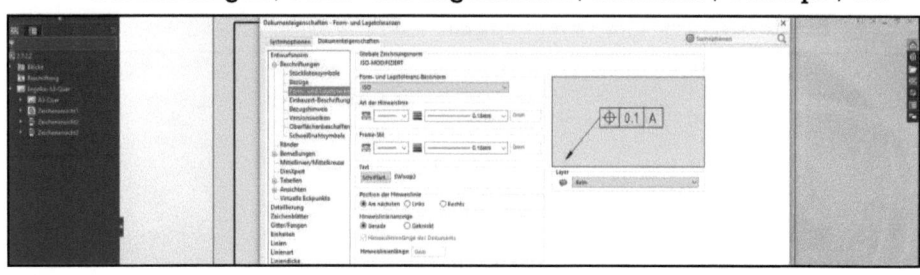

Optionen

Klicken Sie auf **Optionen / Dokumenteigenschaften / Entwurfsnorm Beschriftungen / Oberflächeneigenschaften / Schriftart / SWIsop3 / OK**

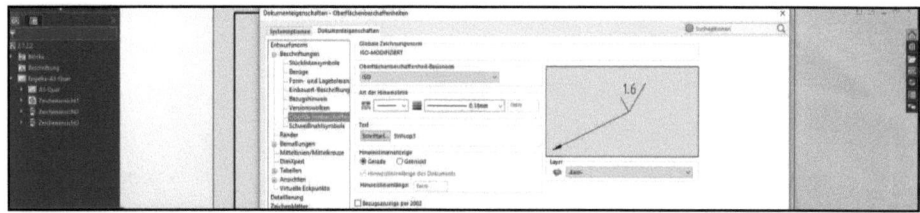

Optionen

Klicken Sie auf **Optionen / Dokumenteigenschaften / Entwurfsnorm Beschriftungen / Einbauort-Beschriftung / Schriftart / SWIsop3 / OK**

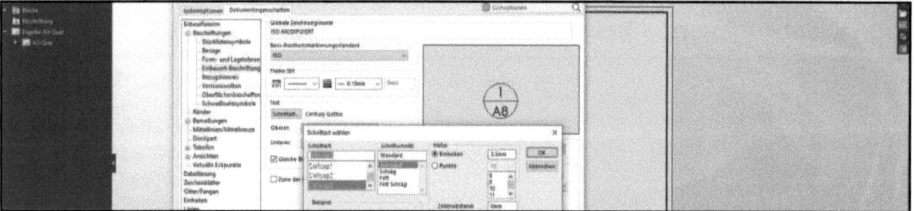

Optionen

Klicken Sie auf **Optionen / Dokumenteigenschaften / Entwurfsnorm Beschriftungen / Schweißsymbole / Schriftart / SWIsop3 / OK**

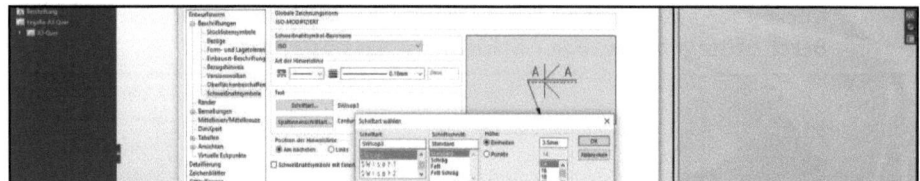

Optionen

Klicken Sie auf **Optionen / Dokumenteigenschaften / Entwurfsnorm Bemaßungen / Schriftart / SWIsop3 / OK**

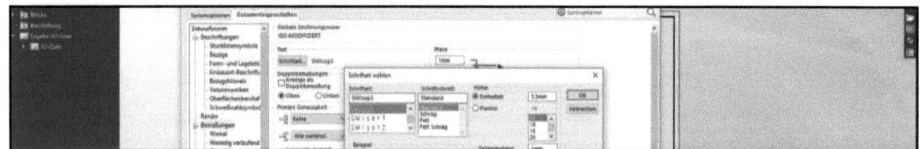

3.7 Maus-Funktionen

3.7.1 Maus mit drei Tasten

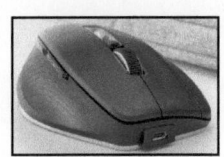

Verwenden Sie die mittlere Maustaste für die folgenden Ansichtsbefehle:

Ansicht drehen:
(nur Teile und Baugruppen)

Modellansicht drehen:
Ziehen Sie mit der mittleren Maustaste. Um einen Eckpunkt, eine Kante oder Fläche drehen:

Klicken Sie mit der mittleren Maustaste auf einen Eckpunkt, eine Kante oder Fläche; ziehen Sie dann mit der mittleren Maustaste den Cursor.

Verschieben:
Halten Sie die **STRG**-Taste gedrückt, und ziehen Sie mit der mittleren Maustaste.
In einer aktiven Zeichnung brauchen Sie die **STRG** -Taste nicht gedrückt zu halten.

Vergrößern / Verkleinern:
Halten Sie die **Umschalt**-Taste gedrückt, und ziehen Sie mit der mittleren Maustaste.

3.7.2 Maus mit Rad

Verwenden Sie das Rad für die folgenden Ansichtsbefehle:

Ansicht drehen:
(nur Teile und Baugruppen)

Modellansicht drehen:
Halten Sie das Rad gedrückt, und bewegen Sie es, um zu drehen.
Um einen Eckpunkt, eine Kante oder Fläche drehen:
Klicken Sie mit dem Rad gedrückt auf einen Eckpunkt, eine Kante oder Fläche; halten Sie dann das Rad gedrückt und ziehen Sie.

Vergrößern / Verkleinern:
Auf Cursor-Position zoomen:
Drehen Sie das Rad vorwärts und rückwärts. Beim Drehen des Mausrades muss sich der Cursor stets in dem Bereich befinden, auf den Sie zoomen möchten.
Wenn der Cursor sich außerhalb des Grafikbereichs befindet, erfolgt das Zoomen stattdessen auf die Mitte des Modells.
Auf die Bildschirmmitte zoomen:
Klicken Sie auf:
Ansicht / Modifizieren /
Um Bildschirmmitte zoomen
Drehen Sie das Rad vorwärts und zurück.

3.7.3 SOLIDWORKS-Benutzer und 3Dconnexion-3D-Mäuse

Ein wegweisendes Navigationskonzept und durchdachte Funktionalität: Die 3D-Mäuse von 3Dconnexion® definieren die Standards der 3D-Navigation neu. Mittels einer patentierten Sensortechnologie lassen sich Modelle oder Kameraansichten in sagenhaften sechs Freiheitsgraden gleichzeitig in einer flüssigen Bewegung drehen, schwenken oder zoomen. Intuitiv, effizient und mit höchster Präzision.

Zusammen mit einer herkömmlichen Maus ermöglicht die 3D-Maus eine beidhändige und synchrone Arbeitsweise. Dabei bedient eine Hand die 3D-Maus, um ein Modell zu positionieren oder sich in virtuellen Umgebungen zu bewegen, während die andere Hand an der Maus das Auswählen und Editieren übernimmt. Eine beidhändige Arbeitsweise, die Klicks und Zeit sparen.

3.7.3.1 Zugriff auf alle SOLIDWORKS-Funktionen per Tastendruck

3Dconnexion-CADMouse

Durch die Kombination aus SOLIDWORKS mit einer unserer 3D-Mäuse können Sie Ihren gesamten Workflow optimieren. Von Konzept über Skizze und Teil bis hin zu Baugruppe und Zeichnung sind Sie in allen Modi schneller. Mit einer 3Dconnexion 3D-Maus werden viele Mausklicks mit der herkömmlichen überflüssig.

Belegen Sie programmierbare Schnellzugriffstasten mit Funktionen oder Tastaturbefehlen. Erstellen Sie Funktionssätze für verschiedene Dokumentarten wie Teilebaugruppe oder Zeichnung. Auf dem LCD des SpacePilot werden die Befehle aktualisiert, sobald Sie die Dokumentart wechseln.

3.7.3.2 Teilemodelling-Modus

3Dconnexion SpaceNavigator

Betrachten Sie ein Modell mithilfe der 3D-Maus aus verschiedenen Blickwinkeln, und nehmen Sie gleichzeitig mit der normalen Maus Anpassungen vor. Profitieren Sie vom einfachen Zugriff auf Funktionen wie Umschalten, Strg, Esc, Zoomanpassung, Ansicht von oben/vorne/links/rechts, Fase und Verrundung.

3.7.3.3 Baugruppenmodus

3Dconnexion SpacePilot

Erstellen Sie Baugruppen schneller. Fügen Sie Komponenten ein, während Sie die gesamte Baugruppe im besten Winkel positionieren. Verschieben Sie vorhandene Komponenten nach Belieben. Suchen Sie den optimalen Blickwinkel, um Komponenten-Kontaktflächen auszuwählen. Rufen Sie Funktionen wie Komponenten einfügen, zusammenfügen oder verschieben, Explosionsansicht, Strg und Esc über die Schnellzugriffstasten auf.

3.7.3.4 Zeichnungsmodus

Positionieren Sie das gesamte Zeichnungsblatt, während Sie Zeichnungsansichten, Bemaßungen und Anmerkungen erstellen und platzieren. Greifen Sie schnell auf Zoomanpassung, Messfunktionen, Mittelpunktmarkierung und alle anderen Funktionen des Zeichnungsmodus zu.

3.7.3.5 Zugriff auf spezielle Zusatzfunktionen

Zoomen Sie auf den Cursor (Schnellzoom), indem Sie die mittlere Maustaste gedrückt halten und gleichzeitig die Navigationskappe drücken. Legen Sie den Rotationsmittelpunkt fest, indem Sie eine beliebige Fläche oder einen Scheitelpunkt auswählen, oder die Rotationsachse, indem Sie eine Linie oder Kante auswählen

3.7.4 Mausgesten

Sie können eine Mausgeste ähnlich wie eine Tastenkombination als Kürzel zum Ausführen eines Befehls oder Makros verwenden. Sie können Mausgesten verwenden, indem Sie mit der rechten Maustaste klicken und den Mauszeiger in den Grafikbereich ziehen, um auf ein im Voraus zugewiesenes Werkzeug oder Makro aus einer Zeichnung, einem Teil, einer Baugruppe oder einer Skizze zuzugreifen.

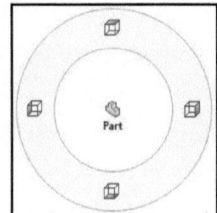

Sie können Mausgesten aktivieren oder deaktivieren und die Anzahl der in der Mausgestenanleitung angezeigten Gesten auf 2, 3, 4, 8 oder 12 festlegen.

Wenn Sie die Anzahl auf 2 Gesten einrichten, können Sie sie vertikal oder horizontal ausrichten. Standardmäßig sind Mausgesten aktiviert, und es werden vier Gesten in der Mausgestenanleitung angezeigt. Um Mausgesten zu aktivieren bzw. zu deaktivieren, während ein Dokument geöffnet ist, klicken Sie auf **Extras** > **Anpassen**. Aktivieren oder deaktivieren Sie auf der Registerkarte Mausgesten die Option Mausgesten aktivieren.

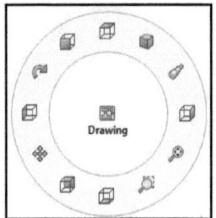

Um die Anzahl der Mausgesten in der Mausgestenanleitung festzulegen, klicken Sie in einem geöffneten Dokument auf **Extras** > **Anpassen**. Wählen Sie auf der Registerkarte Mausgesten die Anzahl der Mausgesten aus. Sie können die Mausgestenzuweisungen auch über eine visuelle Benutzeroberfläche zum Ziehen und Ablegen anpassen. Ziehen Sie Werkzeuge aus der Liste der Befehle auf beliebige Mausgestenführungen (1, 2).

3.7.4.1 Verwenden von Mausgesten

Klicken Sie im Grafikbereich mit der rechten Maustaste, und ziehen Sie in die Mausgestenrichtung, die dem Werkzeug oder Makro entspricht. Die Mausgestenanleitung wird eingeblendet. Dabei ist das Symbol für das Werkzeug oder Makro, das der Richtung Ihrer Mausgeste zugewiesen ist, hervorgehoben. Ziehen Sie beispielsweise in einem geöffneten Teil mit der rechten Maustaste zur unteren rechten Ecke zum hervorgehobenen Werkzeug hin.

Um Mausgesten mit Baugruppen zu verwenden, klicken Sie mit der rechten Maustaste, und ziehen Sie die Maus im Grafikbereich von Komponenten weg, um eine Komponentendrehung zu vermeiden, oder drücken Sie **Alt +**, klicken Sie mit der rechten Maustaste und ziehen Sie (3).

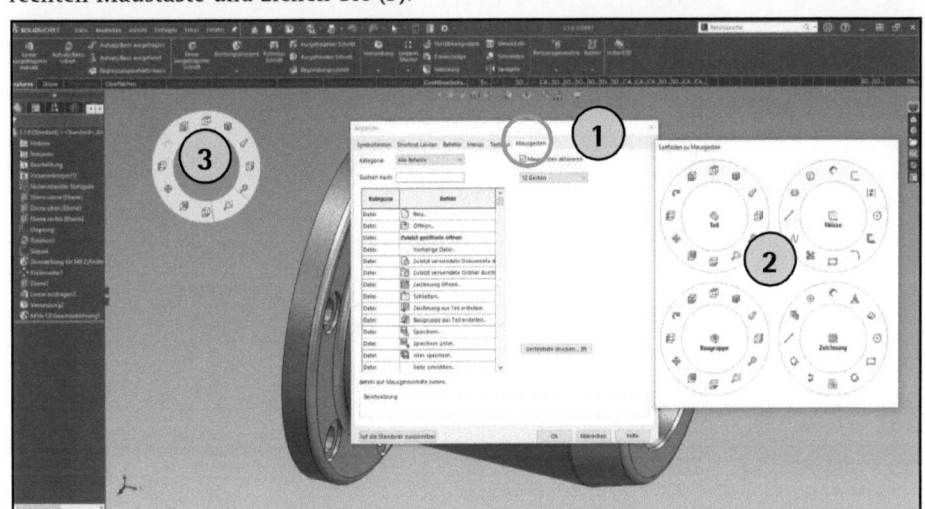

3.8   Eingabe mit Tastatur

SOLIDWORKS bietet viele Möglichkeiten, die Benutzeroberfläche anzupassen sowie auf die unterschiedlichen Befehle zuzugreifen. Die Mausgesten und die Shortcut-Leiste sind dargestellt Bereits bevor diese Funktionen in SOLIDWORKS ergänzt wurden, gab es die Möglichkeit, Tastenkombinationen zu verwenden, Diese Funktion ist natürlich noch immer vorhanden. Genau genommen gibt es in SOLIDWORKS Connected 2025 sogar unglaubliche 803 Befehle. Über PullDown-Menü **Extras/Anpassen** lassen sich die Tastenkombinationen erstellen.

3.8.1   Eingabe mit Tastatur, Auszug

	Neu	Ctrl+N		Öffnen..	Ctrl+O		Schließen	Ctrl+W
	Speichern	Ctrl+S		Drucken	Ctrl+P			
	Rückgängig	Ctrl+Z		Wiederherstellen	Ctrl+Y		Befehl wiederholen	Enter
	Ausschneiden	Ctrl+X		Kopieren	Ctrl+C			Ctrl+V
	Löschen	Entf		Modellneuaufbau	Ctrl+B		Bildneuaufbau	Ctrl+R
	Ausrichtung	Leertaste		In Fenster zoomen	F		Vorherige Ansicht	Ctrl +Shift+Z
	Schnelles Fangen	F3		Vollbild	F11			
	FeatureManager	F9		Symbolleisten	F10		Task-Fenster	Ctrl+F1
	Vorderseite	Ctrl+1		Rückseite	Ctrl+2		Links	Ctrl+3
	Rechts	Ctrl+4		Oben	Ctrl+5		Unten	Ctrl+6
	Isometrisch	Ctrl+7		Normal auf	Ctrl+8			
	Suchen / ersetzen	Ctrl+F		Vergrößerungsglas	G		Rechtschreiben	F7

3.9 Instant3D-Funktionen, Auszug

Mit **Instant3D** können Sie Modellgeometrie mithilfe von Ziehpunkten und Linealen schnell erstellen und modifizieren. **Instant3D** wird in Teilen und Baugruppen unterstützt.

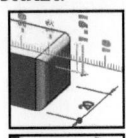

Ziehen Sie Geometrie-und Bemaßungsmanipulatoren, um die Größe von Features anzupassen. Sie können auch die Bemaßungsgriffe ziehen, um die Größe von Features zu ändern.

In Baugruppen können Sie Komponenten innerhalb der Baugruppe oder Skizzen auf Baugruppenebene, Baugruppen-Features und Verknüpfungsbemaßungen bearbeiten. Verwenden Sie Lineale auf dem Bildschirm zur genauen Messung von Modifikationen.

Erstellen Sie linear ausgetragene Aufsätze und Schnitte anhand ausgewählter Konturen oder Skizzen.

Fangen Sie Geometrie mit Griffen.

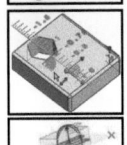

Bearbeiten Sie interne Skizzenkonturen.

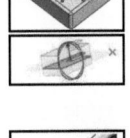

Aktivierte Schnittebenen. Erstellen Sie eine dynamische Schnittansicht der Modellgeometrie, um Features anzuzeigen und zu manipulieren.

Erstellen Sie linear ausgetragene Aufsätze und Schnitte anhand ausgewählter Konturen oder Skizzen.

Sie können mit **Instant3D** gespiegelte oder Muster-Features bearbeiten. Die Manipulatoren auf der ausgewählten transformierten Geometrie entsprechen jenen auf der entsprechenden Ausgangsgeometrie.

Instant3D kann für Schweißkonstruktionsteile in 2D- und 3D-Schweißkonstruktionen verwendet werden.

Ziehen Sie die Bemaßung oder den Pfeil, um Flächen zu versetzen oder zu verschieben.

Ziehen Sie die Winkelbemaßung, um Flächen zu drehen.

Verwenden Sie den **Mittelpunkt der Triade**, um das gesamte Feature auf andere Flächen zu ziehen oder kopieren. Halten Sie beim Ziehen die **Strg-Taste** gedrückt, um das Feature zu kopieren.

4

Dassault Systèmes
3DEXPERIENCE©
SOLIDWORKS for Makers
SOLIDWORKS Connected
2025

Bauteile
Erstellen und Anpassen

Ansichten und Einstellungen

4 Ansichten und Einstellungen

4.1 Ansichtseinstellungen für Bauteile

4.1.1 Head-Up-Ansichtssymbolleiste

Eine transparente Symbolleiste in jedem einzelnen Viewport bietet alle üblichen Werkzeuge für die Ansichtsbearbeitung.

4.1.2 RealViewGraphics, Head-Up-Ansichtssymbolleiste

Wenn Sie ein **Erscheinungsbild** anwenden, verwenden Sie **RealViewGraphics** für eine realistischere Modellanzeige. **RealViewGraphics** ist nur mit unterstützten Grafikkarten verfügbar. Die Einstellung **RealViewGraphics** läuft also dynamisch über die entsprechende Hardware ab. Gerenderte Ansichten behalten ihr Aussehen bei Bewegungen bei, außerdem zeigt diese Einstellung **Bühnen**, **Umgebungsreflexionen** und **Eigenschatten** vom ersten gerichteten Licht an.

Klicken Sie auf eine der folgenden Optionen:

Ansichtseinstellungen (**Head-Up**-Ansichtssymbolleiste)

Klicken Sie auf **RealViewGraphics**.

RealView-
Graphics

Darstellung ohne **RealViewGraphics**   Darstellung mit **RealViewGraphics**

4.1.3 Ansichtsmodus „Schatten", Head-Up-Ansichtssymbolleiste

Der Ansichtsmodus **Schatten** zeigt einen Schatten unter dem Modell an. Wenn Schatten angezeigt werden, fällt das Licht vom höchsten Punkt des Modells in der aktuellen Ausrichtung. Wenn Sie das Modell drehen, wird der Schatten mit dem Modell gedreht.

Schatten im
Modus
Schattiert

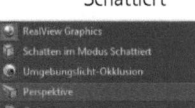

Ansichtseinstellungen (**Head-Up**-Ansichtssymbolleiste)

Klicken Sie auf **Schatten im Modus Schattiert**

4.1.3.1 Ansichtsmodus „Schatten", Einstellungen über „Bühne bearbeiten"

Um unterschiedliche Bodenansichten darzustellen wählen Sie über das **Kontextmenü**, Rechtsklick auf die Arbeitsebene:

 Bühne bearbeiten (Kontextmenü)

Eintrag **Boden** (1), Optionen **Bodenreflexionen** und **Bodenschatten** (2) nach Bedarf aktivieren.

 Beenden mit **OK**-Symbol (3).

 Bühne bearbeiten

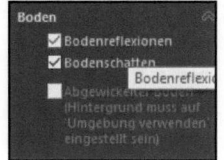

 OK-Symbol

4.1.4 Ansichtsmodus „Perspektive", Head-Up-Ansichtssymbolleiste

Der Ansichtsmodus **Perspektive** zeigt eine perspektivische Ansicht des Modells an. Eine perspektivische Ansicht ist die für das Auge natürliche Ansicht.

Parallele Linien laufen in der Ferne in einem Fluchtpunkt zusammen.

Sie können eine **Benannte Ansicht** in einer Zeichnung von einer perspektivischen Ansicht eines Modells erstellen.

 Ansichtseinstellungen (**Head-Up**-Ansichtssymbolleiste)

 Klicken Sie auf **Perspektive**.

 Perspektive

Perspektive

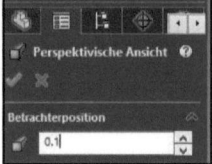

4.1.4.1 Ändern der Perspektive

Die **Perspektive** steht in Bezug auf die Größe des Objekts, das betrachtet wird, und die Entfernung dieses Objekts vom Betrachter. Sie können die Perspektive modifizieren, indem Sie **Objektgrößen entfernt** definieren. Je kleiner der Wert ist, umso größer ist die perspektivische Verzerrung.

Wählen Sie Menüleiste **Ansicht / Modifizieren / Perspektive**.
Geben Sie den Wert **0.1** ein (kein Komma) (1).

 Klicken Sie auf **OK**-Symbol (2).

4.1.4.2 Zurücksetzen der Perspektive

 Ansichtseinstellungen (**Head-Up**-Ansichtssymbolleiste)

 Vorherige Ansicht (Ansicht zurücksetzen)

Vorherige
Ansicht

4.1.5 Ansichtsgrößen-Änderungen

4.1.5.1 Ausschnitt vergrößern

Vergrößert einen **Ausschnitt**, den Sie durch Ziehen eines Rahmens auswählen.

Ausschnitt
vergrößern

Ausschnitt vergrößern (**Head-Up**-Ansichtssymbolleiste)

Klicken Sie, und ziehen Sie einen diagonalen Rahmen um den zu vergrößernden Bereich (1).
Lassen Sie die Maustaste los, der ausgewählte Bereich wird vergrößert (2).

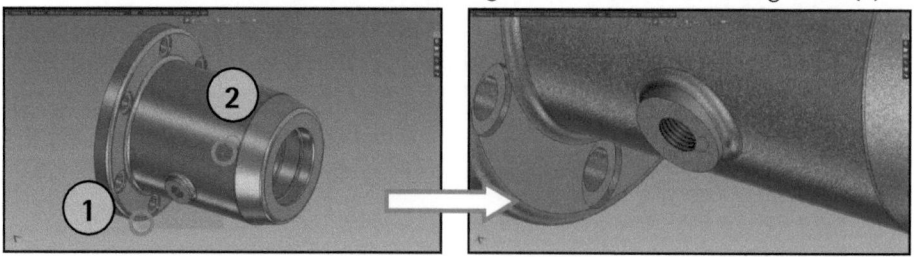

4.1.5.2 In Fenster zoomen

Mit diesem Befehl sind Sie in der Lage das gesamte Modell wieder anzuzeigen.

In Fenster zoomen

In Fenster
zoomen

4.1.5.3 Darstellungszoom vergrößern und verkleinern

Sie haben verschiedene Möglichkeiten, um die gezeigte Darstellung in der Größe zu verändern.

- Eingabegerät **Maus**, drehen am **Mausrad**:

Vergrößern / Verkleinern (Kontextmenü) (1)

Vergrößern /
Verkleinern

Ziehen Sie den Cursor nach oben, um zu vergrößern, und nach unten, um zu verkleinern.

- Drehen Sie das Rad **vorwärts** und **rückwärts**. Beim Drehen des **Mausrades** muss sich der Cursor stets in dem Bereich befinden, auf den Sie zoomen möchten (2).

- Halten Sie die **Umschalt**-Taste gedrückt, und ziehen Sie mit der mittleren **Maustaste** (3).

 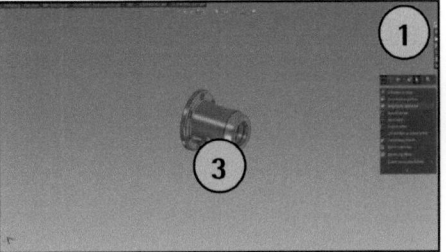

Vorherige Ansicht (Ansicht zurücksetzen) (4)

Vorherige
Ansicht

Vergrößer-
ungsglas

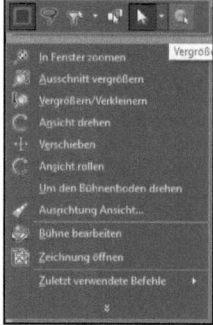

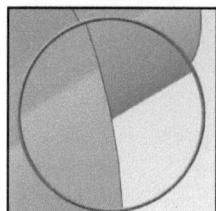

4.1.6 Das Vergrößerungsglas

Mit dem **Vergrößerungsglas** können Sie ein Modell untersuchen und Elemente auswählen, ohne die Gesamtansicht zu ändern. Damit wird die Auswahl von Elementen bei Vorgängen, wie z. B. bei der Erstellung von Verknüpfungen, erleichtert. Sie haben verschiedene Möglichkeiten, um die gezeigte Darstellung des **Vergrößerungsglases** aufzurufen.

4.1.6.1 Vergrößerungsglas, Aufruf über das Kontextmenü

Vergrößerungsglas (Kontextmenü)
Das **Vergrößerungsglas** wird geöffnet (1).
Verschieben Sie den Cursor innerhalb des Modells.
Das **Vergrößerungsglas** wird ebenfalls verschoben, behält aber den gleichen **Zoomfaktor** bei. Das Modell wird nicht verschoben (2).

4.1.6.2 Vergrößerungsglas, Aufruf über die Tastatur

- Bewegen Sie den Cursor über zu untersuchenden Bereich,
  und drücken Sie die **Taste G**.
  Das **Vergrößerungsglas** wird geöffnet.
  Verschieben Sie den Cursor innerhalb des Modells.
  Das **Vergrößerungsglas** wird ebenfalls verschoben, behält aber den gleichen **Zoomfaktor** bei. Das Modell wird nicht verschoben.
  Zum **Vergrößern** des Inhaltes des Ausschnittes drehen Sie das **Mausrad** (3).

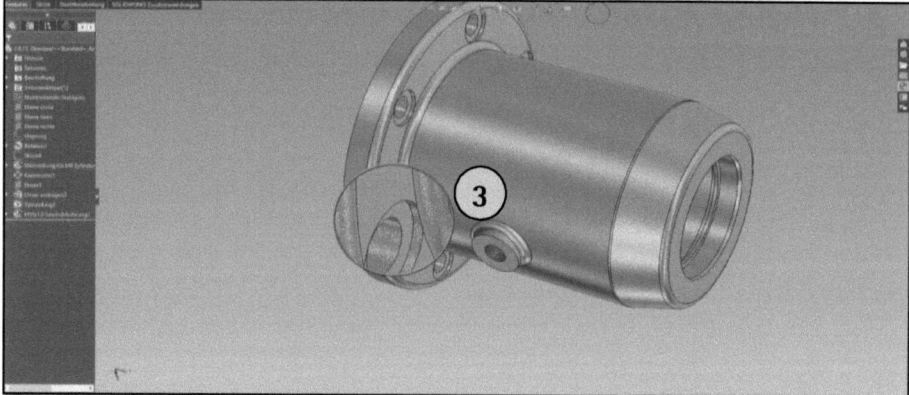

4.1.7 Ansichtslagen-Änderungen

4.1.7.1 Darstellung verschieben

Sie haben verschiedene Möglichkeiten, um die gezeigte Darstellung in der Größe zu verändern.

 Verschieben (Kontextmenü) (1)
Schieben Sie die Ansicht mit gedrückter, linker Maustaste das Bauteil über die Arbeitsebene.

- Eingabegerät Maus, **STRG**-Taste **+** Mausrad:

 Verschieben

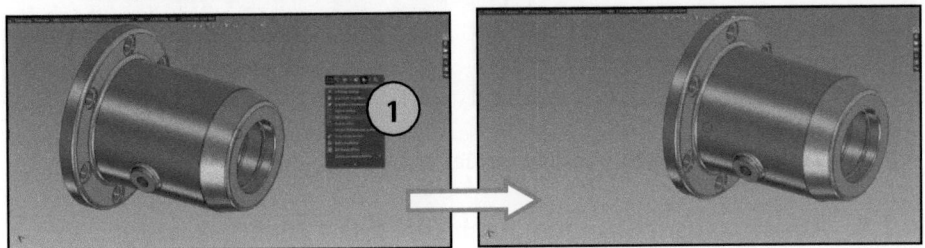

4.1.8 Ansichtsänderungen, Lage drehen

4.1.8.1 Ansicht drehen

Diese Funktion dreht das Modell auf dem Arbeitsbereich.

 Ansicht drehen (Kontextmenü) (2)
Drehen Sie die Ansicht mit gedrückter, linker Maustaste.

 Ansicht drehen

4.1.8.2 Ansicht um eine Kante drehen

Diese Funktion dreht das Modell an einer gewählten Kante auf dem Arbeitsbereich.

 Ansicht drehen (Kontextmenü) (3)
Klicken Sie eine Kante (4).
Drehen Sie die Ansicht mit gedrückter, linker Maustaste.
Setzen Sie die Ansicht wieder zurück.

 Ansicht drehen

 Vorherige Ansicht

4.1.8.3 Ansichtsänderungen, Lage rollen

Diese Funktion rollt das Modell auf dem Arbeitsbereich.

Ansicht rollen

Ansicht rollen (Kontextmenü) (1)
Rollen Sie die Ansicht mit gedrückter, linker Maustaste (2).
- Halten Sie die **ALT**-Taste und Mausrad gedrückt und rollen die Ansicht.

Vorherige
Ansicht

Vorherige Ansicht (Ansicht zurücksetzen)

4.1.9 Ansichtsausrichtungen, nach DIN ISO 128-30, Auszug

Ansichtsausrichtungen erreichen Sie auf unterschiedliche Wege, hier zwei Möglichkeiten:
- Drücken Sie zum Aufruf der Symbolbox die **Leertaste** oder:

Ansichten-
Selektor

Ansichtsaus-
Richtung

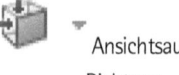

Ansichtsausrichtung (Head-Up-Ansichtssymbolleiste) (3)
- Ansichtsausrichtung **Oben** (4):

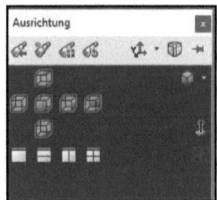

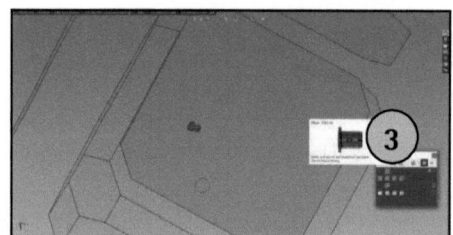
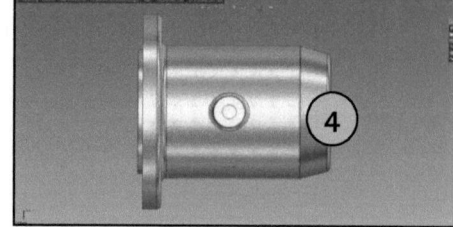

- Ansichtsausrichtung **Vorn** (5):

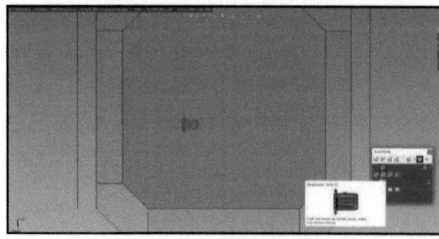
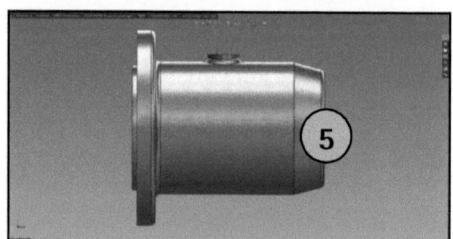

- Ansichtsausrichtung **Rechts** (6):

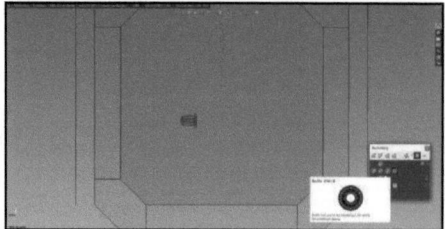
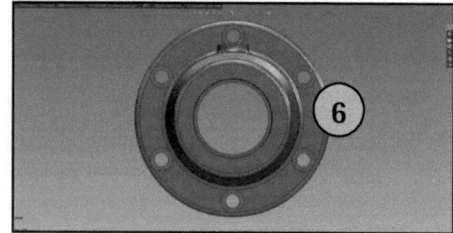

4.1.10 Axonometrische Darstellungen nach DIN ISO 5456-3

Axonometrie nennt man das Projektionsverfahren, das ein parallel-perspektivisches Bild eines Körpers vermittelst der Koordinaten seiner Punkte liefert. Man unterscheidet dabei zwischen der rechtwinkligen und schiefwinkligen Axonometrie, je nachdem die projizierenden Strahlen zur Bildebene senkrecht stehen oder nicht.

In beiden Fällen liegt dem Projektionsverfahren ein Koordinatensystem zugrunde, dessen Koordinatenebenen aufeinander senkrecht stehen und der Grundrisse-, der Aufriss- und die Seitenrissebene der gewöhnlichen orthogonalen Projektion entsprechen.

Die drei Koordinatenebenen schneiden sich nach dreien aufeinander senkrecht stehenden Geraden, den Koordinatenachsen; letztere bildet das Achsenkreuz.

 Ansichtsausrichtung (**Head-Up**-Ansichtssymbolleiste)

Wählen Sie die gewünschte Darstellungsmethode:

- Ansichtsausrichtung **Isometrisch** (1):

 Isometrisch

- Ansichtsausrichtung **Dimetrisch** (2):

 Dimetrisch

- Ansichtsausrichtung **Trimetrisch** (3):

 Trimetrisch

Ansichten-
Selektor

Normal auf

4.1.11 Modelle in der Ansicht „Normal auf" anzeigen

4.1.11.1 Ansichtsausrichtung mit „Normal auf" auswählen

• Drücken Sie zum Aufruf der Symbolbox die **Leertaste** (1) oder:

 Normal auf (Head-Up-Ansichtssymbolleiste)

Wählen Sie im Modell die folgenden Elemente aus:

• Ebene oder planare Fläche wählen (2, 3).

 Normal auf

• Wenn Sie erneut auf **Normal auf** (4) klicken, wird das Modell um **180°** gedreht (5).

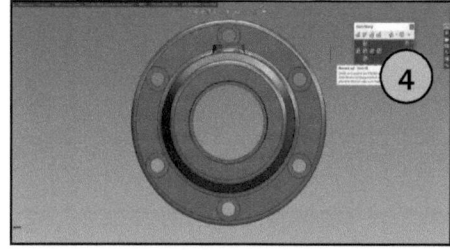 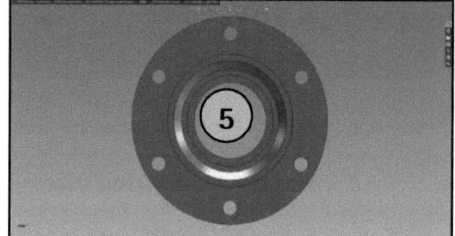

4.1.11.2 Ansichtsausrichtung mit „Normal auf" mit STRG-Taste auswählen

 Normal auf

 **Normal auf (Head-Up**-Ansichtssymbolleiste)

Halten Sie die **STRG**-Taste gedrückt, und wählen Sie zwei planare Flächen (6, 7) aus.
Die zweite planare Fläche darf zur ersten nicht parallel sein.

Bei dieser Methode ist die erste Fläche, die Sie auswählen, parallel zum Bildschirm, und die zweite Fläche, die Sie auswählen, ist oben in der Ansicht (8).

4.1.12 Mehrfach-Ansichten

4.1.12.1 Mehrfach-Ansichten, Viewports

Modelle können über ein, zwei oder vier Viewports angezeigt werden.

Im **Head-Up**-Ansichtssymbolleiste oder in der **Standardansichten-Symbolleiste** können Sie die folgenden Viewport Anordnungen auswählen:

- Mehrfach-Ansicht **Einzelne Ansicht** (1) und **Vierfachansicht** (2):

 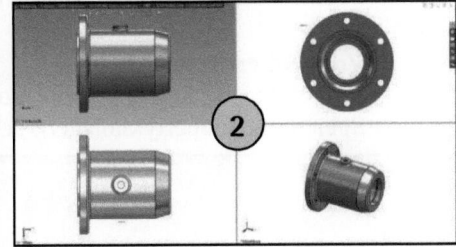

 Einzelne Ansichten

 Vierfach-Ansicht

- Mehrfach-Ansicht **Doppelansicht Vertikal** (3) und **Doppelansicht Horizontal** (4):

 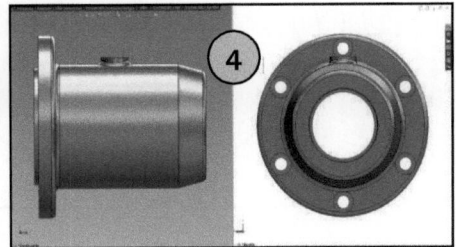

 Doppelansicht Horizontal

 Doppelansicht Vertikal

4.1.12.2 Mehrfach-Ansichten, Verknüpfen von orthogonalen Ansichten

Orthogonale Ansichten können verknüpft werden. Während ein Verknüpfen bei nicht orthogonalen Ansichten, **Isometrisch**, **Trimetrisch**, **Dimetrisch,** oder benutzerdefinierte Ausrichtungen nicht möglich ist.

4.1.12.3 Orthogonale Ansichten gemeinsam ändern

Ansichten verknüpfen (**Head-Up**-Ansichtssymbolleiste)

 Ansichten verknüpfen

Wählen Sie die Funktion an (5).
Die Projektionen der orthogonalen Ansichten können gemeinsam geändert werden (6).

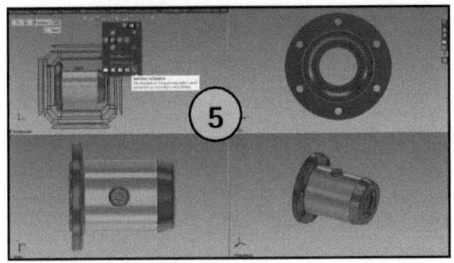 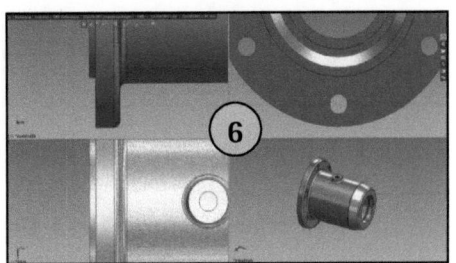

4.1.13 Schnittansichten in Modellen

In einer Schnittansicht in einem Teil- oder Baugruppendokument, wird das Modell angezeigt, als wäre es durch Ebenen und Flächen, die Sie festlegen, geschnitten, damit die Innenkonstruktion des Modells angezeigt wird.

4.1.13.1 Schnittansicht auf Ebene

 Schnittansicht

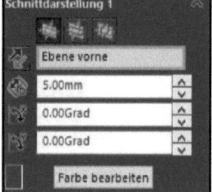 Vorn

Schnittansicht (Head-Up-Ansichts-Symbolleiste)

Vorn-Referenzschnittebene
Klicken Sie auf Referenzebene **Vorn** (1) um die Schnittansicht zu erstellen.
Speichern (PropertyManager), geben Sie dieser Ansicht einen Namen (2).

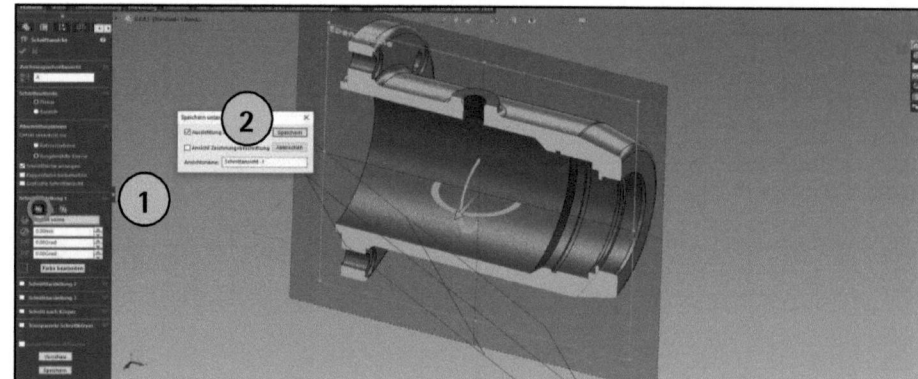

4.1.13.2 Schnittansicht „Ebene variabel einstellen"

 Schnittansicht

Oben

Schnittansicht (Head-Up-Ansichts-Symbolleiste)

Vorn-Referenzschnittebene
Klicken Sie auf Referenzebene **Oben** (4)
Ziehen Sie am **Triadenpfeil** (5) um die Schnittansicht zu erstellen.
Speichern (PropertyManager), geben Sie dieser Ansicht einen Namen (6).

4.1.13.3 Erstellte Schnittansicht aktivieren

 **Ansichtsausrichtung (Head-Up-Ansichts-Symbolleiste)**
Wählen Sie die gewünschte Schnittansicht

4.1.14 Anzeigearten

Die grafische Anzeige Ihres Modells wird als Ansicht des Modells bezeichnet. Manchmal wird sie auch Szene genannt. Wie die Ansicht dargestellt wird, hängt von den angewandten Einstellungen ab. Eine Rolle dabei spielen Ansichtstypen, Ausgangsebene, Reflexionen und Schatten auf der Ausgangsebene, Beleuchtung und Kameraprojektion. Der Ansichtstyp steuert die Darstellung der Modellflächen und -kanten im Grafikfenster. Die Befehle ändern den Anzeigemodus der Ansicht des aktiven Bauteils oder der Baugruppe im Grafikfenster. Ansichtstypen bestimmen, wie die Flächen und Kanten des Modells in der Ansicht angezeigt werden. Es gibt verschiedene Standardstile für die unterschiedlichsten Konstruktionsanforderungen.

 Anzeigeart (**Head-Up**-Ansichtssymbolleiste)

Wählen Sie die gewünschte Darstellungsmethode:

- **Drahtdarstellung:**
  Zeigt alle Kanten des Modells an.

- **Verdeckte Kanten sichtbar:**
  Zeigt das Modell mit allen Kanten, die von der aktuellen Perspektive nicht sichtbar sind, in **Grau** an.

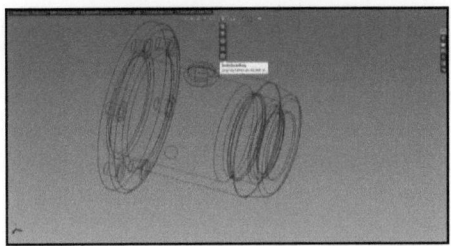 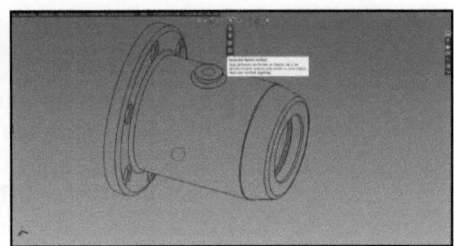

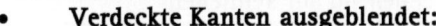

- **Verdeckte Kanten ausgeblendet:**
  Zeigt das Modell mit allen Kanten, die vom aktuellen Gesichtswinkel nicht sichtbar sind, ausgeblendet an.

- **Schattiert:**
  Zeigt eine schattierte Ansicht des Modells an.

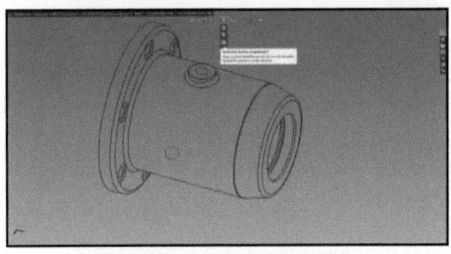 

- **Schattiert mit Kanten:**
  Zeigt eine schattierte Ansicht des Modells mit sichtbaren Kanten an.

 Anzeigeart

 Draht-darstellung

 Verdeckte Kanten sichtbar

 Verdeckte Kanten ausgeblendet

 Schattiert ohne Kanten

 Schattiert mit Kanten

4.2 Zuweisung von Materialien, Bauteile

Material
bearbeiten

4.2.1 Materialien-Übersicht

Verwenden Sie das Dialogfeld **Material**, um benutzerdefinierte Materialien oder Bibliotheken zu erstellen und bearbeiten, Materialien anzuwenden oder Materialfavoriten einzurichten. In Materialien sind die physikalischen Eigenschaften eines Teils oder Teilkörpers zusammengefasst. SOLIDWORKS enthält eine Bibliothek mit vordefinierten Materialien, die auch für SOLIDWORKS-Simulation verwendet werden. Sie können einem Teil oder einem oder mehreren Körpern eines Mehrkörper-Teils in einer Baugruppe ein Material zuweisen.

4.2.2 Materialienzuweisung

4.2.2.1 Bauteil-Vorbereitung

- Wählen Sie das zu bearbeitende Bauteil aus der Baugruppe über die Symbolbox des **FeatureManagers**.
- Schalten Sie den Anzeigemodus **RealViewGraphics** nach Wahl.
- Entfernen Sie das zugewiesen Material über **Material entfernen.**

4.2.2.2 Bauteilmaterial neu zuweisen

Material
bearbeiten

Material bearbeiten (FeatureManager)
Klicken Sie in einem Teildokument im mit der rechten Maustaste auf **Material** um das Kontextmenüs für **Material bearbeiten** anzuzeigen.
Wählen Sie **SOLIDWORKS-DIN Materials** / **DIN-Kupferlegierung** / **2.0060 CU-ETP** aus der Favoritenliste aus.
Klicken Sie auf **Anwenden** und anschließend auf **Schließen**.

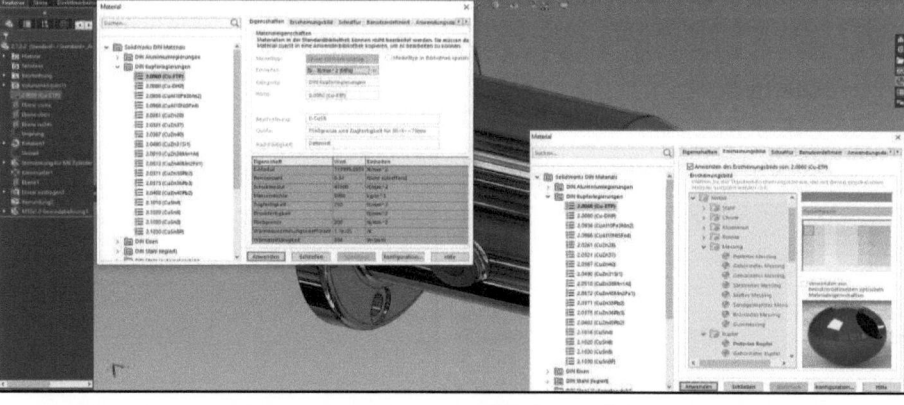

- Anzeige **mit** oder **ohne** Anzeigemodus **RealViewGraphics**:

RealView-
Graphics

4.2.2.3 Bauteilmaterial neu zuweisen, Beispiele

- Materialzuweisung DIN-Material **Messing**,
  Kontextmenüs **Material bearbeiten**
  Anzeige **mit** oder **ohne** Anzeigemodus **RealViewGraphics**:

Material
bearbeiten

RealView-
Graphics

- Materialzuweisung SOLIDWORKS-Materials **Nichtrostender Stahlguss**,
  Kontextmenüs **Material bearbeiten**
  Anzeige **mit** oder **ohne** Anzeigemodus **RealViewGraphics**:

Material
bearbeiten

RealView-
Graphics

- Materialzuweisung SOLIDWORKS-Materials **Acryl** und **Neoprene**
  Kontextmenüs **Material bearbeiten**
  Anzeige **mit** Anzeigemodus **RealViewGraphics**:

Material
bearbeiten

RealView-
Graphics

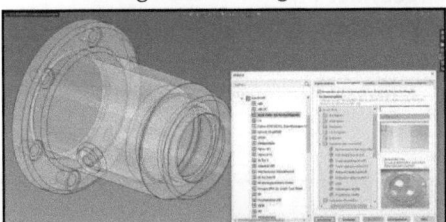 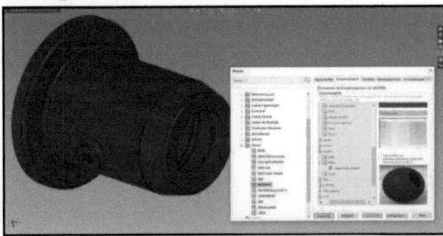

- Materialzuweisung SOLIDWORKS-Material **Mahagoni**, und **Aluminium**
  Kontextmenüs **Material bearbeiten**
  Anzeige **mit** Anzeigemodus **RealViewGraphics**:

Material
bearbeiten

RealView-
Graphics

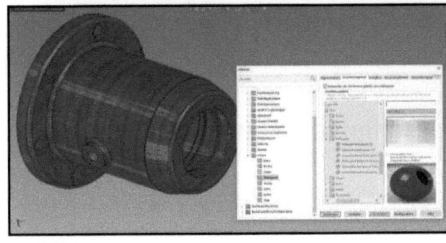 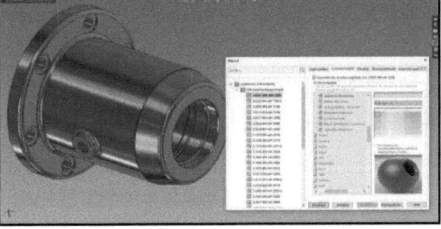

4.2.2.4 Datensicherung

Auf diesen PC speichern / Geben Sie einen Namen Ihrer Wahl ein.
Oder:

Speichern als neu / Geben Sie einen Namen Ihrer Wahl ein

Auf diesen PC
speichern

Speichern als
neu

Erscheinungs-
bilder bearbei-
ten

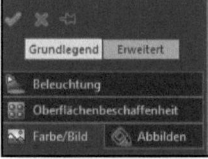

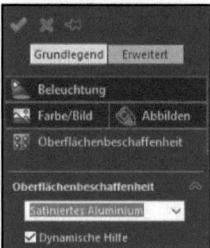

4.3 Oberflächenbeschaffenheit, Bauteile

Der PropertyManager **Erscheinungsbild-Oberflächenbeschaffenheit** definiert den Typ der Oberfläche im Erscheinungsbild, z.B. **Geschmiedet**, **Gussausführung** oder **Geschliffen**.

4.3.1 Oberflächenbeschaffenheit „Geschliffen" und „Guss"

Erscheinungsbilder (**Head-Up**-Ansichtssymbolleiste)
Klicken Sie im **PropertyManager** auf **Erweitert** (1)
und auf die Registerkarte **Oberflächenbeschaffenheit** (2)
Wählen Sie: **Geschliffen** (3)

Dialogfeld schließen

Erscheinungs-
bilder bearbei-
ten

Erscheinungsbilder (**FeatureManager**, Kontextmenü)
PropertyManager-Menü **Erscheinungsbilder** (4)
Klicken Sie im PropertyManager auf **Erweitert**
und auf die Registerkarte **Oberflächenbeschaffenheit** (5)
Wählen Sie: **Guss** (6)

Dialogfeld schließen

4.3.2 Oberflächenbeschaffenheit „Geschmiedet" und „Geraut"

• Registerkarte **Oberflächenbeschaffenheit**.
  Wählen Sie: **Geschmiedet** (7) und **Geraut** (8)

4.4 Ändern der Farbe und Material

Sie können eine Farbe und optische Eigenschaften dem ganzen Teil, ausgewählten Flächen oder Features (einschließlich Oberflächen oder Kurven) oder ausgewählten Körpern zuweisen. Sie können die Farbe auch modifizieren, indem Sie das schattierte Erscheinungsbild des Modells bearbeiten. Der Befehl **Erscheinungsbilder** zeigt die Farben von Flächen, Features, Körper oder des Teils an und bieten eine Möglichkeit, Erscheinungsbilder schnell und einfach zu bearbeiten. Sie können die Hierarchie der Farben sehen, indem Sie den Befehl aufklappen. Eine Farbauswahl, die mit dem **PropertyManager Erscheinungsbilder** getroffen wurde, hat Vorrang vor den Farben, die auf der Registerkarte **Dokumenteigenschaften** festgelegt wurden.

4.4.1 Erscheinungsbilder auf Bauteile

Erscheinungsbilder bearbeiten (**Head-Up**-Ansichtssymbolleiste)

Wählen Sie **Erscheinungsbilder** im Kontextmenü.

Wählen Sie das Bereich **Grundlegend**, Register **Farbe/Bild**
Klicken Sie mit der rechten Maustaste auf das Bauteil.
Wählen Sie eine Farbe nach Wahl, gewählt **Grün**.

Dialogfeld schließen

Erscheinungs-
bilder bearbei-
ten

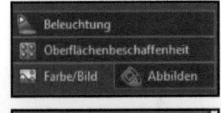

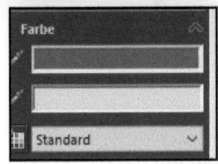

Erscheinungs-
bilder bearbei-
ten

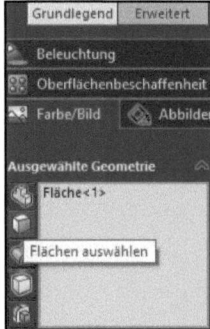

4.4.2 Erscheinungsbilder auf Flächen

Erscheinungsbilder bearbeiten (**Head-Up**-Ansichtssymbolleiste)

Wählen Sie **Erscheinungsbilder** im Kontextmenü.

Wählen Sie das Bereich **Grundlegend**, Register **Farbe/Bild** (1).
Klicken Sie auf die gezeigte Zylinderfläche (2).
Wählen Sie eine Farbe nach Wahl, gewählt **Rot** (3, 4).

Dialogfeld schließen

4.5 Zuweisen eines Abziehbildes

Steuern Sie die Flächen eines Bauteils, auf die das Abziehbild angewendet werden soll.

4.5.1 Element Abziehbild einschalten

 Elemente ausblenden/einblenden (Head-Up-Ansichtssymbolleiste)

 Ansicht Abziehbilder einschalten.

4.5.2 Element Abziehbild zuweisen

 Bühne bearbeiten (Head-Up-Ansichtssymbolleiste)

 Abziehbilder
Klappen Sie **Abziehbilder** auf (1).
Doppelklicken Sie das gezeigte Abziehbild (2).
Klicken Sie die innere Zylinderfläche (3, 4).

 Dialogfeld schließen

Elemente
ausblenden /
einblenden

Abziehbilder

Bühne
bearbeiten

Abziehbilder

4.6 Zuweisen eines Hintergrundbildes

Bühnen bilden den visuellen Hintergrund hinter einem Modell. In SOLIDWORKS sorgt der visuelle Hintergrund für Reflexionen auf dem Modell. Wenn **PhotoView 360** aktiviert ist, bieten Bühne eine realistische Lichtquelle mit Beleuchtung und Reflexionen, wodurch weniger Beleuchtungseinstellungen nötig sind. Die Objekte und Lichter in einer Bühne können Reflexionen auf dem Modell darstellen und Schatten auf den Boden werfen.

Ein Bühnenhintergrund ist ein 2D-Bild zwischen dem Modell und der Bühnenumgebung. Auch mit einem Hintergrund stammen die Reflexionen auf dem Modell von der Bühnenumgebung.

4.6.1 Hintergrund einer Bühne ändern

Bühne
bearbeiten

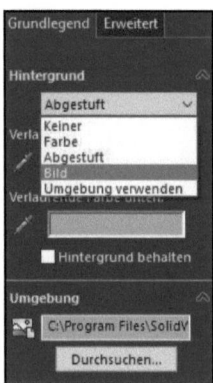

Klicken Sie mit der rechten Maustaste im Grafikbereich.
Wählen Sie **Bühne bearbeiten** aus dem Kontextmenü.

Klicken Sie das Register **Grundlegend**.

Wählen Sie in der Option **Hintergrund** die Auswahl **Bild**.

Durchsuchen, Bildauswahl, Beispiel: **industrial.jpg** / **Öffnen**

Option **auf SOLIDWORKS-Fenster Dehnen** setzen.

Dialogfeld schließen

4.6.2 Datensicherung

Auf diesen PC
speichern

Speichern als
neu

Auf diesen PC speichern / Geben Sie einen Namen Ihrer Wahl ein.
Oder:

Speichern als neu / Geben Sie einen Namen Ihrer Wahl ein

5

Dassault Systèmes
3DEXPERIENCE©
SOLIDWORKS for Makers
SOLIDWORKS Connected
2025

Bauteile
Erstellen und Anpassen

Geometrische Grundlagen

5 Skizzen und Volumen

5.1 Vorbemerkungen

SolidWorks besteht aus mehreren Komponenten, die als Umgebungen bezeichnet werden. Diese Umgebungen wurden speziell dafür geschaffen, einzelne Teile, Blechteile, Baugruppen und Detailzeichnungen zu erstellen. In der SolidWorks Part-Umgebung können Sie ein Basisformelement konstruieren und es dann mit weiteren Formelementen wie Ausprägungen, Ausschnitten und Bohrungen modifizieren um ein vollständiges Volumenmodell zu erhalten. In SolidWorks verwenden Sie zum Modellieren von Teilen folgenden grundlegenden Arbeitsablauf:

- **Modellanforderungen identifizieren**
- **Modellkonzepts auf Grundlage der ermittelten Anforderungen erstellen**
- **Modell analysieren.**
- **Modell konstruieren.**
- **Modell bearbeiten, falls erforderlich.**

5.2 Grundlagen für die Konstruktion

5.2.1 Skizzen

Die Erstellung eines Modells beginnt normalerweise mit einer Skizze. Auf Grundlage der Skizze können Features erstellt werden. Ein Modell enthält meist mindestens eine Skizze und mindestens ein Feature.

Eine Skizze ist ein 2D-Profil oder ein Querschnitt. Zur Erstellung einer 2D-Skizze verwenden Sie eine Ebene oder eine ebene Fläche. Außer 2D-Skizzen können Sie auch 3D-Skizzen erstellen, die neben den X- und Y-Achsen auch noch eine Z-Achse enthalten. In vielen Fällen beginnen Sie die Skizze im Ursprung, der als Anker für eine Skizze dient. Häufig wird eine Mittellinie durch den Ursprung skizziert und dient zur Erstellung der Rotation. Eine Mittellinie ist in einer Skizze zwar nicht immer erforderlich, sie trägt jedoch zur Herstellung der Symmetrie bei. Eine Mittellinie kann auch verwendet werden, um eine Spiegelbeziehung anzuwenden und um gleiche und symmetrische Beziehungen zwischen Skizzenelementen zu erstellen. Symmetrie ist ein wichtiges Werkzeug zur schnellen Erstellung achsensymmetrischer Modelle.

Skizzen können voll definiert, unterdefiniert oder überdefiniert sein. In einer voll definierten Skizze sind alle Linien und Kurven in der Skizze sowie ihre Positionen durch Bemaßungen oder Beziehungen oder beide beschrieben. Skizzen müssen nicht voll definiert sein, damit sie zur Erstellung von Features verwendet werden können. Sie sollten Skizzen jedoch voll definieren, um Ihren Entwurfsplan beizubehalten.

Voll definierte Skizzen sind schwarz.

Sie können die unterdefinierten Elemente einer Skizze anzeigen, um festzustellen, welche Bemaßungen oder Beziehungen noch hinzugefügt werden müssen, damit die Skizze voll definiert ist.

Unterdefiniere Skizzen sind blau.

Unterdefinierte Skizzen sind nicht nur farblich gekennzeichnet, sondern ihre Elemente können auch gezogen werden, da sie innerhalb der Skizze nicht fixiert sind.

5.2.2 Ebenen

Ebenen können in Teil- oder Baugruppendokumenten erstellt werden. Sie können mit Skizzierwerkzeugen wie Linie oder Rechteck auf Ebenen skizzieren und die Ebenen verwenden, um eine Schnittansicht eines Modells zu erstellen.

In einigen Modellen wirkt sich die Ebene, auf der Sie skizzieren lediglich auf die Darstellung des Modells in der isometrischen Ansicht aus. In anderen Fällen lassen sich Modelle effizienter erstellen, wenn Sie gleich anfangs die richtige Skizzierebene auswählen.

Wählen Sie eine Ebene, auf der skizziert werden soll. Die Standardebenen sind Ausrichtung nach vorne, oben und rechts. Ebenen können auch neu hinzugefügt und nach Bedarf platziert werden.

5.2.3 Bemaßungen

5.2.3.1 Grundlagen

Skizzen werden in verschiedenen Zuständen angezeigt. Um die Skizze vollständig zu definieren, fügen Sie mit dem Werkzeug **Intelligente Bemaßung** (Bemaßungen/Beziehungen-Symbolleiste) Beziehungen hinzu und wenden Bemaßungen an. Die Typen der Skizzenelemente haben auch Auswirkungen auf Bemaßungsfunktionen. 2D- oder 3D-Skizzenelemente werden mit dem Werkzeug **Intelligente Bemaßung** bemaßt. Sie können eine Bemaßung ziehen oder löschen, während das Werkzeug aktiviert ist.

Intelligente Bemaßung

Bemaßungstypen werden durch die Skizzenelemente, die Sie auswählen, bestimmt. Für einige Bemaßungstypen (Punkt-zu-Punkt, Winkelbemaßung, Kreisbemaßung) hat die Stelle, auf der die Bemaßung platziert wird, Einfluss auf den Bemaßungstyp, der hinzugefügt wird. Sie können Features erstellen, ohne Bemaßungen zu den Skizzen hinzuzufügen. Von der Vorgehensweise her empfiehlt es sich jedoch, Skizzen zu bemaßen. Bemaßen Sie im Einklang mit dem Entwurfsplan des Modells. Sie sollten z. B. Bohrungen in einem bestimmten Abstand zu einer Kante oder in einem bestimmten Abstand zueinander platzieren.

5.2.3.2 Bemaßungsformen

Sie können Bemaßungen zwischen Elementen spezifizieren, wie beispielsweise Längen oder Radien. Durch eine Änderung der Bemaßungen ändern sich auch Größe und Form des Teils. Je nachdem, wie Sie das Teil bemaßen, lässt sich der Entwurfsplan beibehalten. Die Software verwendet zwei Arten der Bemaßung: steuernde Bemaßung und gesteuerte Bemaßung.

* **Steuernde Bemaßungen**

Steuernde Bemaßungen werden mit dem Werkzeug Bemaßung erstellt. Sie bewirken eine Änderung der Modellgröße, wenn die Bemaßungswerte geändert werden.

* **Gesteuerte Bemaßungen**

Einige Bemaßungen, die zum Modell gehören, sind gesteuert. Sie können gesteuerte Bemaßungen oder Referenzbemaßungen mit dem Werkzeug Bemaßung zu Informationszwecken einfügen.
Der Wert der gesteuerten Bemaßungen verändert sich, wenn Sie die steuernden Bemaßungen oder Verhältnisse im Modell ändern. Sie können die Werte der gesteuerten Bemaßungen nicht direkt verändern, diese müssen in steuernde Bemaßungen umgewandelt werden.

5.2.4 Beziehungen

Beziehungen stellen geometrische Verhältnisse wie Gleichheit und Tangenten zwischen Skizzenelementen dar. Es ist zwar möglich horizontale Elemente separat zu bemaßen, aber wenn Sie eine gleiche Beziehung zwischen diesen beiden Elementen hinzufügen, müssen Sie nur eine Bemaßung aktualisieren, wenn die Länge verändert wird.

Die grünen Symbole zeigen eine Beziehung zwischen Skizzenobjekten an.

Sie können auch Beziehungen hinzufügen, während Sie einzelne Skizzenelemente erstellen oder wenn Sie zwei bestehende Elemente auswählen. Die Felder Bestehende Beziehungen und Beziehungen hinzufügen werden in jedem Skizzenelement-PropertyManager angezeigt.

Beim Erstellen von Beziehungen muss mindestens eines der Elemente ein Skizzenelement sein. Die anderen Elemente können Skizzenelemente, Kanten, Flächen, Eckpunkte, Ursprünge, Ebenen, Achsen oder Kurven von einer anderen Skizze sein, die eine Linie oder einen Kreisbogen bilden, wenn sie auf die Skizzenebene projiziert werden.

5.2.5 Feature erstellen, Regeln und Optionen

5.2.5.1 Koordinatensysteme

In SolidWorks wird ein System von Koordinatensystemen mit Ursprung verwendet. Ein Teildokument verfügt standardmäßig über einen Ursprung. Wenn Sie eine Ebene oder Fläche auswählen oder eine Skizze öffnen, wird der Ursprung in Ausrichtung mit der Ebene oder Fläche erstellt. Ein Ursprung kann als Anker für Skizzenelemente verwendet werden, und er hilft bei der Ausrichtung der Achsen. Eine dreidimensionale Referenztriade hilft Ihnen bei der Orientierung in die X-, Y- und Z-Richtung in Teil- und Baugruppendokumenten.

Der Skizzenursprung wird in einer offenen Skizze in Rot angezeigt. Der Skizzenursprung hilft Ihnen, sich bei den Koordinaten der Skizze zu orientieren.

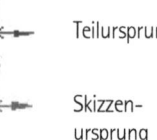 Teilursprung

 Skizzen-ursprung

Isometrische Ausrichtung

Teilursprung:
Jeweils einer in jedem Teildokument.
Isometrische Ausrichtung:
Ableiten zu einem Baugruppenursprung.

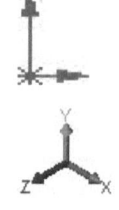
Skizzenursprung:
Jeweils einer für jede neue Skizze.
Referenztriade:
In Teil- und Baugruppendokumenten.

Referenztriade

5.2.5.2 Farbtöne für die Hervorhebung

Geometrische Beziehungen, wie Endpunkte, Mittelpunkte und Eckpunkte, werden hervorgehoben, wenn sich der Cursor auf sie zubewegt, und ihre Farbe wird verändert, wenn der Cursor zur Auswahl angehalten wird.

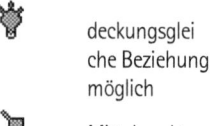 deckungsglei che Beziehung möglich

Mittelpunkt erkannt

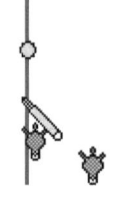
Der Mittelpunkt wird hervorgehoben, und der Cursor zeigt an, dass eine deckungsgleiche Beziehung an der aktuellen Position möglich ist.

Die Farbe des Mittelpunktes hat sich verändert, und der Cursor zeigt an, dass er den Mittelpunkt erkennt

5.2.5.3 Skizzen-Fangfunktionen, Auszug

Skizzen-Fangfunktionen vereinfachen das Anwählen prägnanter Punkte auf Skizzenelemente.

Endpunkte und Skizzenpunkte:
Am Ende der folgenden Skizzenelemente wird gefangen: Linien, Polygone, Rechtecke, Parallelogramme, Verrundungen, Kreisbogen, Parabeln, partielle Ellipsen, Splines, Punkte, Fasen und Mittellinien.

Halbierungspunkte:
An den Mittelpunkten von Linien, Polygonen, Rechtecken, Parallelogrammen, Verrundungen, Kreisbogen, Parabeln, partiellen Ellipsen, Splines, Punkten, Fasen und Mittellinien wird gefangen.

Tangential:
An Tangenten zu Kreisen, Kreisbogen, Verrundungen, Parabeln, Ellipsen, partiellen Ellipsen und Splines wird gefangen.

Schnittpunkte:
An den Schnittpunkten von Elementen, die sich berühren, oder Elementen, die sich schneiden, wird gefangen.

Senkrecht:
Eine Linie wird von einer anderen Linie senkrecht gefangen.

Parallel
Erstellt ein paralleles Element zu Linien.

Mittelpunkte:
Am Mittelpunkt der folgenden Skizzenelemente wird gefangen: Kreise, Kreisbogen, Verrundungen, Parabeln und partielle Ellipsen.

Quadranten:
An den Quadrantenpunkten von Kreisen, Kreisbogen, Verrundungen, Parabeln, Ellipsen und partiellen Ellipsen wird gefangen.

Gitter:
Skizzenelemente werden an den vertikalen und horizontalen Gitterlinien gefangen. Dies ist der einzige Skizzenfangvorgang, der standardmäßig nicht aktiv ist.

Winkel:
Es wird an Winkeln gefangen. Um den Winkel festzulegen, klicken Sie auf **Extras**, **Optionen**, **Systemoptionen**, **Skizze**, wählen Sie **Beziehungen/Fangen** aus, und legen Sie einen Wert für **Winkel fangen** fest.

Horizontale und vertikale Linien:
Eine Linie wird vertikal zu einer vorhandenen horizontalen Skizzenlinie und horizontal zu einer vorhandenen vertikalen Skizzenlinie gefangen.

Nächste
Unterstützt alle Elemente. Der Cursor braucht nicht in der unmittelbaren Nähe eines anderen Skizzenelements zu sein, ein Fangen an diesem Punkt anzuzeigen.

Punkt

Mittelpunkt

Halbierungspunkt

Quadrant

Tangential

Gitter

Schnittpunkte

Winkel

Senkrecht

Horizontal / - Vertikal

Parallel

Nächste

5.2.5.4 Objektauswahl

Auswählen ist der Standardmodus, wenn Sie sich nicht in einem Befehl befinden. In den meisten Fällen kehrt die Steuerung beim Beenden eines Befehls automatisch zum Auswählen-Modus zurück. Wenn der Auswählen-Modus aktiv ist, können Sie Elemente im Grafikbereich oder im FeatureManager mit dem Zeiger auswählen. Sie können das **Auswählen**-Werkzeug verwenden, um einen Befehl zu beenden und zum Auswählen-Modus zurückzukehren, was bei Ansichtswerkzeugen, und wenn Sie sich in Skizzen befinden, hilfreich ist. Dynamisches **Hervorheben** informiert Sie, welches Element ausgewählt werden kann, während Sie den Cursor bewegen. Sie können eine **Option** festlegen, um dynamisches Hervorheben zu aktivieren bzw. deaktivieren.

Bei der Rahmenauswahl von links nach rechts werden nur Elemente ausgewählt, die sich vollständig im Rahmen befinden. Bei der Überkreuzauswahl von rechts nach links werden neben den Elementen im Rahmen auch solche Elemente ausgewählt, die über den Rahmen hinausgehen. Bei der Fensterauswahl wird das Fenster mit durchgehenden Linien angezeigt. Bei der Überkreuzauswahl wird das Fenster mit gepunkteten Linien angezeigt.

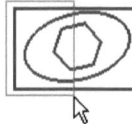 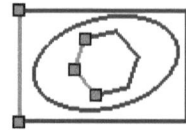 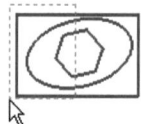 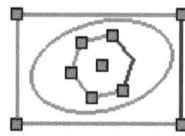

Fensterauswahl von links nach rechts   Fensterauswahl von rechts nach links

5.2.5.5 Objektauswahl hervorheben

Elemente werden im Grafikbereich hervorgehoben, wenn Sie sie auswählen, oder dynamisch hervorgehoben, wenn Sie den Cursor über sie führen. Wie ausgewählte Elemente hervorgehoben werden, hängt von den Farbeinstellungen und der ausgewählten Anzeigeart ab und davon, ob RealView aktiv ist.

RealView, schattiert	**RealView** deaktiviert, schattiert	verdeckte Kanten ausgeblendet
		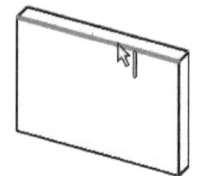
Ausgewählte Kanten werden als leuchtende Linien hervorgehoben.	Ausgewählte Kanten werden als dicke, durchgehende Linien hervorgehoben.	Ausgewählte Kanten werden als dicke, durchgehende Linien hervorgehoben.
		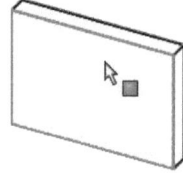
Ausgewählte Flächen werden in einer leuchtenden durchgehenden Farbe hervorgehoben.	Ausgewählte Flächen werden in durchgehender Farbe hervorgehoben.	Ausgewählte Flächenkanten werden als dünne, durchgehende Linien hervorgehoben.

5.2.5.6 Dynamische Vorschau

Wenn Sie ein Feature erstellen oder bearbeiten, dass die dynamische Vorschau unterstützt, wird im Grafikbereich durch eine dynamische Vorschau angezeigt, wie sich durch Verschieben des Cursors das Modell ändert. Zuerst wird eine schattierte Vorschau eingeblendet.

Klicken Sie auf einen **Ziehpunkt** der schattierten Vorschau, und ziehen Sie den Cursor, um die dynamische Vorschau einzublenden. Nach dem Speichern des linear ausgetragenen Features, können Sie Griffe für die Vorschau verwenden und Bemaßungen ändern, die nicht mit Zwangsbedingungen belegt sind. Ein Maßstab zeigt die Bemaßungsänderungen an.

Zeigen Sie die graphische Darstellung in der Vorschau an. Ziehpunkte werden eingeblendet, mit denen die Vorschau auf die gewünschte Tiefe gezogen werden kann. Die Ziehpunkte für die aktive Richtung sind gelb, für die inaktive Richtung sind sie grau. Eine Beschreibung zeigt den aktuellen Wert der Tiefe an. Klicken Sie auf den Bildschirm, um die Vorschau in den Modus **Schattiert** zu versetzen. Der Cursor verändert sich zu einem Pfeil. Wenn Sie das Feature jetzt erstellen möchten, klicken Sie mit der rechten Maustaste. Andernfalls können Sie weitere Einstellungsänderungen vornehmen. Zum Beispiel kann die Tiefe der linearen Austragung geändert werden, indem Sie den dynamischen Ziehpunkt mit der Maus ziehen oder im PropertyManager einen Wert festlegen.

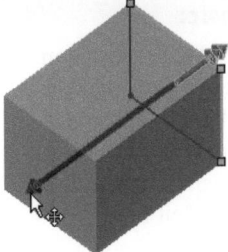
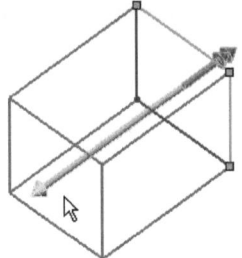

| Klicken Sie auf den Ziehpunkt, wie in der Abbildung gezeigt | Ziehen Sie den Cursor, um die dynamische Vorschau einzublenden | Verwenden Sie den Maßstab für eine Vorschau der Bemaßungsänderungen |

5.2.5.7 Endbedingungen für lineare Austragungen

Wenn Sie ein Skizzenprofil mit dem Befehl **Linear ausgetragener Aufsatz** zu einem Volumen generieren wollen, müssen Sie einen **Typ** für die Volumengrenzkante aus dem PropertyManager **Linear-Austragen-Feature** auswählen. Hierzu zeigen die folgenden Bilder die entsprechenden einzutragenden Optionen:

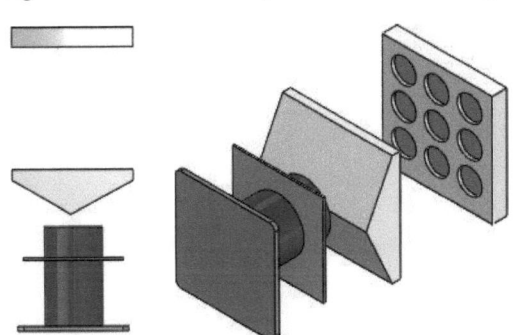

Blind:

Erweitert das Feature von der Skizzierebene um eine bestimmte Distanz

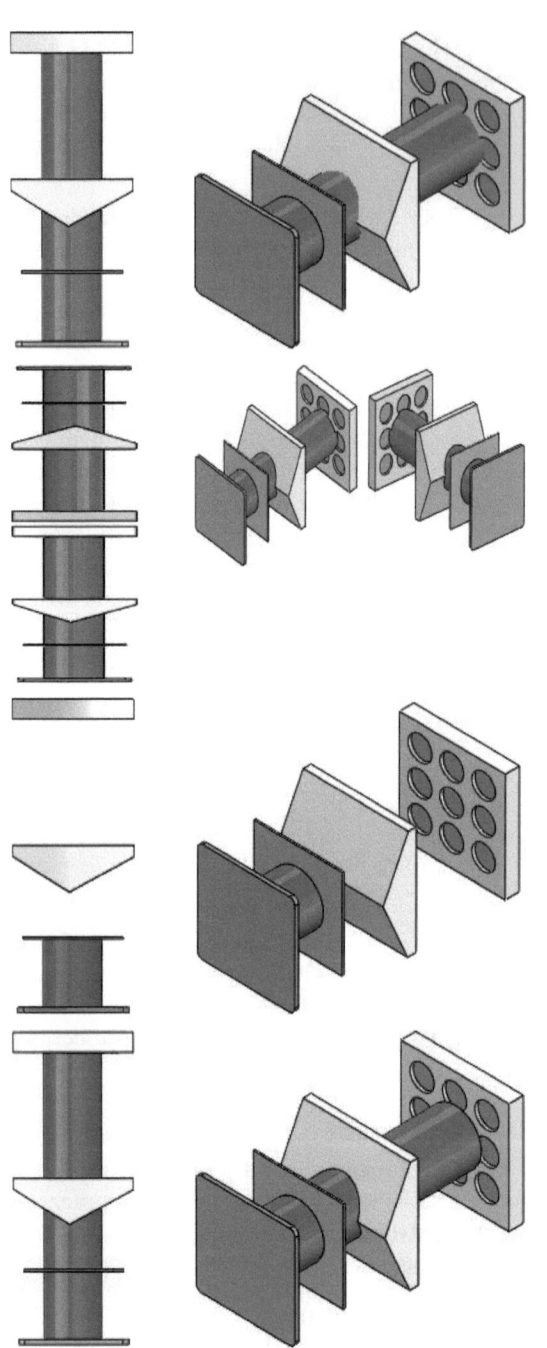

Durch alles:

Erweitert das Feature von der Skizzierebene durch die ganze bestehende Geometrie.

Durch alle Beide:

Erweitert das Feature von der Skizzierebene durch die ganze bestehende Geometrie für Richtung 1 und Richtung 2.

Bis nächste:

Erweitert das Feature von der Skizzierebene zur nächsten Oberfläche, die das ganze Profil schneidet. Die schneidende Fläche muss sich auf demselben Teil befinden.

Bis Eckpunkt:

Erweitert das Feature von der Skizzierebene bis zu einer Ebene, die parallel zur Skizzierebene liegt und durch den angegebenen Eckpunkt verläuft. Eckpunkte in Skizzen können für lineare Austragungen des Typs **Bis Eckpunkt** ausgewählt werden

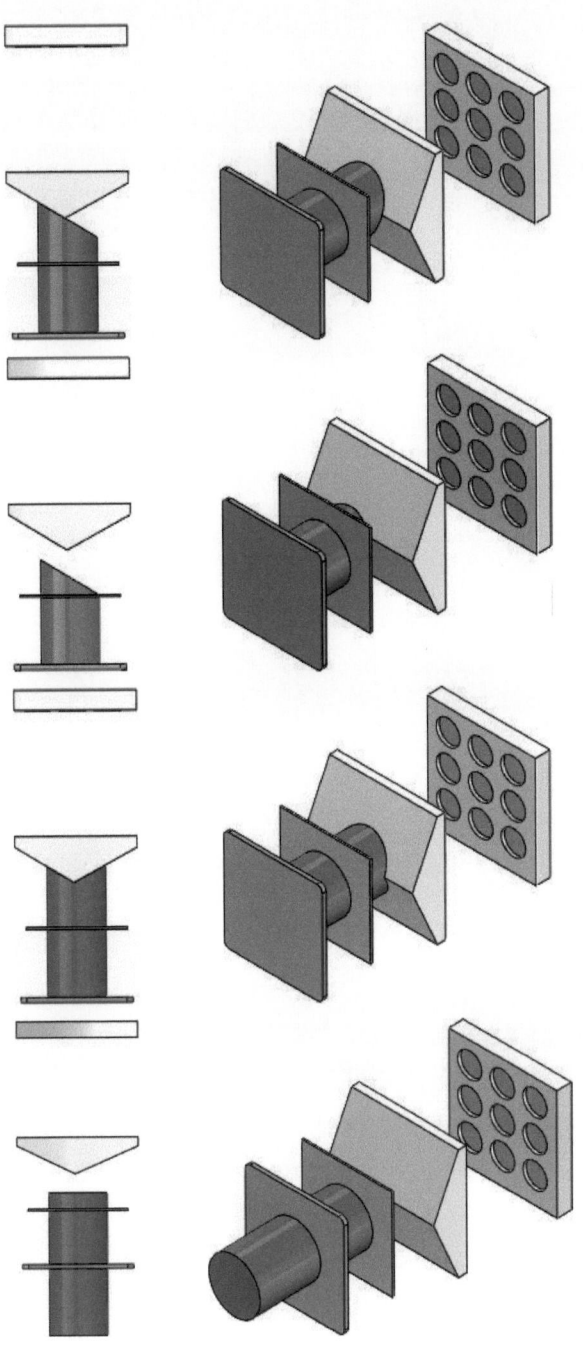

Bis Oberfläche:

Erweitert das Feature
von der Skizzierebene
bis zur gewählten Ober-
fläche.

Offset von Oberfläche:

Erweitert das Feature
von der Skizzierebene
bis zu einem bestimm-
ten Abstand von der
gewählten Oberfläche.

Bis Körper:

Erweitert das Feature
von der Skizzierebene
bis zu einem festgeleg-
ten Körper. Sie können
die Option Bis Körper
bei Baugruppen, Guss-
teilen und Mehrkörper-
Teilen verwenden.

Mittig:

Erweitert das Feature
von der Skizzierebene
gleichmäßig in beide
Richtungen.

Projekt I

Skizzenerstellung
Seite 122 bis 123

- Linienkonstruktion, Skizzen-Fangfunktion
  „Endpunkt-Endpunkt"

- Linienkonstruktion, Skizzen-Fangfunktion
  „Endpunkt-Schnittpunkt"

- Linienkonstruktion, Skizzen-Fangfunktion
  „Endpunkt-Mittelpunkt"

- Linienkonstruktion, Skizzen-Fangfunktion
  „Endpunkt-Tangentialpunkt"

- Linienkonstruktion, Skizzen-Fangfunktion
  „Tangentialpunkte"

- Linienkonstruktion, Skizzen-Fangfunktion
  „Endpunkt-Senkrecht"

5.3 Skizzenerstellung, Überblick

Wenn Sie ein neues Teil oder eine neue Baugruppe erstellen, sind die drei Standardebenen auf bestimmte Ansichten ausgerichtet. Die Ebene, die Sie für die erste Skizze auswählen, bestimmt die Ausrichtung Ihres Teils.

Wenn Sie ein neues Teil erstellen und ein Skizzierwerkzeug auswählen, werden Sie aufgefordert, eine Ebene auszuwählen. Es gibt zwei Modi zum Skizzieren in 2D:
Klick-/Ziehmodus und **Klickmodus**.

SOLIDWORKS sieht automatisch anhand der Mauszeigerbewegungen, welchen Modus Sie möchten:

Wenn Sie auf den ersten Punkt klicken und ziehen, befinden Sie sich im **Klick-/Ziehmodus**.

Wenn Sie auf den ersten Punkt klicken und die Maustaste loslassen, befinden Sie sich im **Klickmodus**.

Im **Klickmodus** werden mit den Werkzeugen **Linie** und **Kreisbogen** Segmentketten erstellt, während Sie klicken. Um eine Skizzenkette abzuschließen, führen Sie einen der folgenden Schritte aus:

Doppelklicken Sie, um die Elementkette zu beenden und das Werkzeug aktiviert zu lassen.

Klicken Sie mit der rechten Maustaste, und wählen Sie Kette beenden.

Drücken Sie die **ESC**-Taste, um die Kette zu beenden und das Werkzeug zu deaktivieren.

Bewegen Sie den Cursor aus dem Ansichtsfenster, um das Ziehen zu beenden. Sie können anschließend ein anderes Werkzeug auswählen, um die Kette zu beenden.

Linie

5.3.1 Linienkonstruktion, Skizzen-Fangfunktion Endpunkt-Endpunkt

Linie (Registerkarte **Skizze / Geometrieelemente**)
von **Endpunkt** (1) nach **Endpunkt** (2)

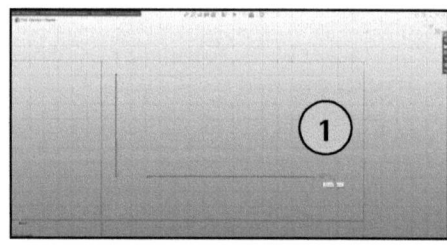
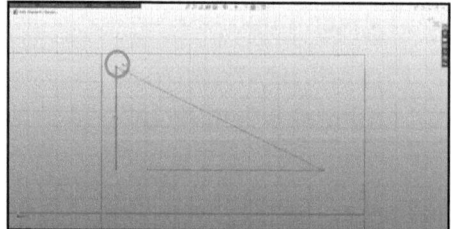

5.3.2 Linienkonstruktion, Skizzen-Fangfunktion Endpunkt-Schnittpunkt

Linie

Linie (Registerkarte **Skizze / Geometrieelemente**)
von **Endpunkt** (3) nach **Schnittpunkt** (4)

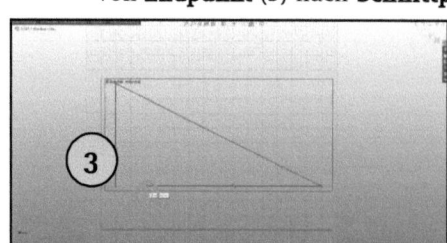
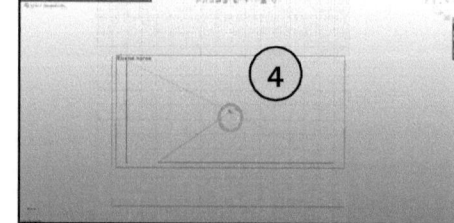

5.3.3 Linienkonstruktion, Skizzen-Fangfunktion Endpunkt-Mittelpunkt

Linie (Registerkarte **Skizze / Geometrieelemente**)
von **Endpunkt** (5) nach **Mittelpunkt** (6)

 Linie

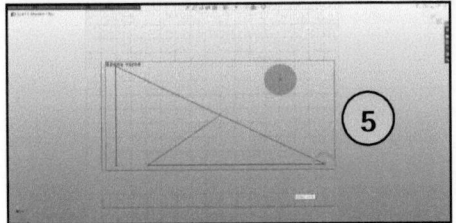 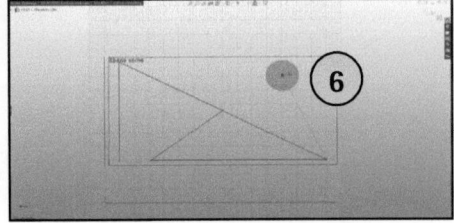

5.3.4 Linienkonstruktion, Fangfunktion Endpunkt-Tangentialpunkt

Linie (Registerkarte **Skizze / Geometrieelemente**)
von **Endpunkt** (7) nach **Tangentialpunkt** (8)

 Linie

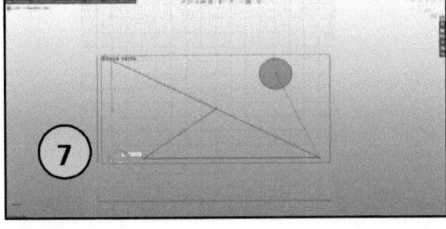 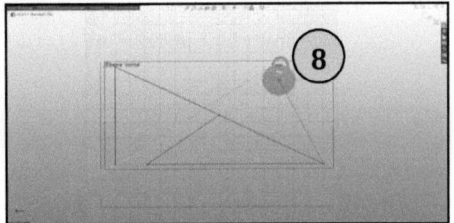

5.3.5 Linienkonstruktion, Skizzen-Fangfunktion Tangentialpunkte

Linie (Registerkarte **Skizze / Geometrieelemente**)
von **Tangentialpunkt** (9) nach **Tangentialpunkt** (10)

 Linie

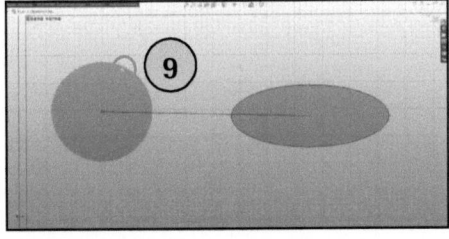 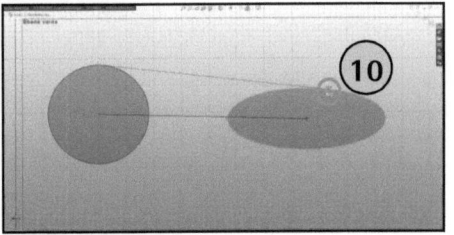

5.3.6 Linienkonstruktion, Skizzen-Fangfunktion Endpunkt-Senkrecht

Linie (Registerkarte **Skizze / Geometrieelemente**)
von **Endpunkt** (11) nach **Senkrechtpunkt** (12)

 Linie

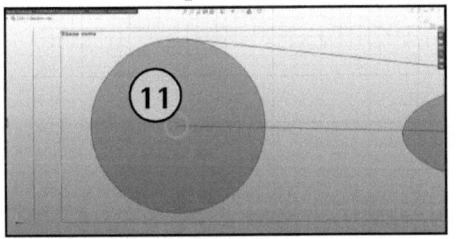 

Projekt II

Skizzenbeziehungen

- Beziehungszuweisung
  „Horizontal oder Vertikal"
- Beziehungszuweisung
  „Punkte verschmelzen"
- Beziehungszuweisung
  „Deckungsgleich"
- Beziehungszuweisung
  „Parallel"
- Beziehungszuweisung
  „Mittelpunkt"
- Beziehungszuweisung
  „Senkrecht"
- Beziehungszuweisung
  „Gleich"
- Beziehungszuweisung
  „Symmetrisch"
- Beziehungszuweisung
  „Tangential"
- Beziehungszuweisung
  „Konzentrisch"
- Beziehungszuweisung
  „Kollinear"
- Beziehungszuweisung
  „Schnittpunkt"

5.4 Skizzenbeziehungen

Mit der SOLIDWORKS ist es nicht notwendig, Skizzen vollständig zu bemaßen oder zu definieren, bevor sie zur Erstellung von Features verwendet werden. Sie sollten aber Skizzen voll definieren, bevor Sie das Teil als fertiggestellt betrachten.

5.4.1 Skizzendefinitionen

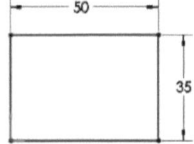

Skizzen können sich in einem von fünf verschiedenen Status befinden. Der Status der Skizze wird in der Statusleiste am unteren Rand des SOLIDWORKS Fensters angezeigt.

5.4.1.1 Voll definierte Skizzen sind schwarz

In einer voll definierten Skizze sind alle Linien und Kurven in der Skizze sowie ihre Positionen durch Bemaßungen oder Beziehungen oder beide beschrieben. Skizzen müssen nicht voll definiert sein, damit sie zur Erstellung von Features verwendet werden können. Sie sollten Skizzen jedoch voll definieren, um Ihren Entwurfsplan beizubehalten.

5.4.1.2 Unterdefinierte Skizzen sind blau

Sie können die unterdefinierten Elemente einer Skizze anzeigen, um festzustellen, welche Bemaßungen oder Beziehungen noch hinzugefügt werden müssen, damit die Skizze voll definiert ist. Anhand der farblichen Hinweise können Sie feststellen, ob eine Skizze unterdefiniert ist. Unterdefinierte Skizzen sind nicht nur farblich gekennzeichnet, sondern ihre Elemente können auch gezogen werden, da sie innerhalb der Skizze nicht fixiert sind.

5.4.1.3 Überdefinierte Skizzen sind gelb

Überdefinierte Skizzen enthalten überflüssige Bemaßungen oder Beziehungen mit Konflikten. Sie können überdefinierte Bemaßungen oder Beziehungen löschen, aber nicht bearbeiten. Eine Skizze ist überdefiniert, wenn beide vertikalen Linien des Rechtecks bemaßt sind. Per Definition hat ein Rechteck je zwei gleichlange Seiten, daher wäre eine Bemaßung der Seitenlänge nur einmal erforderlich.

5.4.1.4 Keine Lösung gefunden

Die Skizze ist nicht gelöst. Die Geometrie, Beziehungen und Bemaßungen, die eine Lösung der Skizze verhindern, werden angezeigt.

Erfordert das Löschen einiger Beziehungen oder Bemaßungen oder die Rückkehr des Skizzenelements in seinen früheren Zustand.

5.4.1.5 Ungültige Lösung gefunden

Die Skizze ist gelöst, führt aber zu ungültiger Geometrie, wie Linienlänge **Null**, Kreisbogenradius **Null** oder sich selbst schneidendem Spline.

Weist darauf hin, dass die Skizzengeometrie nicht die Position von einem oder mehreren Skizzenelementen bestimmen kann.

5.4.2 Beziehungszuweisungen in Skizzen

5.4.2.1 Beziehungszuweisung „Horizontal oder Vertikal"

Horizontal oder Vertikal:

Eine oder mehrere Linien oder mindestens zwei Punkte.

Die Linien werden horizontal oder vertikal definiert. Punkte werden horizontal oder vertikal ausgerichtet.

Beziehung hinzufügen (Registerkarte **Skizze / Beziehungen**)

- Wählen Sie die gezeichnete Linie (1).

Beziehung **Horizontal** aktivieren (2).

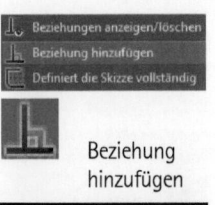

Beziehung
hinzufügen

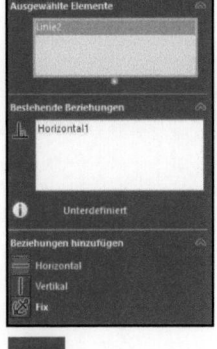

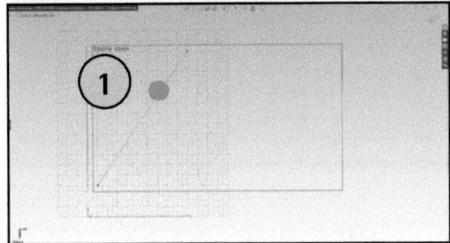 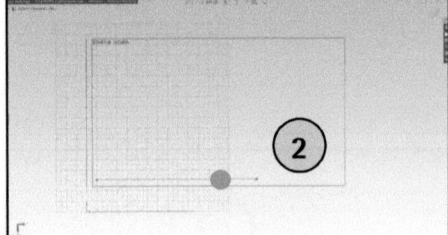

Beziehung
Horizontal

5.4.2.2 Beziehungszuweisung „Punkte verschmelzen"

Punkte verschmelzen:

Zwei Skizzenpunkte oder Endpunkte.

Die beiden Punkte werden zu einem Punkt verschmolzen.

Beziehung hinzufügen (Registerkarte **Skizze / Beziehungen**)

- Wählen Sie die gezeigten Endpunkte der Linien (3, 4).

Beziehung **Verschmelzen** aktivieren (5).

Beziehung
Hinzufügen

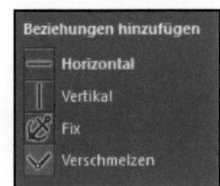

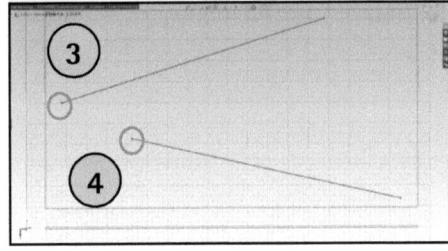 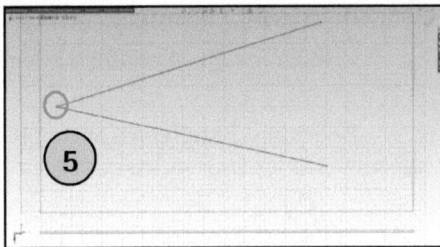

Beziehung
Verschmelzen

5.4.2.3 Beziehungszuweisung „Deckungsgleich"

Deckungsgleich:

Ein Punkt auf einer Linie, einem Rechteck, Kreisbogen, Ellipse usw.
Der Zielpunkt liegt hier auf den Schnittpunkt der Ursprungsebenen.

 Beziehung
Hinzufügen

Beziehung hinzufügen (Registerkarte **Skizze / Beziehungen**)

- Wählen Sie den gezeigten Mittelpunkt der Rechteck-Mittellinien (1, 2).

 Beziehung
Deckungs-
gleich

Beziehung **Deckungsgleich** aktivieren (3).

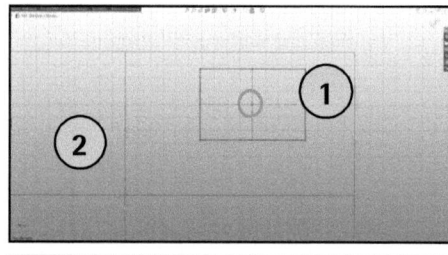

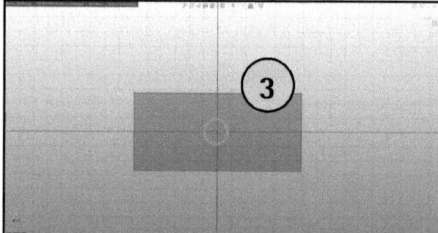

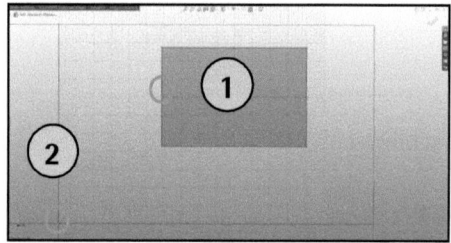

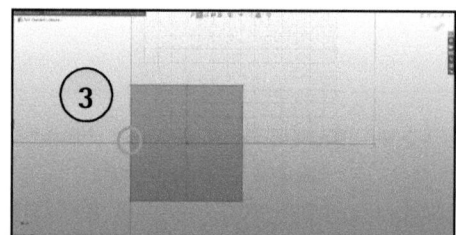

5.4.2.4 Beziehungszuweisung „Parallel"

Parallel:
Mindestens zwei Linien.
Die Elemente sind parallel zueinander.

 Beziehung
Hinzufügen

Beziehung hinzufügen (Registerkarte **Skizze / Beziehungen**)

- Wählen Sie die gezeigten Linien (4, 5).

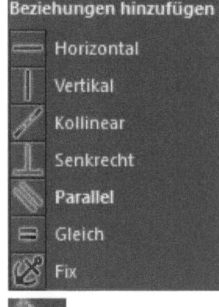

Beziehung
Parallel

Beziehung **Parallel** aktivieren (6).

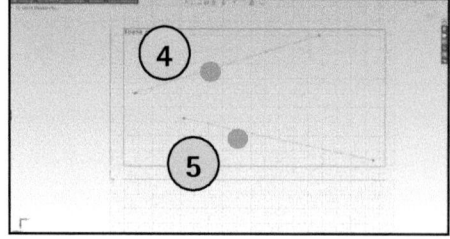

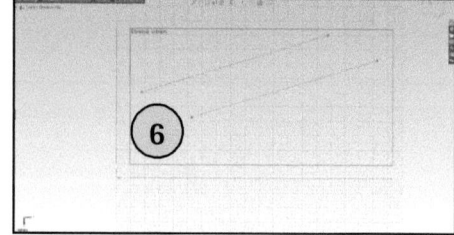

5.4.2.5 Beziehungszuweisung „Mittelpunkt"

Mittelpunkt:
Zwei Linien oder ein Punkt und eine Linie
Der Punkt verbleibt am Mittelpunkt der Linie.

Beziehung hinzufügen (Registerkarte **Skizze / Beziehungen**)

- Wählen Sie die gezeigten Linien (1, 2).

Beziehung **Mittelpunkt** aktivieren (3).

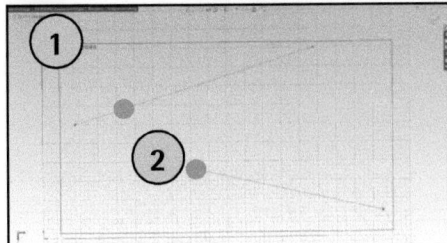 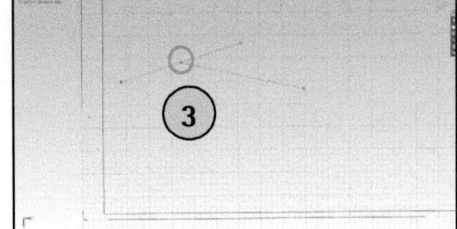

Beziehung
Hinzufügen

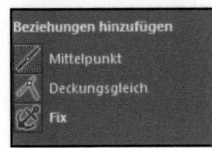

Beziehung
Mittelpunkt

5.4.2.6 Beziehungszuweisung „Senkrecht"

Senkrecht:
Zweite Linie wurde senkrecht zur ersten skizziert.
Skizzierwerkzeug ist aktiv, Skizzenfangfunktion am Halbierungspunkt
wird auf der Linie angezeigt.

Beziehung hinzufügen (Registerkarte **Skizze / Beziehungen**)

- Wählen Sie die gezeigte Linie vom Mittelpunkt (4).

Beziehung **Senkrecht** aktivieren (5).

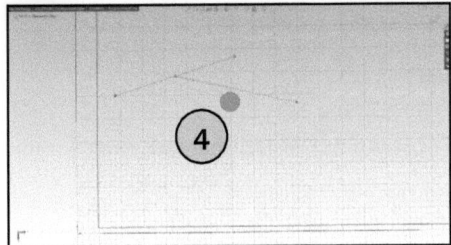 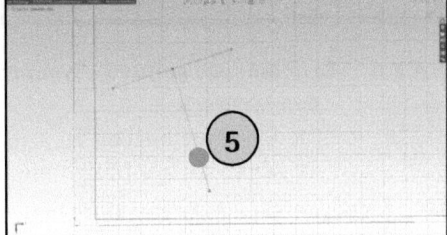

Beziehung
Hinzufügen

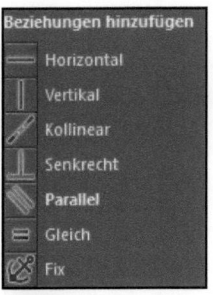

Beziehung
Senkrecht

5.4.2.7 Beziehungszuweisung „Gleich"

Gleich:
Mindestens zwei Linien oder mindestens zwei Kreisbögen.
Die Linienlängen und -Radiengrößen bleiben oder werden gleich.

Beziehung
Hinzufügen

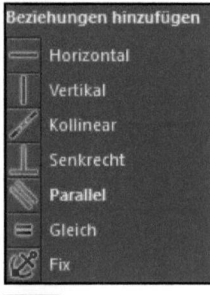

Beziehung hinzufügen (Registerkarte **Skizze / Beziehungen**)

- Wählen Sie die gezeigten Geometrieobjekte (1, 2, 3).

Beziehung **Gleich** aktivieren (4).

Beziehung
Gleich

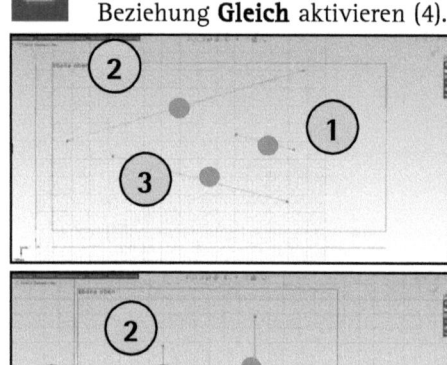
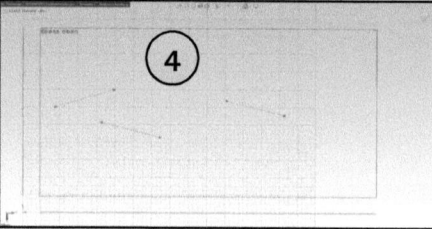
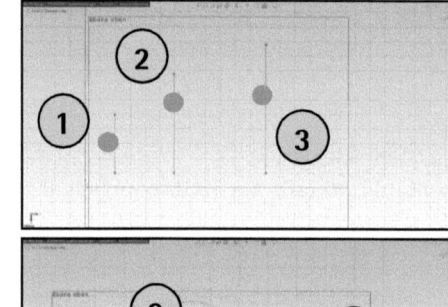
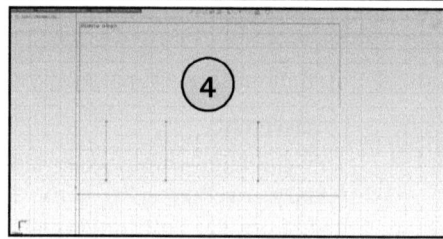
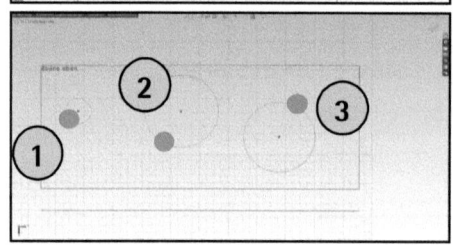
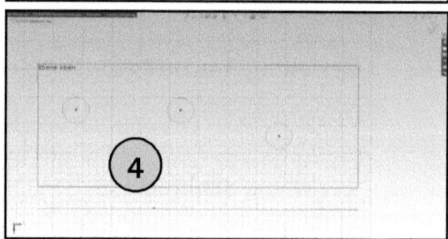

5.4.2.8 Beziehungszuweisung „Symmetrisch"

Symmetrisch:
Die Elemente bleiben im selben Abstand zur Mittellinie auf einer Linie,
die senkrecht zur Mittellinie ist.

- Klicken Sie die ausgewählte Linie und weisen dieser die Option
  Für Konstruktion zu (1, 2).

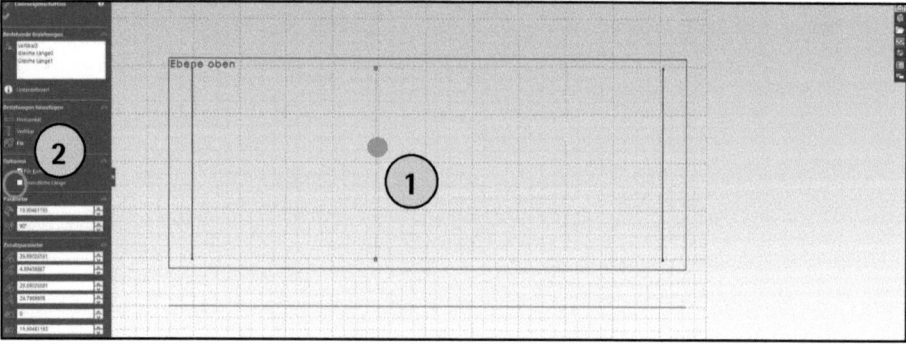

Beziehung hinzufügen (Registerkarte **Skizze / Beziehungen**)

- Wählen Sie die gezeigten Geometrieobjekte (2, 3).

 Beziehung **Symmetrisch** aktivieren (4).

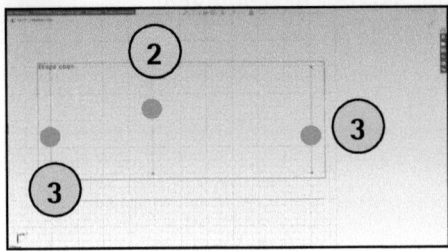
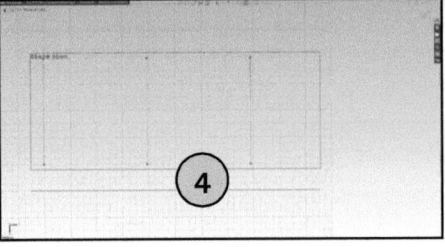

 Beziehung Hinzufügen

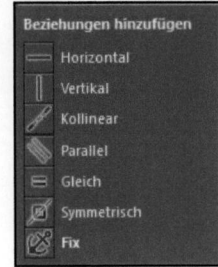

 Beziehung Symmetrisch

5.4.2.9 Beziehungszuweisung „Tangential"

 Tangential:

Ein Kreisbogen, eine Ellipse, ein Spline und eine Linie oder ein Kreisbogen. Die beiden Elemente bleiben tangential.

 Beziehung hinzufügen (Registerkarte **Skizze / Beziehungen**)

- Wählen Sie die gezeigten Geometrieobjekte (5, 6).

 Beziehung **Tangential** aktivieren (7).

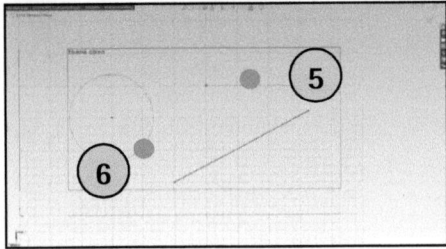
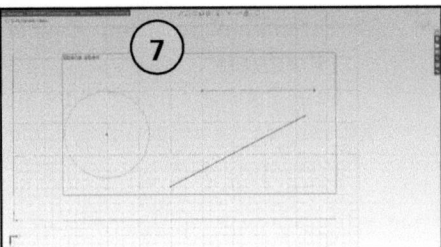

 Beziehung Hinzufügen

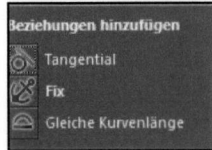

 Beziehung Tangential

- Wählen Sie die gezeigten Geometrieobjekte (5, 6).

 Beziehung Tangential

 Beziehung **Tangential** aktivieren (7).

Die zuerst zugewiesene Beziehung wird mit übernommen.

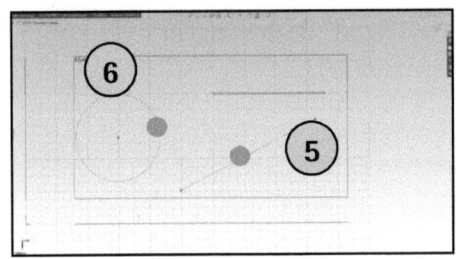
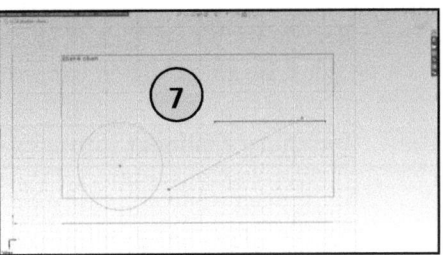

5.4.2.10 Beziehungszuweisung „Konzentrisch"

Konzentrisch:
Mindestens zwei Kreisbogen oder ein Punkt und ein Kreisbogen.
Die Kreisbogen haben denselben Mittelpunkt.

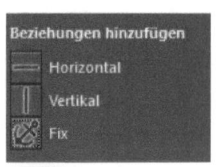

Beziehung
Hinzufügen

Beziehung hinzufügen (Registerkarte **Skizze / Beziehungen**)

- Wählen Sie die gezeigten Geometrieobjekte (1, 2).

Beziehung **Konzentrisch** aktivieren (3).

Beziehung
Konzentrisch

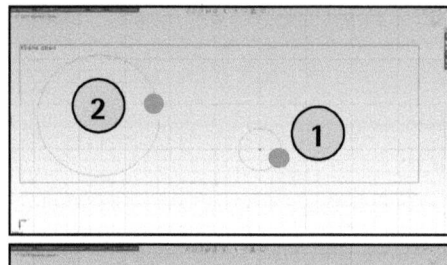
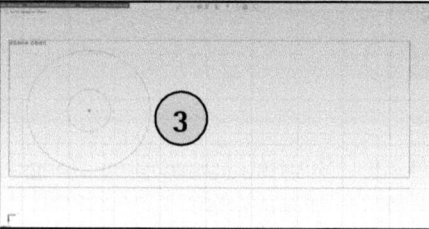

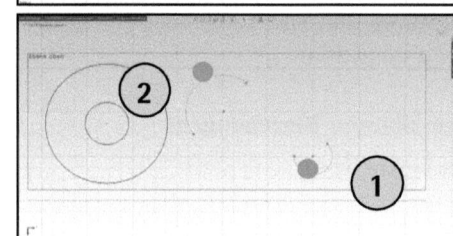
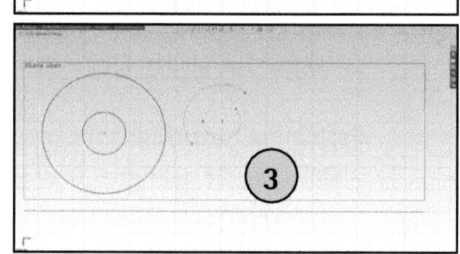

5.4.2.11 Beziehungszuweisung „Kollinear"

Beziehungen hinzufügen
- Horizontal
- Vertikal
- Fix

Beziehung
Fix

Kollinear:
Die Elemente liegen dann auf derselben unendlichen Linie.

- Klicken Sie die ausgewählte Linie und weisen dieser die Option **Fix** zu (4, 5).

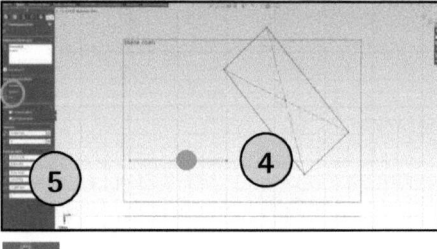

Beziehung
Hinzufügen

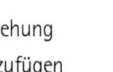

Beziehung hinzufügen (Registerkarte **Skizze / Beziehungen**)

- Wählen Sie die gezeigten Geometrieobjekte (6, 7).

Beziehungen hinzufügen
- Horizontal
- Vertikal
- Kollinear
- Senkrecht
- Parallel
- Gleich
- Fix

Beziehung **Kollinear** aktivieren (8).

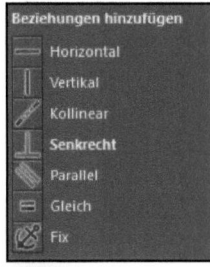

Beziehung
Kollinear

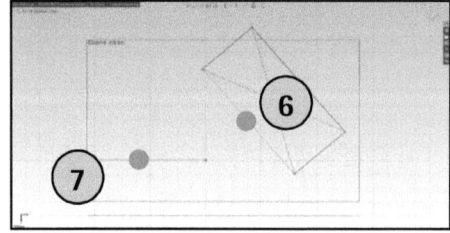
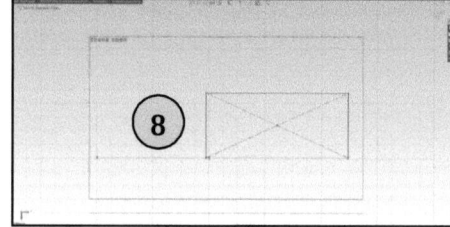

Beziehung hinzufügen (Registerkarte **Skizze / Beziehungen**)

- Wählen Sie die gezeigten Geometrieobjekte (9).

 Beziehung **Kollinear** aktivieren (10).

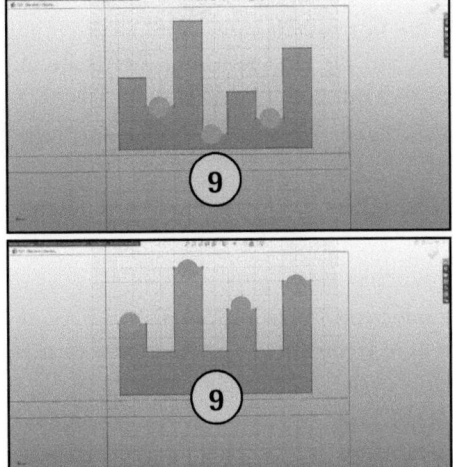

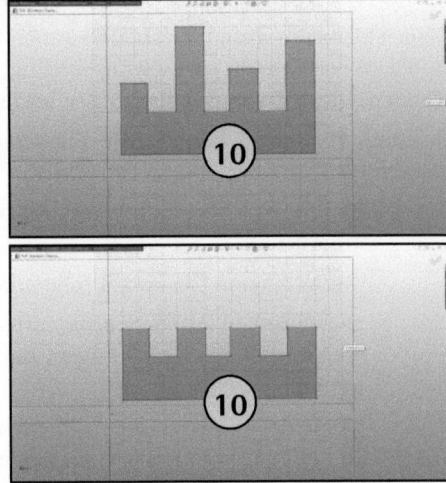

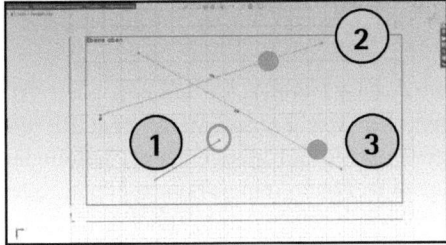

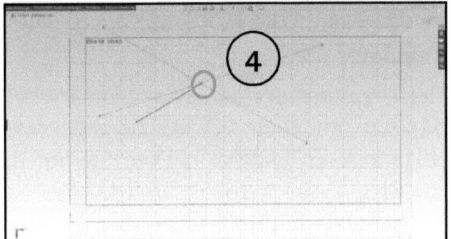

5.4.2.12 Beziehungszuweisung „Schnittpunkt"

 Schnittpunkt:

Zwei Linien und ein Linienendpunkt.
Der Linienendpunkt zieht auf den Schnittpunkt der Linien.

 Beziehung hinzufügen (Registerkarte **Skizze / Beziehungen**)

- Wählen Sie den gezeigten Endpunkt der Linie (1).
- Wählen Sie die sich schneidenden Linien (2, 3).

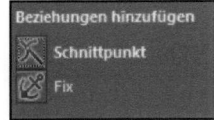

 Beziehung **Schnittpunkt** aktivieren (4).

5.4.3 3D-Skizzierfunktionen

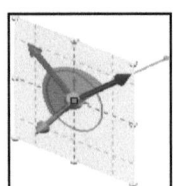

5.4.3.1 3D-Skizzierfunktionen, Grundlagen

Beim Skizzieren in 3D können Sie die Hauptrichtungen X, Y oder Z fangen und Zwangsbedingungen **Entlang X**, **Entlang Y** und **Entlang Z** anwenden. Diese Zwangsbedingungen beziehen sich auf das globale Koordinatensystem.

Beim Skizzieren auf einer Ebene können Sie die horizontale oder vertikale Richtung in der Ebene fangen und Zwangsbedingungen auf die **Horizontale / Vertikale** anwenden. Diese Zwangsbedingungen beziehen sich auf eine Ebene, planare Fläche.

In einer 3D-Skizze können Sie Ebenen hinzufügen. Zu den 3D-Ebenenattributen zählen:

> Definieren: Ebenen können vollständig definiert, unterdefiniert und überdefiniert sein.

> Beziehungen: Sie haben folgende Möglichkeiten:

> Beziehungen zu Ebenen hinzufügen oder von ihnen entfernen:
> Verwenden Sie Beziehungen, um weitere Geometrie oder die Ebene zu platzieren.

> Verschieben: Sie können Ebenen ziehen und auf diese Weise verschieben. Sie können die Größe von Ebenen verändern, indem Sie an den Eckpunkten ziehen, oder Ebenen mit Hilfe der mittleren Griffe drehen.

> Aktivieren: Doppelklicken Sie auf eine Ebene, um sie zu aktivieren.

Wenn Sie **Schnelle Skizze** mit einem geöffneten Skizzenwerkzeug verwenden, wird eine Ebene auf einer ausgewählten planaren Fläche erstellt.

Im PropertyManager **Eigenschaften** können Sie Bemaßungen, Beziehungen oder Ebenen ausblenden.

Beim Skizzieren im 2D-Modus auf einer 3D-Ebene sind die Elemente, die sich nicht auf der aktiven Skizzierebene befinden, abgeblendet. Beziehungen und Bemaßungen, die sich nicht auf die Ebene oder Elemente auf dieser Ebene beziehen, werden ausgeblendet.

Wenn Sie eine 3D-Skizze erstellen, skizzieren Sie standardmäßig relativ zum Standardkoordinatensystem im Modell. Um zu einer der beiden anderen Standardebenen zu wechseln, klicken Sie auf das gewünschte Skizzierwerkzeug, und drücken Sie die **Tabulator**-Taste.

Der Ursprung der aktuellen Skizzierebene wird eingeblendet. Sie können auch 3D-Skizzen mit einer 3D-Skizzierebene erstellen. Um das Koordinatensystem für die 3D-Skizze zu ändern, klicken Sie auf das gewünschte Skizzierwerkzeug, halten Sie die **Strg**-Taste gedrückt, und klicken Sie auf eine Ebene, eine planare Fläche oder ein benutzerdefiniertes Koordinatensystem.

Wenn Sie eine Ebene oder eine planare Fläche auswählen, werden die 3D-Skizzierebenen so gedreht, dass die XY-Skizzierebene auf das ausgewählte Element ausgerichtet ist. Wenn Sie ein Koordinatensystem auswählen, werden die 3D-Skizzierebenen so gedreht, dass die XY-Skizzierebene parallel zur XY-Ebene des Koordinatensystems liegt.

5.4.3.2 Skizzenbeziehungen in 3D-Skizzen

Viele Beziehungen, die in 2D-Skizzen verfügbar sind, gibt es auch in 3D-Skizzen. Für das Skizzieren in 3D stehen weitere Skizzenbeziehungen zur Verfügung:

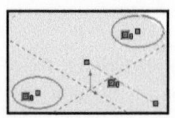

- Senkrechte Beziehungen zwischen einer Linie durch einen Punkt auf eine Oberfläche.
- Beziehungen zwischen 3D-Skizzenelementen auf einer und auf verschiedenen Skizzierebenen.

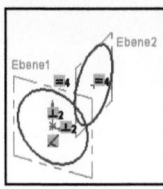

- Symmetrische Beziehungen um eine Linie zwischen 3D-Skizzen erstellt auf derselben Ebene.
- Beziehungen mit Spline-Griffen wie entlang einer Achse oder zwischen Griffen.
- Mittelpunkt-Beziehungen.
- Gleiche Beziehungen.
- Tangentiale oder gleiche Krümmungsbeziehungen zwischen Flächen und Splines.
- Beziehungen zwischen Kreisbögen und anderen Skizzenelementen.
- Beziehungen zwischen Kreisbögen, konzentrische, tangentiale oder gleiche Beziehungen.
- Normal auf zwischen einer Linie und einer Ebene oder zwischen Punkten und einer Ebene.

5.4.3.3 Maßeintragungen in 3D-Skizzen, eine Auswahl

In 3D-Skizzen stehen verschiedene Bemaßungstypen zur Verfügung: absolut, entlang X, entlang Y und entlang Z.

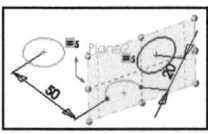

Absolut:

> Misst den absoluten Abstand zwischen zwei Punkten. Wenn Sie die Tab-Taste drücken, um entlang einer Achse zu bemaßen, drücken Sie die Tab-Taste so lange, bis der Mauszeiger wieder die Form annimmt, um eine absolute Messung zu erhalten.

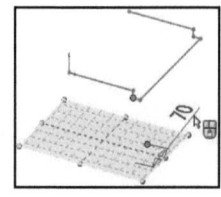

Entlang X:

> Misst den Abstand zwischen zwei Punkten entlang der X-Achse. Drücken Sie die Tab-Taste einmal, um entlang der X-Achse zu messen.

Entlang Y:

> Misst den Abstand zwischen zwei Punkten entlang der Y-Achse. Drücken Sie die Tab-Taste zweimal, um entlang der Y-Achse zu messen.

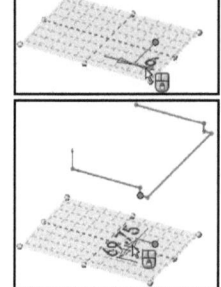

Entlang Z:

> Misst den Abstand zwischen zwei Punkten entlang der Z-Achse. Drücken Sie die Tab-Taste dreimal, um entlang der Z-Achse zu messen.

Projekt III

Skizzenbemaßungen
Seite 138 bis 141

- Maßeintragungen in 2D-Skizzen
  „Horizontal und Vertikal"
- Maßeintragungen in 2D-Skizzen
  „Winkelbemaßung"
- Maßeintragungen in 2D-Skizzen
  „Abstandsbemaßung"
- Maßeintragungen in 2D-Skizzen
  „Radienbemaßung"
- Maßeintragungen in 2D-Skizzen
  „Bogenmaß"
- Maßeintragungen in 2D-Skizzen
  „Kreisbemaßung"
- Maßeintragungen in 2D-Skizzen
  „Quadrant-Kreisabstand-Bemaßung"
- Maßeintragungen in 2D-Skizzen
  „Durchmesser-Bemaßung über Mitte"
- Maßeintragungen in 2D-Skizzen
  „Bezugsbemaßung"

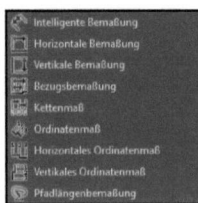

5.5 Skizzenbemaßungen

2D- oder **3D**-Skizzenelemente werden mit dem Werkzeug Intelligente Bemaßung bemaßt. Sie können eine Bemaßung ziehen oder löschen, während das Werkzeug Intelligente Bemaßung aktiv ist.

Bemaßungstypen werden durch die Skizzenelemente, die Sie auswählen, bestimmt. Für einige Bemaßungstypen (Punkt-zu-Punkt, Winkelbemaßung, Kreisbemaßung) hat die Stelle, auf der die Bemaßung platziert wird, Einfluss auf den Bemaßungstyp, der hinzugefügt wird.

Sie können Features erstellen, ohne Bemaßungen zu den Skizzen hinzuzufügen. Von der Vorgehensweise her empfiehlt es sich jedoch, Skizzen zu bemaßen. Bemaßen Sie im Einklang mit dem Entwurfsplan des Modells. Sie sollten z. B. Bohrungen in einem bestimmten Abstand zu einer Kante oder in einem bestimmten Abstand zueinander platzieren, der Standardbemaßungstyp ist **Parallel**.

Wenn Sie möchten, können Sie auch einen anderen Bemaßungstyp aus dem Kontextmenü auswählen. Klicken Sie mit der rechten Maustaste auf die Skizze, und wählen Sie **Weitere Bemaßungen** aus.

Wählen Sie eine der folgenden Optionen aus:

Horizontal, **Vertikal**, **Ordinate**, **Horizontale Ordinate**, oder **Vertikale Ordinate**.
Wenn Sie eine Zeichenansicht bearbeiten, haben Sie die zusätzliche Wahl der Bemaßungstypen **Bezug** und **Fase**.

Wählen Sie die Elemente aus, die bemaßt werden sollen, wie in der Tabelle unten gezeigt. Während Sie den Cursor bewegen, wird die Bemaßung auf der, am nächsten liegenden, Ausrichtung gefangen. Klicken Sie, um die Bemaßung zu platzieren.

5.5.1 Maßeintragungen in 2D-Skizzen

5.5.1.1 Maßeintragungen in 2D-Skizzen, Horizontal und Vertikal

 Horizontal

Vertikal

Länge einer Linie oder Kante. Linie wählen (1) oder Punkte anwählen (2).

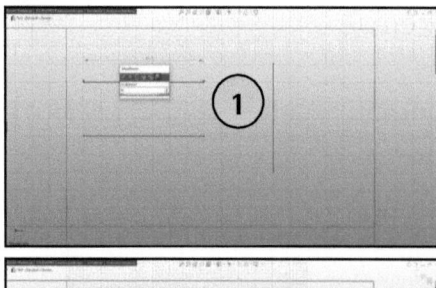

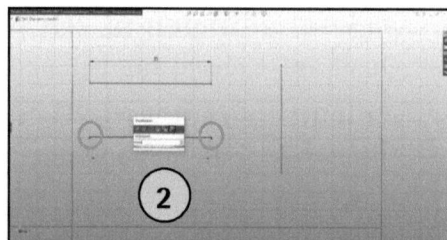

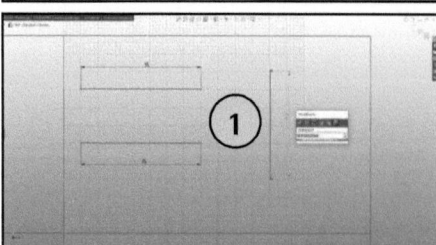

5.5.1.2 Maßeintragungen in 2D-Skizzen, Winkelbemaßung

 Winkel zwischen zwei Linien. Zwei Linien oder eine Linie und eine Modellkante wählen, die Lage der Maße erfolgt je nach Vektorwahl.

 Intelligente Bemaßung

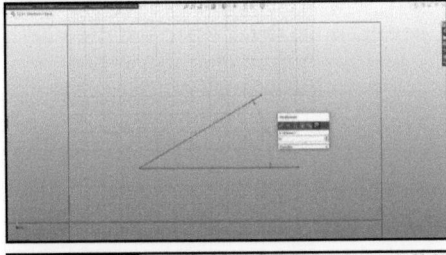 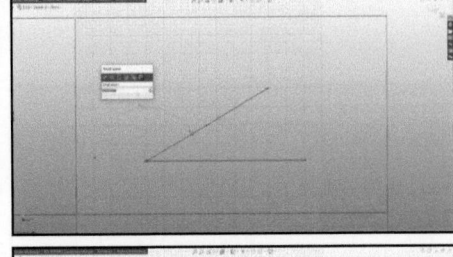

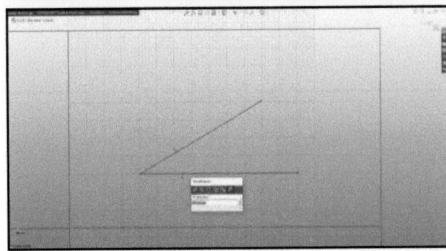 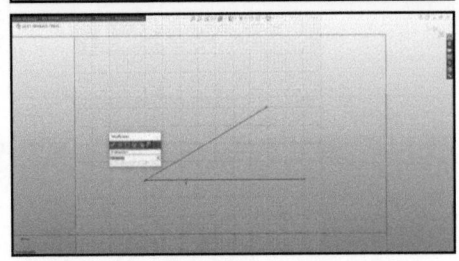

5.5.1.3 Maßeintragungen in 2D-Skizzen, Abstandsbemaßung

 Abstand zwischen zwei Linien. Wählen Sie zwei parallele Linien. Legen Sie die Position fest.

 Intelligente Bemaßung

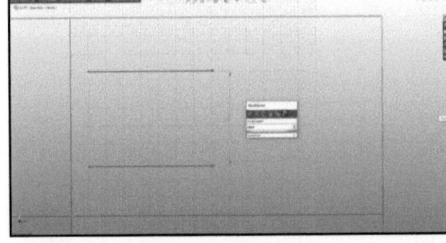 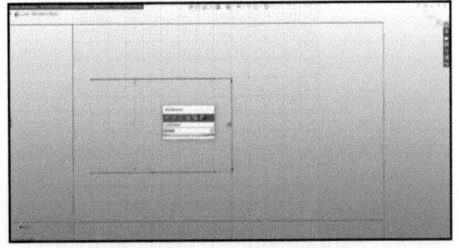

5.5.1.4 Maßeintragungen in 2D-Skizzen, Radienbemaßung

 Bogenbemaßung

Radius eines Kreisbogens
Mittenabstände linear

 Intelligente Bemaßung

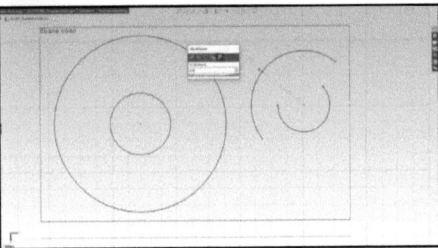 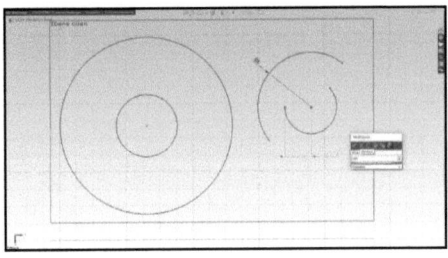

5.5.1.5 Maßeintragungen in 2D-Skizzen, Bogenmaß

Intelligente
Bemaßung

 Bogenmaß

Wählen Sie den Bogen aus.
Drücken Sie die **Strg**-Taste und wählen Sie die beiden Endpunkte des Bogens aus.
Bewegen Sie den Zeiger, um die Vorschau der Bemaßung anzuzeigen.

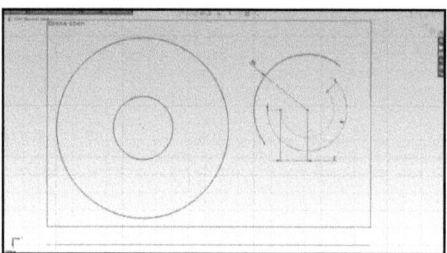 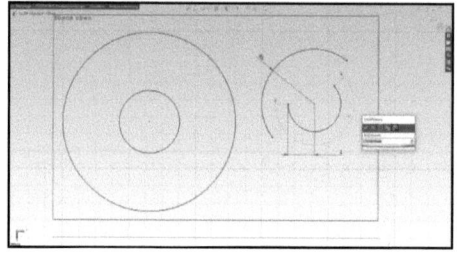

5.5.1.6 Maßeintragungen in 2D-Skizzen, Kreisbemaßung

Intelligente
Bemaßung

 Kreisbemaßungen

Durchmesser eines Kreises antragen.
Bemaßungen zwischen Kreisbogen oder Kreisen, Mittenantrag.

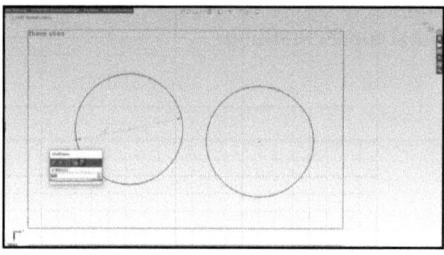 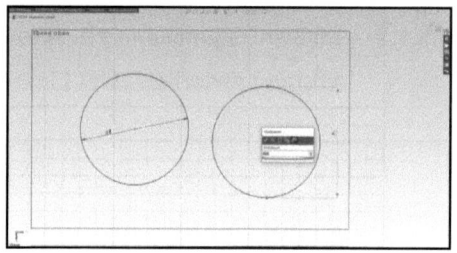

5.5.1.7 Maßeintragungen in 2D-Skizzen, Quadrant-Kreisabstand-Bemaßung

Intelligente
Bemaßung

 Kreis-Mittenabstand

Quadrant-Kreisabstand-Bemaßung

Bemaßungen zwischen Kreisbogen oder Kreisen, Mittenantrag.

Wählen Sie den Kreis aus. Halten Sie die **Umschalttaste** gedrückt, und wählen Sie den ersten Quadranten des Bogens sowie die Mitte oder den zweiten Quadranten aus.

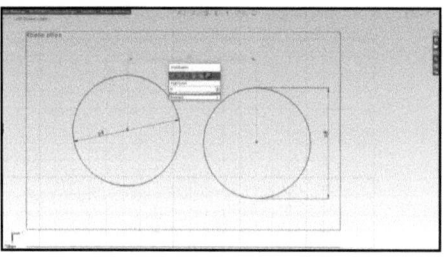 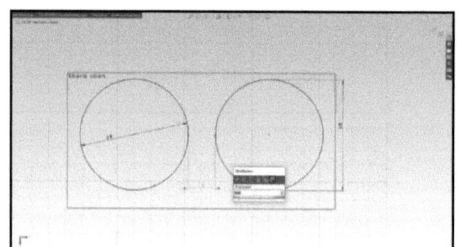

5.5.1.8 Maßeintragungen in 2D-Skizzen, Durchmesser-Bemaßung über Mitte

 Durchmesser-Bemaßung über Mitte

Der doppelte Abstand zwischen einem Skizzenelement und einer Mittellinie.

 Intelligente Bemaßung

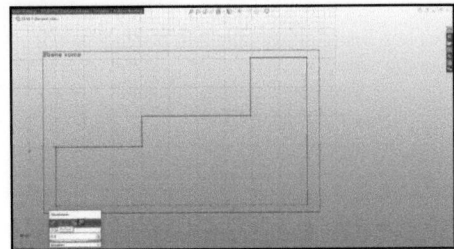
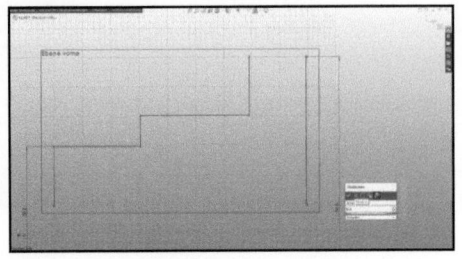

5.5.1.9 Maßeintragungen in 2D-Skizzen, Bezugsbemaßung

 Bezugsbemaßung

Klicken Sie auf die Kante die Sie als Bezug verwenden möchten.
Klicken Sie nacheinander auf alle Kanten die Sie weiter bemaßen möchten.

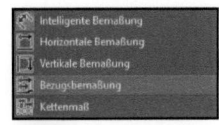

 Bezugs-bemaßung

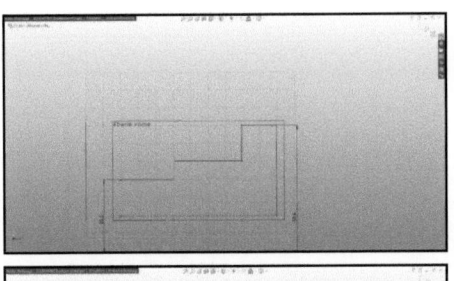
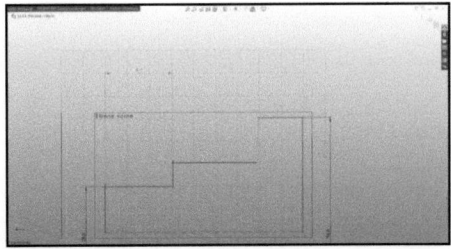
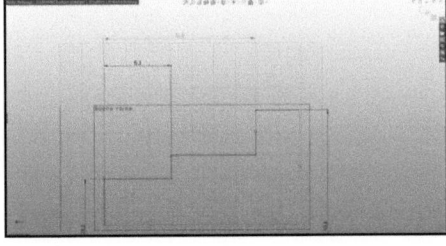
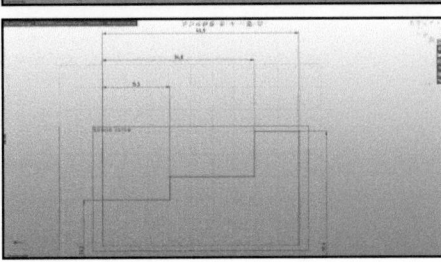

Projekt IV

Arbeitsebenen

- Erstellung von Arbeitsebenen
  „Ebene Parallel"

- Erstellung von Arbeitsebenen
  „Ebene Mittig"

- Erstellung von Arbeitsebenen
  „Ebene durch Punkt (Mittelpunkt)"

- Erstellung von Arbeitsebenen
  „Ebene mit definierten Versatz"

- Erstellung von Arbeitsebenen
  „Ebene mit Winkeleintrag"

- Erstellung von Arbeitsebenen
  „Ebene mit definierten Versatz"

- Erstellung von Arbeitsebenen
  „Ebene Tangential"

- Erstellung von Arbeitsebenen
  „Winklige Ebene, achsenbezogen"

- Erstellung von Arbeitsebenen
  „Ebene senkrecht zur aktuellen Ansichtsausrichtung"

5.6 Grundlagen für Basiskonstruktionen, Ebenen

5.6.1 Arbeitsebenen, Grundlagen

Arbeitsebenen können in beliebiger Orientierung im Raum platziert, von bereits existierenden Flächen versetzt oder um eine Achse bzw. Kante gedreht werden. Eine Arbeitsebene kann als Skizzierebene verwendet und mit Bemaßungen oder Abhängigkeiten in Relation zu anderen Elementen oder Komponenten bestimmt werden. In einer Baugruppe können Sie eine Arbeitsebene zwischen planaren Flächen auf separaten Komponenten erstellen.

5.6.1.1 Basisebenen

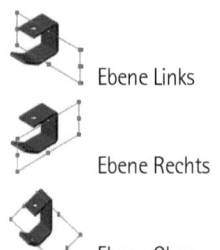

Ebene Links

Ebene Rechts

Ebene Oben

SOLIDWORKS bietet **Vorne**-, **Oben**- und Rechts-Ebenen als Standardwerte. Als Basisebenen werden die drei orthogonalen Referenzebenen bezeichnet, die sich am Ursprung eines neuen Teil- oder Baugruppendokuments befinden. Sie legen die Hauptebenen **Oben**, **Rechts** und **Vorn** fest.

Sie können die Basisebenen verwenden, um skizzenbasierte Formelemente zu konstruieren, weiterhin um ein Teil in einer Baugruppe zu positionieren oder um die X-Achse für eine neue Ebene festzulegen, die Sie mit einer Teilfläche definieren. Sie können diese Ebenen einzeln ein- und ausblenden oder als Gruppe im **FeatureManager**.

Zusätzlich zu den Standardebenen können Sie Referenzebenen erstellen, und Sie können Skizzen auf planaren Modellflächen öffnen.

5.6.1.2 Automatische Anpassung von Ebenen und Achsen

Die Größe der erstellten Ebenen und Achsen wird in Bezug auf die Geometrie, auf der diese erstellt werden, oder in Bezug auf den Rahmen der Modellgeometrie automatisch angepasst. Wenn die Größe der Geometrie sich ändert, werden die Ebenen und Achsen entsprechend aktualisiert.

Sie können die automatische Anpassung außer Kraft setzen, indem Sie die Größe der Ebene oder Achse manuell ändern. Dadurch wird die zukünftige automatische Anpassung für das jeweilige Element deaktiviert. Wenn Sie die automatische Anpassung wieder aktivieren möchten, wählen Sie die Option **Automatisch anpassen** aus dem Kontextmenü aus (1).

Die erstellte Ebene ist 5 % größer als die Geometrie, auf der die Ebene erstellt wurde, bzw. 5 % größer als der Rahmen. Dadurch werden Auswahlprobleme minimiert, wenn Ebenen direkt auf Flächen oder von orthogonaler Geometrie erstellt werden.

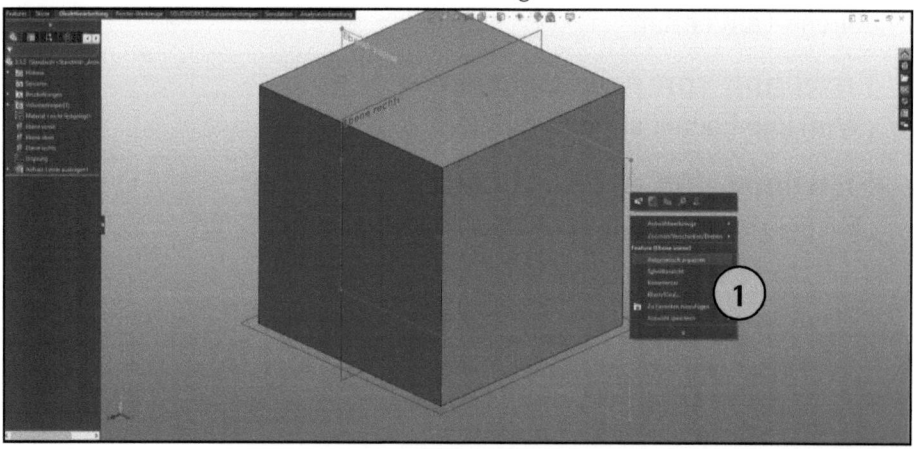

5.6.2 Erstellung von Arbeitsebenen

5.6.2.1 Arbeitsdatei öffnen, Bauteil von der Buch-DVD

• **Öffnen** Sie die Bauteildatei von der Buch-DVD.

 Öffnen

5.6.2.2 Erstellung von Arbeitsebenen, Ebene Parallel

Folgen Sie der Meldung, um eine Ebene zu erstellen und den Ebenenstatus anzuzeigen. Die Farbe des Feldes **Meldung** die Farbe der Ebene und Meldungen im PropertyManager helfen Ihnen bei der Auswahl.

Die Ebene muss den Status **Voll definiert** aufweisen, damit diese erstellt werden kann.

 Ebene (Registerkarte **Features** / **Referenzgeometrie**)

 Ebene

 Erste Referenz, wählen Sie die vordere Würfelfläche (1).

 Erste Referenz

 Klicken Sie die Beziehung **Parallel** im **FeatureManager** (2).
Wählen Sie **Offset umkehren** für Ebene im Würfel (3).
Tragen Sie den Abstand **20** mm ein (4).

 Parallel

 Dialogfeld schließen (5)

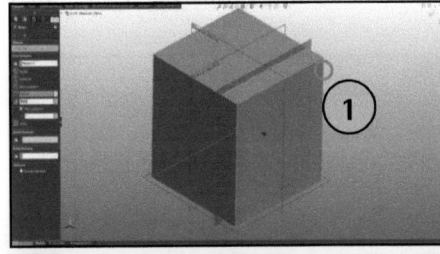
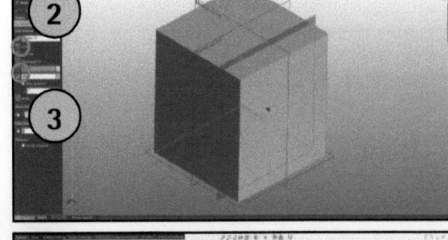
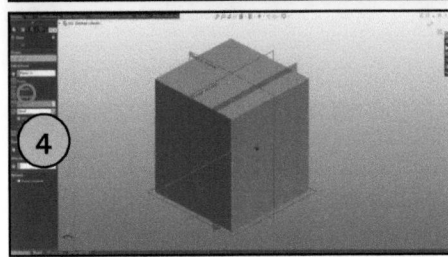
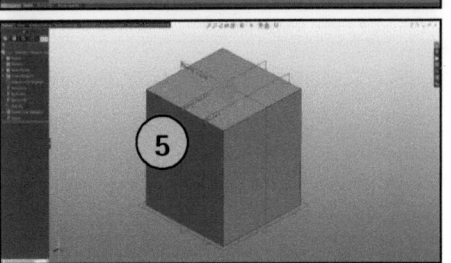

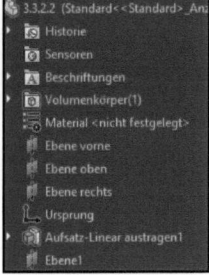

5.6.2.3 Datensicherung

 Auf diesen PC speichern / Geben Sie einen Namen Ihrer Wahl ein.
Oder:

 Auf diesen PC speichern

 Speichern als neu / Geben Sie einen Namen Ihrer Wahl ein.

 Speichern als neu

5.6.2.4 Erstellung von Arbeitsebenen, Ebene Mittig

Ebene

Erste Referenz

Mittig

Ebene **Ebene** (Registerkarte **Features / Referenzgeometrie**)

Erste Referenz, wählen Sie die vordere Würfelfläche (1).

Aktivieren Sie die Option **Mittig** im **FeatureManager** (2).
Wählen Sie die hintere Würfelfläche (3).

Dialogfeld schließen

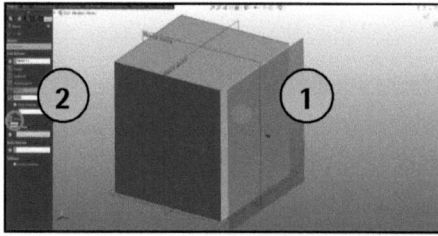

Sollte die hintere Fläche nicht durch **Drehen** gewählt werden, gibt es die Möglichkeit der erweiterten Auswahl.

Klicken Sie eine hintere Würfelfläche (4).
Wählen Sie im Kontextmenü **Anderes auswählen** (5).
Klicken Sie in der erscheinenden Symbolbox die ausgeleuchtete, hintere Würfelfläche (6).

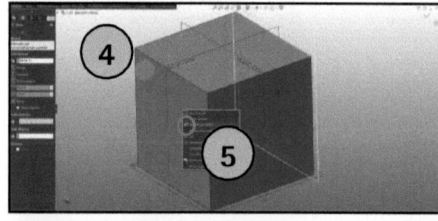
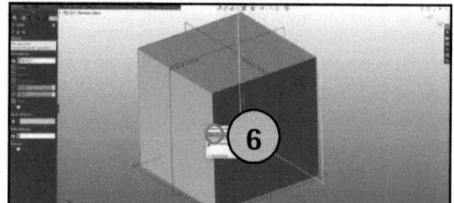

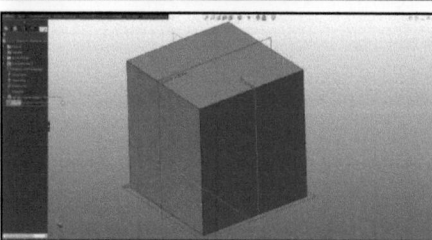

5.6.2.5 Datensicherung

Auf diesen PC speichern

Speichern als neu

Auf diesen PC speichern / Geben Sie einen Namen Ihrer Wahl ein.

Oder:

Speichern als neu / Geben Sie einen Namen Ihrer Wahl ein.

5.6.2.6 Erstellung von Arbeitsebenen, Ebene durch Punkt (Mittelpunkt)

Schalten Sie die Ebenen **Vorn** und **Rechts** auf **Nicht Sichtbar**.

 Ebene (Registerkarte **Features / Referenzgeometrie**)

 Erste Referenz, wählen Sie die vordere Würfelfläche (1).

 Klicken Sie die Beziehung **Parallel** im **FeatureManager** (2).

 Zweite Referenz, Kontextmenü **Mittelpunkt auswählen** (3)
Wählen Sie die Mitte der oberen Würfelkante (4).

 Klicken Sie die Beziehung **Deckungsgleich** im **FeatureManager** (5).

 Dialogfeld schließen (6)

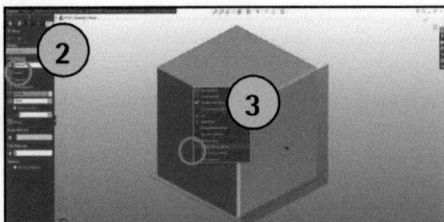
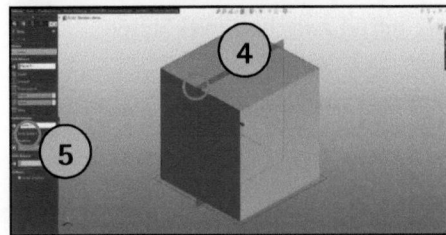

5.6.2.7 Datensicherung

 Auf diesen PC speichern / Geben Sie einen Namen Ihrer Wahl ein.
Oder:

 Speichern als neu / Geben Sie einen Namen Ihrer Wahl ein.

 Ebene

 Erste Referenz

 Parallel

 Zweite Referenz

 Deckungsgleich

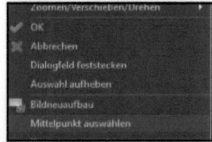

 Auf diesen PC speichern

 Speichern als neu

Ebene

 Erste Referenz

 Offset Abstand

5.6.2.8 Erstellung von Arbeitsebenen, Ebene mit definiertem Versatz

 Ebene (Registerkarte **Features / Referenzgeometrie**)

 Erste Referenz, wählen Sie die vordere Würfelfläche.
Wählen Sie im Kontextmenü **Anderes auswählen** (1).

 Klicken Sie die Option **Offset Abstand** im **FeatureManager** (2).
Tragen Sie den Wert **30** mm ein (3) / Option **Offset umkehren** (4).

 Dialogfeld schließen (5)

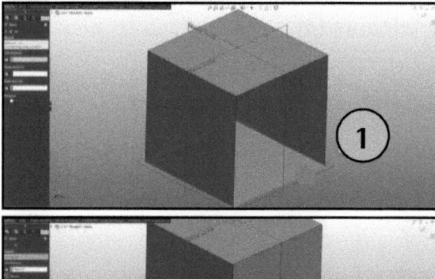

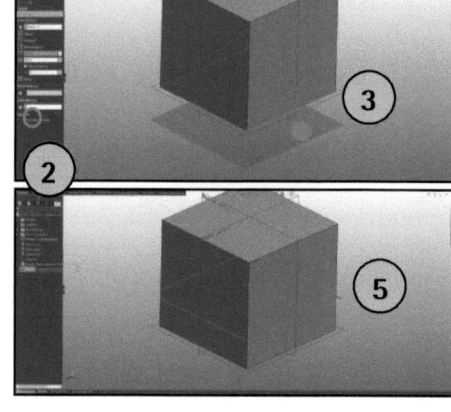

 Speichern unter

 Ebene

 Erste Referenz

 Zweite Referenz

5.6.2.9 Erstellung von Arbeitsebenen, Ebene mittig zwischen zwei Seiten

 Ebene (Registerkarte **Features / Referenzgeometrie**)

 Erste Referenz, wählen Sie die rechte Würfelfläche (1).

 Zweite Referenz, wählen Sie die linke Würfelfläche (2).

 Aktivieren Sie die Option **Mittig** im **FeatureManager**.

 Dialogfeld schließen (3)

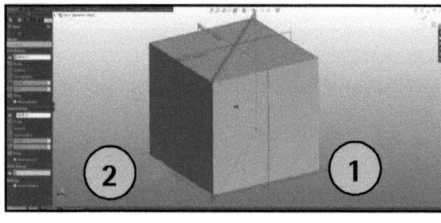

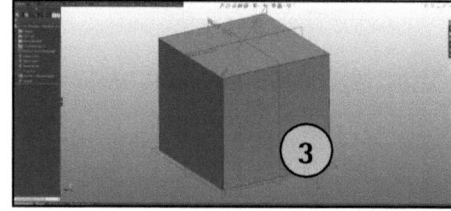

5.6.2.10 Datensicherung

 Auf diesen PC speichern / Geben Sie einen Namen Ihrer Wahl ein.
Oder:

 Speichern als neu / Geben Sie einen Namen Ihrer Wahl ein.

 Auf diesen PC speichern

Speichern als neu

5.6.2.11 Erstellung von Arbeitsebenen, Ebene mit Winkeleintrag

 Ebene (Registerkarte **Features** / **Referenzgeometrie**)

 Erste Referenz, wählen Sie die vordere Würfelfläche (1).

 Zweite Referenz, wählen Sie die untere Winkelkante (2).

 Klicken Sie die Option **Im Winkel** im **FeatureManager** (3).
Tragen Sie den Wert **45°** mm ein (4).
Die Option **Offset umkehren** kippt die Ebene in den Würfel (5).

 Dialogfeld schließen (6)

 Ebene

 Erste Referenz

 Zweite Referenz

 Winkel

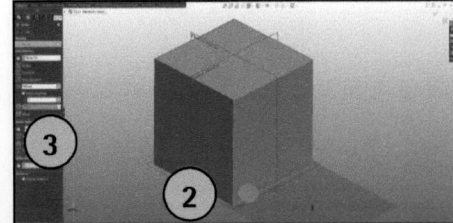
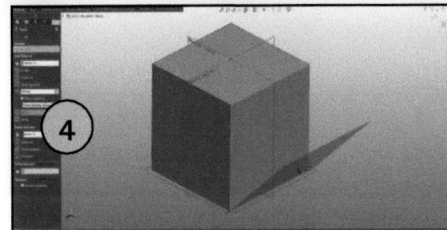
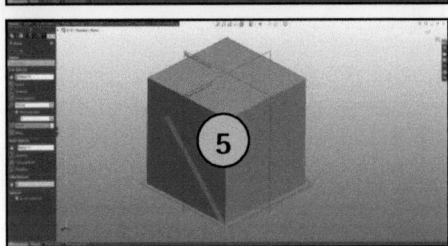

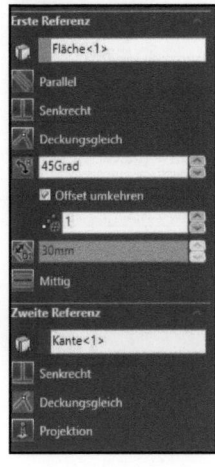

5.6.2.12 Datensicherung

 Auf diesen PC speichern / Geben Sie einen Namen Ihrer Wahl ein.
Oder:

 Speichern als neu / Geben Sie einen Namen Ihrer Wahl ein.

 Auf diesen PC speichern

 Speichern als neu

5.6.2.13 Erstellung von Arbeitsebenen, Ebene mit definiertem Versatz

 Ebene

 Ebene (Registerkarte **Features / Referenzgeometrie**)

 Erste Referenz

 Erste Referenz, wählen Sie die vordere Würfelfläche (1).

 Offset Abstand

 Klicken Sie die Option **Offset Abstand** im FeatureManager (2).
Tragen Sie den Wert **20** mm ein (3).
Tragen Sie die Offset-Anzahl **4** ein (3).
Die Option **Offset umkehren** generiert die Ebenen in den Würfel (4).

 Dialogfeld schließen (5)

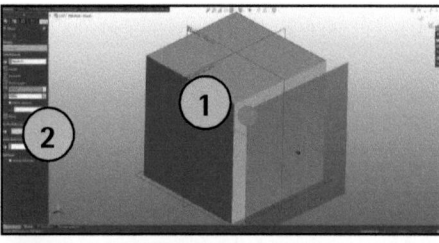

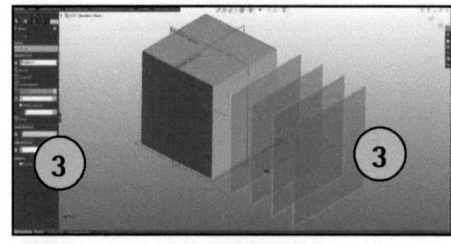

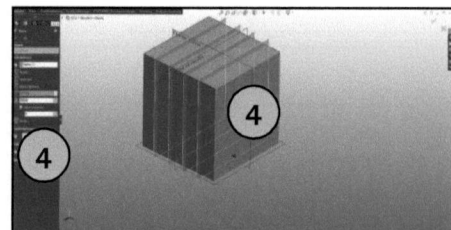

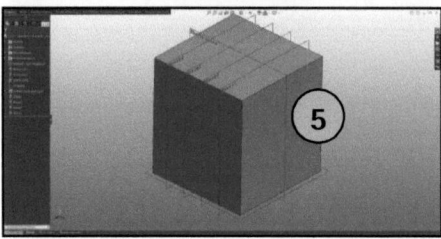

5.6.2.14 Datensicherung

 Auf diesen PC speichern

 Auf diesen PC speichern / Geben Sie einen Namen Ihrer Wahl ein.

Oder:

 Speichern als neu

 Speichern als neu / Geben Sie einen Namen Ihrer Wahl ein.

5.6.3 Erstellung von Arbeitsebenen an Zylinderflächen

5.6.3.1 Arbeitsdatei öffnen

- **Öffnen** Sie die Bauteildatei von der Buch-DVD.

Öffnen

5.6.3.2 Arbeitsdatei anpassen

- Schalten Sie die Rotationsskizze zur Erstellung des Grundkörpers auf **Sichtbar** (2).

5.6.3.3 Erstellung von Arbeitsebenen, Ebene Tangential

 Ebene (Registerkarte **Features / Referenzgeometrie**)

 Erste Referenz, wählen Sie die obere Zylinderfläche (3).

 Zweite Referenz, wählen Sie den gezeigten Skizzenpunkt (4).

 Klicken Sie die Beziehung **Tangential** im **FeatureManager** (5).

 Dialogfeld schließen (6)

Ebene

Erste Referenz

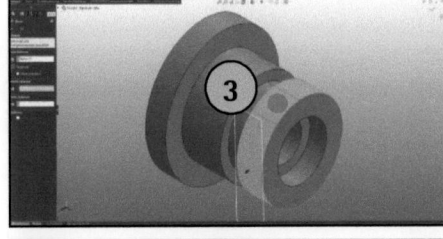 

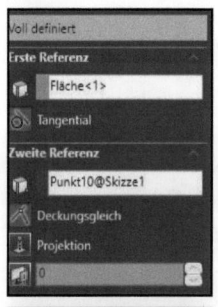

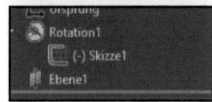

5.6.3.1 Datensicherung

 Auf diesen PC speichern / Geben Sie einen Namen Ihrer Wahl ein.

Oder:

 Speichern als neu / Geben Sie einen Namen Ihrer Wahl ein.

Auf diesen PC speichern

Speichern als neu

5.6.3.2 Erstellung von Arbeitsebenen, winklige Ebene, achsenbezogen

 Achse

 Achse (Registerkarte **Features / Referenzgeometrie**)

 Erste Referenz

 Erste Referenz, wählen Sie den gezeigten Zylinder (1).
Achsentyp: **Zylindrische Fläche** (2)

 Dialogfeld schließen (3)

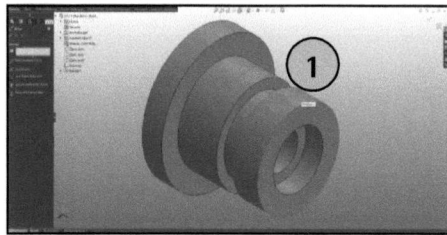

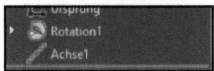

 Ebene

 Ebene (Registerkarte **Features / Referenzgeometrie**)

 Erste Referenz

 Erste Referenz, wählen Sie die erstellte Zylinderachse (4).

 Zweite Referenz

 Zweite Referenz, wählen Sie die Ursprungsebene **Ebene oben** (5).

 Winkel

 Klicken Sie die Option **Im Winkel** im **FeatureManager** (6).
Tragen Sie den Wert **30°** mm ein (7).

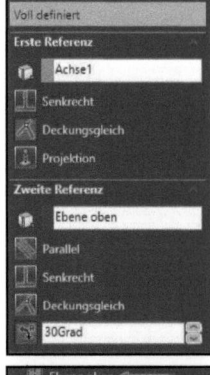

 Dialogfeld schließen (8)

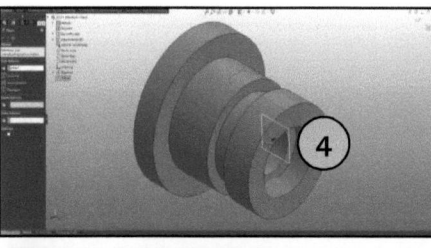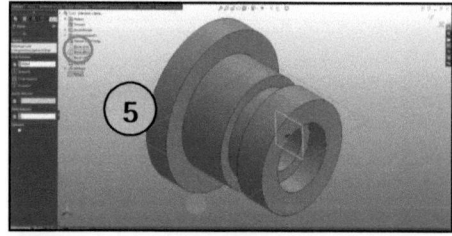

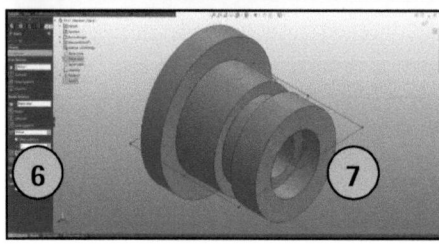

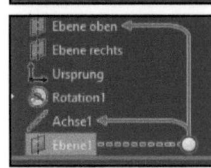

5.6.3.3 Datensicherung

 Auf diesen PC speichern

 Auf diesen PC speichern / Geben Sie einen Namen Ihrer Wahl ein.
Oder:

 Speichern als neu

 Speichern als neu / Geben Sie einen Namen Ihrer Wahl ein.

5.6.3.4 Erstellung von Arbeitsebenen, Ebene senkrecht zur aktuellen Ansichtsausrichtung

 Ebene (Registerkarte **Features** / **Referenzgeometrie**)

 Erste Referenz, wählen Sie den gezeigten Skizzenpunkt (1).

 Klicken Sie die Option **Parallel zum Bildschirm** im **FeatureManager** (2).

 Dialogfeld schließen (3)

5.6.3.5 Erstellung von Arbeitsebenen, Ebene auf Fläche

 Ebene (Registerkarte **Features** / **Referenzgeometrie**)

 Erste Referenz, wählen Sie die gezeigte Außenkontur (1). Wählen Sie im Kontextmenü **Anderes auswählen** (2, 3).

 Dialogfeld schließen (4)

5.6.3.6 Datensicherung

 Auf diesen PC speichern / Geben Sie einen Namen Ihrer Wahl ein.
Oder:

 Speichern als neu / Geben Sie einen Namen Ihrer Wahl ein.

 Ebene

 Erste Referenz

 Parallel zum Bildschirm

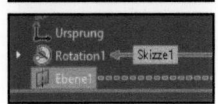

 Speichern unter

 Ebene

 Erste Referenz

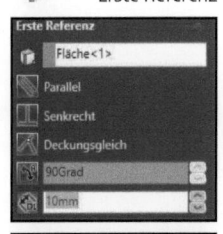
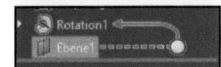

 Auf diesen PC speichern

 Speichern als neu

6

Dassault Systèmes
3DEXPERIENCE©
SOLIDWORKS for Makers
SOLIDWORKS Connected
2025

Bauteile
Erstellen und Anpassen

Geometrische Grundkörper

6 Geometrische Grundkörper

6.1 Geometrische Grundkörper mit SOLIDWORKS Connected 2025

6.1.1 Geometrische Grundkörper mit SOLIDWORKS Connected 2025, Vorbemerkungen

SOLIDWORKS Connected 2025 besteht aus mehreren Komponenten, die als Umgebungen bezeichnet werden. Diese Umgebungen wurden speziell dafür geschaffen, einzelne Teile, Blechteile, Baugruppen und Detailzeichnungen zu erstellen. In der SOLIDWORKS Connected 2025 Bauteil-Umgebung können Sie ein Basisformelement konstruieren und es dann mit weiteren Formelementen wie Ausprägungen, Ausschnitten und Bohrungen modifizieren um ein vollständiges Volumenmodell zu erhalten. In SOLIDWORKS Connected 2025 verwenden Sie zum Modellieren von Teilen folgenden grundlegenden Arbeitsablauf:

- **Modellanforderungen identifizieren**
- **Modellkonzepts auf Grundlage der ermittelten Anforderungen erstellen**
- **Modell auf Grundlage der Konzepte entwickeln**
- **Modell analysieren**
- **Prototyp erstellen**
- **Modell konstruieren**
- **Modell bearbeiten, falls erforderlich**

6.1.2 Grundlagen für die Konstruktion

6.1.2.1 Skizzen

Die Erstellung eines Modells beginnt normalerweise mit einer Skizze. Auf Grundlage der Skizze können Features erstellt werden. Ein Modell enthält meist mindestens eine Skizze und mindestens ein Feature. Eine Skizze ist ein 2D-Profil oder ein Querschnitt. Zur Erstellung einer 2D-Skizze verwenden Sie eine Ebene oder eine ebene Fläche. Außer 2D-Skizzen können Sie auch 3D-Skizzen erstellen, die neben den X- und Y-Achsen auch noch eine Z-Achse enthalten.

In vielen Fällen beginnen Sie die Skizze im Ursprung, der als Anker für eine Skizze dient. Häufig wird eine Mittellinie durch den Ursprung skizziert und dient zur Erstellung der Rotation. Eine Mittellinie ist in einer Skizze zwar nicht immer erforderlich, sie trägt jedoch zur Herstellung der Symmetrie bei. Eine Mittellinie kann auch verwendet werden, um eine Spiegelbeziehung anzuwenden und um gleiche und symmetrische Beziehungen zwischen Skizzenelementen zu erstellen. Symmetrie ist ein wichtiges Werkzeug zur schnellen Erstellung achsensymmetrischer Modelle. Skizzen können voll definiert, unterdefiniert oder überdefiniert sein. In einer voll definierten Skizze sind alle Linien und Kurven in der Skizze sowie ihre Positionen durch Bemaßungen oder Beziehungen oder beide beschrieben. Skizzen müssen nicht voll definiert sein, damit sie zur Erstellung von Features verwendet werden können. Sie sollten Skizzen jedoch voll definieren, um Ihren Entwurfsplan beizubehalten. Sie können die unterdefinierten Elemente einer Skizze anzeigen, um festzustellen, welche Bemaßungen oder Beziehungen noch hinzugefügt werden müssen, damit die Skizze voll definiert ist. Anhand der farblichen Hinweise können Sie feststellen, ob eine Skizze unterdefiniert ist.

6.1.3 Ebenen

Ebenen können in Teil- oder Baugruppendokumenten erstellt werden. Sie können mit Skizzierwerkzeugen wie Linie oder Rechteck auf Ebenen skizzieren und die Ebenen verwenden, um eine Schnittansicht eines Modells zu erstellen. In einigen Modellen wirkt sich die Ebene, auf der Sie skizzieren lediglich auf die Darstellung des Modells in der isometrischen Ansicht aus.

In anderen Fällen lassen sich Modelle effizienter erstellen, wenn Sie gleich anfangs die richtige Skizzierebene auswählen. Wählen Sie eine Ebene, auf der skizziert werden soll. Die Standardebenen sind Ausrichtung nach vorne, oben und rechts. Ebenen können auch neu hinzugefügt und nach Bedarf platziert werden.

Eine Referenzebene ist eine ebene Fläche, die gewöhnlich zum Zeichnen von 2D-Skizzen im 3D-Raum verwendet wird. Obwohl die Größe der Referenzebene theoretisch unendlich ist, wird sie in einer fixierten Größe dargestellt, um die Auswahl und Visualisierung zu vereinfachen.

6.1.4 Bemaßungen

Produkt- und Fertigungsinformationen, bestehen aus dem 3D-Modell hinzugefügten Bemaßungen und Beschriftungen, die beim Prüfungs- und Fertigungsprozess verwendet werden können.

Bei der 3D-Modellierung stellen Bemaßungen außerdem ein wichtiges Werkzeug zur Konstruktionsänderung dar. Durch die Bearbeitung von Bemaßungswerten können Sie Änderungen am Modell vornehmen. Sie können Bemaßungen sperren und entsperren, um zu steuern, wie damit verbundene Modellteilflächen sich bei der Bearbeitung von Bemaßungswerten verhalten. Sie können außerdem die Richtung steuern, in der Bemaßungsänderungen angewendet werden. Auf diese Weise wird der Vorgang zum Konstruieren, Testen und Aktualisieren wesentlich vereinfacht.

Die Kontrollkästchen vor den, im FeatureManager aufgelisteten Bemaßungs-Elementen, schalten die einzelnen Elemente ein und aus. Jede Gruppe mit Bemaßungen und Beschriftungen verfügt außerdem über ein Kontextmenü.

6.1.5 Geometrische Beziehungen

Geometrische Beziehungen legen die Ausrichtung eines Elements in Bezug auf ein anderes Element oder eine Referenzebene fest.

Geometrische Beziehungen steuern, wie sich eine Skizze verändert, wenn sie bearbeitet wird. Die geometrischen Beziehungen werden während des Zeichnens platziert und angezeigt.

Nachdem Sie die Skizze fertig gestellt haben, können Sie mit den verschiedenen Beziehungsbefehlen sowie dem Beziehungsassistenten geometrische Beziehungen zuweisen.

Projekt V

Geometrische Grundkörper
Seite 160 bis 187

- Grundkörper „Quader" mit „Extrusion"
  Skizzenfunktion „Rechteck über Mitte"
  Skizzenfunktion „Rechteck"
  Linienkonstruktion, mit Maßeintragungen

- Grundkörper „Würfel"
  Würfel über „Rechteck mit Mittelpunkt"

- Grundkörper „Zylinder"
  Grundkörper über Kreisfläche
  Rotationskörper über eine stehende Rechteckfläche

- Grundkörper „Kugel"
  Rotation einer halbierten Kreisfläche

- Grundkörper „Kegel" und Kegelstumpf"
  Rotation einer Dreiecksfläche aus Linien
  Kegelstumpf über „Linear ausgetragener Aufsatz"

- Grundkörper „Rotationsellipsoid"
  Rotation einer halben Ellipsenfläche

- Grundkörper „Torus"
  Rotation einer Kreisfläche über Mittelachse

- Grundkörper „Pyramide und Pyramidenstumpf"
  Pyramide über „Formschräge"
  Pyramidenstumpf über „Linear ausgetragener Aufsatz"
  Pyramidenstumpf über „Formschräge"

Compass

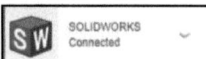

SOLIDWORKS Connected

Neu

Engelke2025.
PRTDOT

6.2 Ein Quader über Rechteck mit Mittelpunkt

6.2.1 Öffnen der eigenen Vorlagendatei

Starten Sie **SOLIDWORKS Connected 2025** über den Doppelklick auf das Desktop-symbol.

- **Neu** (Menüleiste) /  / **Engelke-2025.PRTDOT** anklicken / **OK**

6.2.2 Quader über Rechteck mit Mittelpunkt, Skizzenkonstruktion

6.2.2.1 Die Basis–Skizzenkonstruktion

Flyout-Werkzeug **Rechteck** (Registerkarte **Skizze**)

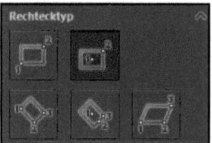

Mittelpunkt
Rechteck

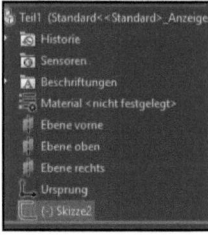

Dialogfeld
schließen

Skizze beenden

Mittelpunkt Rechteck
Wählen Sie eine Ebene, **Ebene Oben** (1)
Klicken Sie auf den Schnittpunkt der Ebenen im Grafikbereich, um den Mittelpunkt zu definieren (2).
Ziehen Sie den Cursor, für die Rechteck-Außenkontur (3),
Klicken Sie bei den Maßen ca. **100** mm lang, **70** mm breit (4)

Dialogfeld schließen

Skizze beenden klicken Sie auf das Desktop-Symbol rechts oben (5, 6, 7).

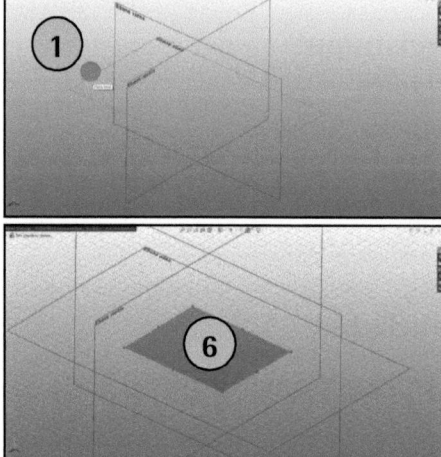

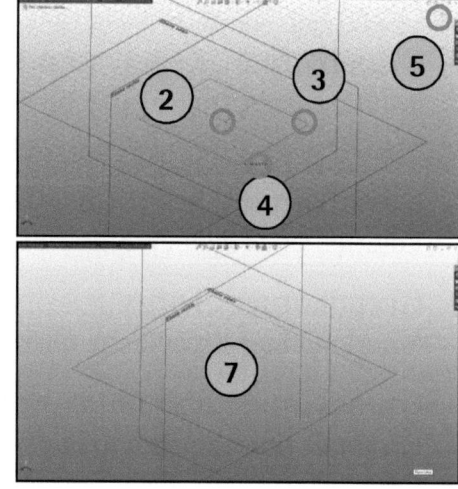

6.2.3 Linear ausgetragenes Feature erstellen

Linear ausgetragener Aufsatz (Registerkarte **Features**)
Wählen Sie das konstruierte Rechteck als Basisskizze (7)
Der PropertyManager **Linear-Austragen-Feature**
wird eingeblendet (8).
Eine Vorschau wird mit der Standardtiefe **10** mm dargestellt (9).

Linear ausge-
tragener
Aufsatz

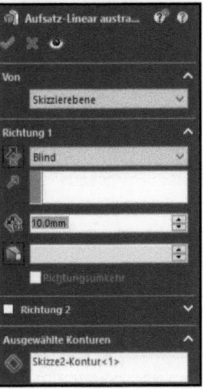

Dialogfeld schließen (10)

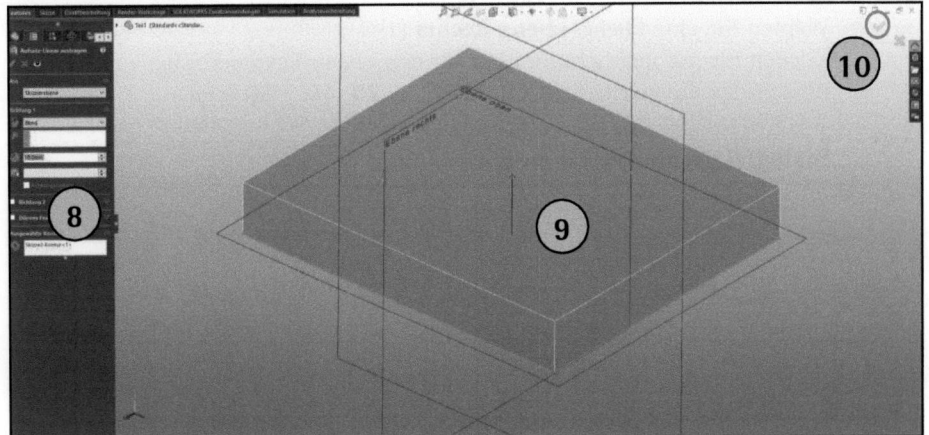

6.2.3.1 Datensicherung

Auf diesen PC speichern öffnet das SOLIDWORKS Dialogfeld **Auf diesen PC speichern**, damit Sie die Datei auf dem lokalen Laufwerk speichern können.

Auf diesen PC speichern (Standard Symbolleiste)
Das Dialogfeld **Auf diesen PC speichern** wird eingeblendet.
Geben Sie einen Dateinamen nach Wahl ein, klicken Sie auf **Speichern**.
Die Erweiterung **.sldprt** wird dem Dateinamen hinzugefügt.
Die Datei wird im aktuellen Verzeichnis gespeichert (11).
Das Verzeichnis kann über die Windows-Schaltfläche **Durchsuchen** geändert.

Auf diesen PC
speichern

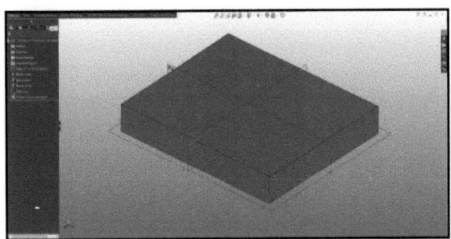

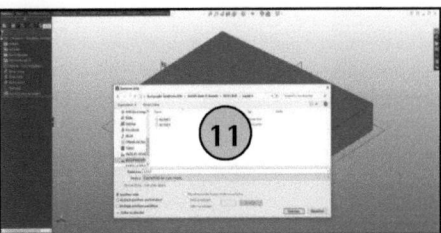

6.3 Ein Quader über ein Ecken-Rechteck

6.3.1 Öffnen der eigenen Vorlagendatei

 Neu

 Engelke2025. PRTDOT

- **Neu** (Menüleiste) / 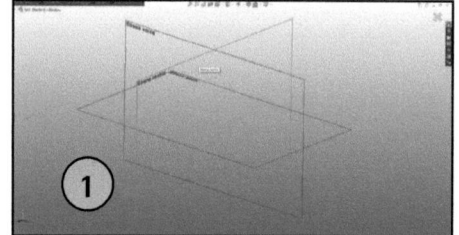 / 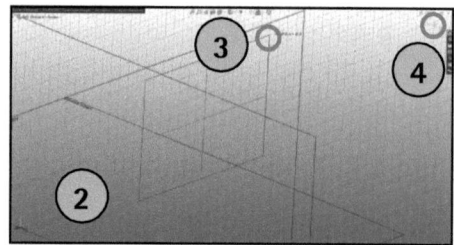 **Engelke-2025.PRTDOT** anklicken / **OK**

6.3.2 Quader über Ecken-Rechteck, Skizzenkonstruktion

 Ecken-Rechteck

Ecken-Rechteck (Registerkarte **Skizze**)
Wählen Sie eine Ebene, **Ebene Rechts** (1)
Klicken Sie auf den Schnittpunkt für den ersten Eckpunkt (2).
Klicken Sie die zweite Ecke (3), Maße ca. **70** mm x **50** mm.

✓ **Dialogfeld schließen** (4)

6.3.2.1 Die Skizzenbemaßung, waagerecht

 Intelligente Bemaßung

Intelligente Bemaßung (Registerkarte **Skizze**)
Wählen Sie die untere Rechteck-Linie aus (5).
Bewegen Sie den Cursor an die Stelle, wo die Bemaßung platziert werden soll. Klicken den Punkt, um die Bemaßung hinzuzufügen (6).
Geben Sie in das Feld **Modifizieren 70** ein (7),
die Länge des Rechtecks verlängert sich auf diesen Wert.

 Dialogfeld schließen

✓ **Dialogfeld schließen**

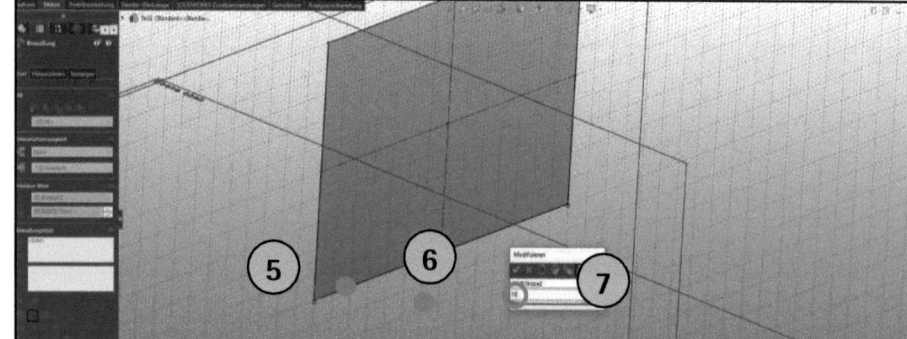

6.3.2.2 Die Skizzenbemaßung, senkrecht

Intelligente Bemaßung (Registerkarte **Skizze**)
Wählen Sie die seitliche Rechteck-Linie aus (5).
Bewegen Sie den Cursor an die Stelle, wo die Bemaßung platziert werden soll. Klicken den Punkt, um die Bemaßung hinzuzufügen (6).
Geben Sie in das Feld **Modifizieren 50** ein (7),
die Länge des Rechtecks verlängert sich auf diesen Wert.

Intelligente
Bemaßung

Dialogfeld schließen

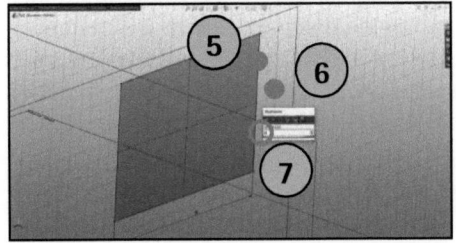

Dialogfeld
schließen

Skizze beenden klicken Sie auf das Desktop-Symbol rechts oben.

Skizze beenden

6.3.3 Linear ausgetragenes Feature erstellen, mit Tiefenänderung

Linear ausgetragener Aufsatz (Registerkarte **Features**)
Wählen Sie das konstruierte Rechteck als Basisskizze (8).
Eine Vorschau wird mit der Standardtiefe **10** mm dargestellt.
Klicken Sie auf den **Zugpfeil** in der Mitte des Quaders (9).
Ziehen Sie mit der Skalierung auf **26** mm (10).

Linear ausge-
tragener
Aufsatz

Dialogfeld schließen

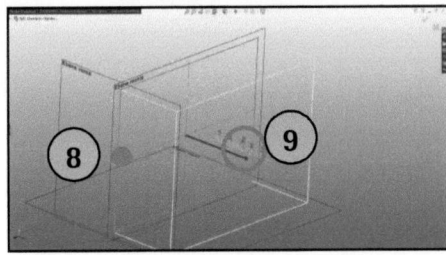

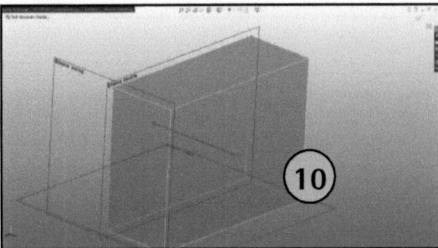

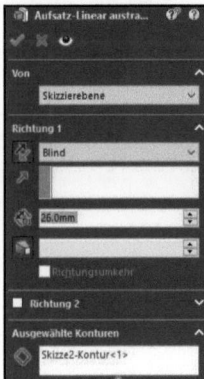

6.3.3.1 Datensicherung

Auf diesen PC speichern (Standard Symbolleiste)
Das Dialogfeld **Auf diesen PC speichern** wird eingeblendet.
Geben Sie einen Namen Ihrer Wahl ein.

Dialogfeld
schließen

Auf diesen PC
speichern

6.4 Ein Quader über eine Linienkonstruktion

6.4.1 Öffnen der eigenen Vorlagendatei

Neu

Engelke2025.
PRTDOT

- **Neu** (Menüleiste) / / **Engelke-2025.PRTDOT** anklicken / **OK**

6.4.2 Quader über eine Linien-Skizzenkonstruktion

6.4.2.1 Skizzier-Grundlagen für Ableitungen und Beziehungen

Leitlinien funktionieren in Kombination mit Cursorsymbole, Skizzenfangfunktionen und Beziehungen, um graphisch anzuzeigen, wie sich Skizzenelemente aufeinander auswirken. Leitlinien sind gepunktete Linien, die während des Skizzierens angezeigt werden. Wenn sich der Cursor hervorgehobenen Elementen wie etwa Mittelpunkten nähert, führen Sie die Leitlinien relativ zu bestehenden Skizzenelementen.

Die Cursor-Anzeige zeigt, wann sich der Cursor über einer geometrischen Beziehung befindet, welches Werkzeug aktiv ist (Linie oder Kreis) sowie Bemaßungen (Winkel und Radius eines Bogens). Wenn der Cursor eine Beziehung, wie etwa eine horizontale Beziehung anzeigt, wird die Beziehung automatisch zum Element hinzugefügt. Neben Skizzenfangen können Sie Symbole für Beziehungen zwischen Skizzenelementen anzeigen. Während Sie skizzieren, zeigen die Elemente Symbole für Skizzenfangen an; sobald Sie klicken, um anzuzeigen, dass ein Skizzenelement fertig ist, werden die Beziehungen angezeigt

6.4.2.2 Die Basis-Skizzenkonstruktion

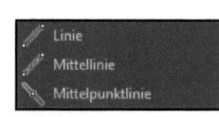

- Wählen Sie die Registerkarte **Skizze** an.

Linie (Registerkarte **Skizze**)

Wählen Sie eine Ebene, **Ebene Oben** (1)

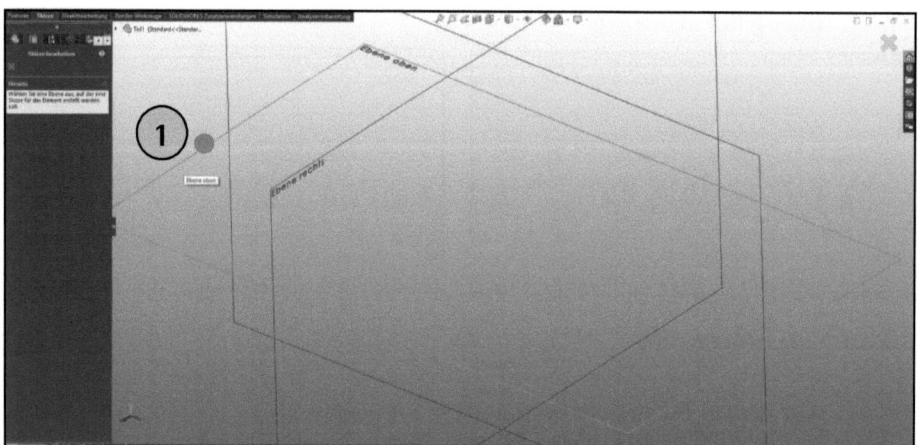

Die Cursoransicht ändert sich.
Wählen Sie im PropertyManager **Linie einfügen**
die Option **Wie skizziert** aus.

Bewegen Sie den Cursor über den Ursprung.

Der Cursor ändert sich, dies weist auf eine deckungsgleiche Beziehung zwischen dem Linienstartpunkt und dem Ursprung hin.
Klicken Sie, um die **Linie** am Ursprung zu platzieren (2).
Klicken Sie die horizontale Position, Länge ca. **75** mm, Vektor **0°** (3).
Wählen Sie den Endpunkt der Linie.
Klicken Sie die vertikale Position, Länge ca. **50** mm, Vektor **90°** (4)
(die parallele Lage wird durch eine punktierte Linie dargestellt).
Klicken Sie die horizontale Position, Länge ca. **75** mm, Vektor **180°** (5)
(parallele Lage wird durch eine punktierte Linie dargestellt).
Klicken Sie die vertikale Position, Länge ca. **50** mm, Vektor **270°** (6)
(parallele Lage wird durch eine punktierte Linie dargestellt).
Der Linienabschluss wird mit einem Fangsymbol dargestellt
und der Abschluss erfolgt mit einem **Doppelklick** am letzten Punkt.
oder Kontextmenü **Kette beenden** (7)

Cursor für
Linie

Symbol für
Ursprung

Cursor mit
Beziehung

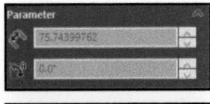

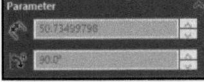

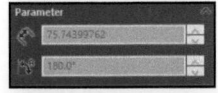

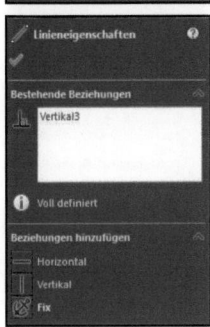

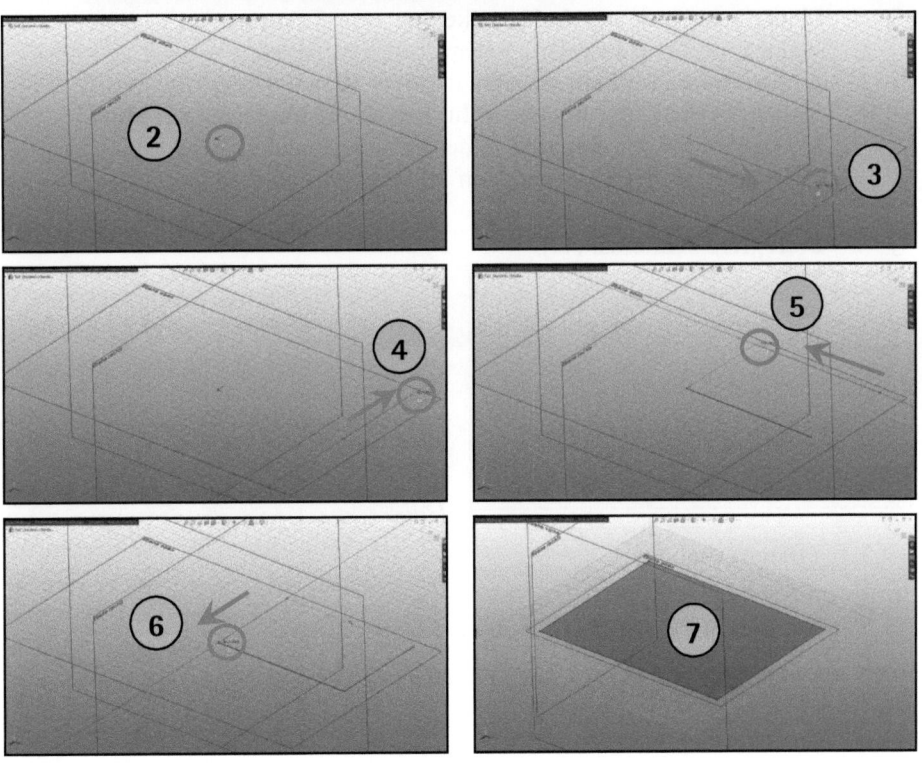

Intelligente
Bemaßung

Dialogfeld
schließen

Skizze beenden

Intelligente Bemaßung (Registerkarte **Skizzieren**)
Wählen Sie die jeweilige Rechteckkante an und ziehen das Maß auf Lage.
Ändern Sie die Maßeintragung von ca. **70** mm auf **80** mm (8)
Ändern Sie die Maßeintragung von ca. **50** mm auf **60** mm (9)

Dialogfeld schließen

Skizze beenden, klicken Sie auf das Desktop-Symbol rechts oben.

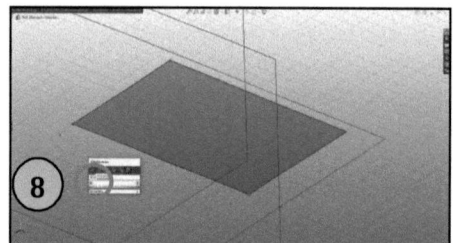
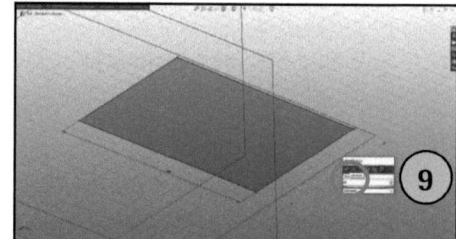

6.4.3 Linear ausgetragenes Feature erstellen, Länge verändern

Linear ausgetragener Aufsatz (Registerkarte **Features**)
Wählen Sie das konstruierte Rechteck als Basisskizze.
Eine Vorschau wird mit der Standardtiefe **10** mm dargestellt.
Stellen Sie die Endbedingungen für lineare Austragungen auf **Mitte**.
Klicken Sie auf den **Zugpfeil** in der Mitte des Quaders.
Ziehen Sie mit der Skalierung auf **30** mm (10).

Dialogfeld schließen (11)

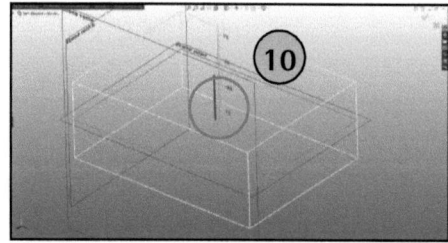
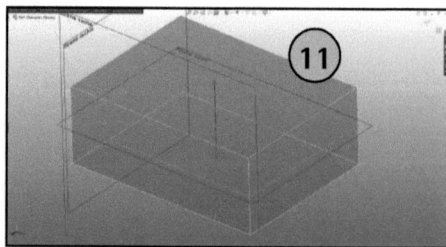

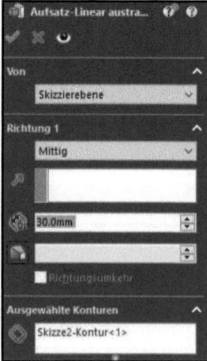

Linear ausge-
tragener Auf-
satz

Dialogfeld
schließen

Auf diesen PC
speichern

6.4.3.1 Datensicherung

Auf diesen PC speichern (Standard Symbolleiste)

Geben Sie einen Namen Ihrer Wahl ein.

6.5 Grundkörper „Würfel"

6.5.1 Würfel über „Rechteck mit Mittelpunkt"

6.5.1.1 Öffnen der eigenen Vorlagendatei

- **Neu** (Menüleiste) /  **Engelke-2025.PRTDOT** anklicken / **OK**

Neu

Engelke2025.
PRTDOT

6.5.1.2 Erstellung der Basisskizze

Mittelpunkt Rechteck (Registerkarte **Skizze**)
Wählen Sie eine Ebene **Oben** (1)
Klicken Sie auf den Schnittpunkt für den ersten Eckpunkt (2).
Klicken Sie die zweite Ecke (3),
Maße ca. **100** mm x **100** mm.

Mittelpunkt
Rechteck

Dialogfeld schließen

Dialogfeld
schließen

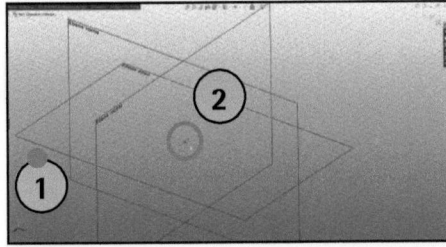
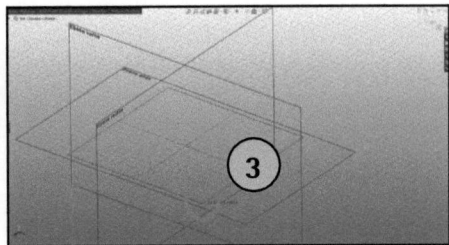

Intelligente Bemaßung (Registerkarte **Skizze**)
Wählen Sie die rechte Rechteck-Linie aus.
Klicken den Punkt, um die Bemaßung hinzuzufügen.
Geben Sie in das Feld **Modifizieren 100** ein (4).

Intelligente
Bemaßung

Intelligente Bemaßung (Registerkarte **Skizzieren**)
Verfahren Sie mit der Rechteck-Länge entsprechend, Länge **100** (5).

Intelligente
Bemaßung

Dialogfeld schließen / Skizze beenden

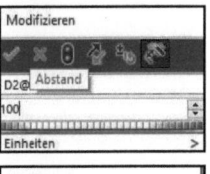

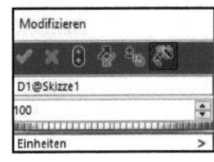

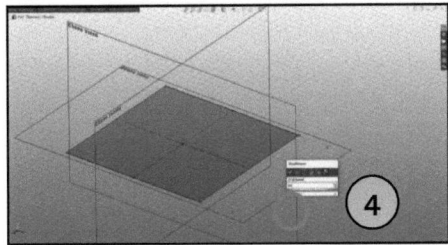
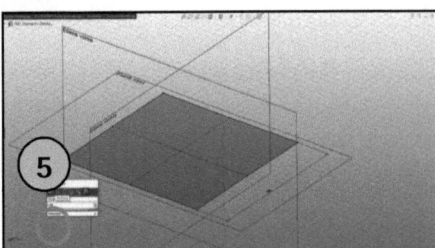

Dialogfeld
schließen

Skizze beenden

6.5.1.3 Die Volumenerstellung

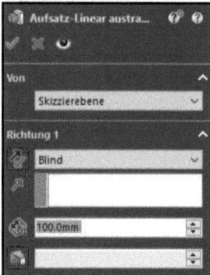

Linear ausge-
tragener Auf-
satz

Linear ausgetragener Aufsatz (Registerkarte **Features**)
Wählen Sie das konstruierte Rechteck als Basisskizze.
Eine Vorschau wird mit der Standardtiefe **10** mm dargestellt.
Klicken Sie auf den Zugpfeil in der Mitte des Quaders.
Ziehen Sie mit der Skalierung auf **100** mm (6).

Dialogfeld schließen (7)

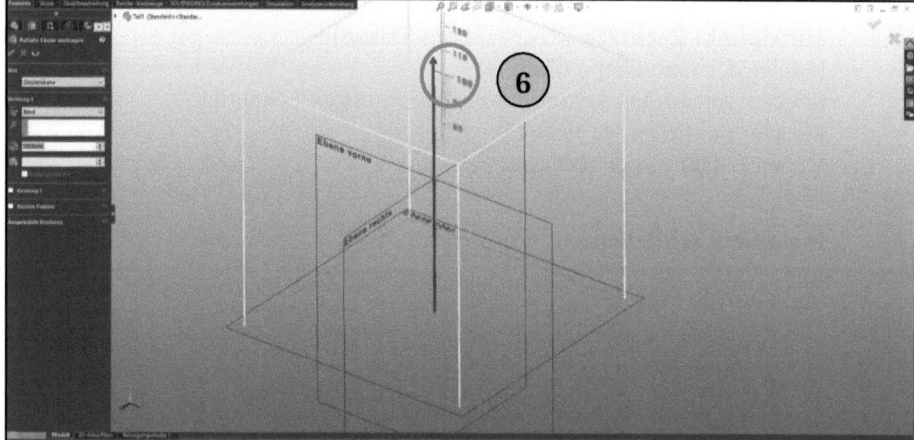

Dialogfeld
schließen

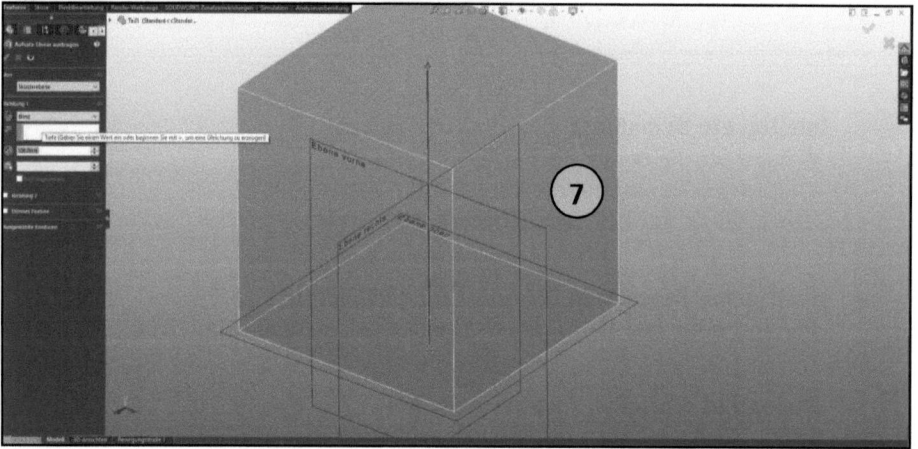

6.5.1.4 Datensicherung

Auf diesen PC
speichern

Auf diesen PC speichern (Standard Symbolleiste)

Geben Sie einen Namen Ihrer Wahl ein.

6.6 Grundkörper „Zylinder"

6.6.1 Grundkörper „Zylinder" über Kreisfläche, Skizzenerstellung innerhalb der Volumengenerierung

6.6.1.1 Öffnen der eigenen Vorlagendatei

- **Neu** (Menüleiste) / / **Engelke-2025.PRTDOT** anklicken / **OK**

Neu

Engelke2025.
PRTDOT

6.6.1.2 Erstellung der Basisskizze

Linear ausgetragener Aufsatz (Registerkarte **Features**)

Wählen Sie die Ebene, **Ebene Rechts** (1),
die Ebene wird als plane Fläche dargestellt.

Linear ausge-
tragener Auf-
satz

Kreis mit Mittelpunkt (Registerkarte **Skizze**)

Bewegen Sie den Cursor über den Ursprung.

Klicken Sie, um die Kreismitte am Ursprung zu platzieren.
Wenn Sie die Maus bewegen, wird eine Vorschau des Kreises angezeigt, in
dem der Kreis dem Zeiger folgt, auf Größe ca. **100** mm ziehen (2).
Klicken Sie, um den Kreis abzuschließen.

Kreis mit
Mittelpunkt

Dialogfeld schließen

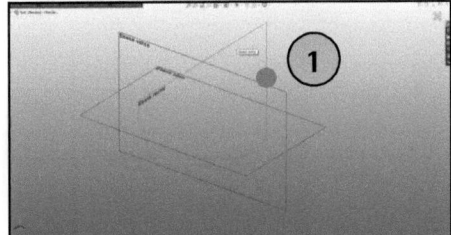
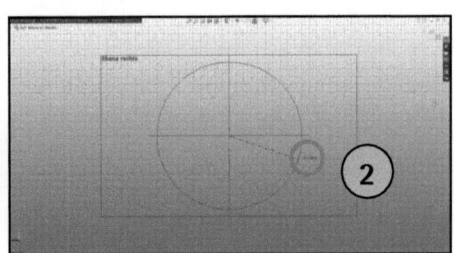

Dialogfeld
schließen

Intelligente Bemaßung (Registerkarte **Skizzieren**)
Wählen Sie die Kreiskontur und ziehen das Maß auf Lage.
Ändern Sie die Maßeintragung auf **100** mm (3).

Intelligente
Bemaßung

Skizze beenden klicken Sie auf das Desktop-Symbol rechts oben.

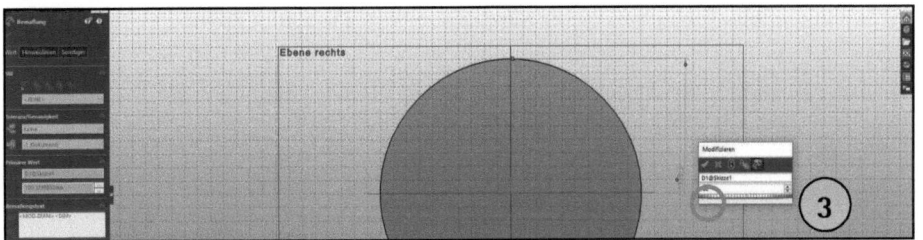

Skizze beenden

6.6.1.3 Die Volumengenerierung

Die Grafik-Anzeige blendet auf eine perspektivische Anzeige um.

- Eine Vorschau wird mit der Standardtiefe **10** mm dargestellt.
- Stellen Sie die Endbedingungen für lineare Austragungen auf **Mitte** (4).
- Klicken Sie auf den **Zugpfeil** in der Mitte des Zylinders.
- Ziehen Sie mit der Skalierung auf **100** mm (5).

Dialogfeld
schließen

Dialogfeld schließen (6)

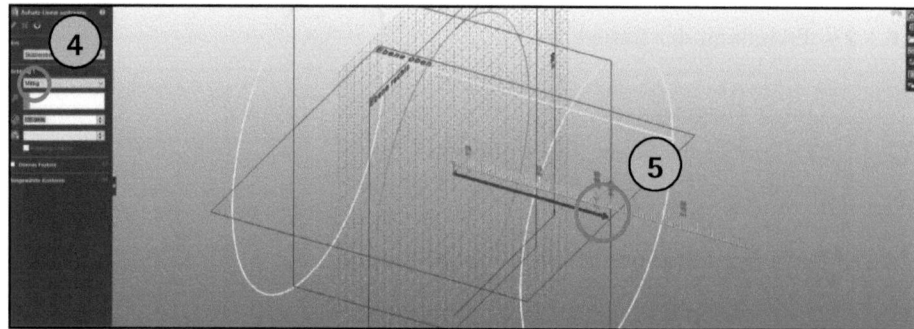

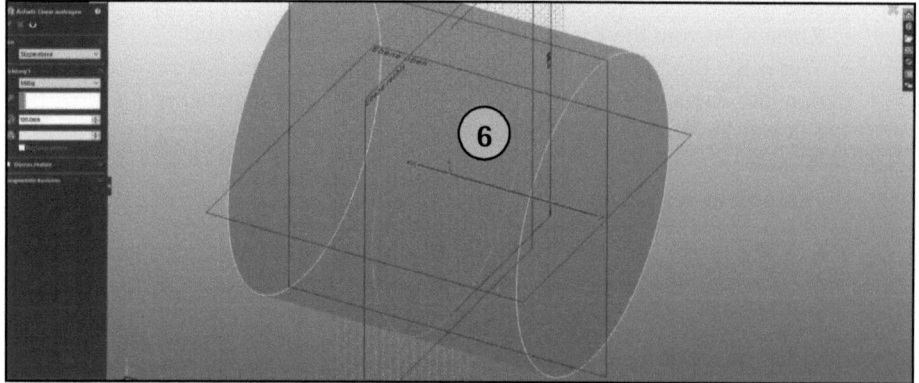

6.6.1.4 Datensicherung

Auf diesen PC
speichern

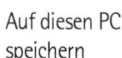 **Auf diesen PC speichern** (Standard Symbolleiste)

Geben Sie einen Namen Ihrer Wahl ein.

6.6.2 Rotationskörper „Zylinder" über eine stehende Rechteckfläche, Skizzenerstellung innerhalb der Volumengenerierung

6.6.2.1 Öffnen der eigenen Vorlagendatei

- **Neu** (Menüleiste) / / **Engelke-2025.PRTDOT** anklicken / **OK**

6.6.2.2 Erstellung der Basisskizze

 Aufsatz / Basis rotiert (Registerkarte **Features**)
Wählen Sie die Ebene, **Ebene Vorn** (1),
die Ebene wird als plane Fläche dargestellt.

 Ecken-Rechteck
Klicken Sie auf den Schnittpunkt für den ersten Eckpunkt (2).
Klicken Sie die zweite Ecke, Maße ca. **70** mm x **50** mm.

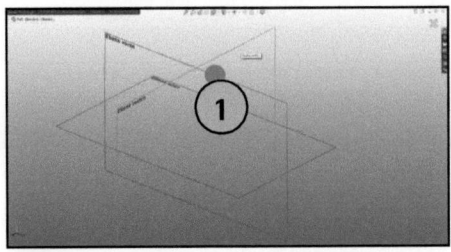
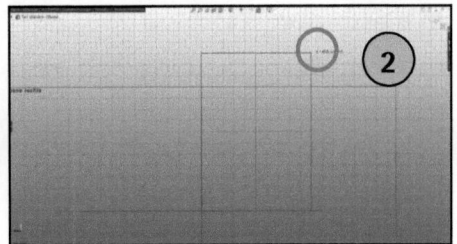

 Intelligente Bemaßung (Registerkarte **Skizzieren**)
Wählen Sie die jeweilige Rechteckkante an und ziehen das entsprechende Maß auf Lage.
Ändern Sie die Maßeintragung auf **70** mm (3).
Ändern Sie die Maßeintragung auf **50** mm (4).

 Dialogfeld schließen

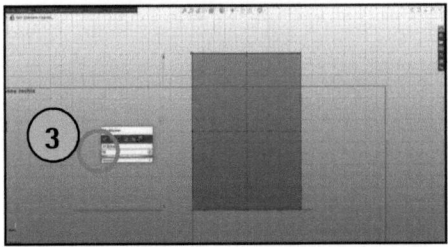
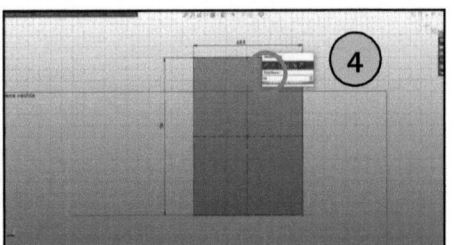

Marginalien (rechte Spalte):

Neu

 Engelke2025. PRTDOT

 Aufsatz Basis rotiert

 Ecken-Rechteck

 Intelligente Bemaßung

 Dialogfeld schließen

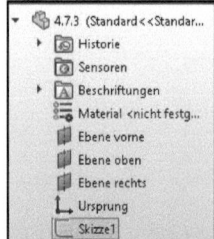

6.6.2.3 Die Volumengenerierung

Die Grafik-Anzeige blendet auf eine perspektivische Anzeige um.

- Wählen Sie die **Rechteck-Skizzenfläche** (5).
- Wählen Sie die senkrechte Linie als Rotationsachse (6).
- Eine Vorschau mit **360°-Rotation** wird dargestellt (7, 8).

 Dialogfeld schließen

Dialogfeld schließen

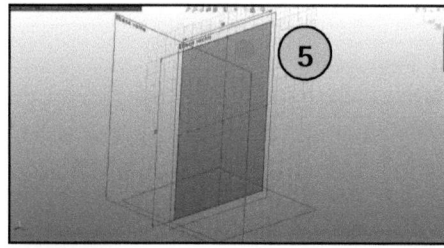

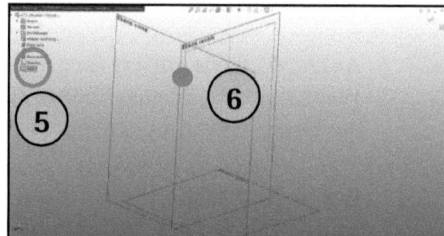

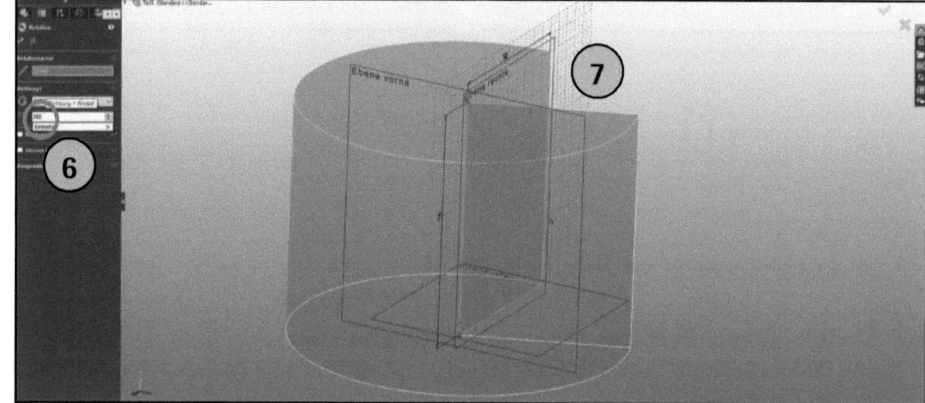

6.6.2.4 Datensicherung

Auf diesen PC speichern

Auf diesen PC speichern (Standard Symbolleiste)

Geben Sie einen Namen Ihrer Wahl ein.

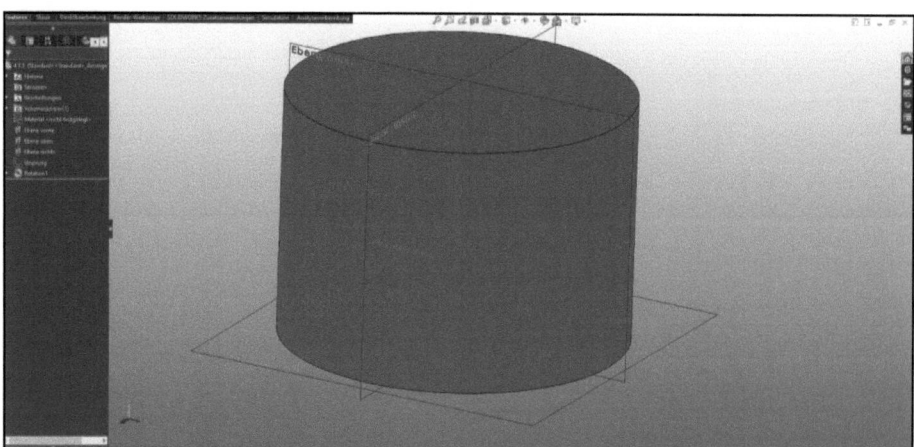

6.7 Grundkörper „Kugel"

6.7.1 Kugel über Rotation einer halbierten Kreisfläche

6.7.1.1 Öffnen der eigenen Vorlagendatei

- **Neu** (Menüleiste) /  / **Engelke-2025.PRTDOT** anklicken / **OK**

Neu

Engelke2025. PRTDOT

6.7.1.2 Erstellung der Basisskizze

Kreis mit Mittelpunkt (Registerkarte **Skizze**)
Wählen Sie die **Ebene Oben**.
Klicken Sie, um die Kreismitte am Ursprung zu platzieren.
Ziehen und klicken Sie, um den Radius, ca. **100** mm, zu definieren (1).

Kreis mit Mittelpunkt

Dialogfeld schließen

Dialogfeld schließen

Intelligente Bemaßung (Registerkarte **Skizzieren**)
Wählen Sie die Linie an und ziehen das Maß auf Lage.
Ändern Sie die Maßeintragung auf **100** mm (2).

Intelligente Bemaßung

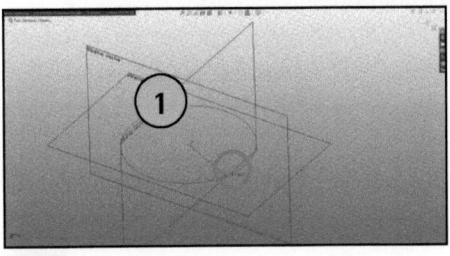

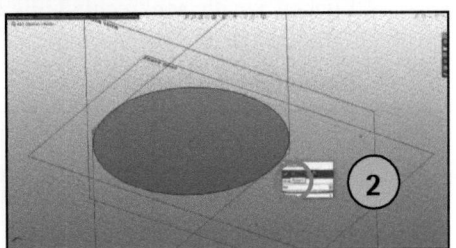

Linie (Registerkarte **Skizze**)
Klicken Sie um die **Linie** am vorderen Quadrantpunkt zu platzieren (3).
Klicken Sie um die **Linie** am hinteren Quadrantpunkt zu platzieren (4).

Linie

Dialogfeld schließen

Dialogfeld schließen

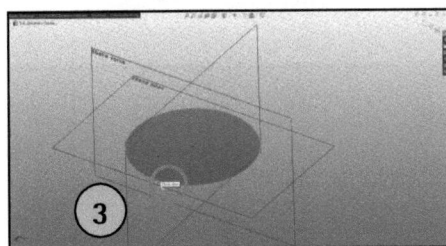

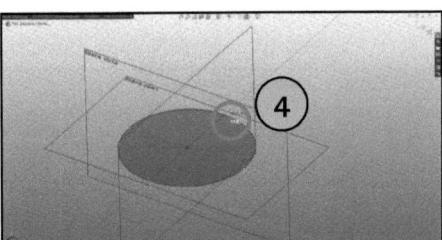

Elemente
trimmen

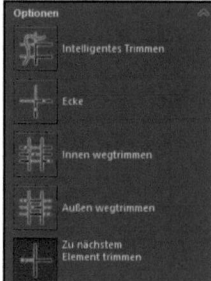

Dialogfeld
schließen

Aufsatz
Basis rotiert

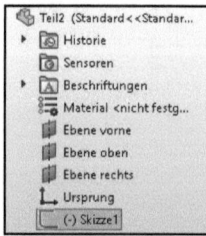

Auf diesen PC
speichern

Elemente trimmen (Registerkarte **Skizze**)

Option **zum nächsten Element trimmen** (5)
Wählen Sie die markierte Kreishälfte (6).

Dialogfeld schließen / **Skizze beenden**

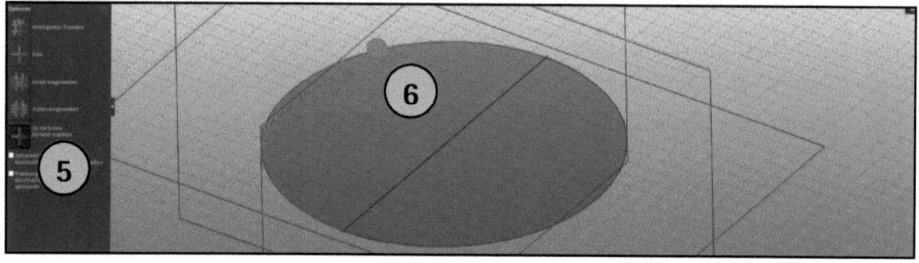

6.7.1.3 Die Volumenerstellung

Aufsatz / Basis rotiert (Registerkarte **Features**)

Klicken Sie den Kreisbogen als Außenkontur an (7).
Klicken Sie die senkrechte Linie als Rotationsachse an (8).

Dialogfeld schließen

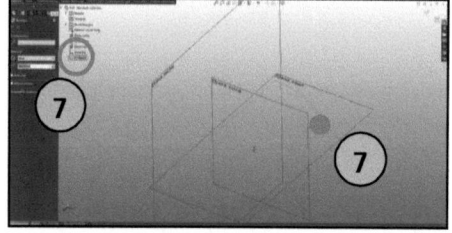
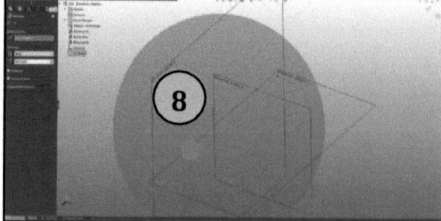

6.7.1.4 Datensicherung

Auf diesen PC speichern (Standard Symbolleiste)

Geben Sie einen Namen Ihrer Wahl ein.

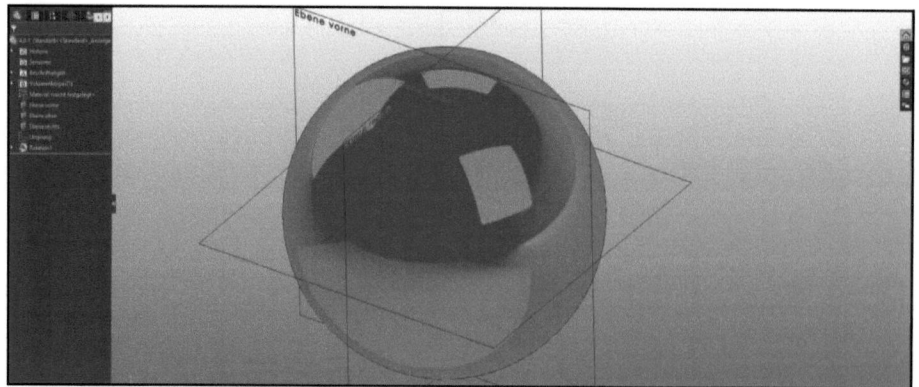

6.8 Grundkörper „Kegel"

6.8.1 Kegel über Rotation einer Dreiecksfläche aus Linien

6.8.1.1 Öffnen der eigenen Vorlagendatei

- **Neu** (Menüleiste) /  / **Engelke-2025.PRTDOT** anklicken / **OK**

 Neu

 Engelke2025.
PRTDOT

6.8.1.2 Erstellung der Basisskizze

- Wählen Sie die Registerkarte **Skizze** an.

Linie (Registerkarte **Skizze**)

Wählen Sie eine Ebene, **Ebene Rechts** (1)

Klicken Sie, um die **Linie** am Ursprung zu platzieren (2).
Klicken Sie die horizontale Position, Länge ca. **80** mm, Vektor **90°** (3).

Klicken Sie die vertikale Position, Länge ca. **100** mm (4)
(die parallele Lage wird durch eine punktierte Linie dargestellt).

Klicken Sie die vertikale Position, Länge ca. **60** mm, Vektor **180°** (5)
(parallele Lage wird durch eine punktierte Linie dargestellt).

Der Linienabschluss wird mit einem Fangsymbol dargestellt.

Linie

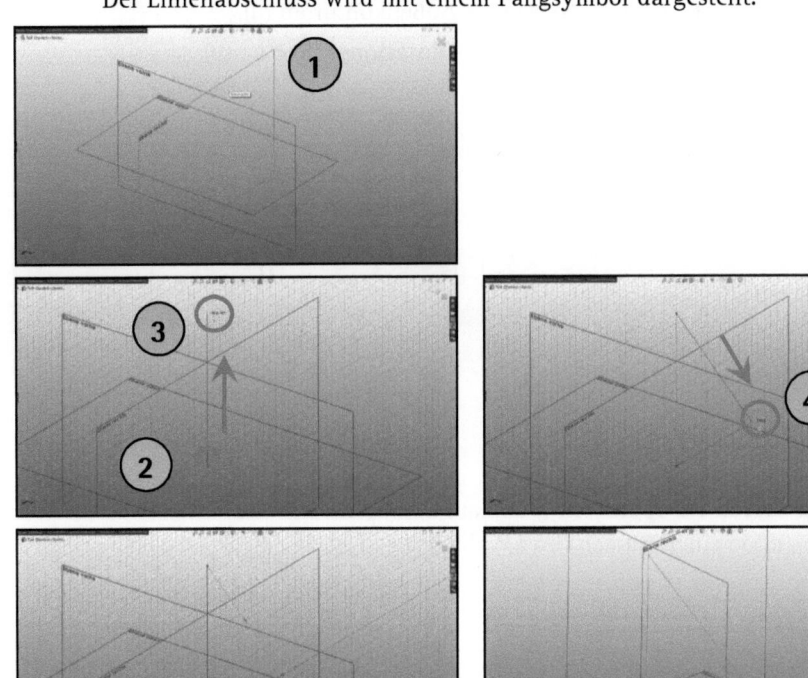

Intelligente
Bemaßung

Intelligente Bemaßung (Registerkarte **Skizzieren**)
Wählen Sie die jeweilige Rechteckkante an und ziehen das Maß auf Lage.
Ändern Sie die Maßeintragung auf **80** mm (6).
Ändern Sie die Maßeintragung von auf **60** mm (7).

Dialogfeld
schließen

Dialogfeld schließen

Skizze beenden

Skizze beenden, klicken Sie auf das Desktop-Symbol rechts oben.

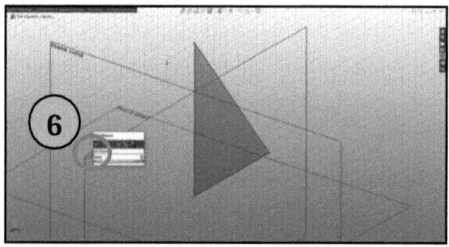 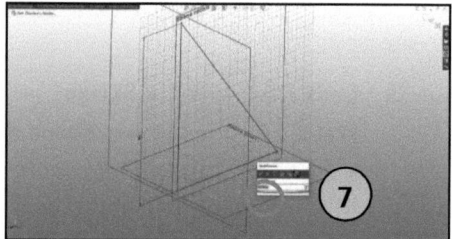

6.8.1.3 Die Volumenerstellung

Aufsatz
Basis rotiert

Aufsatz / Basis rotiert (Registerkarte **Features**)
Klicken Sie die erstellte **Skizze** als Außenkontur an (8).
Klicken Sie die senkrechte Linie als **Rotationsachse** an (9).

Dialogfeld schließen (10)

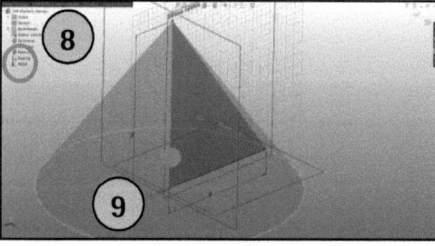 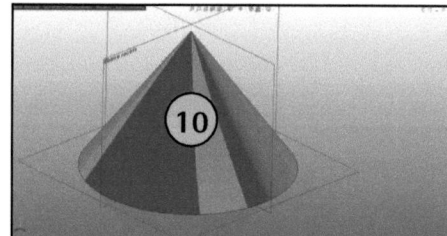

6.8.1.4 Datensicherung

Auf diesen PC
speichern

Auf diesen PC speichern (Standard Symbolleiste)
Geben Sie einen Namen Ihrer Wahl ein.

6.9 Grundkörper „Kegelstumpf"

6.9.1 Kegelstumpf über „Linear ausgetragener Aufsatz"

6.9.1.1 Öffnen der eigenen Vorlagendatei

- **Neu** (Menüleiste) / / **Engelke-2025.PRTDOT** anklicken / **OK**

6.9.1.2 Erstellung der Basisskizze

 Linear ausgetragener Aufsatz (Registerkarte **Features**)
Wählen Sie die Ebene, **Ebene Oben**,
die Ebene wird als planare Fläche dargestellt.

 Kreis mit Mittelpunkt (Registerkarte **Skizze**)
Klicken Sie, um die Kreismitte am Ursprung zu platzieren.
Ziehen Sie den Kreis auf Größe ca. **100** mm (1).

 Dialogfeld schließen

 Intelligente Bemaßung (Registerkarte **Skizzieren**)
Wählen Sie die Kreiskontur und ziehen das Maß auf Lage.
Ändern Sie die Maßeintragung auf **100** mm (2).

 Skizze beenden, klicken Sie auf das Desktop-Symbol rechts oben.

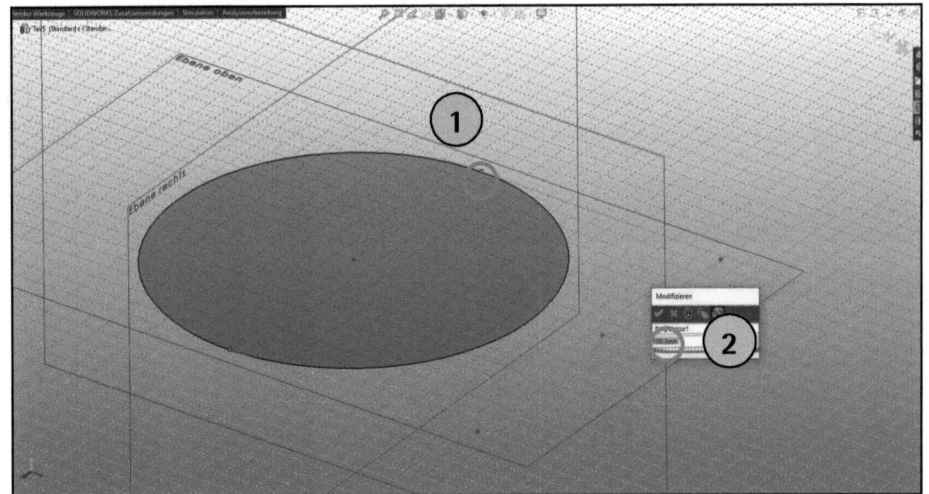

Formschräge
Ein

Dialogfeld
schließen

6.9.1.3 Die Volumengenerierung

Die Grafik-Anzeige blendet auf eine perspektivische Anzeige um.

- Eine Vorschau wird mit der Standardtiefe **10** mm dargestellt.
- Schalten Sie die Option **Formschräge** aus **Ein** (3).
- Setzen Sie den Wert der Formschräge auf **30°** (3).
- Ziehen Sie mit der Skalierung auf **50** mm (4).

Dialogfeld schließen (5)

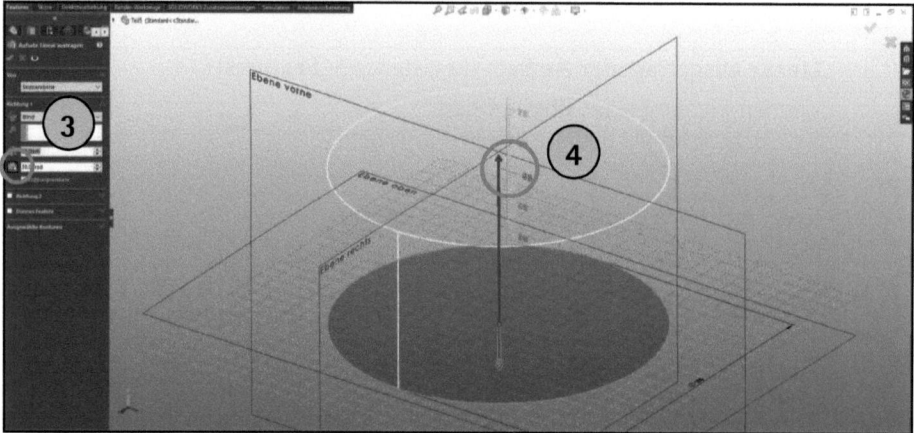

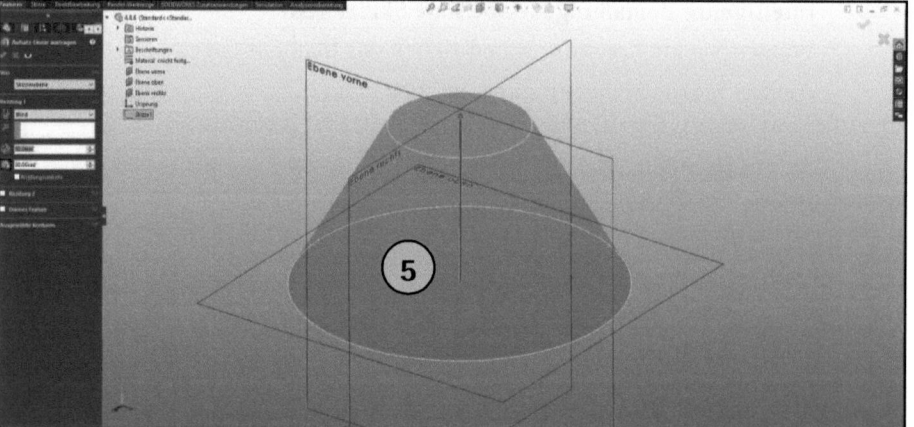

6.9.1.4 Datensicherung

Auf diesen PC
speichern

Auf diesen PC speichern (Standard Symbolleiste)
Geben Sie einen Namen Ihrer Wahl ein.

6.10 Grundkörper „Rotationsellipsoid"

6.10.1 Rotationsellipsoid über Rotation einer halben Ellipsenfläche

6.10.1.1 Öffnen der eigenen Vorlagendatei

- **Neu** (Menüleiste) /  / **Engelke-2025.PRTDOT** anklicken / **OK**

 Neu

 Engelke2025. PRTDOT

6.10.1.2 Erstellung der Basisskizze

 Ellipse (Registerkarte **Skizzieren**)
Wählen Sie die **Ebene Oben**.
Klicken Sie um den Mittelpunkt der Ellipse zu platzieren (1).
Ziehen und klicken Sie, um eine Achse der Ellipse zu definieren,
Maß ca. **100** mm (2).
Ziehen und klicken Sie, um die zweite Achse zu definieren,
Maß ca. **50** mm (3).
Klicken Sie anschließend, um die Ellipse fertigzustellen.

 Ellipse

 Dialogfeld schließen

 Dialogfeld schließen

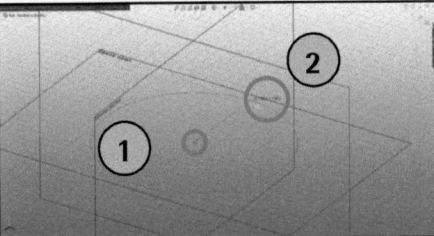 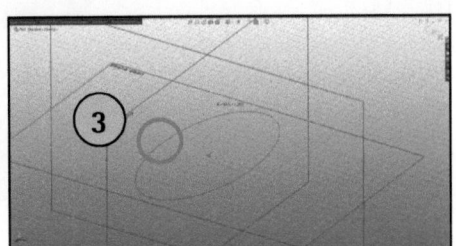

 Intelligente Bemaßung (Registerkarte **Skizzieren**)
Wählen Sie die jeweiligen Ellipsenlängen und ziehen die Maße auf Lage.
Ändern Sie die Maßeintragung auf **100** mm (4) und **50** mm (5).

 Intelligente Bemaßung

 Dialogfeld schließen

 Dialogfeld schließen

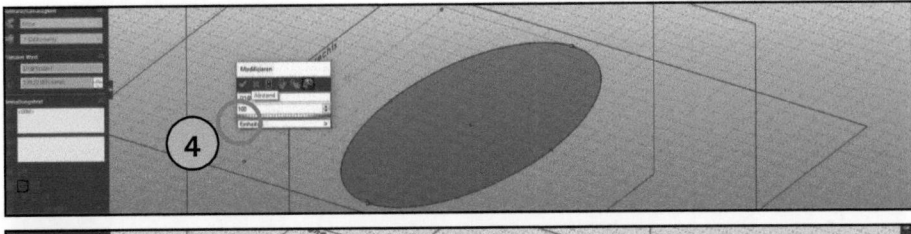

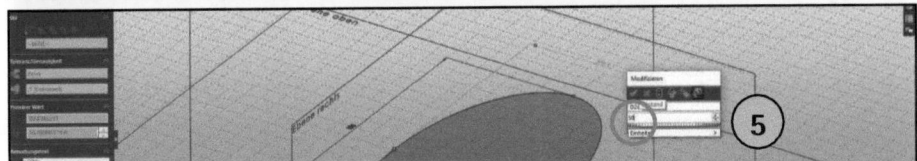

Linie

 Linie (Registerkarte **Skizze**)

Klicken Sie um die **Linie** am vorderen Ellipsenpunkt zu platzieren (6).
Klicken Sie um die **Linie** am hinteren Ellipsenpunkt zu platzieren (7).

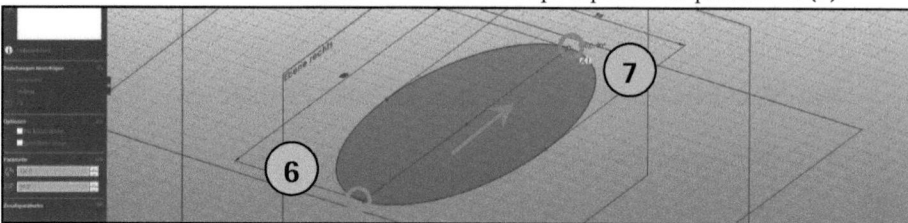

 Elemente trimmen

 Elemente trimmen (Registerkarte **Skizze**)

 Dialogfeld schließen

 Option **zum nächsten Element trimmen**

Trimmen Sie die eine Ellipsenhälfte (8).

 Skizze beenden

Dialogfeld schließen / **Skizze beenden**

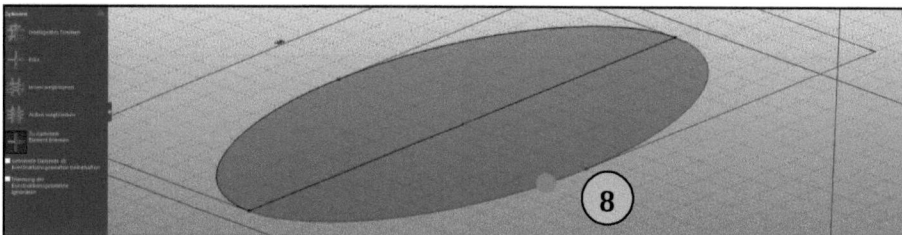

6.10.1.3 Die Volumenerstellung

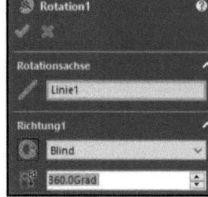 Aufsatz Basis rotiert

 Aufsatz / Basis rotiert (Registerkarte **Features**)

Klicken Sie die erstellte **Skizze** als Außenkontur an (9).
Klicken Sie die konstruierte Linie als Rotationsachse an (10).

 Dialogfeld schließen

 Dialogfeld schließen (11)

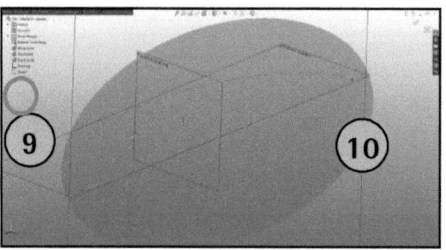 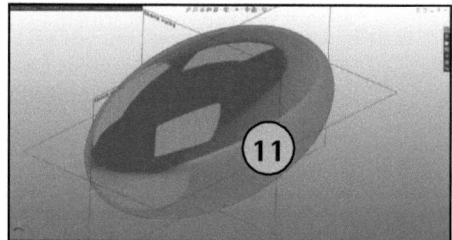

6.10.1.4 Datensicherung

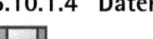 Auf diesen PC speichern

 Auf diesen PC speichern (Standard Symbolleiste)

Geben Sie einen Namen Ihrer Wahl ein.

6.11 Grundkörper „Torus"

6.11.1 Torus mit Rotation einer Kreisfläche über Mittelachse

6.11.1.1 Öffnen der eigenen Vorlagendatei

- **Neu** (Menüleiste) /  / **Engelke-2025.PRTDOT** anklicken / **OK**

 Neu

 Engelke2025.
PRTDOT

6.11.1.2 Erstellung der Basisskizze

Linie (Registerkarte **Skizze**)
Wählen Sie eine Ebene, **Ebene Rechts**.
Klicken Sie um die **Linie** am Ursprung zu platzieren (1).
Klicken Sie die vertikale Position, Länge ca. **25** mm (2).
Klicken Sie um die **Linie** am Linien-Mittelpunkt zu platzieren (3).
Klicken Sie die horizontale Position, Länge ca. **30** mm (4).

 Linie

Dialogfeld schließen

Kreis mit Mittelpunkt (Registerkarte **Skizze**)
Klicken Sie um den **Kreis** am Linien-Endpunkt zu platzieren (4).
Ziehen Sie den Wert für den Kreisradius auf **10** mm (5).

 Dialogfeld
schließen

 Kreis mit
Mittelpunkt

 Dialogfeld
schließen

Dialogfeld schließen

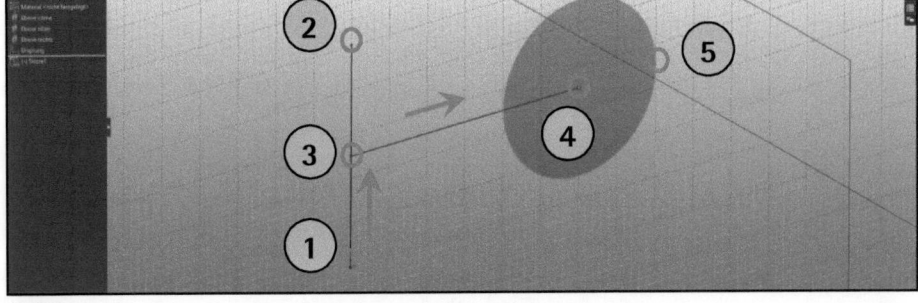

Intelligente Bemaßung (Registerkarte **Skizzieren**)
Wählen Sie die entsprechenden Linien an und ziehen die Maße auf Lage.
Ändern Sie die Maßeintragung auf den jeweiligen Wert (6).

 Intelligente
Bemaßung

 Skizze beenden

Dialogfeld schließen / **Skizze beenden**

 Dialogfeld
schließen

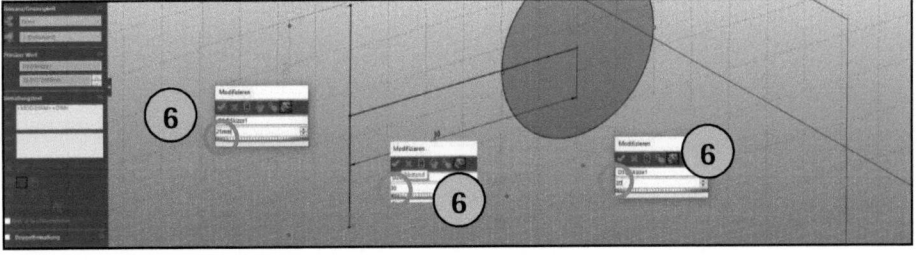

Aufsatz
Basis rotiert

Dialogfeld
schließen

Auf diesen PC
speichern

6.11.1.3 Die Volumenerstellung

Aufsatz / Basis rotiert (Registerkarte **Features**)

Klicken Sie den erstellten **Kreis** als Außenkontur an (7).

Klicken Sie die konstruierte Linie als **Rotationsachse** an (8).

Dialogfeld schließen (9)

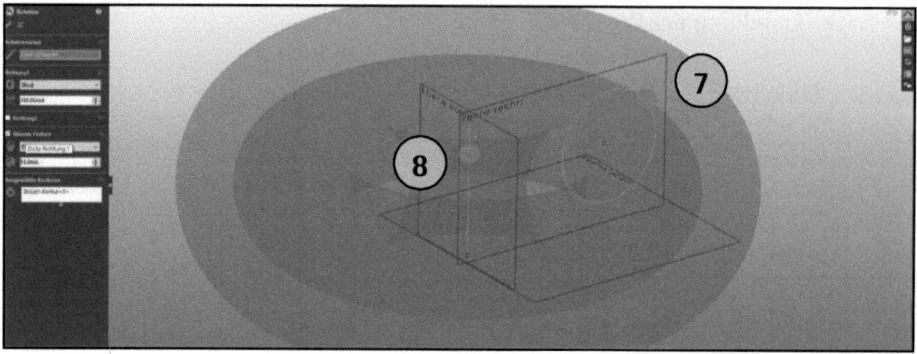

6.11.1.4 Datensicherung

Auf diesen PC speichern (Standard Symbolleiste)

Geben Sie einen Namen Ihrer Wahl ein.

6.12 Grundkörper „Pyramide"

6.12.1.1 Öffnen der eigenen Vorlagendatei

Neu

- **Neu** (Menüleiste) /  /  **Engelke-2025.PRTDOT** anklicken / **OK**

Engelke2025.
PRTDOT

6.12.1.2 Erstellung der Basisskizze

 Mittelpunkt Rechteck (Registerkarte **Skizze**)

Wählen Sie eine Ebene **Oben** (1)

Klicken Sie auf den Schnittpunkt für den ersten Eckpunkt (2).

Klicken Sie die zweite Ecke (3),
Maße ca. **100** mm x **100** mm.

Mittelpunkt
Rechteck

 Dialogfeld schließen

Dialogfeld
schließen

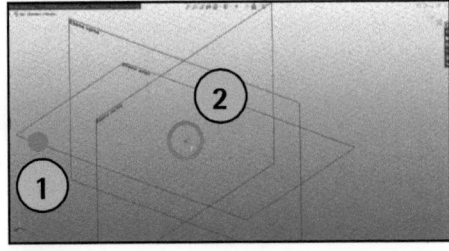

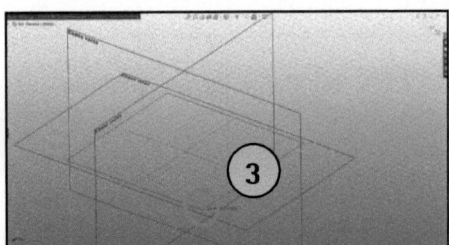

 Intelligente Bemaßung (Registerkarte **Skizze**)

Wählen Sie die rechte Rechteck-Linie aus.

Klicken den Punkt, um die Bemaßung hinzuzufügen.

Geben Sie in das Feld **Modifizieren 100** ein (4).

Intelligente
Bemaßung

 Intelligente Bemaßung (Registerkarte **Skizzieren**)

Verfahren Sie mit der Rechteck-Länge entsprechend, Länge **100** (5).

Intelligente
Bemaßung

 Dialogfeld schließen / Skizze beenden

Dialogfeld
schließen

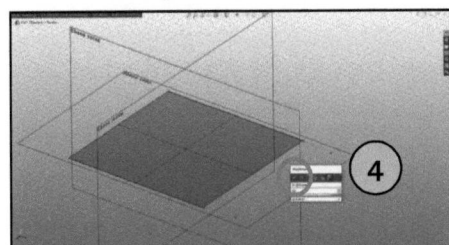

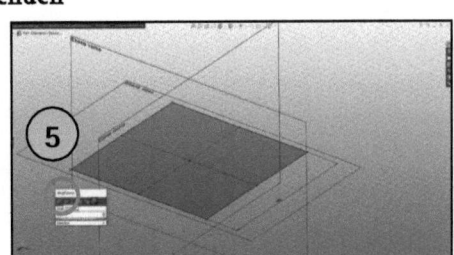

Linear ausge-
tragener Auf-
satz

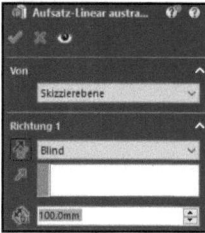

6.12.1.3 Die Volumenerstellung

Linear ausgetragener Aufsatz (Registerkarte **Features**)

Wählen Sie das konstruierte Rechteck als Basisskizze.

Eine Vorschau wird mit der Standardtiefe **10** mm dargestellt.

Klicken Sie auf den **Zugpfeil** in der Mitte des Quaders.

Ziehen Sie mit der Skalierung auf **100** mm (6).

Dialogfeld schließen (7)

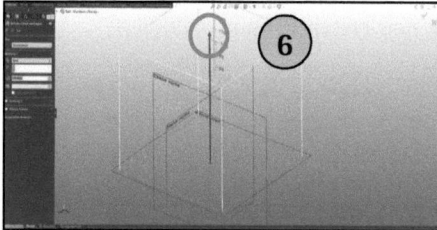

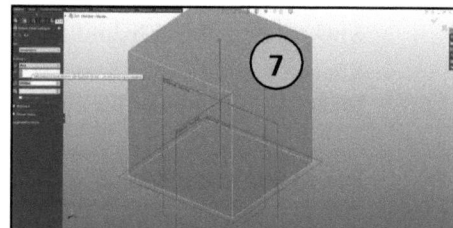

6.12.1.4 Die Pyramiden-Erstellung

Formschräge

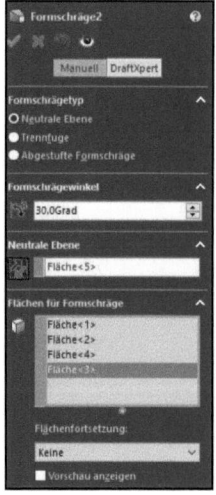

Formschräge (Registerkarte **Features**)

Klicken Sie im PropertyManager auf **Manuell** (8).

Wählen Sie, im PropertyManager, unter **Formschrägetyp**
die Option **Neutrale Ebene** (9).

Geben Sie unter **Formschrägewinkel** den Wert **30°** ein (10).

Wählen Sie die untere Fläche als **Neutrale Ebene aus** (11).
Klicken Sie, bei Bedarf **Richtung umkehren**.

Wählen Sie die gezeigten Seitenflächen des Würfels für die Flächen der
Formschräge (12).

Dialogfeld
schließen

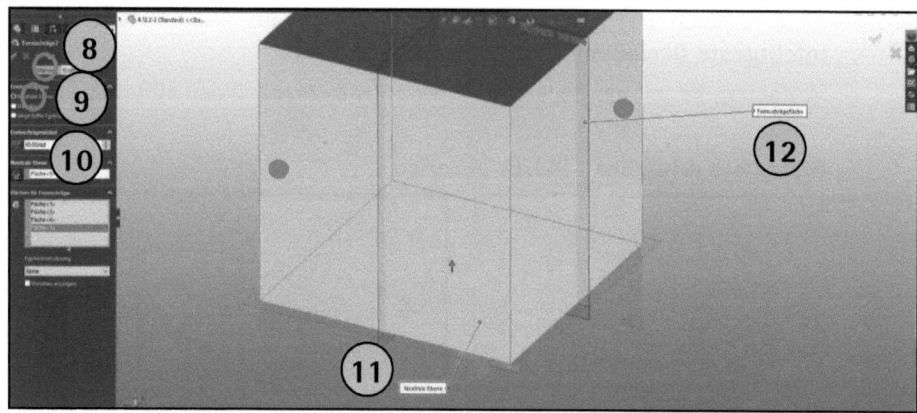

Dialogfeld schließen (13)

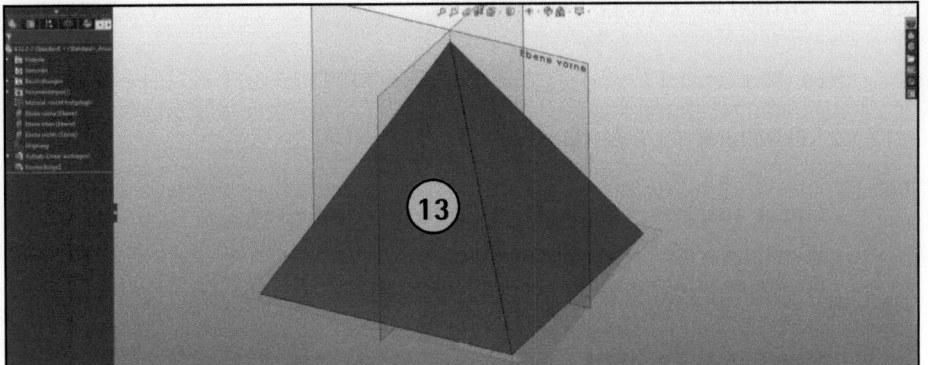

 Dialogfeld
schließen

6.12.1.5 Datensicherung

 Auf diesen PC speichern (Standard Symbolleiste)

Geben Sie einen Namen Ihrer Wahl ein.

 Auf diesen PC
speichern

6.13 Grundkörper „Pyramidenstumpf"

6.13.1.1 Öffnen der eigenen Vorlagendatei

Neu

Engelke2025.
PRTDOT

- **Neu** (Menüleiste) / / **Engelke-2025.PRTDOT** anklicken / **OK**

6.13.1.2 Erstellung der Basisskizze

Linear ausge-
tragener Auf-
satz

 Linear ausgetragener Aufsatz (Registerkarte **Features**)
Wählen Sie die Ebene, **Ebene Oben**,
die Ebene wird als planare Fläche dargestellt.

Mittelpunkt
Rechteck

 Mittelpunkt Rechteck (Registerkarte **Skizze**)
Wählen Sie eine Ebene **Oben**.
Klicken Sie auf den Schnittpunkt für den ersten Eckpunkt (1).
Klicken Sie die zweite Ecke (2), Maße ca. **100** mm x **100** mm.

Dialogfeld
schließen

 Dialogfeld schließen

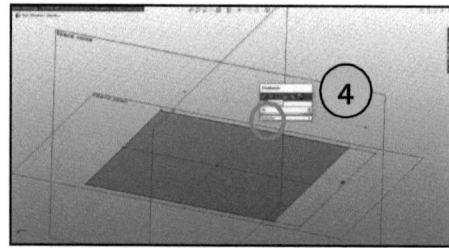

Intelligente
Bemaßung

 Intelligente Bemaßung (Registerkarte **Skizzieren**)
Wählen Sie die Rechteckkontur und ziehen die Maße auf Lage.
Ändern Sie die Maßeintragung auf **100** mm (3, 4).

Skizze beenden

Skizze beenden, klicken Sie auf das Desktop-Symbol rechts oben.

6.13.1.3 Die Volumengenerierung

Die Grafik-Anzeige blendet auf eine perspektivische Anzeige um.

- Eine Vorschau wird mit der Standardtiefe **10** mm dargestellt.
- Schalten Sie die Option **Formschräge** aus **Ein** (5).
- Setzen Sie den Wert der Formschräge auf **30°** (5).
- Ziehen Sie mit der Skalierung auf **50** mm (6).

Formschräge
Ein

 Dialogfeld schließen

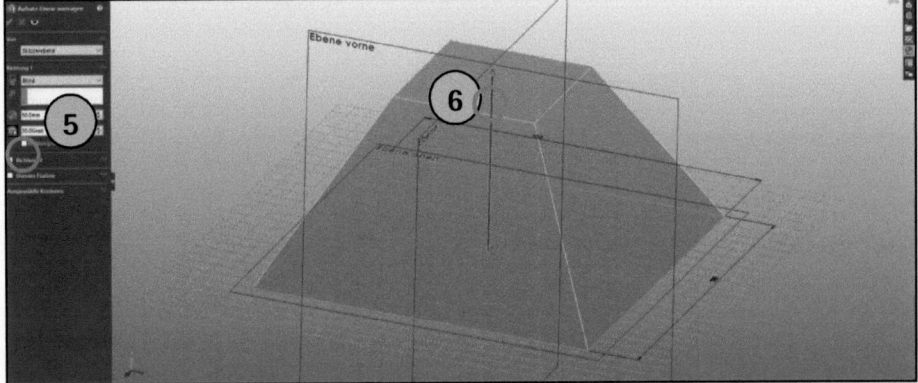

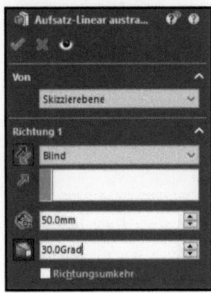

 Dialogfeld
schließen

6.13.1.4 Datensicherung

 Auf diesen PC speichern (Standard Symbolleiste)

Geben Sie einen Namen Ihrer Wahl ein.

 Auf diesen PC
speichern

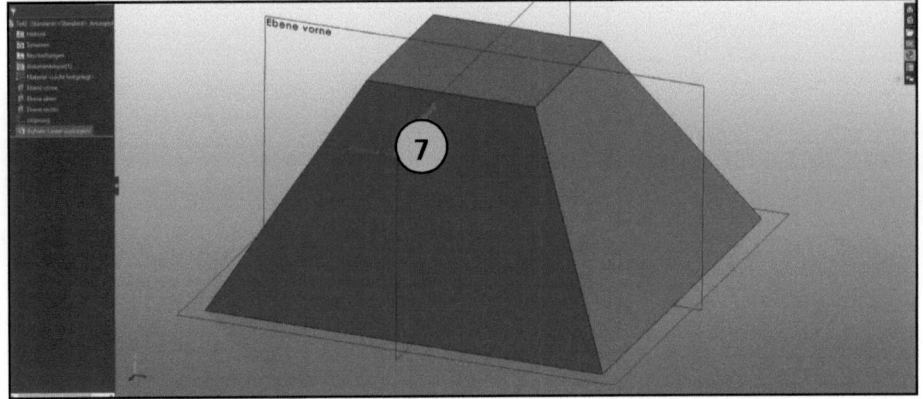

7

Dassault Systèmes
3DEXPERIENCE©
SOLIDWORKS for Makers
SOLIDWORKS Connected
2025

Bauteile
Erstellen und Anpassen

Boolesche Formelemente

7 Boolesche Formelemente

7.1 Eine Einführung

Durch die Kombination verschiedener Booleschen Operationen erledigen CAD-Systeme aufwändige Operationen wie Bohrungen, Fasen, Rundungen, Nuten usw. in einem Arbeitsschritt. Bei einem Verändern der Lage von Objektelemente erhalten feature-basierte CAD-Systeme die ursprünglichen Zusammenhänge zwischen diesen Feature-Operationen und den Objektelemente. Feature-Operationen wie Bohrlöcher und weitere Objekte werden automatisch an das geänderte Objekt angepasst.

7.1.1 Boolesche Operationen

Eine Boolesche Operation ist eine mathematische Methode zur Darstellung von Beziehungen mit Hilfe von logischen Operatoren wie AND, OR oder NOT.

In CAD-Anwendungen können Boolesche Operationen auf zwei oder mehr Flächen oder Volumina angewendet werden, wodurch Schnittmengen, Vereinigungen oder Differenzen der Flächen oder Volumina entstehen.

7.1.2 Boolesche Operationen in der CAD-Technik

Konstruktive Festkörpergeometrie ist eine Technik zum Modellieren von Körpern, die u. a. in der 3D-Computergrafik und bei CAD-Programmen genutzt wird. Constructive Solid Geometry (CSG) ermöglicht einem Designer komplexe Oberflächen und Körper zu erzeugen, indem er boolesche Operatoren benutzt, um Objekte zu kombinieren. Aus der CSG hervorgegangene Körper wirken oft sehr komplex, sind aber in Wirklichkeit nichts anderes als geschickt verknüpfte Objekte.

CSG ist besonders im CAD-Bereich gebräuchlich, ca. 60% aller mechanischen Bauteile lassen sich mit einem CSG-System, das nur Quader und gerade Kreiszylinder verwendet, modellieren.

Wenn mehr Grundkörper zugelassen werden, so lassen sich 90% aller Bauteile im klassischen Maschinenbau, vorrangig Bohren, Fräsen, Drehen der Bauteile, oder ihrer Gussformen, auf natürliche Weise per CSG beschreiben.

7.1.3 Befehle für Boolesche Operationen

Bei der 3D-Modellierung werden gewöhnlich Volumenkörper verwendet. Hierbei können Sie folgende Vorgänge durchführen:

> Mehrere Elemente zu einem Körper zusammenfassen.
>
> Abschnitte aus einem Körper entfernen.
>
> Mit der Schnittmenge von Körpern arbeiten.
>
> Neue Volumenkörper erstellen.

7.1.4 SOLIDWORKS-Befehle für Boolesche Operationen

Die Befehle für Booleschen Operationen werden in der Bauteil-Umgebung über Definition in der Skizzenerstellung, über Anpassung der Bauteil-Generierungsbefehle wie **Trimmen**, **Linear ausgetragener Aufsatz / Linear ausgetragener Schnitt** und der spezieller Funktion **Mehrkörper**.

7.1.5 Boolesche Operationen für Flächen

7.1.5.1 Boolesche Vereinigung

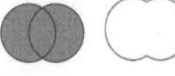

Mehrere Flächen werden durch Addition zu einer Fläche vereinigt.

7.1.5.2 Boolesche Differenz

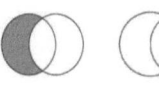

Von einer Fläche werden andere Flächen subtrahiert und so die Differenz gebildet.

7.1.5.3 Boolesche Schnittmenge

Es wird die Schnittmenge als gemeinsamer Überlappungsbereich von mehreren Flächen gebildet.

7.1.6 Boolesche Operationen für Volumen

7.1.6.1 Boolesche Vereinigung

Die Boolesche Vereinigung addiert die ausgewählten Körper in einem einzelnen Körper zusammen. Alle ausgewählten Werkzeugkörper werden vom Zielkörper absorbiert, zwei Objekte werden zu einem verschmolzen.

7.1.6.2 Boolesche Differenz

Die Boolesche Differenz subtrahiert die ausgewählten Werkzeugkörper von den ausgewählten Zielkörpern. Wird lediglich ein Teil seines Volumens aus dem Zielkörper entfernt, bleibt der Zielkörper als einzelner Körper bestehen, Teile des zweiten Objekts werden aus dem ersten herausgeschnitten.

7.1.6.3 Boolesche Schnittmenge

Die Boolesche Schnittmenge entfernt jegliches Volumen, das den ausgewählten Körpern nicht gemeinsam ist, es verbleibt der Teil, den beide Objekte gemeinsam haben.

Projekt VI

Boolesche Grundkörper
Seite 194 bis 210

- Einfachen Flächengenerierung
  Flächenerstellung über „Trimmen"

- Einfachen Volumengenerierung
  Volumenkörper aus dieser Differenzfläche

- Linear ausgetragener Aufsatz
  "Vereinigung"

- Linear ausgetragener Schnitt
  „Differenz"

- Mehrkörperfunktion
  Kombinieren über „Hinzufügen"

- Mehrkörperfunktion
  Kombinieren über „Entfernen"

- Mehrkörperfunktion
  „Abspalten" und „Speichern" über „Direktbearbeitung"

7.2 Boolesche Grundflächen über „Trimmen"

7.2.1 Erstellen der Basisgeometrie

7.2.1.1 Öffnen der eigenen Vorlagendatei

 Neu

 Engelke2025.
PRTDOT

- **Neu** (Menüleiste) / / **Engelke-2025.PRTDOT** anklicken / **OK**

7.2.1.2 Erstellung der Basisskizze

 Kreis mit Mittelpunkt

 **Kreis mit Mittelpunkt** (Registerkarte **Skizze**)
Wählen Sie die **Ebene Oben**.
Ziehen und klicken Sie, um den Radius, ca. **100** mm, zu definieren.

 Dialogfeld schließen

Dialogfeld schließen

- Verfahren Sie mit dem zweiten Kreis entsprechend.

7.2.1.3 Objekte auf gleiche Größe ziehen

 **Beziehung hinzufügen** (Registerkarte **Skizze / Beziehungen**)
Wählen Sie die zwei erstellten Kreise (1, 2).

 Beziehung **Gleich** aktivieren.

 Beziehung
Hinzufügen

 Beziehung
Gleich

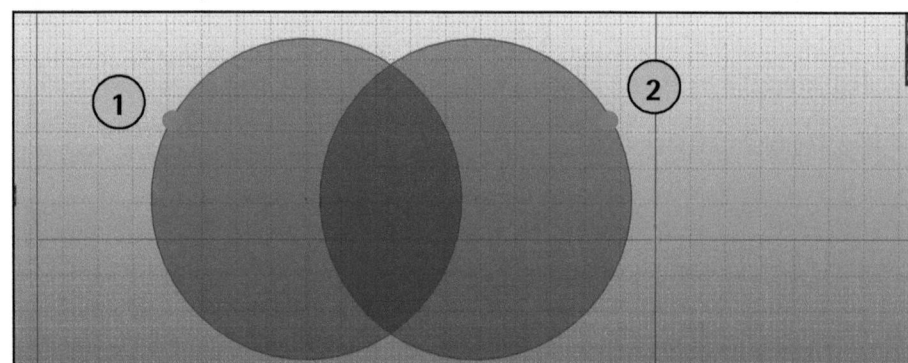

7.2.1.4 Datensicherung

 Auf diesen PC
speichern

 Auf diesen PC speichern (Standard Symbolleiste)

Geben Sie einen Namen Ihrer Wahl ein.

7.2.2 Boolesche Operationen für Flächen

7.2.2.1 Boolesche Vereinigung

Elemente trimmen (Registerkarte **Skizze**)
Wählen Sie die markierten Kreishälften (1, 2).
Schließen Sie die Funktion (3).

 Elemente
trimmen

Dialogfeld
schließen

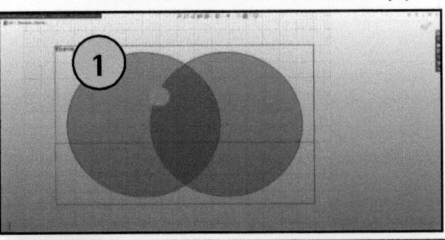
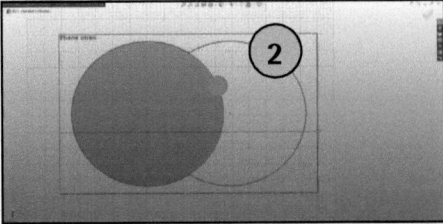
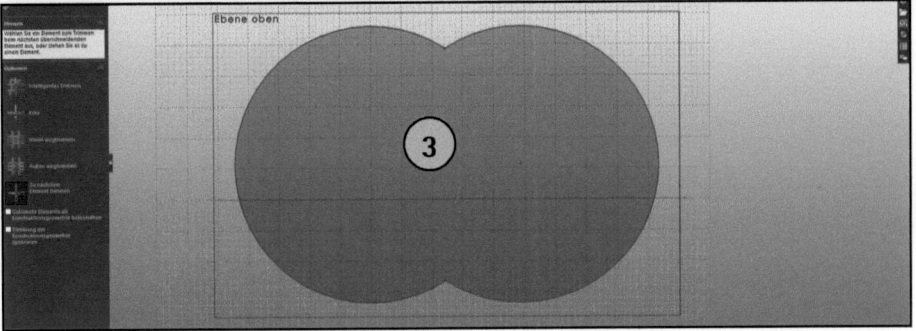

7.2.2.2 Boolesche Differenz

Elemente trimmen (Registerkarte **Skizze**)
Wählen Sie die markierten Kreishälften (4, 5).
Schließen Sie die Funktion (6).

Elemente
trimmen

Dialogfeld
schließen

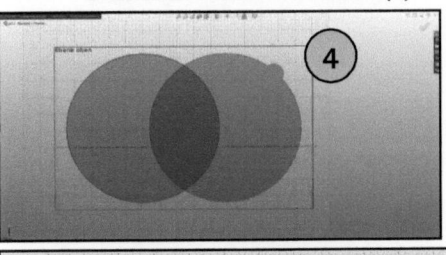
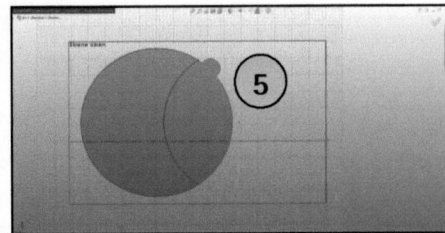
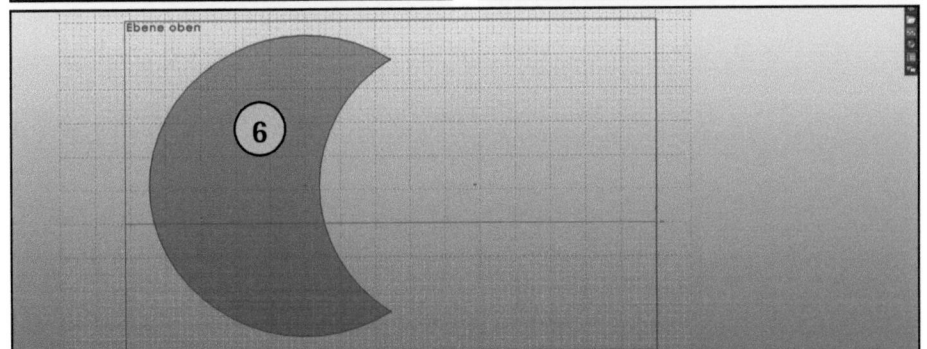

Elemente
trimmen

Dialogfeld
schließen

7.2.2.3 Boolesche Schnittmenge

Elemente trimmen (Registerkarte **Skizze**)
Wählen Sie die markierten Kreishälften (7, 8).
Schließen Sie die Funktion (9).

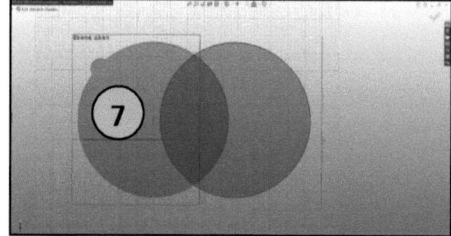
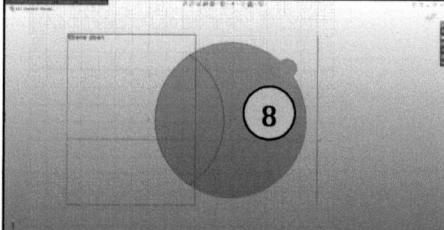

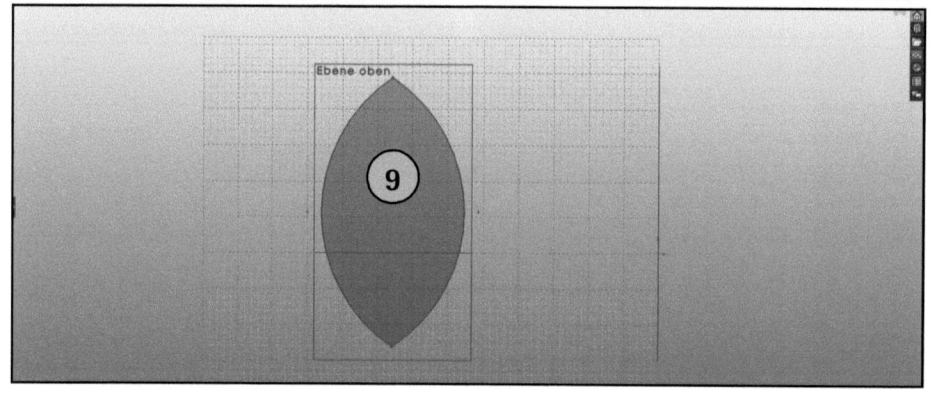

7.2.2.4 Datensicherung

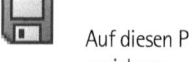

Auf diesen PC
speichern

Auf diesen PC speichern (Standard Symbolleiste)

Geben Sie einen Namen Ihrer Wahl ein.

7.3 Boolesche Grundkörper über ein einfaches Volumen

7.3.1 Erstellen der Basisfläche für die Extrusion

7.3.1.1 Öffnen der eigenen Vorlagendatei

- **Neu** (Menüleiste) /  / **Engelke-2025.PRTDOT** anklicken / **OK**

Neu

Engelke2025.
PRTDOT

7.3.1.2 Basisfläche über Rechteck

Mittelpunkt Rechteck (Registerkarte **Skizze**)
Wählen Sie eine Ebene **Oben**.
Klicken Sie auf den Mittelpunkt für den ersten Rechteckpunkt (1).
Klicken Sie die zweite Ecke (2), Maße frei wählen.
Lassen Sie den Cursor los, um die vier Kanten festzulegen.
Dialogfeld schließen

Mittelpunkt
Rechteck

Dialogfeld
schließen

Kreis mit Mittelpunkt (Registerkarte **Skizze**)
Bewegen Sie den Cursor über den Ursprung (1).
Durchmessermaß ist frei wählen.
Klicken Sie, um den Kreis abzuschließen (3).
Dialogfeld schließen
Skizze beenden

Kreis mit
Mittelpunkt

Dialogfeld
schließen

Skizze
beenden

7.3.1.3 Die Volumen-Konstruktion

Linear ausge-
tragener Auf-
satz

Linear ausgetragener Aufsatz (Registerkarte **Features**)
Wählen Sie das konstruierte Rechteck als Basisskizze.
Akzeptieren Sie die Standardtiefe **10** mm durch Klicken (4).
Dialogfeld schließen (5)

Dialogfeld
schließen

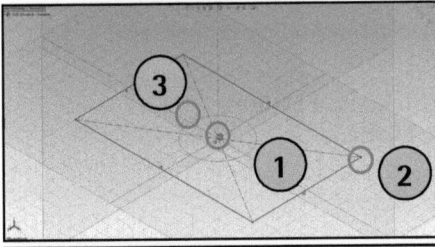
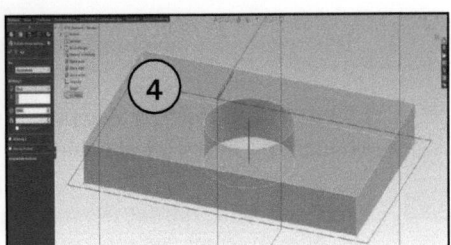
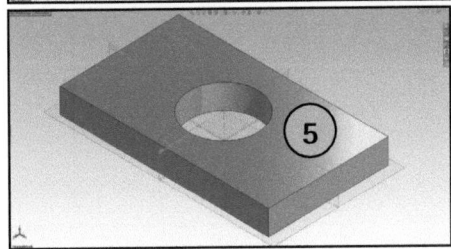

7.3.1.4 Datensicherung

Auf diesen PC speichern geben Sie einen Namen Ihrer Wahl ein.

Auf diesen PC
speichern

7.4 Boolesche Volumen "Quader und Zylinder"

7.4.1 Das erste Grundvolumen über einen Quader als Grundkörper

7.4.1.1 Öffnen der eigenen Vorlagendatei

Neu

Engelke2025.
PRTDOT

- **Neu** (Menüleiste) / / **Engelke-2025.PRTDOT** anklicken / **OK**

7.4.1.2 Erstellen des ersten Grundkörpers Quader

Linear ausge-
tragener
Aufsatz

 Linear ausgetragener Aufsatz (Registerkarte **Features**)
Wählen Sie die Ebene, **Ebene Oben**,
die Ebene wird als plane Fläche dargestellt.

Mittelpunkt
Rechteck

 Mittelpunkt Rechteck (Registerkarte **Skizze**)
Klicken Sie auf den Schnittpunkt für Rechteck-Mittelpunkt (1).
Klicken Sie die zweite Ecke, Maße frei wählen (2).

Skizze
beenden

 Skizze beenden
Wählen Sie das konstruierte Rechteck als Basisskizze.
Akzeptieren Sie die Standardhöhe **10** mm durch Klicken.

Dialogfeld
schließen

 Dialogfeld schließen (3)

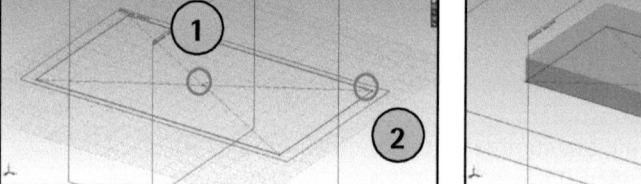

7.4.1.3 Das zweite Grundvolumen über einen zylindrischen Grundkörper

Linear ausge-
tragener
Aufsatz

 Linear ausgetragener Aufsatz (Registerkarte **Features**)
Wählen Sie die obere Quaderseite als **Ebene.**

Kreis mit
Mittelpunkt

 Kreis mit Mittelpunkt (Registerkarte **Skizze**)
Durchmessermaß frei wählen (4).

Skizze
beenden

Skizze beenden

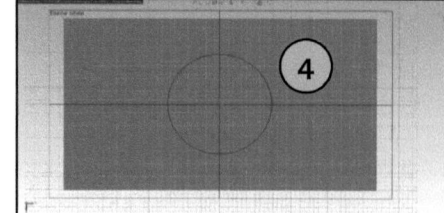

Ziehen Sie den **Zylinder** auf eine Höhe von **30** mm (5).

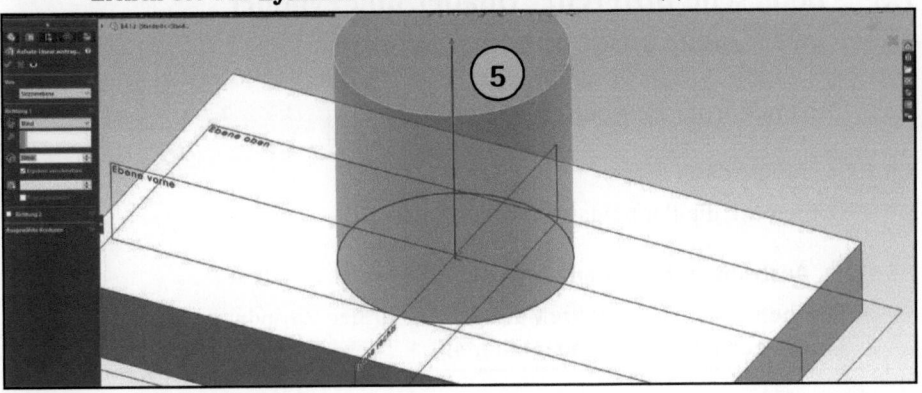

 Dialogfeld schließen (6)

Dialogfeld
schließen

7.4.1.4 Datensicherung

 Auf diesen PC speichern (Standard Symbolleiste)
Geben Sie einen Namen Ihrer Wahl ein.

Auf diesen PC
speichern

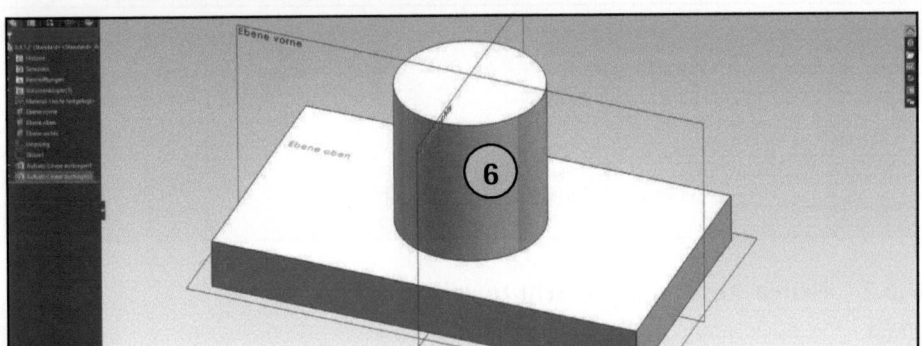

7.5 Boolesche Differenz "Quader und Zylinder" mit "Linear ausgetragener Schnitt"

7.5.1 Grundkörper bearbeiten

7.5.1.1 Arbeitsdatei öffnen

Öffnen

- **Öffnen** Sie die Bauteildatei von der Buch-DVD.

7.5.1.2 Austragungsbefehl ändern

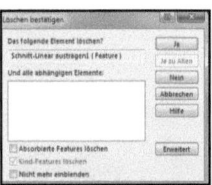

- **Löschen** (1) Sie im **FeatureManager** (2) für den Zylinder die zweite Funktion **Linear ausgetragener Aufsatz** (3, 4).

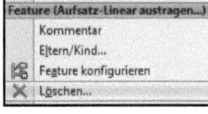

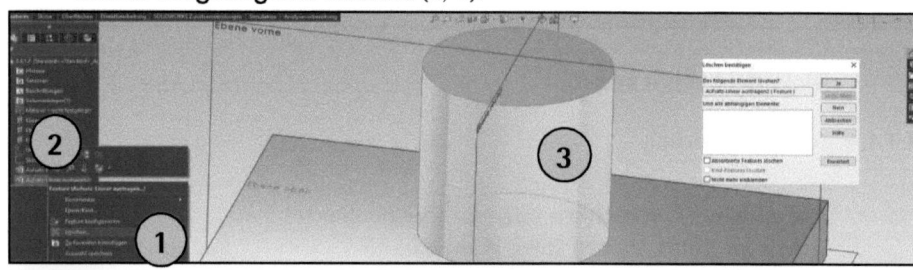

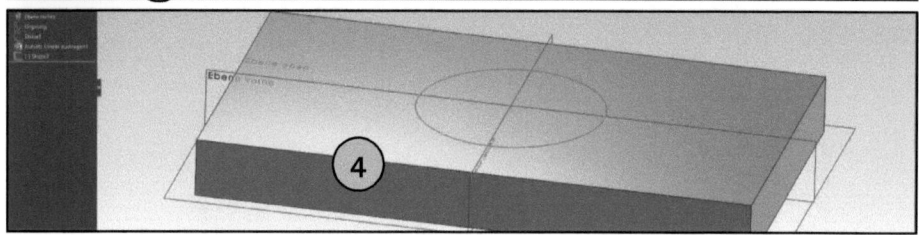

7.5.2 Neuen Austragungsbefehl zuweisen

Linear aus-
getragener
Schnitt

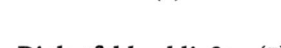
Linear ausgetragener Schnitt
Wählen Sie die obere Kreisfläche als Skizze (5).
Endbedingungen für lineare Austragungen im **FeatureManager**
Durch alles (6).

Dialogfeld schließen (7)

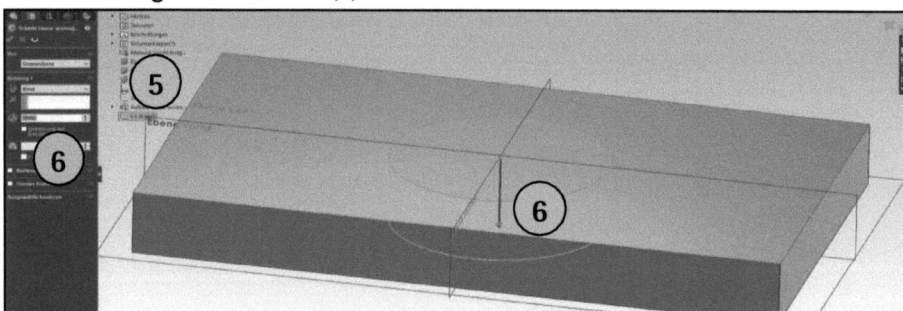

7.5.2.1　Datensicherung

Auf diesen PC speichern (Standard Symbolleiste)

Geben Sie einen Namen Ihrer Wahl ein.

Auf diesen PC
speichern

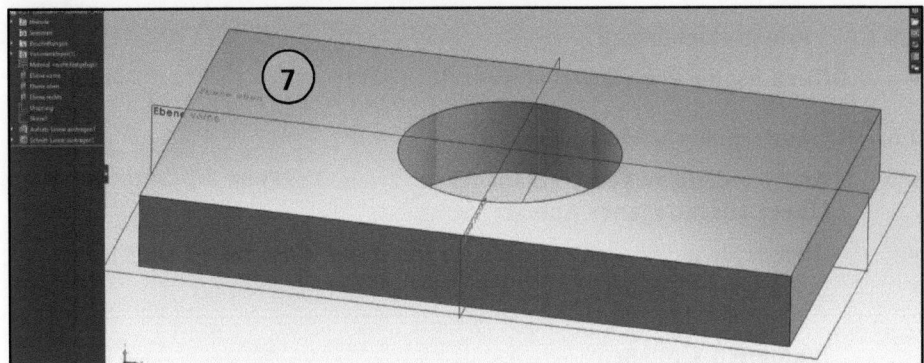

7.6 Boolesche Funktion „Mehrkörper", Boolesche Differenz "Quader und Zylinder

7.6.1 Grundkörper anpassen

7.6.1.1 Arbeitsdatei öffnen

Öffnen

- **Öffnen** Sie die Bauteildatei von der Buch-DVD.

7.6.1.2 Austragungsbefehl ändern

Dialogfeld
schließen

- Aktivieren Sie im **FeatureManager** die zweite Funktion **Linear ausgetragener Aufsatz**

- Ändern Sie die Endbedingungen für **Richtung 2** auf **Durch alleS** (1).

- Deaktivieren Sie in Richtung 1 **Ergebnis verschmelzen** (2).

Dialogfeld schließen

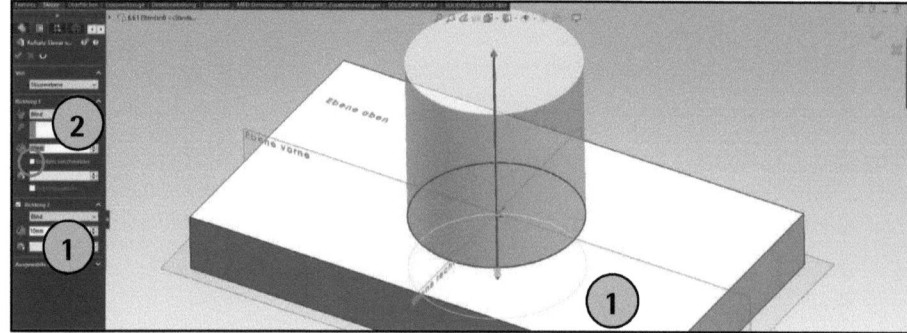

7.6.2 Mehrkörperbefehl anwenden

Kombinieren

Kombinieren (3) (PullDown-Menü **Einfügen / Features**) (4)

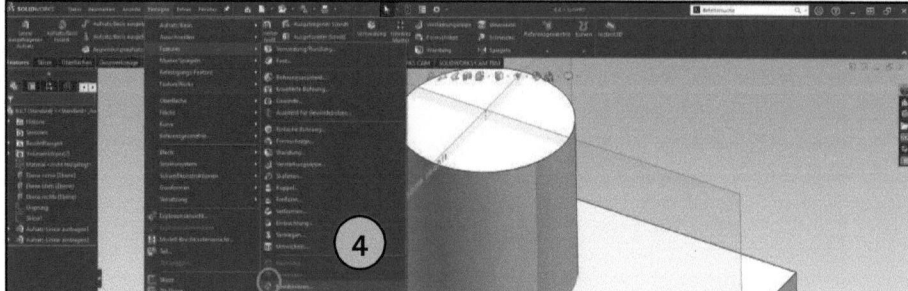

7.6.2.1 Mehrkörperbefehl „Kombinieren–Hinzufügen" anwenden

- Klicken Sie im **PropertyManager** unter **Art des Vorgangs**
  auf **Hinzufügen** (5).
- Wählen Sie den **Quader** und den **Zylinder** (6).
- Klicken Sie, zu Kontrolle, auf **Vorschau einblenden** (7).

 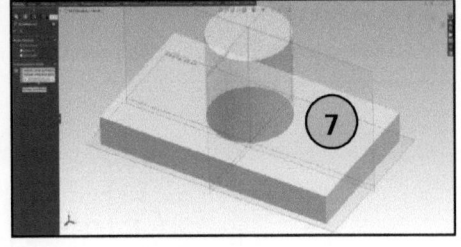 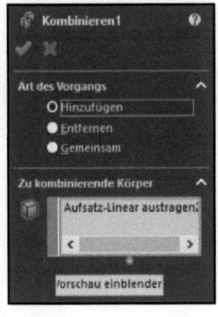

7.6.2.2 Mehrkörperbefehl „Kombinieren–Entfernen" anwenden

- Klicken Sie im **PropertyManager** unter **Art des Vorgangs**
  auf **Entfernen** (8).
- Wählen Sie den **Quader** als **Hauptkörper** (9)
  und den **Zylinder** als **zu entfernenden Körper** (10).
- Klicken Sie, zu Kontrolle, auf **Vorschau einblenden** (11).

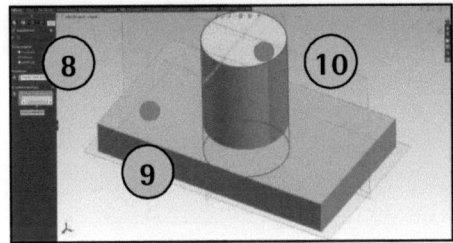 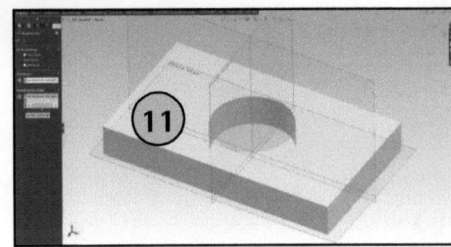 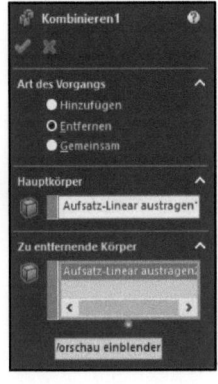

7.6.2.3 Mehrkörperbefehl „Kombinieren–Gemeinsam" anwenden

- Klicken Sie im **PropertyManager** unter **Art des Vorgangs**
  auf **Gemeinsam** (12).
- Wählen Sie den **Quader** und den **Zylinder** (13).
- Klicken Sie, zu Kontrolle, auf **Vorschau einblenden** (14).

 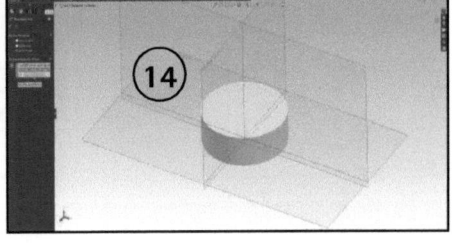 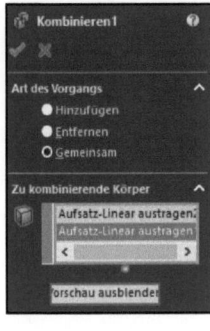

  Dialogfeld schließen

7.6.2.4 Datensicherung

 Auf diesen PC speichern (Standard Symbolleiste)
Geben Sie einen Namen Ihrer Wahl ein.

 Auf diesen PC
speichern

7.7 Boolesche Funktion „Mehrkörper", Wellenelement, mit Mehrkörper-Funktion

7.7.1 Zwei Grundskizzen erstellen

7.7.1.1 Arbeitsdatei öffnen

Öffnen

- **Öffnen** Sie die Bauteildatei von der Buch-DVD.

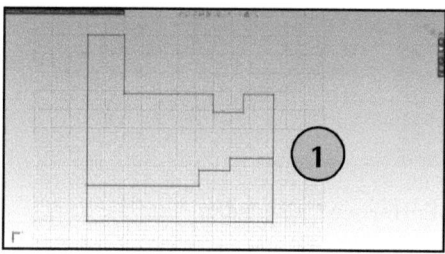

7.7.1.2 Basisskizze bearbeiten

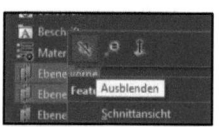

- Schalten Sie die Ursprungsebene über **Ausblenden** aus.
- Trimmen Sie die gezeigten Linienstücke (2, 3) über:

Elemente trimmen

Elemente trimmen (Registerkarte **Skizze**)

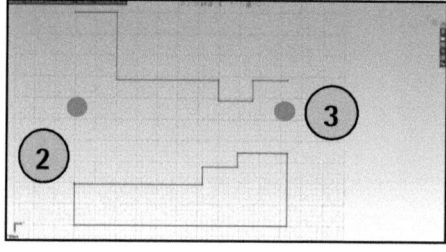

Linie

Linie (Registerkarte **Skizze**)

Legen Sie die Linienstücke wieder als Einzelstücke neu an (3, 4).

Der inneren Linienverlauf erhält die Option **Für Konstruktion** zu (4, 5).

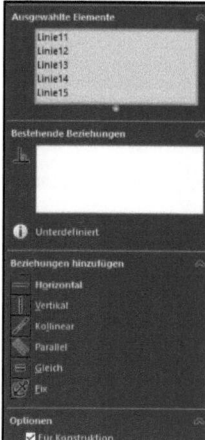

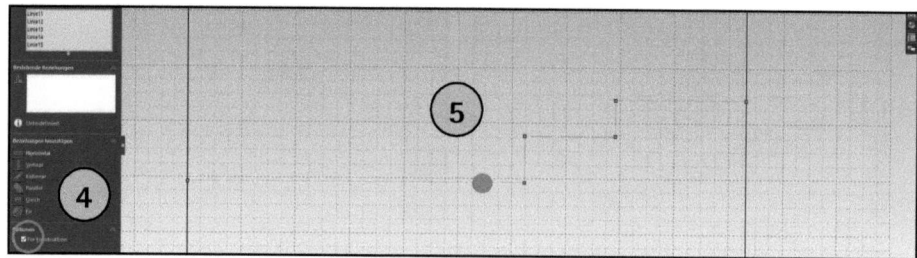

7.7.2 Innenkörperskizze erzeugen und bearbeiten

7.7.2.1 Innenkörperskizze erzeugen

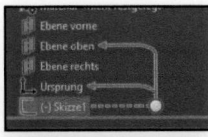

- Markieren Sie, im **FeatureManager** die **Skizze1**.
- Kopieren Sie diese **Skizze1** über Tastenkombination **STRG+C** in die Zwischenablage.
- Klicken Sie auf den Kopf des **FeatureManager**.
- Fügen Sie die **Skizze1** mit Taste **STR+V** wieder ein, die Umbenennung erfolgt automatisch in **Skizze2** (6).

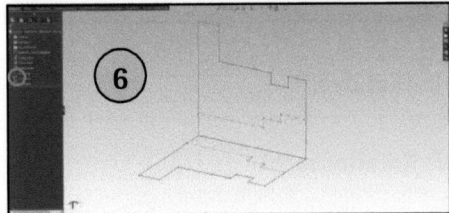

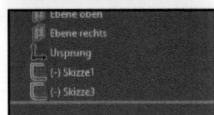

7.7.2.2 Innenkörperskizze bearbeiten

- Klicken Sie auf **Skizze bearbeiten** für **Skizze2** (7).
- Löschen Sie alle Linienobjekte oberhalb der inneren Struktur, Auswahl mit Fenster-Funktion (8).

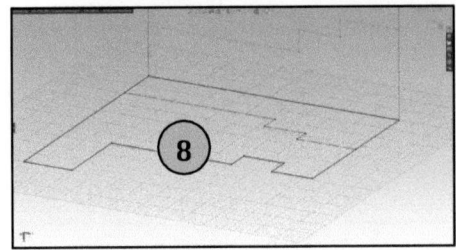
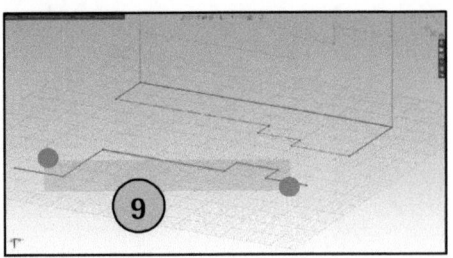

- Deaktivieren Sie, für den inneren Linienverlauf, die Option **Für Konstruktion** (10, 11).

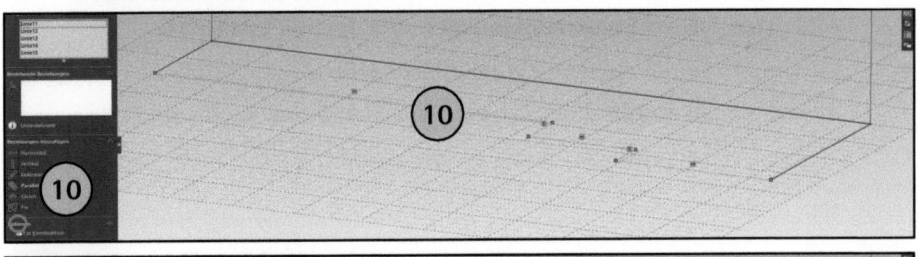
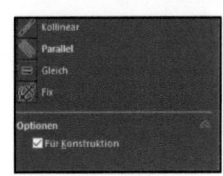

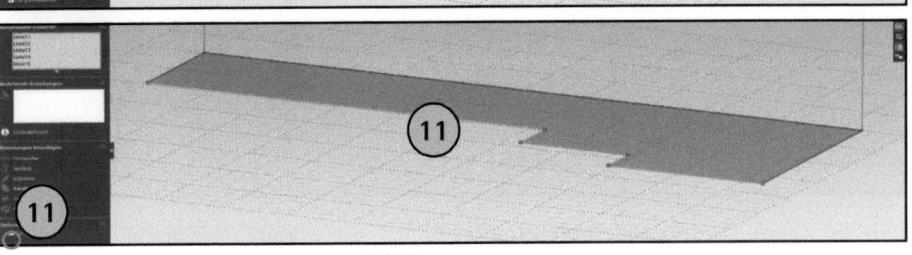

 **Dialogfeld schließen**   **Skizze beenden**

 Dialogfeld schließen

 Skizze beenden

7.7.3 Mehrkörper erstellen

7.7.3.1 Inneren Mehrkörper erstellen

- Setzen Sie, für die **Skizze1**, die Option **Ausblenden** (12).

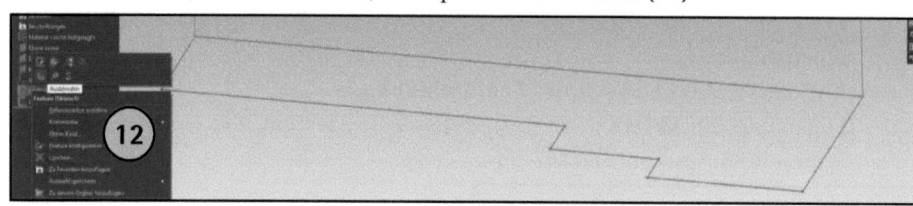

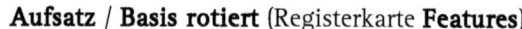

Aufsatz
Basis rotiert

Aufsatz / Basis rotiert (Registerkarte **Features**)

Wählen Sie die **Skizze2** (13).

Klicken Sie die waagerechte Linie als **Rotationsachse** an (14),

der Rotationskörper1 wird generiert.

Dialogfeld
schließen

Dialogfeld schließen (15)

7.7.3.2 Inneren Mehrkörper anpassen

Instant3D

- Aktivieren Sie, im **CommandManager** die Funktion **Instant3D**.
- Klicken Sie auf die vordere Zylinderfläche (16).
- Ziehen Sie am **Zugpfeil** die Zylinderfläche um **5** mm nach vorn (17).

7.7.3.3 Äußeren Mehrkörper erstellen

- Setzen Sie für die **Rotation1** die Option **Ausblenden** im **FeatureManager**.
- Deaktivieren Sie für die **Skizze1** die Option **Ausblenden** im **FeatureManager** (18).

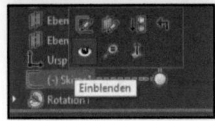

 Aufsatz / Basis rotiert (Registerkarte **Features**)

Wählen Sie die **Skizze1** (19).
Klicken Sie die waagerechte Linie als **Rotationsachse** an (20), der Rotationskörper1 wird generiert.

 Aufsatz
Basis rotiert

 Dialogfeld schließen (21)

 Dialogfeld
schließen

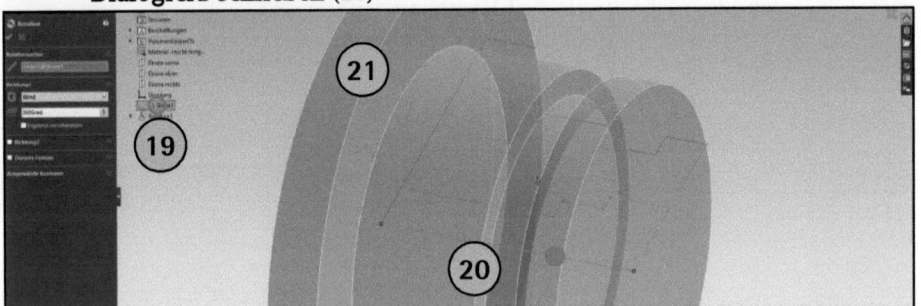

7.7.4 Mehrkörperbefehl „Differenz"

7.7.4.1 Mehrkörper anpassen

- Deaktivieren Sie für die **Rotation1** die Option **Ausblenden** im **FeatureManager**.
- Aktivieren Sie für die **Skizze2** die Option **Ausblenden** im **FeatureManager** (21).

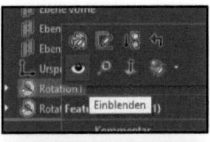

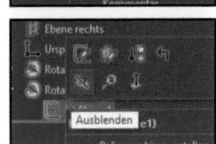

Kombinieren

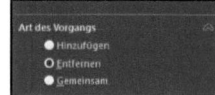

7.7.4.2 Mehrkörperbefehl „Differenz" anwenden

Kombinieren (PullDown-Menü **Einfügen / Features**)

Klicken Sie im **PropertyManager** unter **Art des Vorgangs** auf **Entfernen** (22).

Wählen Sie den Außenzylinder als **Hauptkörper** (23).

Wählen Sie den inneren Zylinder als **Zu kombinierenden Körper** (24).

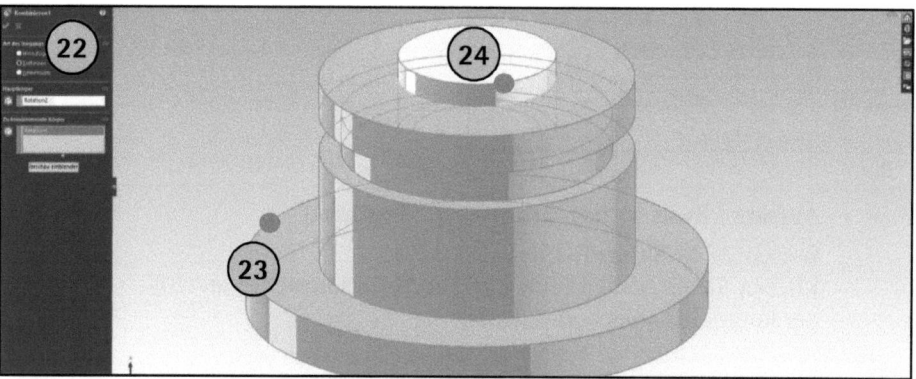

Klicken Sie, zu Kontrolle, auf **Vorschau einblenden** (25).

Dialogfeld schließen

Auf diesen PC speichern

Dialogfeld schließen

7.7.4.3 Datensicherung

Auf diesen PC speichern (Standard Symbolleiste)

Geben Sie einen Namen Ihrer Wahl ein.

7.8 Boolesche Funktion „Mehrkörper"
„Abspalten" und „Speichern" über „Direktbearbeitung"

7.8.1 Boolesche Funktion „Mehrkörper" über Direktbearbeitung

7.8.1.1 Arbeitsdatei öffnen

- **Öffnen** Sie die Bauteildatei von der **Buch-DVD** (1).

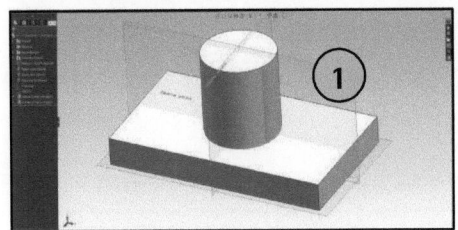

Öffnen

7.8.1.2 Grundkörper abspalten

- Wählen Sie das Register **Direktbearbeitung**, Funktion **Abspalten**.
- Wählen Sie die gezeigte Oberfläche als **Trimmwerkzeug** durch Klicken (2, 3).

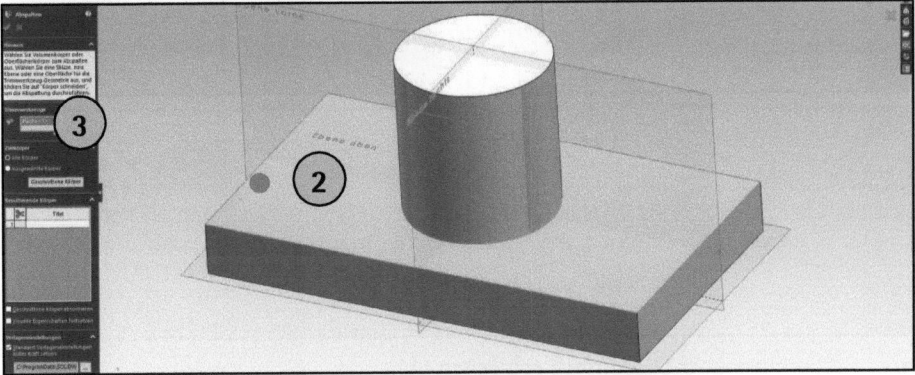

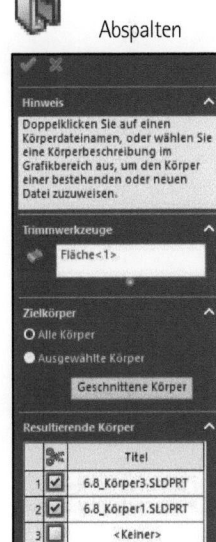
Abspalten

- Aktivieren Sie den Button **Teil schneiden**, Option **Zielkörper**,
  Wert **Alle Körper** (4, 5, 6).

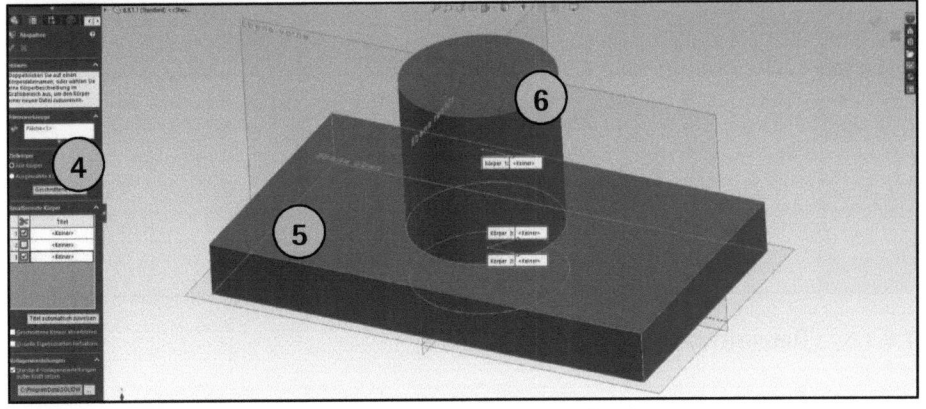

- **Doppelklick** in das jeweilige Feld **Resultierende Körper** (7, 8).
- Weisen Sie je einen eigenen Namen zu und klicken Sie **Speichern** (9, 10). Die **Datensicherung** ergibt zwei getrennte Bauteile:

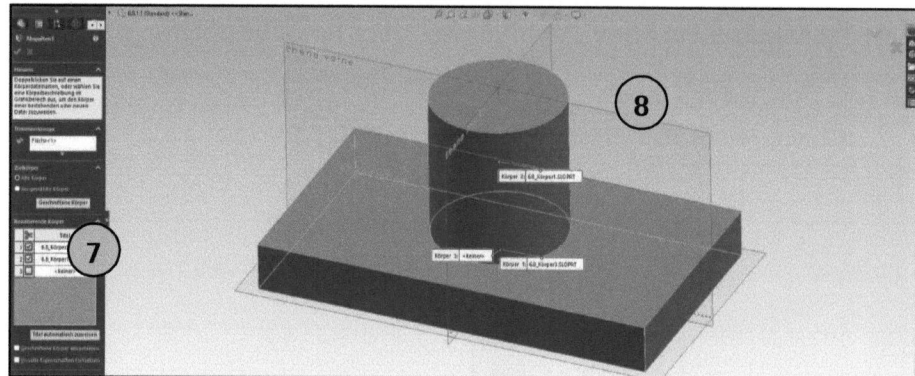

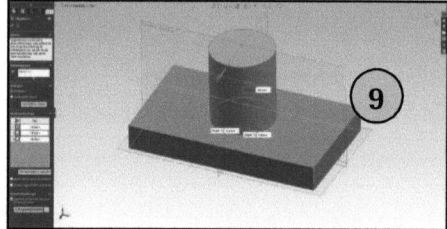
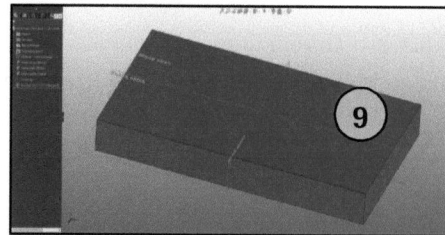

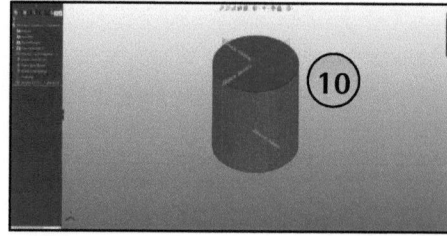

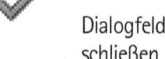
Dialogfeld schließen

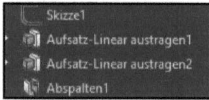

- Abschluss über **Dialogfeld schließen** (11)

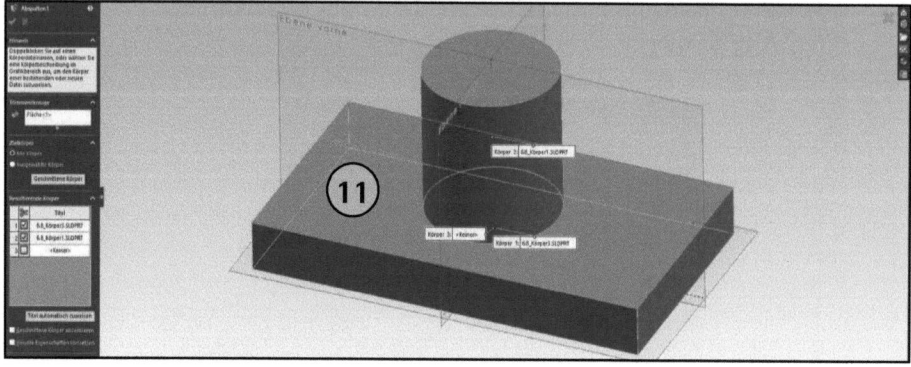

7.8.1.3   Datensicherung

Auf diesen PC speichern

Auf diesen PC speichern (Standard Symbolleiste)
Geben Sie einen Namen Ihrer Wahl ein.

8

Dassault Systèmes
3DEXPERIENCE©
SOLIDWORKS for Makers
SOLIDWORKS Connected
2025

Bauteile
Erstellen und Anpassen

Mächtige Befehle
Optimierte Konstruktionen

8 Mächtige Befehle, optimierte Konstruktionen

8.1 Mächtige Befehle, optimierte Konstruktionen, Vorbemerkungen

SOLIDWORKS stellt die Funktionen für die Konstruktion von Einzelteilen zur Verfügung. Für einfache mechanische Komponenten bis zu extrem komplexen Gussteilen inklusive aller Rippen, Verrundungen und Formschrägen sind die benötigten Werkzeuge enthalten.

Einfache Formelemente wie Extrusionen oder Rotationen bilden meist die Basis eines Bauteils, aus dem dann Schritt für Schritt das fertige Modell entsteht. Für Gussteile stehen unter anderem spezielle Funktionen von Dünnwand und Rippe bis zu hoch spezialisierten Funktionen wie Versteifungsnetz oder Lüftungsgitter zur Verfügung. Dies ist nur ein kleiner Auszug der Möglichkeiten, die SOLIDWORKS bietet.

Leistungsfähige Kurven- und Flächenfunktionen bieten Lösungen für alle räumlichen Situationen, in denen sonst nur komplizierte Berechnungen zum Ergebnis führen. Über Steuerkurven und Querschnitte wird die Geometrie kontrolliert und angepasst. Alle Elemente sind vollständig parametrisch, stabil zu kontrollieren und somit für die Automation geeignet. Dies gilt für Freiformflächen genauso wie für Konstruktionselemente, die Hilfsgeometrie bilden.

Bei der Bauteilkonstruktion fertigen Sie Skizzen an, erstellen mithilfe von Elementwerkzeugen dreidimensionale Elemente und kombinieren diese Elemente anschließend zu Bauteilen.

Die Form der Skizze wird durch Abhängigkeiten gesteuert (standardmäßig werden diese beim Skizzieren automatisch angewendet), und die Größe der Skizze wird durch Bemaßungen gesteuert. Sie können einige Teile der Skizziergeometrie unbemaßt lassen, wenn Sie die Größe später ändern möchten.

Die meisten Elemente werden aus skizzierten Formen (Profilen) erstellt, bei einigen Elementen handelt es sich jedoch um genau definierte mechanische Vorgänge, für die keine Skizzen erforderlich sind, wie z. B. Fasen, Rundungen, Wandstärken und Flächenverjüngungen. Skizzierte Elemente können mit einem anderen Element über die Operationen Vereinigung, Differenz oder Schnittmenge verbunden werden.

Zum Erstellen komplexer Bauteile werden Elemente kombiniert. Elemente werden durch Verwendung von geometrischen Abhängigkeiten und Bemaßungen positioniert. Wenn Sie einige Kurven an Elementen unbemaßt lassen, können Sie das Element adaptiv machen, damit es seine Größe ändern kann, wenn Sie das Element in einer Baugruppe als von fester Geometrie abhängig bestimmen.

Ein Merkmal eines Teils, das im Allgemeinen durch Hinzufügen oder Entfernen von Material von bzw. zu der Basisform des Teils erstellt wird. Hierzu gehören Bohrungen, Ausschnitte und Ausprägungen.

In diesem Kapitel lernen Sie die Grundlagen der Modellierung und Änderung von Bauteilen mit SOLIDWORKS kennen. Die Funktionen und Vorgehensweisen werden an mehreren Bauteil-Funktions-Beispielen erläutert.

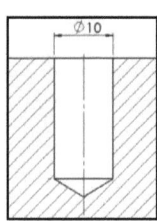

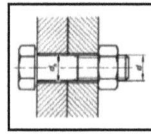

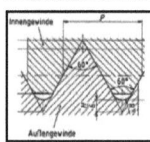

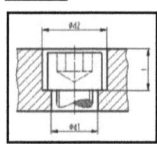

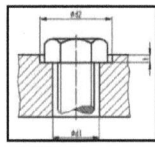

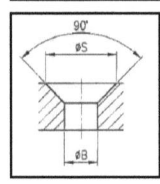

Bohrungs-
assistent

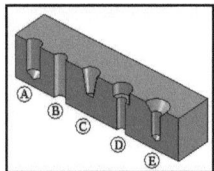

8.2 Grundlagen für Basiskonstruktionen, Bohrungen

8.2.1 Bohrungen, technische Grundlagen

Bohrung, auch Durchgangsbohrung, ist der technische Begriff für eine Vertiefung oder einen Durchbruch, der mittels eines rotierenden Werkzeugs hergestellt worden ist, man unterscheidet nach Verwendung im technischen Gebrauch unterschiedliche Arten:

8.2.1.1 Durchgangsbohrung

Durchgangsbohrungen werden entsprechend DIN EN **20273** als Durchgangslöcher und Grundlöcher bezeichnet, diese Norm regelt auch die Maße und Genauigkeit für die Bohrdurchmesser.

8.2.1.2 Gewindebohrung

Gewindebohrungen werden als Durchgangsbohrungen und Gewindegrundlöcher, mit Gewinde nach DIN **13**, ausgeführt. Der Bohrdurchmesser für die Kernlöcher wird entsprechend DIN **336** auszuwählen.

8.2.1.3 Schraubensenkung DIN 974-1, für Zylinderschrauben

Die Norm für Schraubensenkungen nach DIN **974-1** regelt die Maße und Genauigkeit für die abgesetzten, runden Bohrdurchmesser zur Montage einer Zylinderschraube nach DIN EN ISO **1207, 1580, 4762** und DIN **6912**.

8.2.1.4 Schraubensenkung DIN 974-2, für Sechskantschrauben

Die Norm für Schraubensenkungen nach DIN **974-2** regelt die Maße und Genauigkeit für die abgesetzten, runden Bohrdurchmesser zur Montage einer Sechskantschraube nach DIN EN ISO **4014** und **4017**.

8.2.1.5 Schraubensenkung DIN 74 und DIN EN ISO 15065, für Senkschrauben

Die Norm für Schraubensenkungen nach DIN **74** und DIN EN ISO **15065** regelt die Maße und Genauigkeit für die kegelförmige 90°-Senkung und den Übergang in den runden Bohrdurchmesser zur Montage einer Senkschraube nach DIN EN ISO **2009, 2010, 7046, 7047** und **10642**.

8.2.2 Bohrungen als SOLIDWORKS-Funktion

Sie können den SOLIDWORKS-Befehl **Bohrung** verwenden, um einfache Bohrungen, Gewindebohrungen, konische Bohrungen, Stufenbohrungen und Senkbohrungen zu konstruieren. Sie können nur einen Bohrungstyp pro Bohrungsformelement festlegen. Um einen anderen Bohrungstyp zu erstellen, müssen Sie ein weiteres Bohrungsformelement erstellen. Die im Dialogfeld **Bohrungsoptionen** verfügbaren Optionen hängen vom angegebenen Bohrungstyp ab. Wenn Sie beispielsweise die Option **Gewinde** wählen, werden neue Optionen angezeigt, mit denen Sie den gewünschten Gewindetyp festlegen können.

8.2.2.1 Bohrtiefen

Sie können beim Konstruieren von Bohrungen verschiedene Bohrtiefen verwenden:

Über ganzes Teil, **Zur nächsten Teilfläche** und **Festgelegtes Abmaß**.
Die verfügbaren Bohrtiefen sind vom Typ der erstellten Bohrung abhängig.

8.2.2.2 Gewindebohrungen

Wenn Sie die Option **Typ** auf Gewindebohrung einstellen, können Sie auswählen ob Sie ein Standardgewinde, zylindrisches Rohrgewinde oder ein konisches Rohrgewinde erstellen wollen. Wenn Sie die Option **Typ** auf Stufenbohrung oder Senkbohrung einstellen, können Sie auswählen ob Sie ein Standardgewinde oder ein zylindrisches Rohrgewinde erstellen wollen. Bei Gewindebohrungen entspricht der Bohrdurchmesser im Volumenmodell dem in der Datei Holes.txt oder PipeThreads.txt aufgelisteten Kerndurchmesser oder der von Ihnen ausgewählten Gewindegröße. Es wird eine andere Teilflächenformatvorlage verwendet, um anzuzeigen, dass es sich um eine Gewindebohrung handelt. Der Befehl **Farbmanager** bietet Ihnen eine Option, mit der Sie die Teilflächenformatvorlage für Gewindezylinder festlegen können. Der Standardwert für die Option **Gewindezylinder** ist die Formatvorlage **Gewinde**. Mit der Formatvorlage **Gewinde** können Sie auch die Registerkarte **Rendern** des Dialogfelds **Ansicht formatieren** verwenden, um festzulegen ob Gewindeformelementen in einer schattierten Ansicht eine fotorealistische Textur zugewiesen wird.

8.2.2.3 Bohr-Bodenwinkel

Wenn Sie eine Bohrung mit der Option **Festgelegtes Abmaß** konstruieren, können Sie mit der Option **V-Bodenwinkel** festlegen, ob der Bohrungsboden V-förmig oder flach sein soll. Wenn Sie die Option **V-Bodenwinkel** wählen, können Sie außerdem einen Wert für den Bodenwinkel eingeben. Der von Ihnen angegebene Winkel stellt den gesamten Winkel dar. Sie können auch angeben, wie die festgelegte Tiefe gemessen wird. Sie können angeben, dass die Tiefenbemaßung für den zylindrischen Teil der Bohrung gilt, wo der **V-Bodenwinkel** beginnt oder dass die Tiefe für den V-Boden der Bohrung gilt.

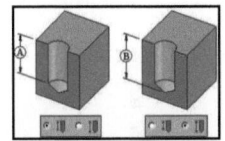

8.2.2.4 Bearbeiten von Bohrungen

Beim Platzieren einer Bohrung wird ein Ziehpunkt für die Definitionsbearbeitung eingeblendet, damit Sie die Bemaßungswerte für vorhandene Bohrungen ändern können. Zum Ändern des Bemaßungswertes, klicken Sie auf die Bohrungsbemaßung, geben Sie einen neuen Wert ein und drücken Sie die **Eingabetaste**. Die Bemaßung wird auf den neuen Wert geändert.

Wenn Sie den Bohrungstyp ändern wollen, können Sie auf die Schaltfläche **Optionen** in der Befehlsleiste klicken, um das Dialogfeld **Bohrungsoptionen** aufzurufen.

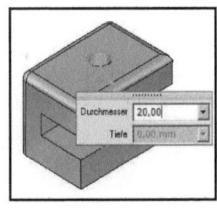

8.2.2.5 Der Bohrungsassistent

Bohrungs-Assistent

Mit dem **Bohrungsassistenten** können Sie verschiedene Arten von angepassten Bohrungen erstellen. Je nach ausgewähltem Bohrungstyp werden die Funktionen, verfügbare Auswahl und graphische Vorschau angezeigt. Nachdem Sie einen Bohrungstyp ausgewählt haben, müssen Sie die entsprechenden Verbindungselemente bestimmen. Das Verbindungselement aktualisiert dynamisch die entsprechenden Parameter. Verwenden Sie den PropertyManager, um die Bohrungstypparameter festzulegen und die Bohrungen zu positionieren. Zusätzlich zur dynamischen graphischen Vorschau, basierend auf der Endbedingung und Tiefe, zeigen die Grafiken im PropertyManager spezifische Details für den ausgewählten Bohrungstyp an.

Erweiterte
Bohrung

8.2.2.6 Erweiterte Bohrung

Mit dem Werkzeug **Erweiterte Bohrung** können Sie erweiterte Bohrungen von Flächen oben und unten definieren. Bohrungselement-Flyouts helfen Ihnen bei dem Prozess.

Gewinde-
darstellung

8.2.2.7 Das Gewinde als Gewindedarstellung

Gewindedarstellungen beschreiben die Attribute einer bestimmten Bohrung, damit Sie keine echten Gewinde zu einem Modell hinzufügen müssen.

Eine Gewindedarstellung stellt den Innendurchmesser eines Gewindes auf einem Aufsatz oder den Außendurchmesser eines Gewindes auf einer Bohrung und kann eine Bohrungsbeschreibung in Zeichnungen enthalten.

Gewinde-
bolze-
Assistent

8.2.2.8 Gewindebolzen-Assistent

Sie können den **Gewindebolzen-Assistenten** verwenden, um Gewindebolzen-Features mit Außengewinde zu erstellen.

Sie definieren die **Gewindebolzen-Parameter** und positionieren die Gewindebolzen anschließend auf dem Modell. Sie können auch Gewindeparameter auf vorhandene zylindrische Wellen anwenden.

Sie können mit Profilskizzen spiralförmige Gewinde auf zylindrischen Kanten oder Flächen erstellen und benutzerdefinierte Gewindeprofile als Bibliotheks-Features speichern.

Die beiden Methoden zur Erstellung eines Gewindefeatures sind Gewinde ausschneiden und Gewinde extrudieren. Das Gewinde kann rechts- oder linksgerichtet sein. Sie können ein Gewinde mit mehreren Starts konstruieren und die Gewindetrimmung an einer Startfläche oder einer Endfläche ausrichten.

Gewinde

8.2.2.9 Das Gewinde mit der Funktion „Gewinde"

Sie können mit Profilskizzen spiralförmige Gewinde auf zylindrischen Kanten oder Flächen erstellen und benutzerdefinierte Gewindeprofile als Bibliotheks-Features speichern.

Die beiden Methoden zur Erstellung eines Gewindefeatures sind Gewinde ausschneiden und Gewinde extrudieren. Das Gewinde kann rechts- oder linksgerichtet sein. Sie können ein Gewinde mit mehreren Starts konstruieren und die Gewindetrimmung an einer Startfläche oder einer Endfläche ausrichten.

8.2.2.10 Passfedernut nach DIN 6885-1

Eine Passfeder ist ein Maschinenelement aus dem Maschinenbau und wird zur Realisierung einer Welle-Nabe-Verbindung benutzt. Die Verbindung ist formschlüssig und dient zur Übertragung von Drehmomenten. Die Passfeder ist ein massives, längliches Metallteil mit rechteckigem Querschnitt, wird in eine entsprechend gefräste Passfedernut in der Welle eingelegt und ragt aus dieser heraus. Die zugehörige Nabe ist mit einer durchgehenden und geräumten Nut versehen und wird zur Montage axial über die Passfeder geschoben. Die Passfeder trägt durch Formschluss an ihren Flanken. Sie wirkt dadurch als Mitnehmer und überträgt das Drehmoment der Welle auf das anzutreibende Bauteil oder das Drehmoment des antreibenden Bauteils auf die anzutreibende Welle. Passfedern sind nach Form und Abmessungen in der DIN 6885 genormt. Diese Norm legt u.a. auch fest, dass zur Tolerierung der Nutbreite eine Passung mit dem Toleranzfeld P9, N9 oder JS9 nach dem Passungssystems Einheitswelle laut DIN 7155 verwendet wird. Die Passfeder entspricht damit einer Einheitswelle mit Toleranzfeldlage **h**, oberes Abmaß = 0. Gestaltungs- und Berechnungsgrundlagen von Passfederverbindungen legt die DIN 6892 fest. Es gibt rund- und geradstirnige Passfedern, rundstirnige Passfedern mit Halte- und Abdrückschrauben und Scheibenpassfedern. Die nutzbare Länge einer rundstirnigen Passfeder ist deren Gesamtlänge minus deren Breite, da die beidseitigen Rundungen in der Nabe nicht tragen. Bei einer geradstirnigen Passfeder ist die Gesamtlänge als tragende Länge anzusetzen.

8.2.3 Schraubensenkungen, Durchgangsbohrungen und Passfedern Normungen und Konstruktionsmaße

Schraubensenkungen, Durchgangsbohrungen Normungen und Konstruktionsmaße

Die Konstruktionsmaße der Senkdurchmesser, der Senktiefe und der Senkform sind von der Schraubenart und dem vorgesehenen Unterlegteil abhängig.

- Senkungen nach DIN 974-1:
  Für Zylinderschrauben nach DIN EN ISO 1207, DIN EN ISO 1580, DIN EN ISO 4762 und DIN 6912.
- Senkungen nach DIN 74:
  Für Senkschrauben nach DIN EN ISO 10642.
- Senkungen nach DIN EN ISO 15065:
  für Senkschrauben nach DIN EN ISO 2009 / 2010 und DIN EN ISO 7046 und DIN EN ISO 7047.
- Senkungen nach DIN 974-2:
  für Sechskantschrauben nach DIN EN ISO 4017 und DIN EN ISO 4014.

8.2.4 Der „Bohrungsassistent", eine Übersicht

Mit dem **Bohrungsassistenten** können Sie verschiedene Arten von angepassten Bohrungen erstellen.

Bohrungs-Assistent

Je nach ausgewähltem Bohrungstyp werden die Funktionen, verfügbare Auswahl und graphische Vorschau angezeigt. Nachdem Sie einen Bohrungstyp ausgewählt haben, müssen Sie die entsprechenden Verbindungselemente bestimmen. Das Verbindungselement aktualisiert dynamisch die entsprechenden Parameter. Verwenden Sie den PropertyManager, um die Bohrungstypparameter festzulegen und die Bohrungen zu positionieren. Zusätzlich zur dynamischen graphischen Vorschau, basierend auf der Endbedingung und Tiefe, zeigen die Grafiken im PropertyManager spezifische Details für den ausgewählten Bohrungstyp an.

Sie können die folgenden Typen von Bohrungsassistent erstellen lassen:

Stirnsenkung, Formsenkung, gerade und konische Gewindebohrung, Bohrung,

Wenn Sie eine Bohrung unter Verwendung des Bohrungsassistenten erstellen, werden Bohrungstyp und Bohrungsgröße im FeatureManager angezeigt

Die unter **Bohrungsspezifikation** verfügbaren Optionen hängen vom Bohrungstyp ab. Stellen Sie mit Hilfe der Bilder und des beschreibenden Textes im PropertyManager die Optionen ein.

	Stirnsenkung		Formsenkung		Bohrung
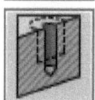	Gerade Gewindebohrung		Konische Gewindebohrung		Übertragungsbohrung
	Stirnsenkungs-Langloch		Formsenkungs-Langloch		Langloch

Projekt VII

Mächtige Befehle
Formelemente
Seite 220 bis 244

- Basiskonstruktion Wellenelement
  Elementbearbeitungsbefehl „Rotation" mit „Linien"
  Elementbearbeitungsbefehl „Rotation"
  mit Maßzuweisung über „Intelligente Bemaßung"

- Basiskonstruktion Wellenelement
  Elementbearbeitungsbefehl „Bohrung"
  Elementbearbeitungsbefehl „Außengewinde"
  Elementbearbeitungsbefehl „Fase"
  Elementbearbeitungsbefehl „Rundung"
  Elementbearbeitungsbefehl „Passfedernut"

- Basiskonstruktion Bohrplatte
  Quader aus Skizzenkonstruktion
  Skizzenkonstruktion für Bohrungen
  Bohrungen über den „Bohrungsassistent"

8.3 Basiskonstruktionen Wellenelement

8.3.1 Abgesetzter Zylinder über eine Linienkonstruktion, mit Maßeintragungen

8.3.1.1 Die Basisgeometrie

- Hauptzylinder Ø**40** mm, Länge **40** mm.

- Aufgesetzter Zylinder, Ø**20** mm, Länge **20** mm.

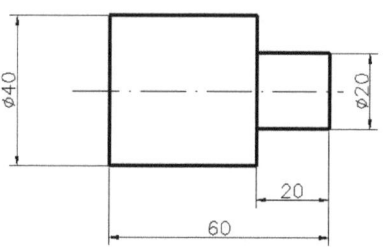

8.3.1.2 Ein Rotationskörper über Linien, öffnen der eigenen Vorlagendatei

 Neu

 Engelke2025. PRTDOT

- **Neu** (Menüleiste) / / **Engelke-2025.PRTDOT** anklicken / **OK**

8.3.1.3 Eine geschlossene Rotationsfläche über Linien mit Vektordaten

 Linie

 Startpunkt

 Linie (Registerkarte **Skizze**)
Wählen Sie eine Ebene, **Ebene Rechts**
Wählen Sie im PropertyManager **Linie einfügen** Option **Wie skizziert**.

Der Cursor ändert sich, dies weist auf eine deckungsgleiche Beziehung zwischen dem Linienstartpunkt und dem Ursprung hin.

- Klicken Sie, um die Linie am Ursprung zu platzieren.
- Klicken Sie die vertikale Position, Länge **20** mm, Vektor **90°** (1).
- Klicken Sie die horizontale Position, Länge **40** mm, Vektor **0°** (2).
- Klicken Sie die vertikale Position, Länge **10** mm, Vektor **270°** (3).
- Klicken Sie die horizontale Position, Länge **20** mm, Vektor **0°** (4).
- Klicken Sie die vertikale Position, Länge **10** mm, Vektor **270°** (5).
- Klicken Sie die horizontale Position, Länge **60** mm, Vektor **180°** (6).
- Abschluss erfolgt mit einem **Doppelklick** am letzten Punkt.

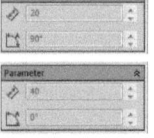
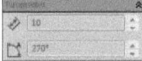
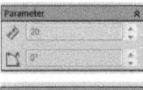
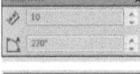
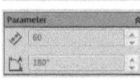

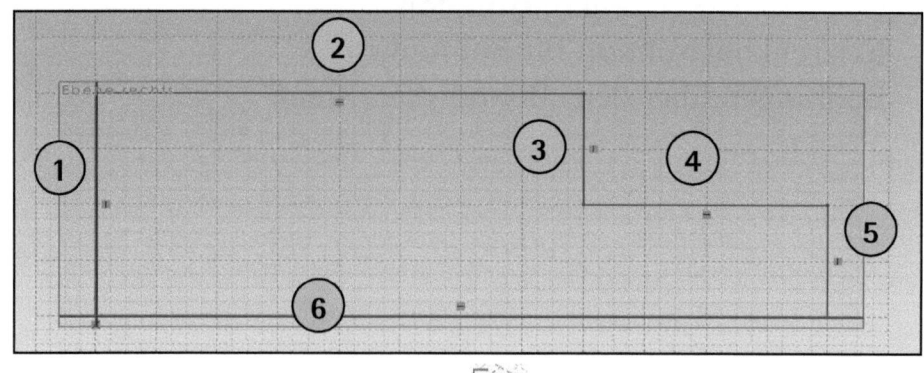

 Dialogfeld schließen

 Skizze beenden

 Dialogfeld schließen / **Skizze beenden**

8.3.1.4 Die Volumenerstellung

Aufsatz / Basis rotiert (Registerkarte **Features**)
Klicken Sie die waagerechte Linie als Rotationsachse an (7).

Basis rotiert

Dialogfeld schließen (8)

Dialogfeld
schließen

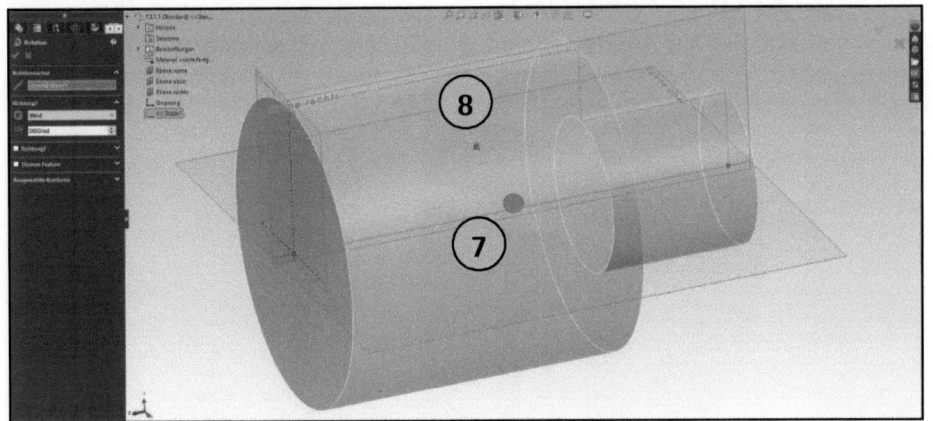

8.3.1.5 Materialienzuweisung, Voreinstellungen

- Setzen Sie, für die **Arbeitsebenen** (9) und die **Skizze** (10), die Option **Ausblenden** im **FeatureManager**.

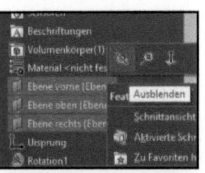

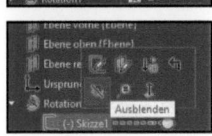

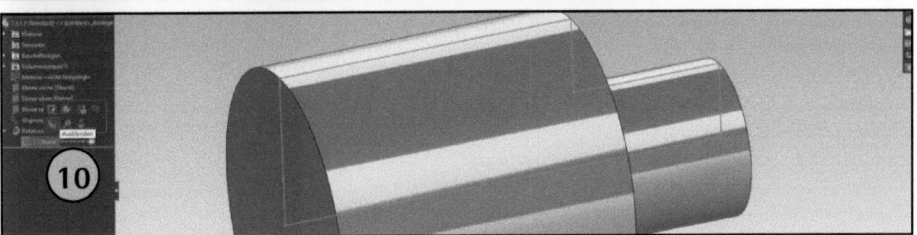

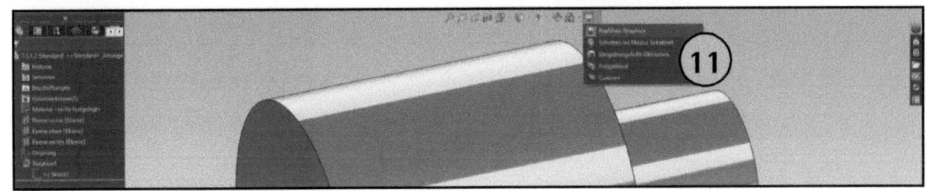

- Schalten Sie den Anzeigemodus **RealViewGraphics** nach Wahl (11).

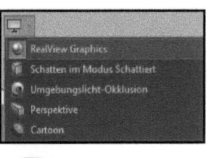

RealView-
Graphics

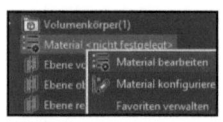

Material
bearbeiten

8.3.1.6   Bauteilmaterial neu zuweisen

Material bearbeiten (FeatureManager)

Klicken Sie in einem Teildokument im mit der rechten Maustaste auf **Material** um das Kontextmenüs für **Material bearbeiten** anzuzeigen.

Wählen Sie **SOLIDWORKS-DIN Materials / DIN-Kupferlegierung 2.0367 CU ZN 40** aus (12).

Klicken Sie auf **Anwenden** und anschließend auf **Schließen** (13).

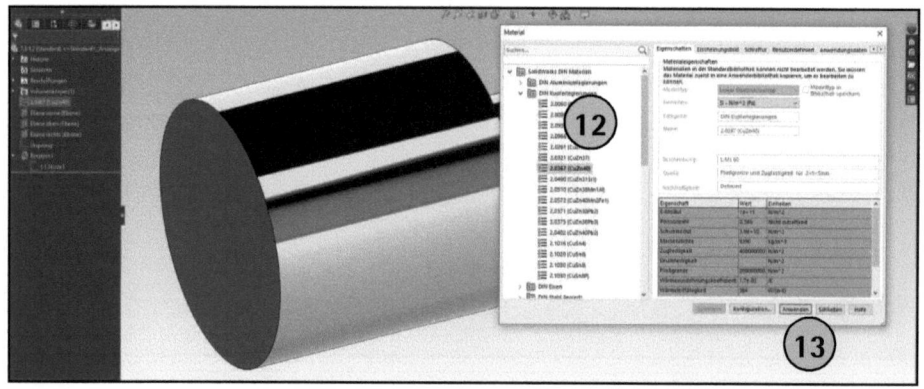

8.3.1.7   Datensicherung

Auf diesen PC
speichern

Auf diesen PC speichern (Standard Symbolleiste)
Geben Sie einen Namen Ihrer Wahl ein.

8.3.2 Abgesetzter Zylinder mit einer Linienkonstruktion und Maßzuweisung über „Intelligente Bemaßung"

8.3.2.1 Öffnen der eigenen Vorlagendatei

- **Neu** (Menüleiste) / / **Engelke-2025.PRTDOT** anklicken / **OK**

Neu

Engelke2025.
PRTDOT

8.3.2.2 Eine geschlossene Rotationsfläche über Linien

Skizzieren Sie den gezeigten Linienverlauf, Verlauf wie im vorherigen Unterkapitel, Linienlänge ohne Beachtung, achten Sie einen genauen Abschluss am Ursprungspunkt.

 Linie (Registerkarte **Skizze**)
Wählen Sie die **Ebene Rechts**
Zeichnen Sie den gezeigten Linienverlauf.
Abschluss erfolgt mit einem **Doppelklick** am letzten Punkt (1).

Linie

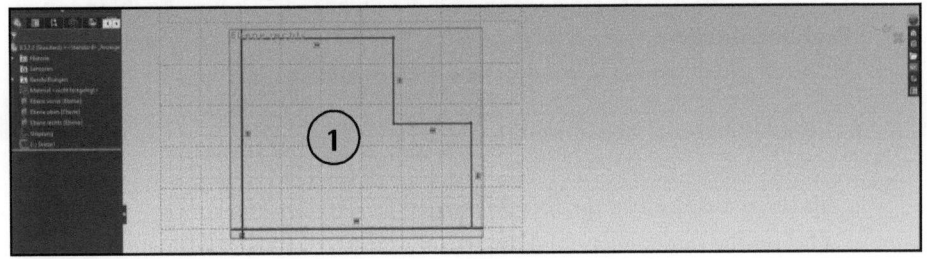

8.3.2.3 Maßeintragungen mit Größenänderung

Die über **Intelligente Bemaßung** zugewiesenen Maße erzeugen eine automatische Geometrieänderung.

 Intelligente Bemaßung (Registerkarte **Skizzieren**)
auf die gezeigte Lage.
Ändern Sie die jeweiligen Maßeintragungen auf:
20 mm (2), **40** mm (3), **10** mm (4), **60** mm (5)
20 mm (6), **10** mm (7) sind **Gesteuerte Bemaßung**.

Intelligente
Bemaßung

Dialogfeld
schließen

Skizze beenden

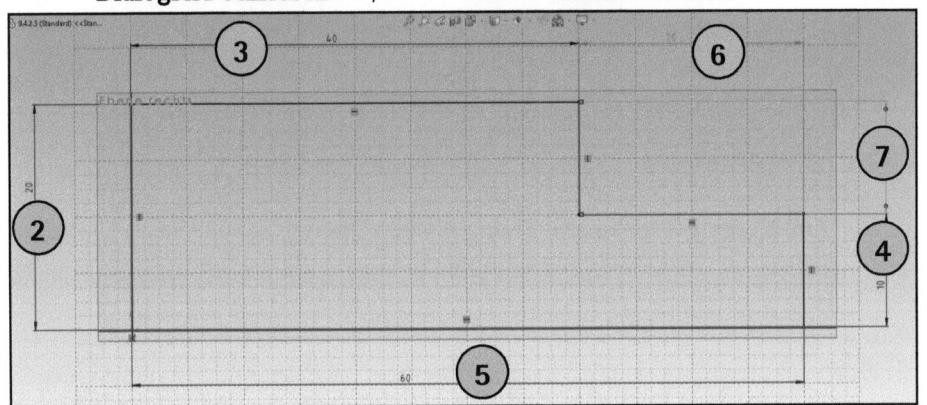 **Dialogfeld schließen** / **Skizze beenden**

Aufsatz
Basis rotiert

Dialogfeld
schließen

8.3.2.4 Die Volumenerstellung

Aufsatz / Basis rotiert (Registerkarte **Features**)
Klicken Sie die waagerechte Linie als Rotationsachse an (7).

Dialogfeld schließen (8)

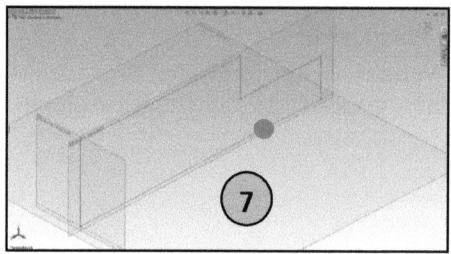

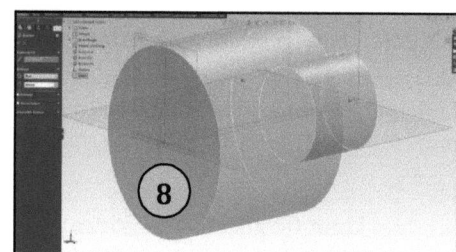

8.3.2.5 Materialienzuweisung, Voreinstellungen

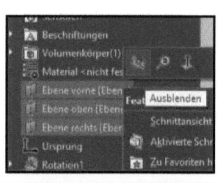

- Setzen Sie, für die **Arbeitsebenen** und die **Skizze**, die Option **Ausblenden** im **FeatureManager**.

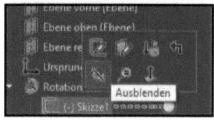

- Schalten Sie den Anzeigemodus **RealViewGraphics** nach Wahl.

8.3.2.6 Bauteilmaterial neu zuweisen

Material bearbeiten (FeatureManager)

Klicken Sie in einem Teildokument im mit der rechten Maustaste auf **Material** um das Kontextmenüs für **Material bearbeiten** anzuzeigen.

Wählen Sie **SOLIDWORKS-DIN Materials / DIN-Kupferlegierung 2.0060 CU-ETP** aus (9).

Klicken Sie auf **Anwenden** und anschließend auf **Schließen** (10).

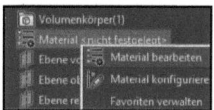

RealView-
Graphics

Material
bearbeiten

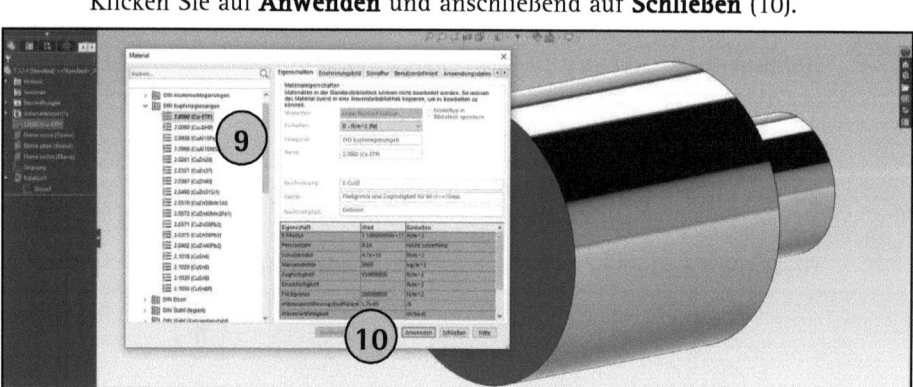

8.3.2.7 Datensicherung

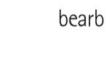

Auf diesen PC
speichern

Auf diesen PC speichern (Standard Symbolleiste)
Geben Sie einen Namen Ihrer Wahl ein.

8.4 Wellenelement, Bohrungen und Gewinde

8.4.1 Einbringen der Durchgangsbohrung

8.4.1.1 Arbeitsdatei öffnen

- **Öffnen** Sie die Bauteildatei von der Buch-DVD.

8.4.1.2 Die Durchgangsbohrung, mit dem „Bohrungsassistenten"

Bohrungsassistent (Registerkarte **Features**)

Klicken Sie die Registerkarte **Typ**
Bohrungstyp: **Bohrung**, Norm: **ISO**
Bohrergröße: **8** mm, Endbedingung: **Durch alles** (1).

 Bohrungs-assistent

- Wählen Sie die Registerkarte **Positionen / 3D-Skizze** (2).

Schnelles Fangen Mittelpunkt (Registerkarte **Skizze**)

Option **Kreismittelpunktfangfunktion** (3)

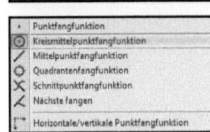

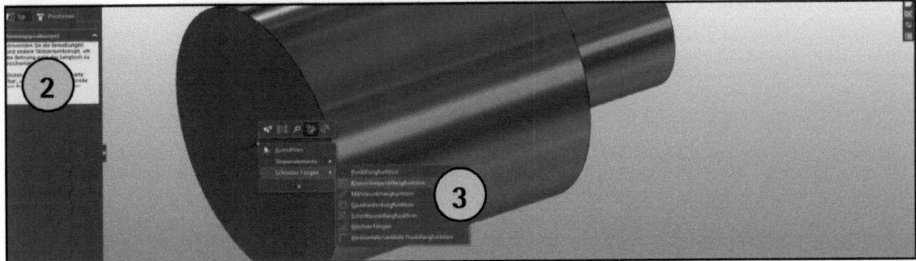

- Wählen Sie den Zylinder-Außenkreis (4).

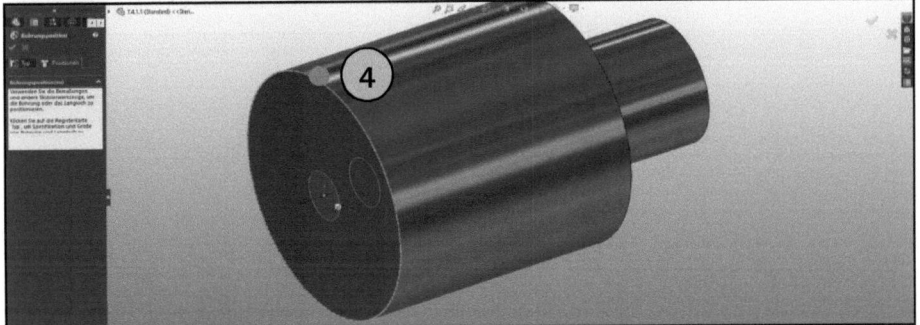

- **Dialogfeld schließen**

8.4.1.3 Datensicherung

Auf diesen PC
speichern

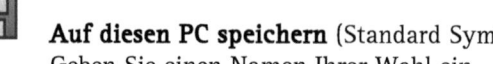

Auf diesen PC speichern (Standard Symbolleiste)
Geben Sie einen Namen Ihrer Wahl ein.

8.4.2 Die Gewindegrundbohrung, mit dem Bohrungsassistenten

8.4.2.1 Arbeitsdatei öffnen

- **Öffnen** Sie die Bauteildatei von der Buch-DVD (1).

Öffnen

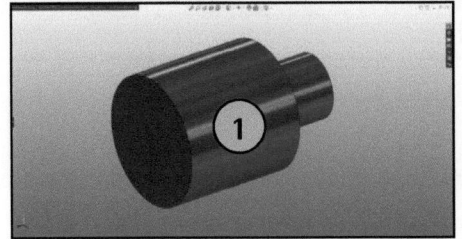

8.4.2.2 Die Gewindegrundbohrung, die Erstellung

Bohrungsassistent (Registerkarte **Features**)

Klicken Sie die Registerkarte **Typ**.

Wählen Sie die Optionen **ISO**, **Gewindebohrung**, **M12**,

Blind, Tiefe Grundloch **30** mm, Tiefe Gewinde **24** mm,

Formsenkung oben, Senkungs-Ø**15** mm, Senkungswinkel **90°** (2).

Wählen Sie die Registerkarte **Positionen / 3D-Skizze**.

Schnelles Fangen (Registerkarte **Skizze**)

Option **Kreismittelpunktfangfunktion**

Wählen Sie den Zylinder-Außenkreis (3).

Dialogfeld schließen

Bohrungs-
assistent

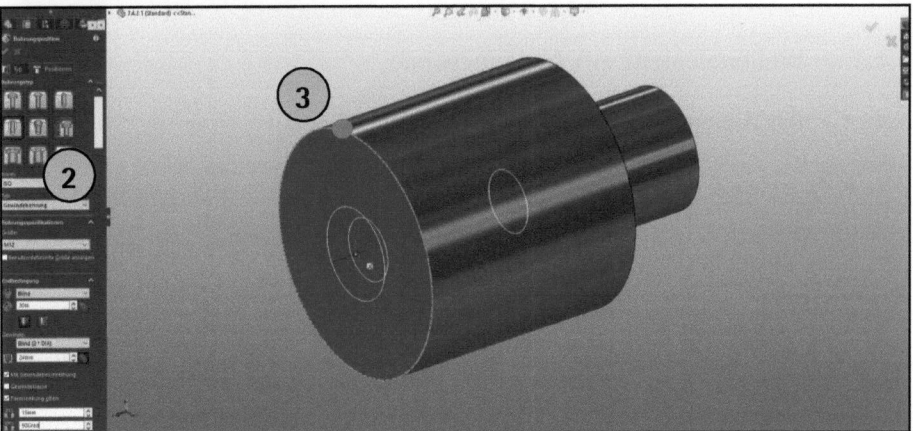

8.4.2.3 Gewindedarstellung anpassen

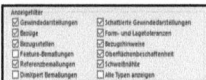

- Aktivieren Sie **Beschriftungen (Feature-Manager)**
- Wählen Sie **Details (Kontextmenü) (4)**
- Setzen Sie die Option **Gewindedarstellung / Schattierte Gewindedarstellung (5)**

8.4.2.4 Datensicherung

Auf diesen PC speichern (Standard Symbolleiste)

Geben Sie einen Namen Ihrer Wahl ein (6).

Auf diesen PC
speichern

8.4.3 Wellenelement mit Außengewinde

8.4.3.1 Das Außengewinde, die Zuweisung

Ansichten-
Selektor

Ansichten-Selektor (Flyout-Schaltfläche / Dialogfeld **Ausrichtung**)

Wählen Sie die gezeigte Würfelfläche zur Darstellung einer **ISO-Ansicht** des kleinen Wellenendes (7, 8).

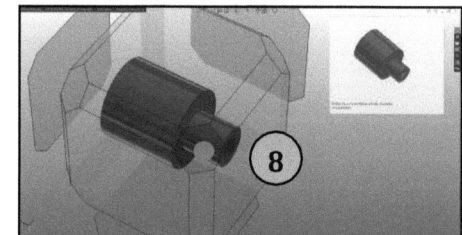

8.4.3.2 Das Außengewinde, die Zuweisung

Gewindedarstellung (PullDown-Menü **Einfügen / Beschriftungen**) (9)

Gewinde-
darstellung

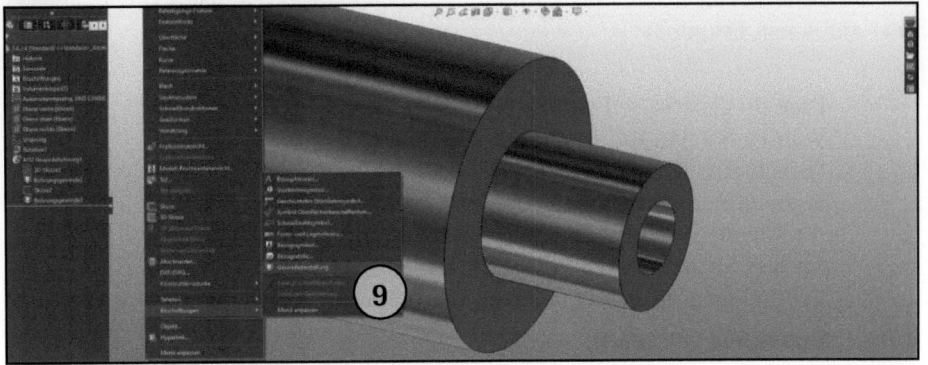

Runde Kante

Klicken Sie auf einem zylindrischen Feature die kreisförmige Kante, an der das Gewinde beginnt (10).

Tragen Sie folgende Optionen ein:
Norm: **DIN**   Gewindetyp: **Maschinengewinde**,
Größe: **M20**   Tiefe: **Blind**   Wert: **15** mm (11).

- **Dialogfeld schließen**

Die **Gewindedarstellung** wird unter dem Hauptfeature **Rotation** im **FeatureManager** eingereiht (12).

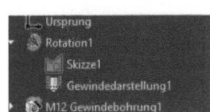

8.4.3.3   Datensicherung

Auf diesen PC speichern, geben Sie einen Namen Ihrer Wahl ein.

Auf diesen PC
speichern

8.4.4 Wellenelement, Fasen und Abrundungen

8.4.4.1 Kantenbrechung über „Fase", die Feature-Erstellung

Das Fasenwerkzeug erstellt eine Abschrägung auf ausgewählten Kanten, Flächen oder auf einem Eckpunkt.

 Fase

 Eckpunkt

 Kante

 Fläche

 andere Auswahl

 Fase (Registerkarte **Features**)
Wählen Sie die Option **Winkel-Abstand** (13).
Fasenbreite: **2 mm**, Fasenwinkel: **45°**.
Wählen Sie **Features beibehalten**.
Aktivieren Sie **Vollständige Vorschau** (14).
Klicken Sie die Kanten für die Fase an (15, 16).
Übernehmen Sie für die anderen Einstellungen die Standardwerte.

- **Dialogfeld schließen**

8.4.4.2 Kantenbrechung über Verrundung, die Feature-Erstellung

 Verrundung (Registerkarte **Features**)
Radius **2 mm**, Verundungstyp: **konstante Größe**
Wählen Sie **Vollständige Vorschau**.
Übernehmen Sie für die anderen Einstellungen die Standardwerte (17).
Klicken Sie auf die Zylinderkante (18),
die Radienbeschreibung wird eingeblendet.

Verrundung

Konstante Größe

- **Dialogfeld schließen**

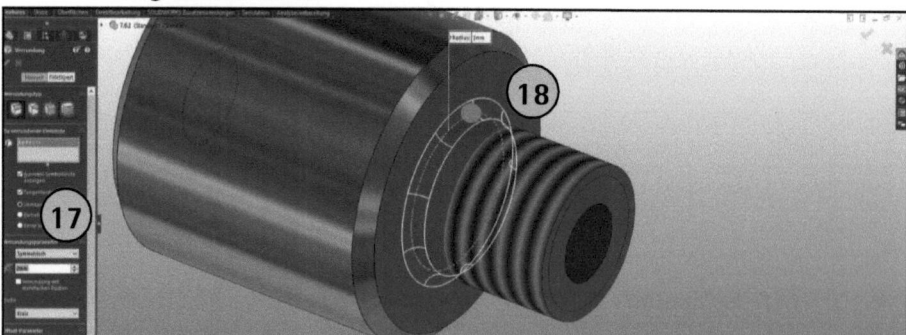

8.4.4.3 Kantenbrechung des Gewindeendes mit „Fase"

Fase (Registerkarte **Features**)

Wählen Sie die Option **Winkel-Abstand**,
Vollständige Vorschau

Fasenbreite: **2,5** mm, Fasenwinkel: **30°**,
Features beibehalten

Klicken Sie die Kante für die Fase an (19).

Fase

Dialogfeld schließen

8.4.4.4 Datensicherung

Auf diesen PC speichern, geben Sie einen Namen Ihrer Wahl ein (20).

Auf diesen PC
speichern

Schnittansicht
Oben

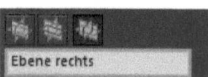

Ebene Rechts

8.4.5 Schnittdarstellung zur Konstruktionskontrolle

 Schnittansicht (Ansichts-Symbolleiste)

Ebene Rechts (Referenzschnittebene) (21)
Schnittfläche anzeigen (22).

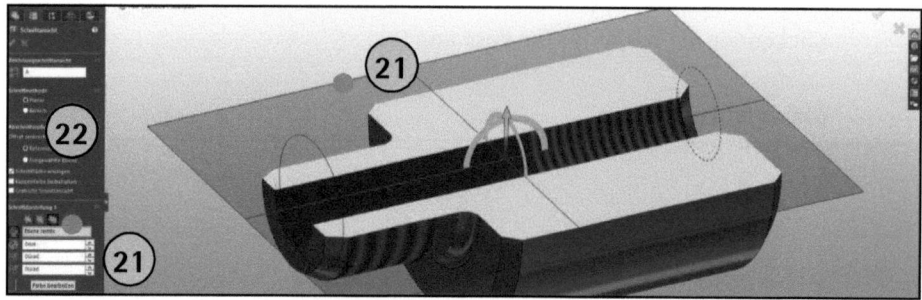

- **Speichern (PropertyManager)** (23)

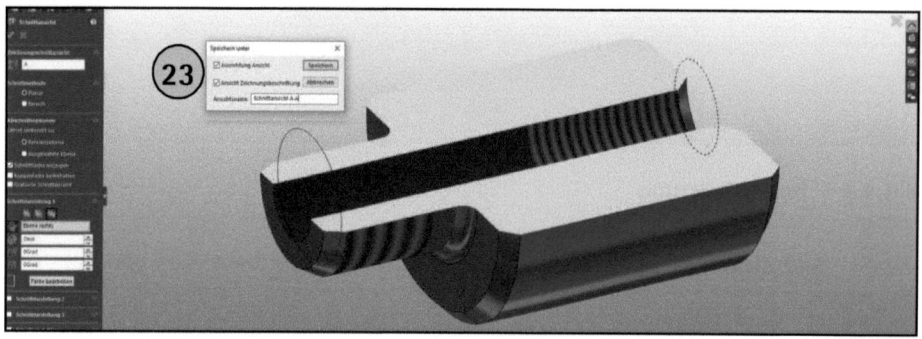

8.4.5.1 Datensicherung

Auf diesen PC
speichern

 Auf diesen PC speichern (Standard Symbolleiste)
Geben Sie einen Namen Ihrer Wahl ein.

8.4.6 Passfedernut einbringen

8.4.6.1 Ansetzen einer tangentialen Ebene

- Schalten Sie die Bauteilskizze auf **Sichtbar**.

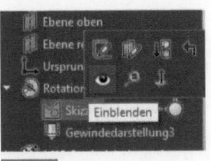

 Ebene (Registerkarte **Features / Referenzgeometrie**)

Wählen Sie die obere Zylinderfläche (24).

Wählen Sie den gezeigten Skizzenpunkt (25).

 Ebene

 Erste Referenz

 Klicken Sie **Tangential** im FeatureManager (26).

 Tangential

 Dialogfeld schließen

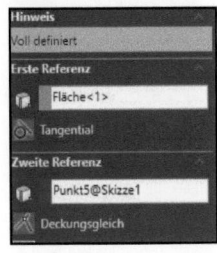

8.4.6.2 Erstellung der Basisskizze

 Klicken Sie das Symbol **Skizze**.

 Skizze

 Normal auf (**Head-Up** Ansichtssymbolleiste)

 Normal auf

 Linie (Registerkarte **Skizze**)

Wählen Sie die neue **Ebene1** (27).

Erstellen Sie die gezeigte Linienkonstruktion zur Festlegung des Mittelpunktes für die Passfedernut (28).

 Linie

 Dialogfeld schließen / **Skizze beenden**

Bohrungs-
assistent

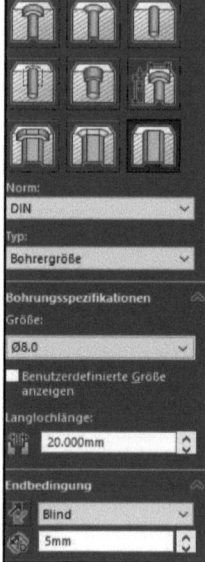

Auf diesen PC
speichern

8.4.6.3 Einbringen der Passfedernut, Langlocherstellung

Bohrungsassistent (Registerkarte **Features**)

Typoptionen: **DIN, Durch alles**, Bohrtyp: **Langloch**,
Bohrergröße, Ø8 mm, Langlochlänge **20** mm (29).

Wählen Sie die Registerkarte **Positionen / 3D-Skizze**.

Klicken Sie die sichtbare Fläche an (30).

Wählen Sie den gezeigten **Mittelpunkt** für das **Langloch** (31).

Dialogfeld schließen

8.4.6.4 Datensicherung

Auf diesen PC speichern (Standard Symbolleiste)
Geben Sie einen Namen Ihrer Wahl ein.

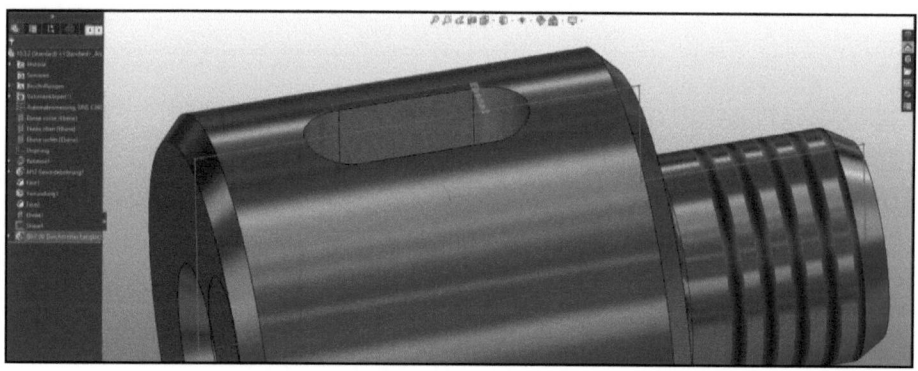

8.5 Erstellen einer Bohrplatte

8.5.1 Vorgaben:

- Vorlagendatei öffnen.
- Rechteckskizze erstellen mit maßlicher Bestimmung der Rechteckskizze.
- Abrundung der vier Rechteckkanten.
- Lageveränderung der Grundskizze in Bezug auf die Ursprungsachsen.
- Ursprungsebenen aktivieren, Bezugskanten erzeugen, Geometrie projizieren.
- Extrusion der Basisfläche.
- Mittelachsenkonstruktion für die einzubringenden Bohrungen.
- Die vier Senkbohrungen für Zylinderschrauben einbringen.
- Die vier Gewinde-Durchgangsbohrungen einbringen.
- Die Mittenbohrung der Bohrplatte einbringen.
- Die vier Senkdurchgangsbohrungen einbringen.
- Materialzuweisung

8.5.2 Die Basisgeometrie, Zeichnungsableitung

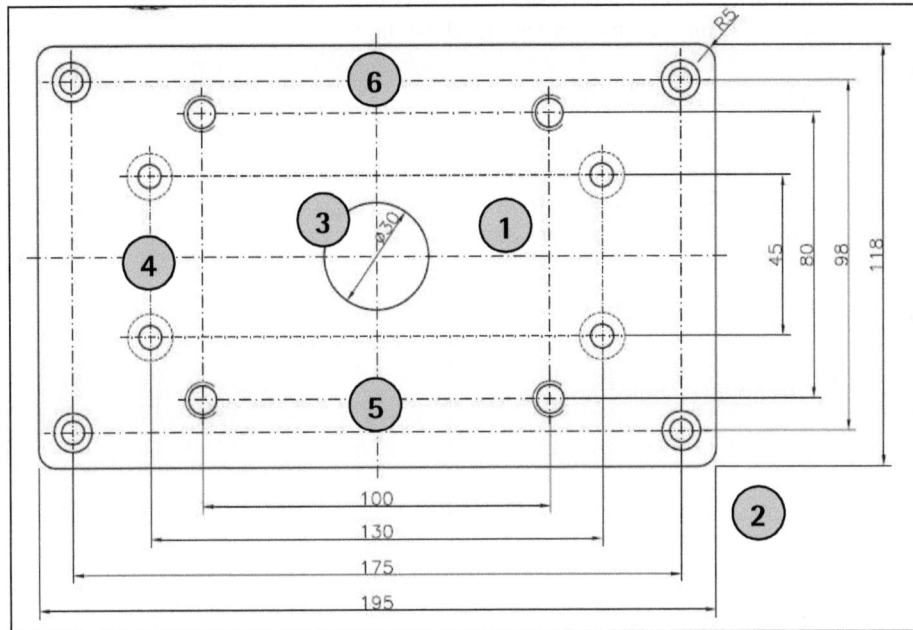

- Grundblech, **25** x **200** x **120**, Skizzenmaße korrigiert (1).
- Außenkanten abgerundet mit R = **10** mm, Skizzenmaße korrigiert (2).
- Mittenbohrung **DIN EN 20273**, Ø **30** (3).
- Achsen-Kombination 1, Abstand **80** mm zu **100** mm
  für Durchgangs-Gewindebohrung **M10** x **1,5** (5).
- Achsen-Kombination 2, Abstand **45** mm zu **130** mm,
  Senkbohrung **DIN 74** für Senkschraube **M10**, **DIN EN ISO 10642** (4).
- Achsen-Kombination 3, Abstand **175** mm zu **98** mm,
  Senkbohrung **DIN 974-1** für Zylinderschraube **DIN ISO 4762** (6).

8.5.3   Der Grundkörper

8.5.3.1   Öffnen der eigenen Vorlagendatei

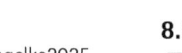

*   **Neu** (Menüleiste) /  / **Engelke-2025.PRTDOT** anklicken / **OK**

8.5.3.2   Die Basis–Skizzenkonstruktion

Mittelpunkt Rechteck (Registerkarte **Skizzieren**)
Wählen Sie Ebene, **Ebene Vorn**
Für den Mittelpunkt klicken Sie den Schnittpunkt der Ebenen.
Ziehen Sie mit dem Cursor die Rechteck-Außenkontur.

Intelligente Bemaßung (Registerkarte **Skizzieren**)
Wählen Sie die Rechteck- Konturen aus.

Skizzen-Verrundung (Symbolleiste **Skizzieren**)
Runden Sie das Linien-System entsprechend der dargestellten Skizze mit Radius **10** mm ab, tragen Sie die Maße an.

Dialogfeld schließen (7)

Linear ausgetragener Aufsatz (Registerkarte **Features**)
Wählen Sie das konstruierte Rechteck als Basisskizze.
Ziehen Sie mit der Skalierung auf **25** mm.

Dialogfeld schließen (8)

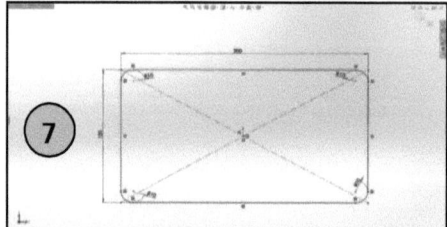
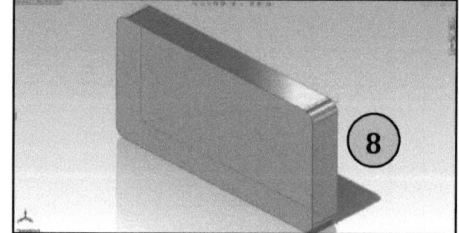

8.5.4   Die Grundskizze für die Bohrungen

8.5.4.1   Grundskizze, Mittelachsen

*   Wählen Sie die Registerkarte **Skizze** an,
    klicken Sie die gezeigte Fläche an (9).

Normal auf (Head-Up Ansichtssymbolleiste)
Wählen Sie die Funktion **Normal Auf** an.

Linie (Symbolleiste **Skizzieren**)
Fügen Sie die Mittellinien ein, Option **Für Konstruktion** (10).

Sidebar labels:

Neu

Engelke2025. PRTDOT

Mittelpunkt Rechteck

Intelligente Bemaßung

Skizzen- Verrundung

Linear ausgetragener Aufsatz

Normal auf

Linie

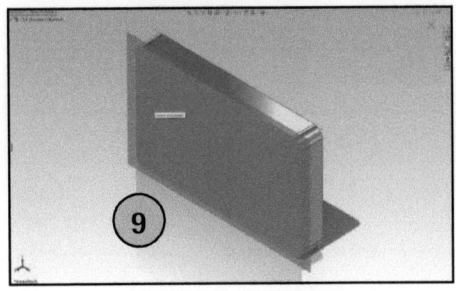
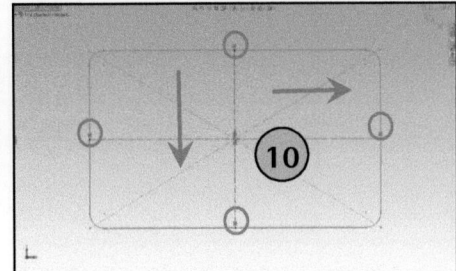

8.5.4.2 Grundskizze, senkrechte, parallele Linien

 Offset Elemente (Registerkarte **Skizzieren**)

Wählen Sie folgende Optionen an:

Bemaßung hinzufügen, in zwei Richtungen.

Tragen Sie das Maße **50** mm ein.

Wählen Sie die senkrechte Mittelachse an, die parallelen Linien entstehen automatisch (11, 12).

Verfahren Sie ebenso mit dem Maß **65** mm und **87,50** mm.

Schieben Sie die Maße in eine übersichtliche Position (13).

 Dialogfeld schließen

 Offset Elemente

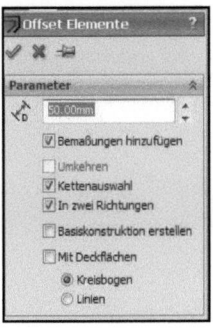

 Dialogfeld schließen

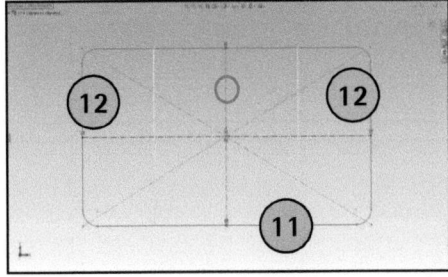
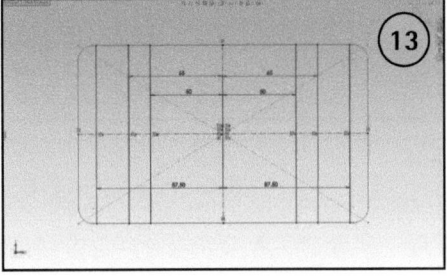

8.5.4.3 Grundskizze, waagerechte, parallele Linien

 Offset Elemente (Registerkarte **Skizzieren**)

Wählen Sie folgende Optionen an:

Bemaßung hinzufügen, in zwei Richtungen.

Tragen Sie das Maß **22,50** mm ein (14).

Wählen Sie die senkrechte Mittelachse an, die parallelen Linien entstehen automatisch (15).

Verfahren Sie ebenso mit dem Maß **40** mm und **49** mm (16, 17).

Schieben Sie die Maße in eine übersichtliche Position.

 Dialogfeld schließen / **Skizze beenden**

 Offset Elemente

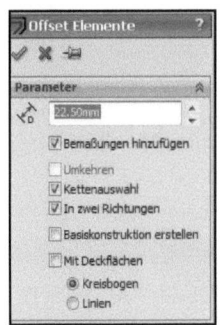

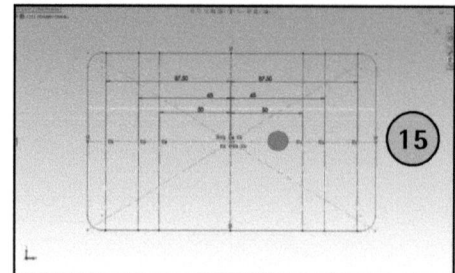
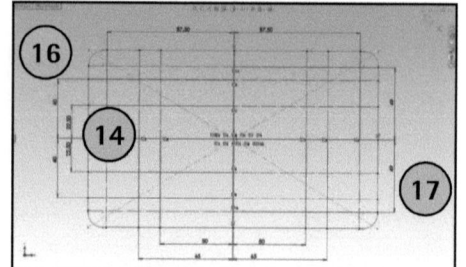

Die fertige Skizzenkonstruktion für parallele Linien noch einmal im Überblick:

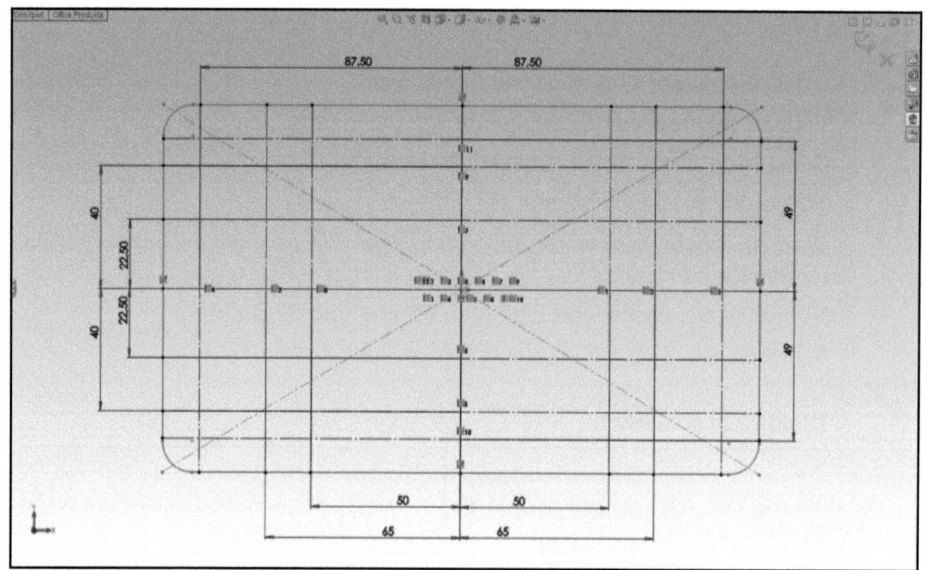

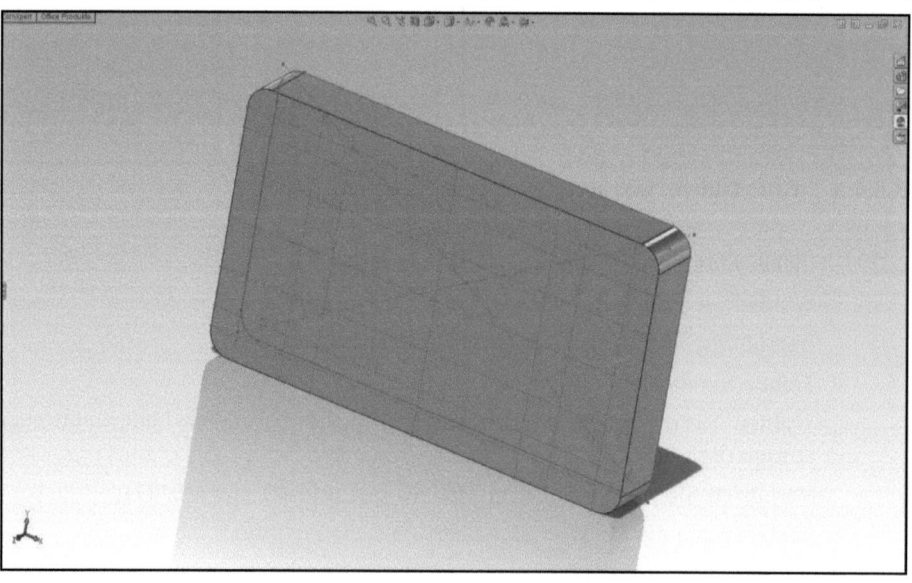

 Auf diesen PC
speichern

 Auf diesen PC speichern (Geben Sie einen Namen Ihrer Wahl ein).

8.5.5 Grundskizze mit Funktion „Rechteck über Mitte"

Eine weitere Möglichkeit für den Aufbau der Grundskizze, ist die Erstellung der benötigten Schnittpunkte über **Rechtecke** mit der Option **Mittelpunkt**.

- Wählen Sie die Registerkarte **Skizze** an, klicken Sie die gezeigte Fläche an.

 Normal auf (**Head-Up**-Ansichtssymbolleiste)

Wählen Sie die Funktion **Normal Auf** an.

 Normal auf

 Mittelpunkt Rechteck (Registerkarte **Skizzieren**)

Klicken Sie, für jedes der drei benötigten Rechtecke, auf den Schnittpunkt der Ebenen im Grafikbereich, um den Mittelpunkt (18) zu definieren.

Ziehen Sie dann die Rechtecke auf die folgenden Maße.

100 x **80** mm (19), **130** x **45** mm (20) und **175** x **98** mm (21).

 Mittelpunkt Rechteck

- Weisen Sie den erstellten Rechtecken die Eigenschaft **Konstruktion** zu.
- Die Skizzenbearbeitung ist danach zu schließen.

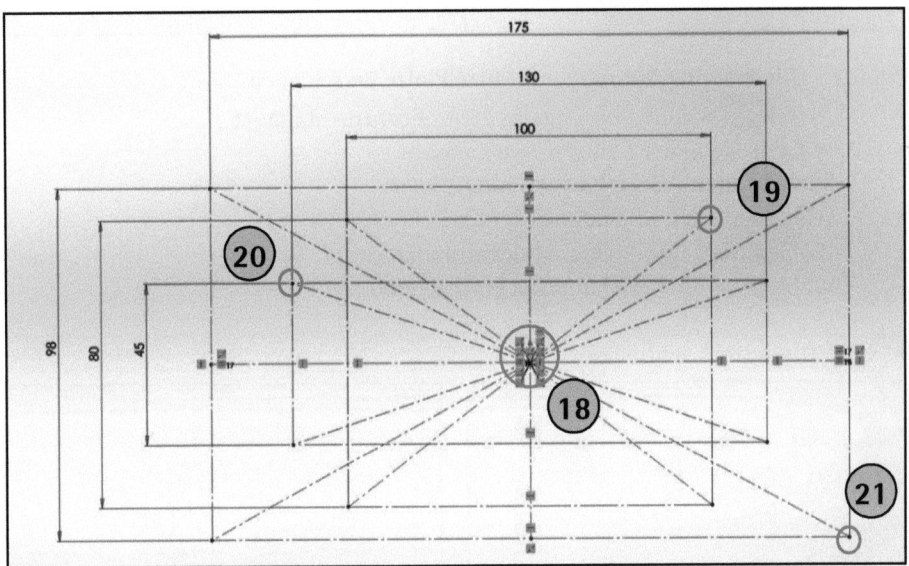

 Auf diesen PC speichern (Geben Sie einen Namen Ihrer Wahl ein).

 Auf diesen PC speichern

8.5.6 Die Mittenbohrung

8.5.6.1 Die einfache Bohrung

Bohrungs-assistent

Bohrungsassistent (Registerkarte **Features**)
Wählen Sie die gezeigte Arbeitsebene (22).
Bohrungs-Ø**30** mm, Tiefe: **Durch alles**, Position klicken (23).
Wählen Sie die Registerkarte **Positionen / 3D-Skizze**.

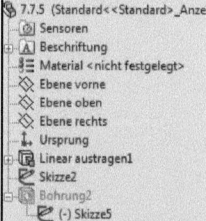

 Dialogfeld schließen

 Dialogfeld schließen

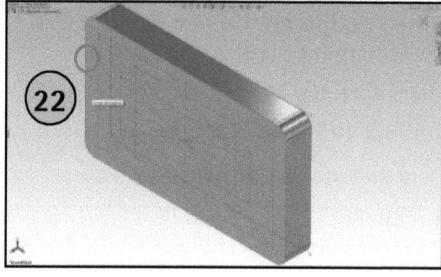

8.5.6.2 Die erstellte Bohrung auf Mitte Platte verschieben

- Aktivieren Sie die Bohrungsskizze im **Feature-Manager**.
- Wählen Sie in der **Skizzen**-Symbolleiste
  Beziehungen / Beziehungen hinzufügen.
- Wählen Sie den Mittelpunkt der Kreisskizze (24).
- Wählen Sie den Mittelpunkt des Grundkörpers (25).
- Wählen Sie die Beziehung **Deckungsgleich** (26, 27).

 Dialogfeld schließen

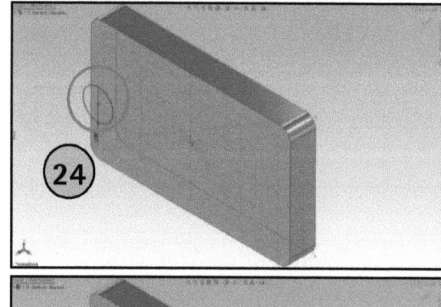

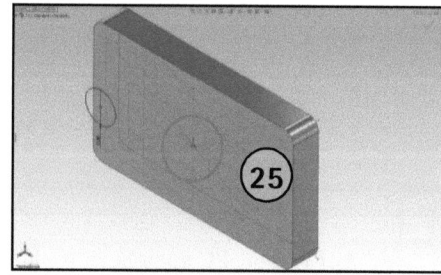

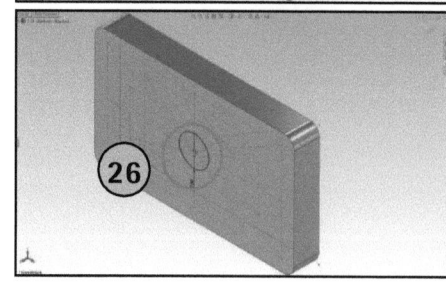

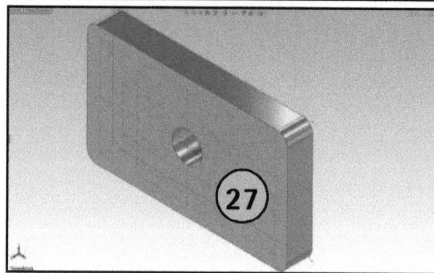

 Beziehung Deckungs-gleich

 Dialogfeld schließen

 Auf diesen PC speichern

 Auf diesen PC speichern / Geben Sie einen Namen Ihrer Wahl ein.

8.5.7 Die vier Gewindebohrungen M10, Achselement 1

Bohrungs-
assistent

Bohrungsassistent (Registerkarte **Features**)
Typoptionen: **DIN, Gewindebohrung**, **M10, Durch alles**
Wählen Sie die Registerkarte **Positionen** / **3D-Skizze**.
Klicken Sie die sichtbare Fläche an (28).
Wählen Sie die vier Mittelpunkte für die Gewindebohrung (29).

Dialogfeld schließen (30)

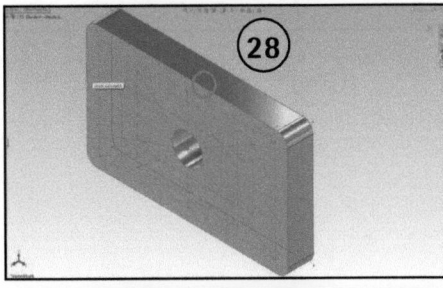

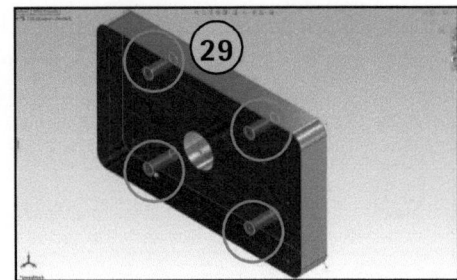

8.5.7.1 Gewindedarstellung anpassen

- Aktivieren Sie **Beschriftungen (Feature-Manager)**
- Wählen Sie **Details (Kontextmenü)** (31)
- Setzen Sie die Option **Gewindedarstellung** /
  Schattierte Gewindedarstellung (32)

Auf diesen PC speichern / Geben Sie einen Namen Ihrer Wahl ein.

Auf diesen PC
speichern

241

8.5.8   Die vier Senkbohrungen DIN 74, Achselement 2, Rückseite

8.5.8.1   Skizzierebene bearbeiten

Sie können die Ebene oder Fläche, auf der eine Skizze erstellt wurde, ändern.

Klicken Sie im **FeatureManager** mit der rechten Maustaste auf eine Skizze, und wählen Sie **Skizzierebene bearbeiten** aus.

Wählen Sie die vordere Fläche als Ebene aus (33).

Klicken Sie die hintere Fläche an, die Skizze wird auf die Fläche gesetzt (34).

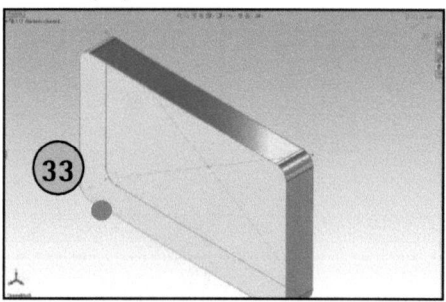
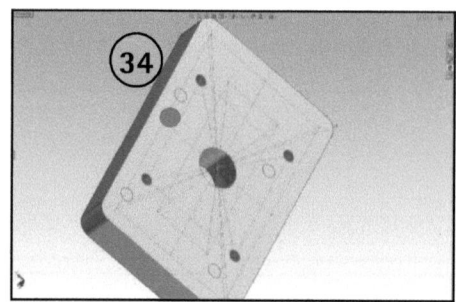

8.5.8.2   Senkbohrungen einbringen

Bohrungs-
assistent

Bohrungsassistent (Registerkarte **Features**)

Typoptionen: **DIN, Durch alles**

Senkschraube DIN EN ISO 10642, M10,

Wählen Sie die Registerkarte **Positionen / 3D-Skizze**.

Klicken Sie die sichtbare Fläche an.

Wählen Sie die vier Mittelpunkte für die Senkbohrung (35, 36).

 Dialogfeld schließen (37)

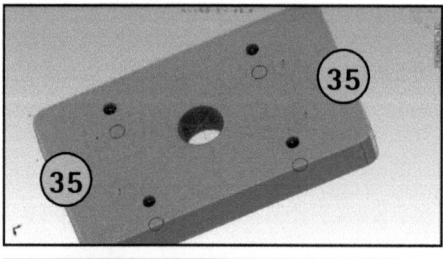

Dialogfeld
schließen

Auf diesen PC
speichern

 Auf diesen PC speichern / Geben Sie einen Namen Ihrer Wahl ein.

8.5.9 Die vier Senkbohrungen DIN 974-1, M10, Achselement 3

8.5.9.1 Skizzierebene bearbeiten

- Setzen Sie mit dem folgenden Ablauf die Ebene wieder zurück.

Klicken Sie im **FeatureManager** mit der rechten Maustaste auf eine Skizze, und wählen Sie **Skizzierebene bearbeiten** aus.

Wählen Sie die hintere Fläche als Ebene aus (38).

Klicken Sie die vordere Fläche an, die Skizze wird auf die Fläche gesetzt ^ (39).

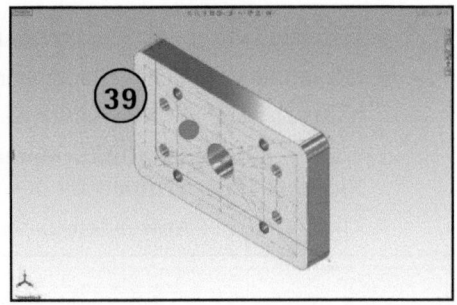

Bohrungsassistent (Registerkarte **Features**)

Typoptionen: **DIN, Durch alles,**

Zylinderschraube DIN EN ISO 4762, M10,

Wählen Sie die Registerkarte **Positionen / 3D-Skizze**.

Klicken Sie die sichtbare Fläche an (40).

Wählen Sie die vier Mittelpunkte für die Senkbohrung (41).

Dialogfeld schließen (42, 43)

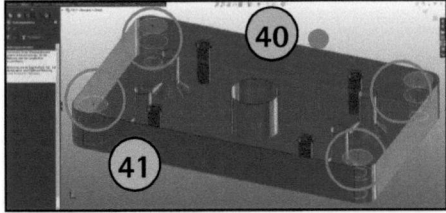

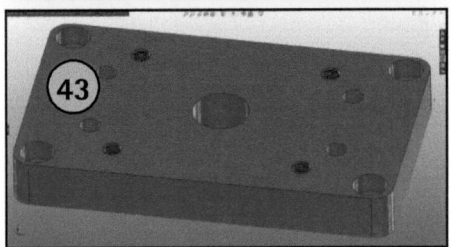

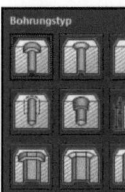
Bohrungs-assistent

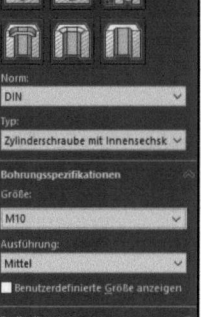

Dialogfeld schließen

Auf diesen PC speichern / Geben Sie einen Namen Ihrer Wahl ein.

Auf diesen PC speichern

8.5.10   Bauteilmaterial zuweisen

8.5.10.1   Materialienzuweisung, Voreinstellungen

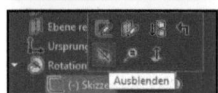

- Setzen Sie, für die **Arbeitsebenen**, die Option **Ausblenden** im **FeatureManager**.
- Setzen Sie, für die **Skizze**, die Option **Ausblenden** im **FeatureManager**.
- Schalten Sie den Anzeigemodus **RealViewGraphics** nach Wahl.

RealView-
Graphics

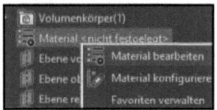

8.5.10.2   Bauteilmaterial zuweisen

Material bearbeiten (FeatureManager)

Klicken Sie in einem Teildokument im mit der rechten Maustaste auf **Material** um das Kontextmenüs für **Material bearbeiten** anzuzeigen.

Wählen Sie **SOLIDWORKS-Materials / Stahl Nichtrostender Chromstahl** aus.

Material
bearbeiten

Klicken Sie auf **Anwenden** und anschließend auf **Schließen** (44).

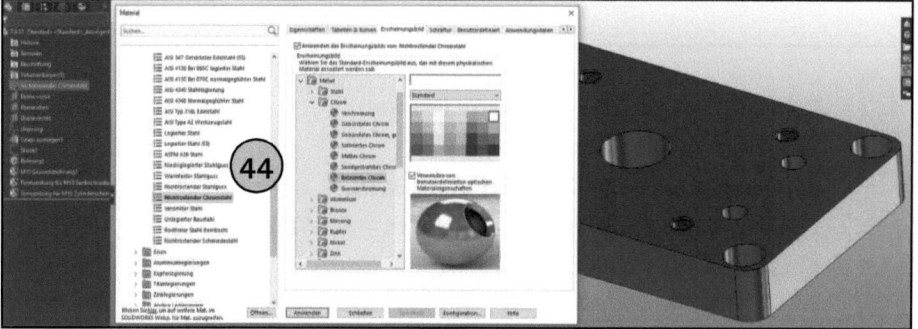

8.5.10.3   Datensicherung

Auf diesen PC
speichern

Auf diesen PC speichern (Standard Symbolleiste)
Geben Sie einen Namen Ihrer Wahl ein.

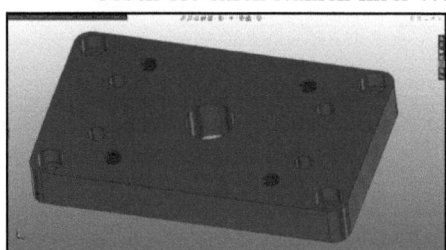
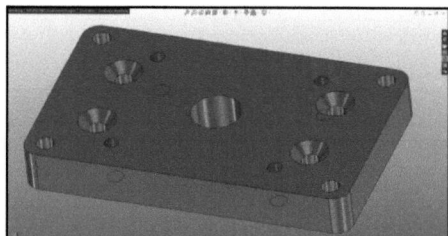

Projekt VIII

Mächtige Befehle
Optimierte Konstruktionen
Seite 246 bis 291

- Quader mit Aufsatz
  „Formschräge", „Wandstärke", „Verrundung"
- Erstellung von Mustern
  Lineares Muster
- Erstellung von Mustern
  Kreisförmiges Muster
- Fundament
  Erstellung mit Aufsatz und Rippen
- Druckfeder
  Erstellung mit dem Helix-Spiralen-Feature
- Konstruktion eines Trapezgewindes
  Erstellung mit dem Helix-Spiralen-Feature
- Echtgeschnittenes Gewindeprofil
  Ausdrehung über die Funktion „Gewinde"
- Zahnradwelle
  Zahnrad über SOLIDWORKS-Toolbox
- Gehäusedeckel I
  „Wandung", „Verrundung", „Luftdurchlass"
- Gehäusedeckel II
  „Wandung", „Verrundung", „Befestigungsaufsatz"

8.6 Optimierte Konstruktionen

8.6.1 Auflistung der Formelement-Funktionen, Auszug

Die nun folgenden Formelement-Funktionen sind für spezielle Aufgaben in der Konstruktionstechnik zu verwenden. Der Eingabeverlauf ist in SOLIDWORKS vorgeschrieben und muss eingehalten werden. Vor der Anwendung innerhalb einer Konstruktion eines Bauteiles sollten diese kleinen Übungen zumindest einmal ausgeführt worden sein, auch macht es Sinn, vor Anwendung dieser Funktionen das bis dahin erstellten Bauteil zu speichern. Sie werden feststellen, dass es Sinn macht, die Lerneinheiten und Lernzielkontrollen abzuarbeiten, denn die nun folgenden Bearbeitungen stellen doch eine höhere Anforderung an den Anwender. Hier die Auflistung der Formelement-Funktionen die in diesem Kapitel beschrieben werden:

8.6.1.1 Verrundungen

Verrundung

Mit **Verrundungen/Rundungen** wird eine abgerundete interne oder externe Fläche am Teil erstellt. Sie können alle Kanten einer Fläche, ausgewählte Flächensätze, ausgewählte Kanten oder Kantenzüge verrunden.

- Fügen Sie größere Verrundungen vor kleineren hinzu. Wenn mehrere Verrundungen an einem Eckpunkt zusammenlaufen, erstellen Sie die größeren Verrundungen zuerst.
- Heben Sie kosmetische Verrundungen für den Schluss auf. Versuchen Sie, kosmetische Verrundungen erst dann hinzuzufügen, wenn der Großteil der Geometrie bereits fertig ist. Werden die Verrundungen früher hinzugefügt werden, dauert der Modellneuaufbau für das Teil länger.
- Um den Neuaufbau eines Teils zu beschleunigen, sollten Sie für mehrere Kanten mit denselben Radiusverrundungen eine einzige Verrundungs-Operation durchführen. Wenn Sie aber den Radius dieser Verrundung ändern, verändern sich alle Verrundungen, die mit derselben Operation erzeugt wurden.

8.6.1.2 Fasen

Fasen

Das Fasenwerkzeug erstellt eine Abschrägung auf ausgewählten Kanten, Flächen oder auf einem Eckpunkt. Das Fasen-Feature stellt verschiedene Möglichkeiten der Kantenbearbeitung zur Verfügung (Auszug):

- Winkel-Abstand, Abstand-Abstand, Eckpunkt, Offset-Fläche und Fläche zu Fläche
- Um den Neuaufbau eines Teils zu beschleunigen, sollten Sie für mehrere Kanten mit derselben Fasenkontur eine einzige Fasen-Operation durchführen.

8.6.1.3 Formschräge

Formschräge

Mit **Formschräge** werden Flächen mit Hilfe eines bestimmten Winkels zu ausgewählten Modellflächen verjüngt.

- Sie können eine **Formschräge** in ein bestehendes Teil einfügen oder die Formschräge erstellen, während Sie ein Feature linear austragen. Sie können auf Volumenmodelle oder Oberflächenmodelle eine Formschräge anwenden.
- Sie können einen **Formschrägewinkel** auch als Teil einer Basis, eines Aufsatzes oder Schnittes anwenden, die linear ausgetragen wurden.
- Sie sollten in den meisten Fällen die **Formschräge**-Features vor den **Verrundungen** hinzufügen.

8.6.1.4 Wandungen

Mit dem Werkzeug **Wandung** können Sie ein Teil aushöhlen, wobei die ausgewählten Flächen offenbleiben und dünne Wände auf den verbleibenden Flächen belassen werden. Wenn Sie keine Fläche auf dem Modell auswählen, können Sie ein Volumenkörperteil auswanden, wobei ein geschlossenes, hohles Modell entsteht. Sie können ein Modell auch unter Verwendung von unterschiedlichen Wanddicken auswanden.

 Wandung

- Verrundungen sollten angewandt werden, bevor Sie ein Teil auswanden.
- Das **Wandungs**-Feature zeigt Fehlermeldungen an und enthält Werkzeuge, mit denen Sie ermitteln können, warum das Wandungs-Feature zu einem Fehler führte.

8.6.1.5 Muster, lineares Muster

Mit linearen Mustern können Sie mehrere referenzierte Kopien eines oder mehrerer Features erstellen, die Sie in gleichmäßigen Abständen entlang eines oder zweier linearer Pfade anordnen können.

 Lineares Muster

8.6.1.6 Muster, kreisförmiges Muster

Verwenden Sie Kreismuster zum Erstellen mehrerer referenzierter Kopien von einem oder mehreren Features, die Sie in gleichmäßigen Abständen um eine Achse herum anordnen können.

 Kreismuster

8.6.1.7 Verstärkungsrippe

Die **Verstärkungsrippe** ist eine besondere Art eines linear ausgetragenen Features, das aus offenen oder geschlossenen skizzierten Konturen erstellt wird. Mit diesem Feature wird Material in bestimmter Dicke und vorgegebener Richtung zwischen der Kontur und einem vorhandenen Teil hinzugefügt. Sie können eine **Verstärkungsrippe** erstellen, indem Sie eine oder mehrere Skizzen verwenden, mit **Formschräge** erstellen, oder eine Referenzkontur für eine Formschräge auswählen.

 Verstärkungsrippe

8.6.1.8 Helix und Spirale

Die Helix, auch Schraube, Schraubenlinie, zylindrische Spirale oder Wendel ist eine Kurve, die sich mit konstanter Steigung um den Mantel eines Zylinders windet. In der Technik ist eine Helix (Wendel) ein oft freitragendes schraubenförmiges Draht-Bauteil, eine typische Helix ist die Schraubenfeder, die die Federkräfte einer langen Feder auf geringen Raum unterbringt. Sie können eine Helix- oder Spiralenkurve in einem Teil erstellen. Die Kurve kann als Bahn oder Leitkurve für ein Austragungs-Feature verwendet werden oder als Leitkurve für ein Ausformungs-Feature.

 Helix und Spirale

8.6.1.9 Gewinde

Mithilfe der Optionen im Werkzeug **Gewinde** können Sie Spiralgewinde auf zylindrischen Körpern erstellen. Sie müssen sorgfältig vorgehen, da die Interaktion dieser Optionen manchmal subtile Fehler verursacht. Nehmen Sie an Profilen keine Änderungen vor, die dazu führen, dass das Gewinde nicht mehr zur zugrunde liegenden Form passt. Möglicherweise haben Sie ein Profil mit einem ausgeschnittenen Gewinde, das sich gut für Wellen eignet, aber nicht auf Bohrungen angewendet werden kann. Für eine Bohrung müssen Sie oft zu einer linearen Austragung wechseln. Oder Sie haben ein funktionierendes Profil, bei dem der Offset aber so groß ist, dass der Kontakt zur zugrunde liegenden Welle verloren geht.

 Gewinde

8.6.1.10 SOLIDWORKS 2024 Toolbox

SOLIDWORKS®-Toolbox enthält eine Bibliothek von Standardteilen, die voll in SO-LIDWORKS integriert ist. Toolbox Anwender wählen eine Norm und einen Teiltyp aus, und ziehen eine Toolbox Komponente in eine Baugruppe. Als Toolbox Administrator können Sie die Toolbox Komponenten an eine zentrale Stelle auf Ihrem Netzwerk platzieren und die Toolbox so rationalisieren, dass nur Teile einbezogen werden, die den Herstellungsnormen Ihres Unternehmens entsprechen. Die Toolbox Bibliothek enthält Hauptteildateien für unterstützte Normen und eine Datenbank mit Komponentengrößen-und Konfigurationsdaten. Wenn Sie eine neue Komponentengröße in SOLIDWORKS verwenden, aktualisiert Toolbox entweder die Hauptteildatei, um die Konfigurationsinformationen aufzuzeichnen, oder erstellt eine Teildatei für die Größe, je nach Anwenderpräferenz. Toolbox Antriebe sind Darstellung für Maschinenkonstruktionszwecke. Es handelt sich um keine echten Evolventenverzahnungen, die in der Produktion eingesetzt werden können. Standardmäßig umfasst die Toolbox mehr als 2000 Komponententypen verschiedener Größen für 12 Normen, sowie andere branchenspezifische Inhalte von insgesamt mehreren Millionen Komponenten.

- Die Verbindungselemente, die mit Toolbox bereit gestellt werden, sind ungefähre Darstellungen ohne genaue Gewindedetails, was sie für bestimmte Analysen wie Spannungsanalysen ungeeignet macht.

- Toolbox Antriebe sind Darstellung für Maschinenkonstruktionszwecke. Es handelt sich um keine echten Evolventenverzahnungen, die in der Produktion eingesetzt werden können.

8.6.1.11 Luftdurchlass

 Luftdurchlass

Erstellen Sie mit einer von Ihnen erstellten Skizze eine Vielzahl von Luftdurchlässen. Legen Sie die Anzahl der Rippen und Holme fest. Der Durchflussbereich wird automatisch berechnet. Verwenden Sie den PropertyManager **Luftdurchlass**, um Optionen für Befestigungs-Features des Typs **Luftdurchlass** zu festlegen. Sie müssen eine Skizze des neuen Luftdurchlasses erstellen und dann die Optionen für den Luftdurchlass im PropertyManager festlegen.

8.6.1.12 Befestigungsaufsatz

 Befestigungs-aufsatz

Sie können eine Vielzahl von Befestigungsaufsätzen erstellen. Legen Sie die Anzahl der Rippen fest, und wählen Sie eine Bohrung oder einen Stift aus. Der Property-Manager **Befestigungsaufsatz** wird eingeblendet, wenn Sie ein neues Befestigungs-Feature des Typs **Befestigungsaufsatz** erstellen.

8.6.1.13 „Aufsatz/Basis ausgeformt", „Aufsatz/Basis austragen"

 Aufsatz / Basis ausgeformt

 Aufsatz / Basis austragen

Mit der Ausformungs-Funktion wird ein Feature durch die Erzeugung von Übergängen zwischen Profilen erstellt. Eine Ausformung kann eine Basis, ein Aufsatz, ein Schnitt oder eine Oberfläche sein. Eine Ausformung lässt sich mit zwei oder mehr Profilen erstellen. Nur das erste, das letzte oder beide Profile können Punkte sein. Alle Skizzenelemente einschließlich Leitkurven und Profile können in einer einzelnen 3D-Skizze enthalten sein. Bei einer Ausformung als Volumenkörper müssen die ersten und letzten Profile Modellflächen, planare Profile, Oberflächen oder Flächen, die durch Trennlinien erzeugt wurden, sein. Zum Generieren der Austragungsgeometrie erstellt die Software eine Reihe von Zwischenabschnitten, die durch die Replikation eines Profils in verschiedenen Positionen entlang der Bahn erstellt werden. Die Zwischenabschnitte werden dann zusammengeführt.

8.6.1.14 Wölbungskonstruktionen „Kuppel", „Freiform", „Verformen", Verbiegen DVD-Kapitel auf der Support-DVD

- **Kuppel**

Kuppel

Sie können mehrere **Kuppel**-Features beim selben Modell gleichzeitig erstellen. Sie können Kuppeln auf Flächen anwenden, deren Schwerpunkt außerhalb der Fläche liegt. Somit haben Sie die Möglichkeit, Kuppeln auf unregelmäßig geformte Konturen anzuwenden.

- **Freiform**

Freiform

Mit dem **Freiform**-Feature werden Flächen von Oberflächen- oder Volumenkörpern modifiziert. Es kann jeweils nur eine Fläche modifiziert werden, und eine Fläche kann über jede beliebige Anzahl von Seiten verfügen. Verformungen können direkt und interaktiv gesteuert werden, indem Sie Steuerkurven und -punkte erstellen und anschließend die Steuerpunkte ziehen und schieben, um die Fläche zu modifizieren. Verwenden Sie die Triade, um die Verformungs- oder Entformungsrichtung mit Zwangsbedingungen zu versehen. Das **Freiform**-Feature bietet im Vergleich mit Verformungs-Features einen direkteren Einfluss. Es ist besonders für Konstrukteure von Verbrauchsgütern geeignet, die krummlinige Konstruktionen erstellen.

- **Verformen**

Verformen

Mit Hilfe des **Verformungs**-Features können Sie die Form von komplexen Oberflächen - und Volumenmodellen ändern, und zwar sowohl in einem lokalen Bereich als auch global, ohne dabei die Skizzen oder Feature-Zwangsbedingungen berücksichtigen zu müssen, die zur Erstellung der Modelle verwendet wurden. Die Verformung bietet eine einfache Methode, praktisch jedes Modell zu ändern, sei es nun ein organisches oder mechanisches Modell. Zudem ist die Verformung äußerst hilfreich bei der Erstellung von Konstruktionskonzepten oder der Durchführung geometrischer Änderungen an komplexen Modellen, was andernfalls unter Verwendung der herkömmlichen Methoden zur Bearbeitung von Skizzen, Features und Verlauf zu lange dauern würde.

- **Verbiegen**

Verbiegen

Mit **Verbiegen**-Features lassen sich komplexe Modelle auf intuitive Weise verformen. Sie können vier verschiedene Verbiegungsarten erstellen:

Biegung, **Verdrehen**, **Verjüngen** und **Dehnen**

Verbiegen-Features eignen sich zum Modifizieren komplexer Modelle mit Hilfe von intuitiven Werkzeugen, die vorhersehbare Ergebnisse liefern. Einsatzbereiche sind beispielsweise Vorplanung, Maschinenbau, Industriedesign, Stanzwerkzeuge, Gussformen und so weiter. Verbiegen-Features können zum Ändern von einzelnen Kör

8.7 Quader mit Aufsatz
„Formschräge", „Wandstärke", „Verrundung"

8.7.1 Die Basisgeometrie

- Öffnen Sie die Basisgeometrie von der Buch-DVD
- Verjüngung vom Zylinder und Quader von **10°**.
- Wandstärke **5** mm.
- Rundung Radius **2** mm.

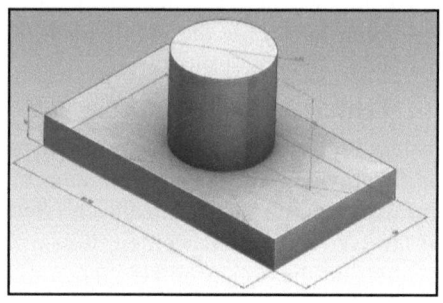

8.7.2 Kegelförmiger Anformungen

8.7.2.1 Arbeitsdatei öffnen

 Öffnen

 Öffnen (Menüleiste) / Bauteildatei von der Buch-DVD / **OK**

8.7.2.2 Formschräge für den Zylinder mit „DraftXpert"

 Formschräge

 Formschräge (Registerkarte **Features**)
Klicken Sie im **PropertyManager** auf **DraftXpert**.

 Formschräge-winkel

Legen Sie den **Formschrägewinkel** auf **10°** fest.
Wählen Sie eine **Neutrale Ebene**, Zylinderoberkante (1).
Wählen Sie eine weitere **Neutrale Ebene**, Zylinderunterkante (2).
Der Pfeil für die **Entformungsrichtung** zeigt nach oben (3).

Dialogfeld schließen (4)

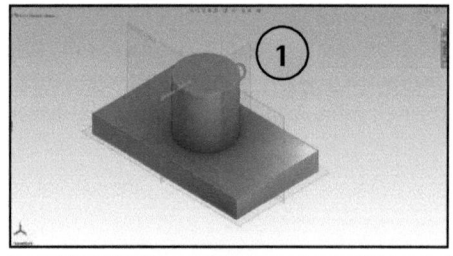

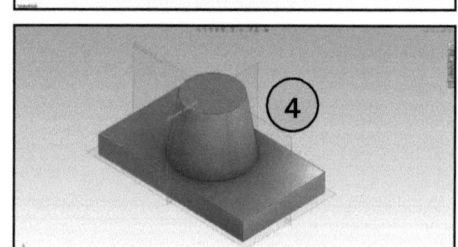

8.7.2.3 Formschräge für den Quader mit DraftXpert

Formschräge (Registerkarte **Features**)
Klicken Sie im **PropertyManager** auf **DraftXpert**.

Legen Sie den **Formschrägewinkel** auf **30°** fest.
Wählen Sie eine **Neutrale Ebene** im Grafikbereich aus (5).
Der Pfeil für die **Entformungsrichtung** zeigt nach oben.

Wählen Sie die **Flächen für Formschräge** aus.
Für die Auswahl der vier Flächen des Quaders, mit gedrückten **Strg**-Taste auswählen, ist das Modell drehen (6, 7).

Dialogfeld schließen (8)

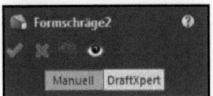
Formschräge

Formschräge-winkel

Flächen für Formschräge

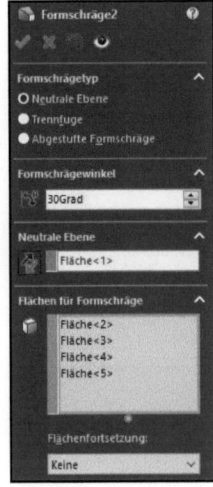

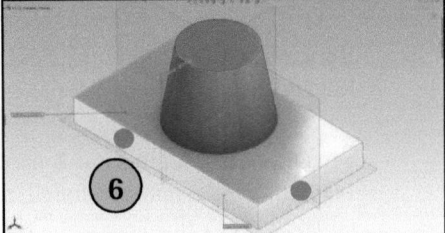

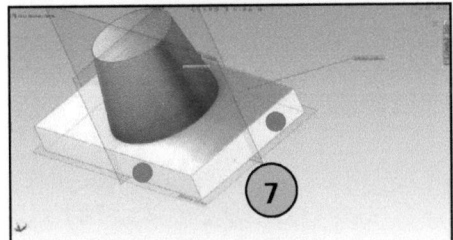

8.7.3 Wandungs-Feature

Wandung (Registerkarte **Features**)

Setzen Sie die Dicke **5** mm fest.

Zu entfernende Flächen
Wählen Sie die Grund- und Deckfläche im Grafikbereich (9, 10).

Wandung

Dicke

Zu entfernen-de Flächen

Wählen Sie **Wandung außen**, nur, wenn Sie das Teils um die Außenbemaßungen vergrößern wollen.

Wählen Sie **Vorschau anzeigen**, um eine Vorschau des Wandungs-Features anzuzeigen.

 Dialogfeld schließen (11)

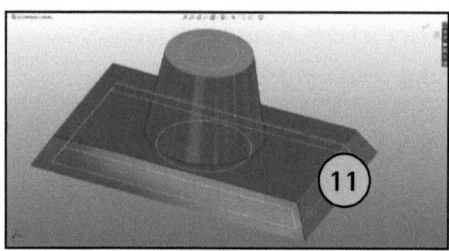

8.7.4 Verrundungs-Feature

 Verrundung (Registerkarte **Features**)
Klicken Sie im PropertyManager auf **FilletXpert**.

 Setzen Sie den Radius auf **2** mm.
Wählen Sie das ganze Modell mit einem Rahmen aus, um alle Flächen zu erfassen (12, 13).
Wählen Sie **Vollständige Vorschau** (14).

 Dialogfeld schließen (15)

8.7.5 Dateisicherung

 Auf diesen PC speichern / Geben Sie einen Namen Ihrer Wahl ein.

Seitenleiste:

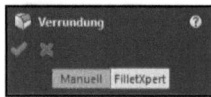 Verrundung

 Radius

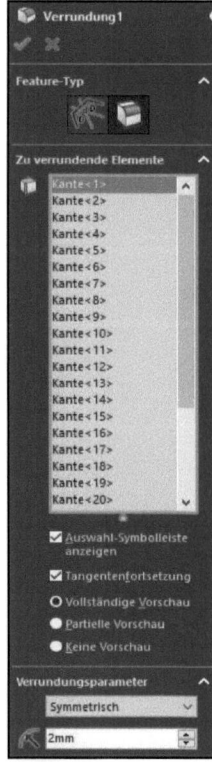

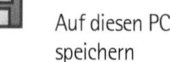 Auf diesen PC speichern

8.8 Erstellen einer einfachen Bohrplatte

8.8.1 Die Basisgeometrie, Vorgaben

- Quader **100** x **100** mm, **40** mm dick
  auf **XZ**-Ebene erstellen.
- Basisvolumen für weitere Bearbeitung
  speichern.
- Stufenbohrung Ø**9** mm,
  5,4 mm tief, Durchgangs-Ø**5,5** mm,
  mit jeweils **10** mm Seitenabstand.
- Die Musterdaten sind:
  9 Bohrungen in **X**-Richtung
  8 x Abstand x = **10** mm
  9 Bohrungen in **Y**-Richtung
  8 x Abstand y = **10** mm.

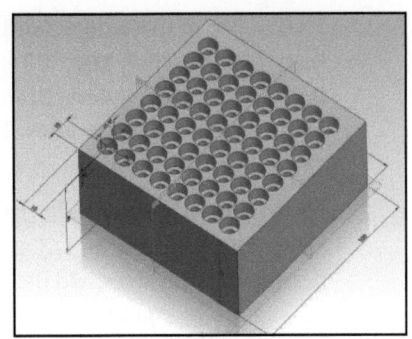

8.8.2 Die Grundkörper-Erstellung

8.8.2.1 Öffnen der eigenen Vorlagendatei

- **Neu** (Menüleiste) / / **Engelke-2025.PRTDOT** anklicken / **OK**

8.8.2.2 Der Quader als Basisgeometrie

Linear ausgetragener Aufsatz (Registerkarte **Features**)

Mittelpunkt Rechteck (Registerkarte **Skizzieren**)
Ebene **Oben**

Intelligente Bemaßung (Registerkarte **Skizzieren**)
Tragen Sie für Länge und Breite **100** mm ein (1).
Skizze beenden
Klicken Sie auf den Zugpfeil in der Mitte des Quaders.
Ziehen Sie mit der Skalierung auf **40** mm (2).

 Neu

 Engelke-2025.
PRTDOT

 Linear ausge-
tragener Auf-
satz

 Mittelpunkt
Rechteck

 Intelligente
Bemaßung

 Skizze beenden

Dialogfeld schließen

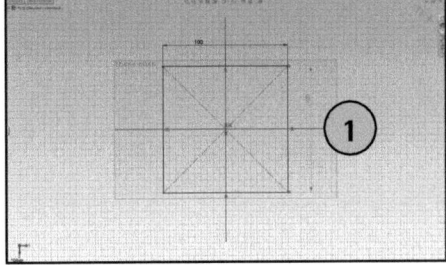

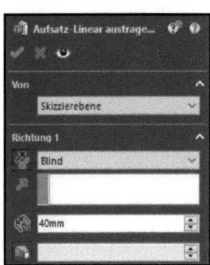

Bohrungs-
assistent

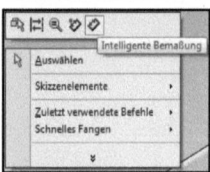

Intelligente

Bemaßung

8.8.3 Die Stufenbohrung

Bohrungsassistent (Registerkarte **Features**)

Treffen Sie in der Registerkarte **Typ** die folgenden Einstellungen:

Norm: **DIN**, Größe: **M5**,
Bohrungstyp: **Zylinderschraube mit Innensechskant**,
Endbedingung: **Durch alles, Formsenkung oben** aktivieren.

Senkdurchmesser: **9** mm, **5,4** mm tief, Durchgangs-Ø**5,5** mm.

Wechseln Sie dann auf das Register **Positionen**.

Setzen Sie einfach mit dem Cursor einen Punkt etwa an die Stelle im Bereich des Absatzes, wo die Bohrung angebracht werden soll (3).

Nutzen Sie anschließend die Funktion **Intelligente Bemaßung** aus dem Kontextmenü (4), um den Punkt, wie dargestellt, zu den beiden Absatzkanten zu bemaßen.

Intelligente Bemaßung (Registerkarte **Skizzieren**)
Tragen Sie für Länge und Breite **10** mm ein (5, 6).

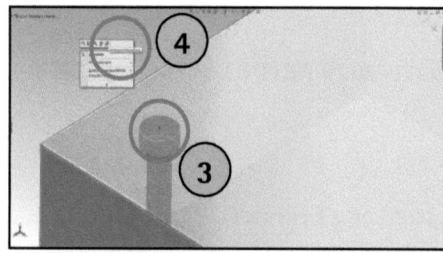

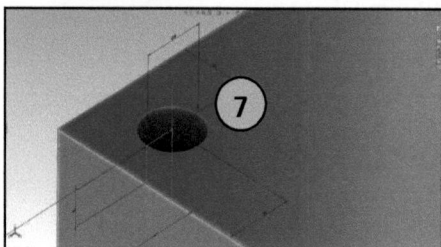

 Dialogfeld schließen (7)

8.8.4 Lineares Muster zuweisen

Lineares Muster (Registerkarte **Features**)
Musterrichtung
Kante klicken **Richtung 1** (8).

Abstand
Abstand für Richtung 1: **11** mm.

Anzahl der referenzierten Features in Richtung 1: **8** Stück.
Musterrichtung
Kante klicken **Richtung 2** (9).

Abstand
Abstand für Richtung 2: **11** mm.

Anzahl der referenzierten Features in Richtung 2: **8** Stück.
Wählen Sie die Stufenbohrung als Muster-Feature aus (10).
Stellen Sie die Darstellungsoption auf **Partielle Vorschau** (11).

Dialogfeld schließen (12)

 Lineares
Muster

 Abstand

 Anzahl

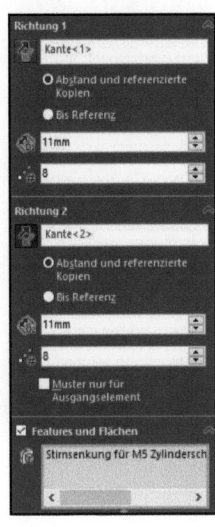

8.8.5 Dateisicherung

 Auf diesen PC speichern / Geben Sie einen Namen Ihrer Wahl ein.

 Auf diesen PC
speichern

8.9 Flanschring mit Montagebohrungen

8.9.1 Die Basisgeometrie, Vorgaben

- Ring-Außen-Ø**100** mm,
  Innen-Ø**50** mm, **30** mm dick,
  auf Ebene Oben erstellen.
- Stufenbohrung Ø**11** mm,
  5 mm tief, Rest-Ø**8** mm,
  auf Lochkreis Ø**66** mm.
- Die Musterdaten sind:
  12 Bohrungen auf Lochkreis verteilt.

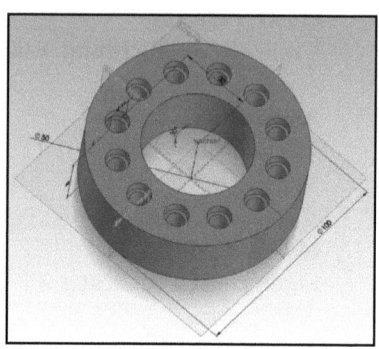

8.9.2 Die Grundkörper-Erstellung

8.9.2.1 Öffnen der eigenen Vorlagendatei

Neu

Engelke-2025. PRTDOT

- **Neu** (Menüleiste) / / **Engelke-2025.PRTDOT** anklicken / **OK**

8.9.2.2 Der Ringzylinder als Basisgeometrie

Linear ausge-
tragener Auf-
satz

Kreis mit Mit-
telpunkt

Intelligente

Bemaßung

Skizze beenden

 Linear ausgetragener Aufsatz (Registerkarte **Features**)

 Kreis mit Mittelpunkt, Ebene **Oben**, Außenkreis.

 Kreis mit Mittelpunkt, Ebene **Oben**, Innenkreis.

 Intelligente Bemaßung (Registerkarte **Skizzieren**)

Tragen Sie den Außen-Ø**100** mm ein (1).

Tragen Sie den Innen-Ø**50** mm ein (2).

Skizze beenden

Klicken Sie auf den Zugpfeil in der Mitte des Zylinders.

Ziehen Sie die Länge mit der Skalierung auf **30** mm (3).

 Dialogfeld schließen

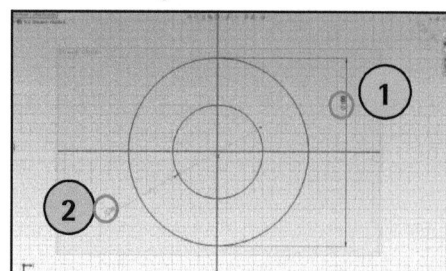

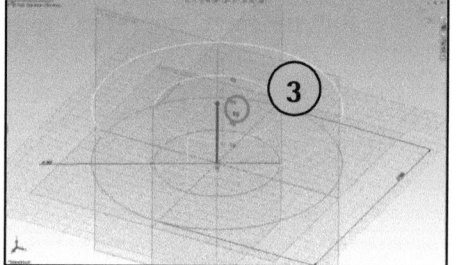

8.9.3 Die Stufenbohrung

Bohrungsassistent (Registerkarte **Features**)

Treffen Sie in der Registerkarte **Typ** die folgenden Einstellungen:

Norm: **DIN**, Größe: **M8**,

Bohrungstyp: **Zylinderschraube mit Innensechskant**,

Endbedingung: **Durch alles**, benutzerdefinierte Größe anzeigen,

Werte: Bohrungs-Ø**9** mm, zyl. Senkung Außen-Ø**15** mm, **8,6** mm tief.

Wechseln Sie dann auf das Register **Positionen**.

Klicken Sie eine Position für die Bohrung,
Lage auf der oberen Fläche frei wählbar (4).

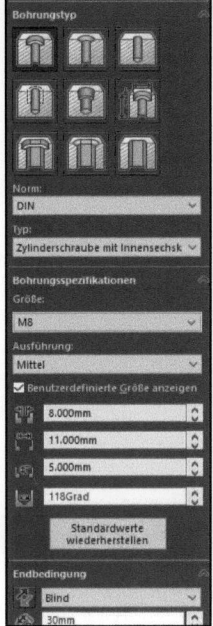

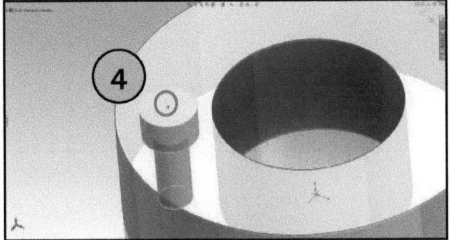
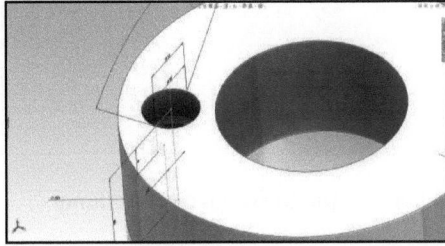

Intelligente Bemaßung (Registerkarte **Skizzieren**)

Intelligente
Bemaßung

Klicken Sie die Bohrungsmitte (5).

Klicken Sie den oberen Kreisring (6).

Tragen Sie den Abstandsdurchmesser **36** mm ein (7).

Dialogfeld schließen (8)

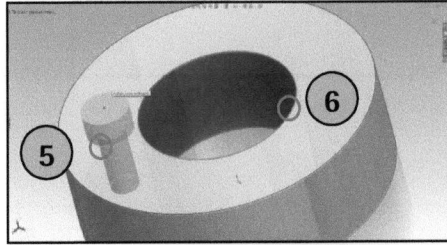
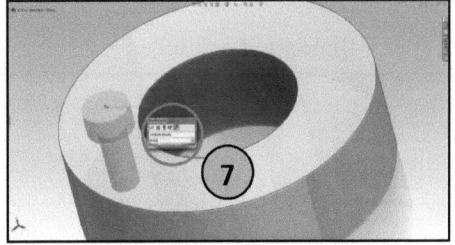

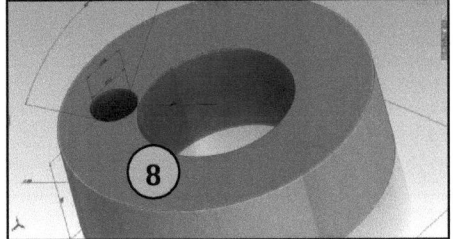

8.9.4 Das Kreismuster

8.9.4.1 Einrichten einer Mittenachse

Referenzgeometrie

Achse

Referenzgeometrie (Registerkarte **Features**)

Achse (Registerkarte **Features**)
Wählen Sie den Innenzylinder (9)

Dialogfeld schließen (10)

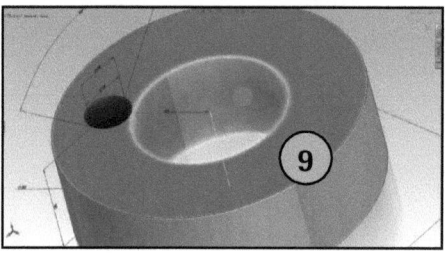
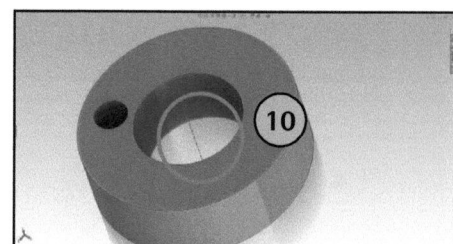

8.9.4.2 Die Kreismustererstellung

Kreismuster

Anzahl der
referenzierten
Kopien

Kreismuster (Registerkarte **Features**)
Kreismuster-Achse, wählen Sie die erstellte Achse (11).

Anzahl der referenzierten Kopien, **12 Feature-Elemente.**
Gleicher Abstand
Definiert die gleichmäßige Aufteilung auf den Gesamtwinkel mit **360°** (12).
Wählen Sie die Stufenbohrung als Muster-Feature aus (13).
Stellen Sie die Darstellungsoption auf **Partielle Vorschau** (14).

Dialogfeld schließen

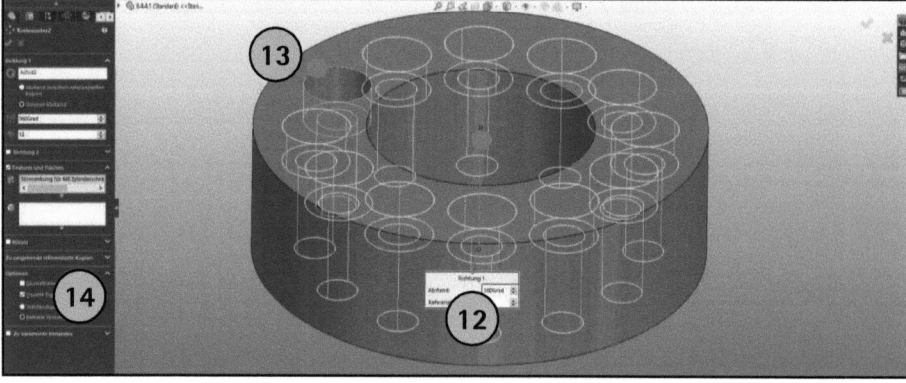

8.9.5 Dateisicherung

Auf diesen PC
speichern

Auf diesen PC speichern / Geben Sie einen Namen Ihrer Wahl ein.

8.10 Fundament mit Aufsatz und Rippe

- Eine **Rippe** in der Breite von **5** mm über Mitte und einem Höhenabstand von **5** mm sollen auf die schmale Seite als Verstärkung aufgesetzt werden.

- Über die Funktion **Spiegeln** wird eine gegenüberliegende **Rippe** erstellt werden.

- Über die Funktion **Kreismuster** werden daraus **6 Rippen** erstellt.

8.10.1 Grundkörperbearbeitung

8.10.1.1 Arbeitsdatei öffnen

Öffnen (Menüleiste) / Bauteildatei von der Buch-DVD / **OK**

 Öffnen

8.10.1.2 Arbeitsebene, Mittig

- Erstellen Sie eine mittige Ebene zwischen planaren Flächen.

Ebene (Registerkarte **Features** / **Referenzgeometrie**)

Wählen Sie die vordere Fläche für die **Erste Referenz** aus (1).

Option **Mittig**

Wählen Sie die hintere Fläche für die **Zweite Referenz** aus (2, 3).

Dialogfeld schließen (4)

 Ebene

 Referenz

 Mittig

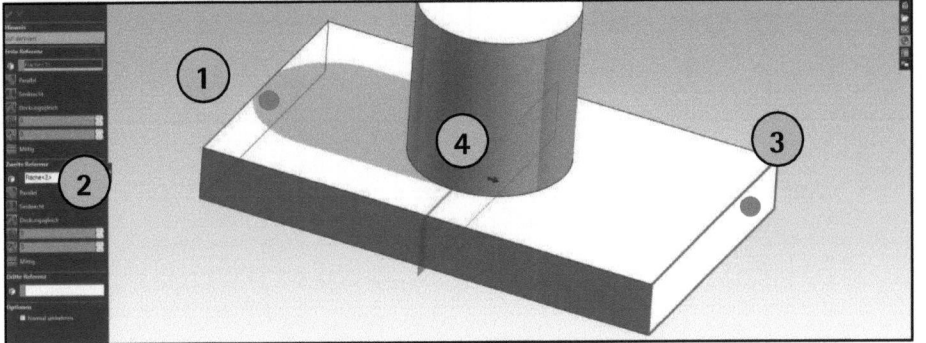

Ebene

 Erste Referenz

 Zweite Referenz

 Deckungsgleich

 Referenzgeometrie

 Achse

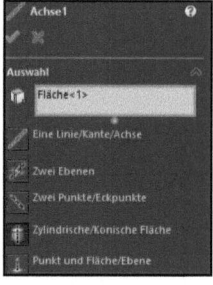

 Auf diesen PC speichern

8.10.1.3 Ebene durch Punkt (Mittelpunkt)

 Ebene (Registerkarte **Features** / **Referenzgeometrie**)

Wählen Sie die hintere Fläche für die **Erste Referenz** aus (5).

 Klicken Sie die Beziehung **Parallel** im **FeatureManager**.

Wählen Sie die Mitte der oberen Quaderkante (6).

 Klicken Sie die Beziehung **Deckungsgleich** im **FeatureManager**.

 Dialogfeld schließen (7)

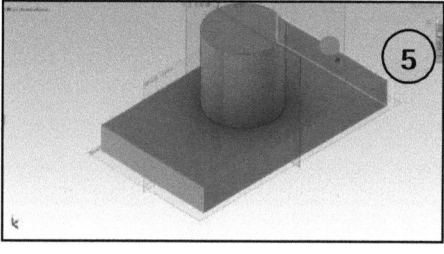

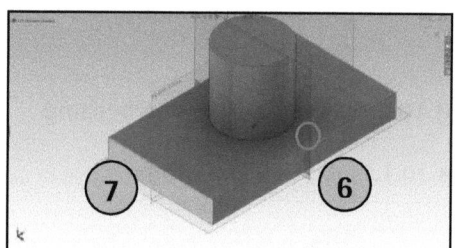

8.10.1.4 Einrichten einer Mittenachse

 Referenzgeometrie (Registerkarte **Features**)

 Achse (Registerkarte **Features**)

Wählen Sie den Innenzylinder (8)

 Dialogfeld schließen (9)

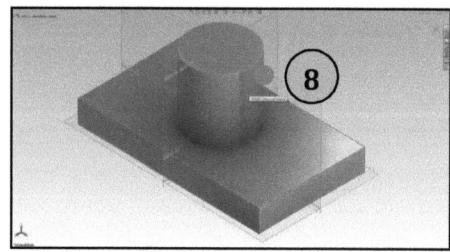

 Auf diesen PC speichern / Geben Sie einen Namen Ihrer Wahl ein.

8.10.2 Verstärkungsrippen-Feature, eine Rippe

8.10.2.1 Die Skizzenkontur

- Wählen Sie die Registerkarte **Skizze** an, klicken Sie die gezeigte Fläche an.

Normal auf (**Head-Up**-Ansichtssymbolleiste)
Wählen Sie die Mitten-Ebene an (10).

Linie (Registerkarte **Skizzieren**)
Erstellen Sie eine Linie zwischen der senkrechten Zylinderkante (11) und der waagerechten (12) Quaderkante (Fangpunkt).

Intelligente Bemaßung (Registerkarte **Skizzieren**)
Tragen Sie das Maß **5** mm (13) an.

 Dialogfeld schließen / **Skizze beenden**

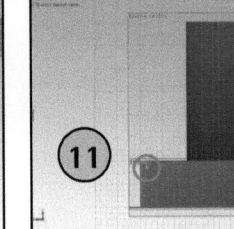

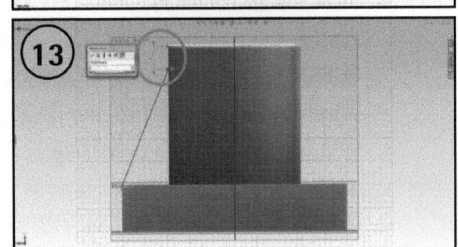

 Normal auf

 Linie

 Intelligente

Bemaßung

 Skizze beenden

8.10.2.2 Die Basisrippe

Verstärkungsrippe (Registerkarte **Features**)
Wählen Sie die Skizzenlinie als Kontur an (14).

Option **Beide Seiten** / Dicke: **5** mm (15)

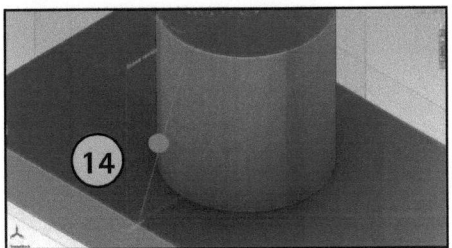

 Verstärkungs-
rippe

 Beide Seiten

Option **Materialseite umkehren**

Die Materialseite muss eventuell umgekehrt werden.

 Dialogfeld schließen (16)

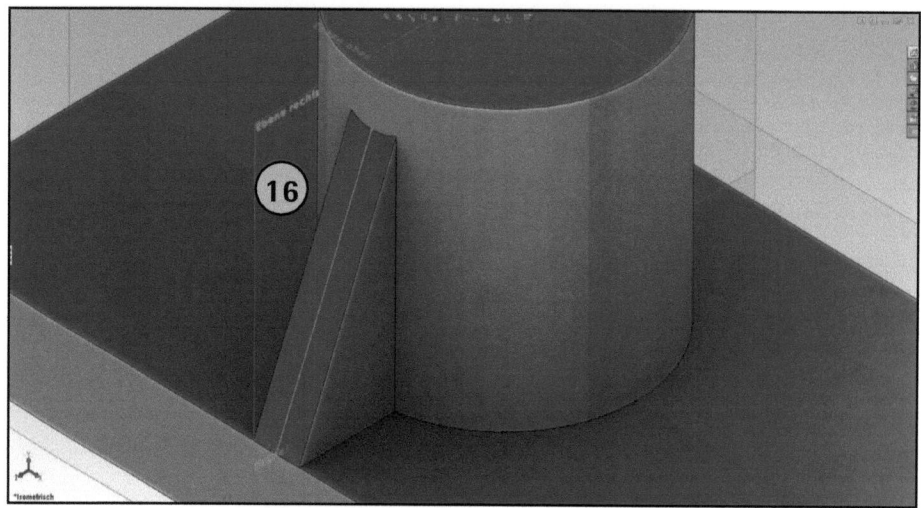

 Auf diesen PC speichern

 Auf diesen PC speichern / Geben Sie einen Namen Ihrer Wahl ein.

8.10.3 Gespiegelte Rippenkonstruktion

 **Spiegeln** (Registerkarte **Features**)

Spiegeln

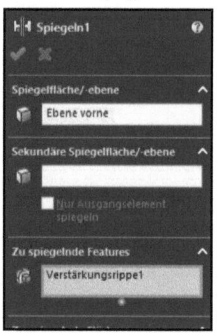

Wählen Sie die entsprechende **Rippe** im **temporären FeatureManager** (17).

Wählen Sie die Ebene **Mittig** (18).

 Dialogfeld schließen (19, 20)

8.10.4 Mehrfach-Rippen über kreisförmiges Muster

 Kreismuster (Registerkarte **Features**)

Wählen Sie die erstellte **Achse** (21) / **Partielle Vorschau**.

 3 Feature-Elemente / **Gleicher Abstand** / Gesamtwinkel **120°**.

Wählen Sie die **Rippe** und die **Spiegelung** als **Muster**-Feature aus (22).

 Dialogfeld schließen (23)

 Kreismuster

 Anzahl der referenzierten Kopien

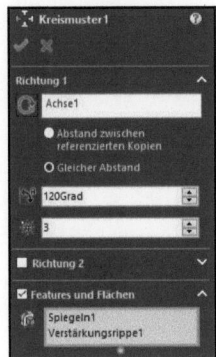

8.10.4.1 Dateisicherung

 Auf diesen PC speichern / Geben Sie einen Namen Ihrer Wahl ein.

 Auf diesen PC speichern

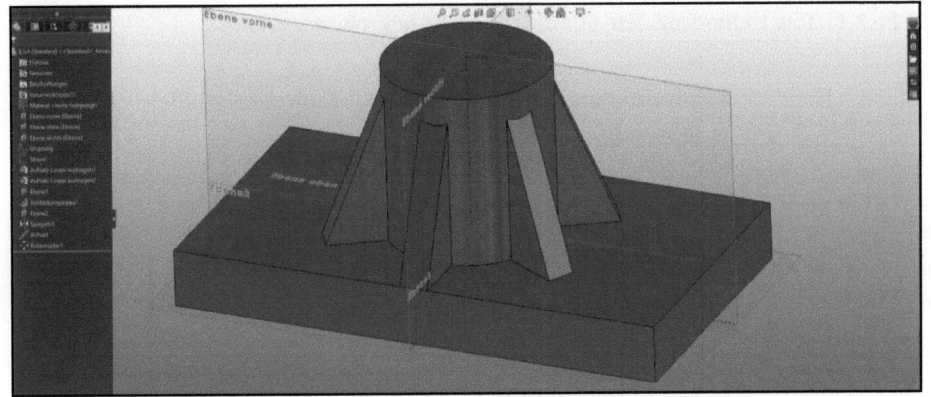

8.11 Druckfeder
Bauteilerstellung mit dem Helix-Spiralen-Feature

8.11.1 Die Basisgeometrie, Vorgaben

- Öffnen Sie die Vorlagendatei.
- Erstellen Sie einen Kreis Ø**100** mm.
- Erstellen Sie eine **Helix** mit: **10** Windungen und einer Steigung von **20** mm.

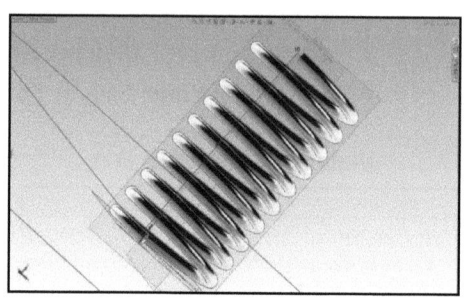

8.11.2 Die Grundkörper-Erstellung

8.11.2.1 Öffnen der eigenen Vorlagendatei

 Neu

 Engelke2025. PRTDOT

- **Neu** (Menüleiste) / / **Engelke-2025.PRTDOT** anklicken / **OK**

8.11.3 Das Helix-Spiralen-Feature

8.11.3.1 Das Helix-Spiralen-Feature, der Grundkreis

 Helix und Spirale

Helix und Spirale ((Registerkarte **Features** / **Kurven**-Flyoutleiste) Wählen Sie **Ebene Oben** (1).

 Kreis mit Mittelpunkt

Kreis mit Mittelpunkt (Registerkarte **Skizzieren**)

Erstellen Sie am Mittelpunkt einen Kreis mit Ø**100** mm (2).

✔ **Dialogfeld schließen** (3)

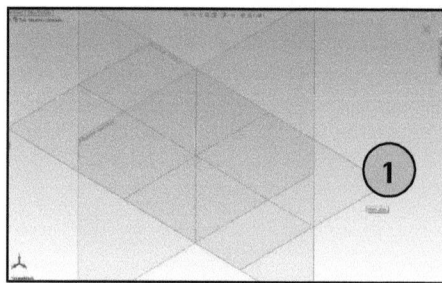

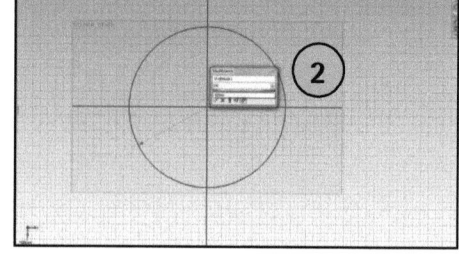

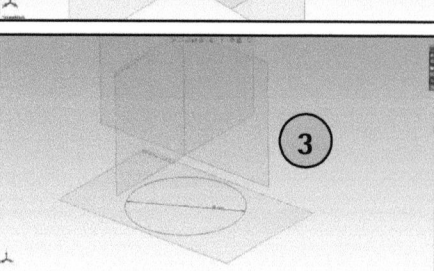

8.11.3.2 Das Helix-Spiralen-Feature, die Erstellung

 Helix und Spirale (Registerkarte **Features** / **Kurven**-Flyoutleiste)
Definiert durch: **Steigung und Umdrehung**
Parameter (4):
Konstante Steigungshöhe, Steigungshöhe 20 mm
10 Umdrehungen, Ausgangswinkel 0°, im Uhrzeigersinn.

 Dialogfeld schließen (5)

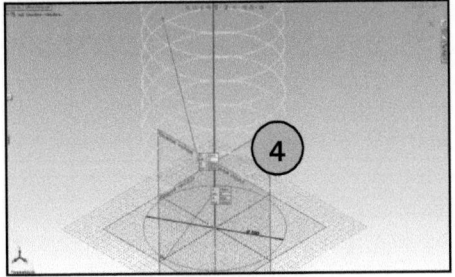

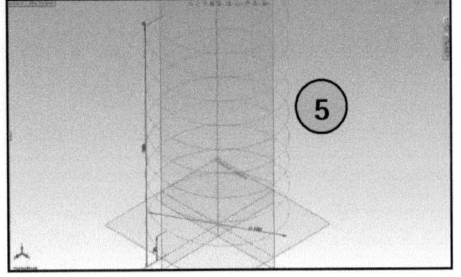

8.11.4   Die Druckfeder, eine Aufsatz-Austragung

8.11.4.1 Die Profilskizze

Für die Druckfeder ist eine Kreisgrundfläche senkrecht zum Anfang der Helix zu
setzen. Wählen Sie die Registerkarte **Skizze** an.

 Normal auf (**Head-Up** Ansichtssymbolleiste) (6)   Normal auf

 Kreis mit Mittelpunkt (Registerkarte **Skizzieren**)   Kreis mit
                                                                      Mittelpunkt
Erstellen Sie am Endpunkt der **Helix** einen Kreis mit Ø**10** mm (7).

 Skizze beenden (8)   Skizze beenden

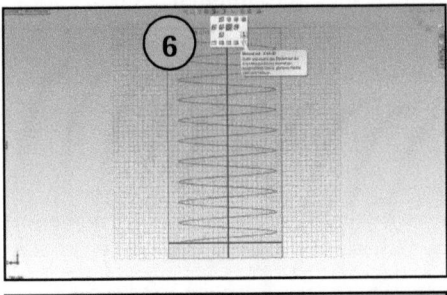

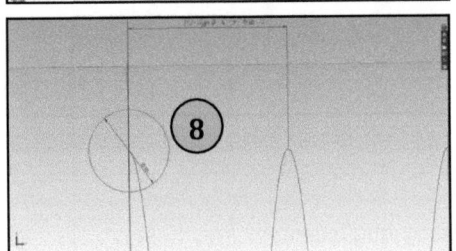

Aufsatz-
Austragung

8.11.4.2 Die fertige Druckfeder

Aufsatz-Austragung (Registerkarte **Features**)
Wählen Sie das **Aufsatz-Austragungs**-Profil (9).
Wählen Sie die **Austragungsbahn** (10).

Dialogfeld schließen (11, 12)

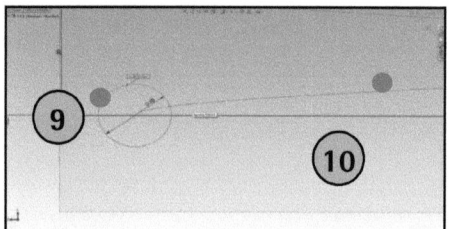
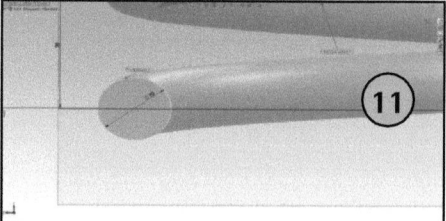

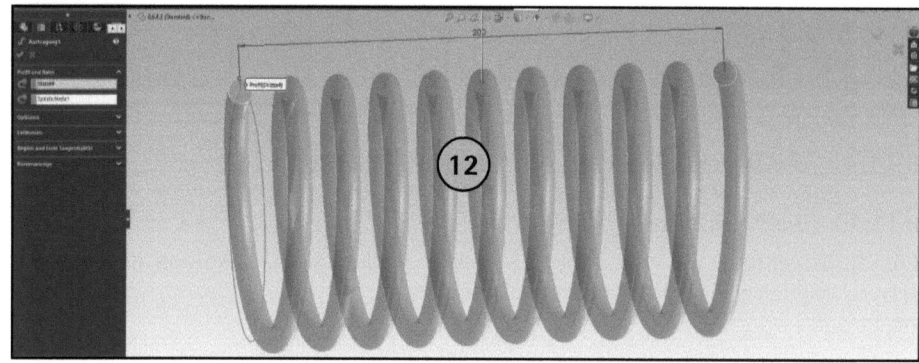

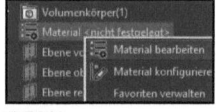

8.11.5 Bauteilmaterial zuweisen

Material bearbeiten (FeatureManager)
Kontextmenüs für **Material bearbeiten** anwählen.
Wählen Sie **SOLIDWORKS-Materials / Reingold** aus (13).
Klicken Sie auf **Anwenden** und anschließend auf **Schließen**.

Material
bearbeiten

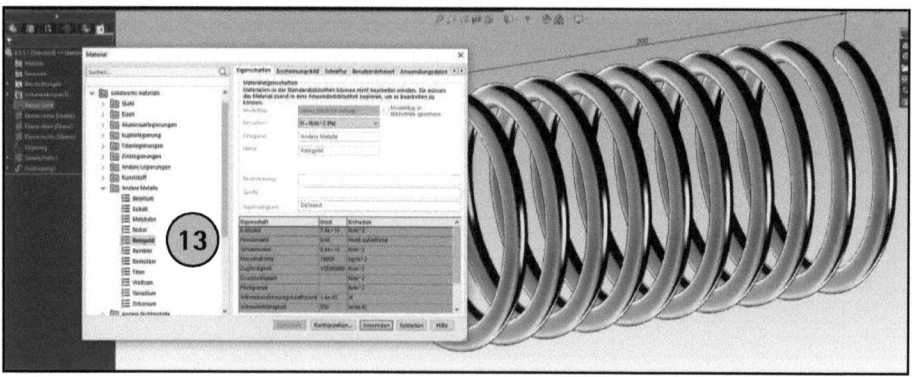

8.11.5.1 Datensicherung

Auf diesen PC speichern (Standard Symbolleiste)
Geben Sie einen Namen Ihrer Wahl ein.

Auf diesen PC
speichern

8.12 Das Trapezgewinde
Bauteilerstellung mit dem Helix-Spiralen-Feature

8.12.1 Die Basisgeometrie, Vorgaben

- Erstellen Sie einen Kreis mit **Ø52** mm auf Ebene Vorn.
- Erzeugen Sie einen Zylinder Länge **200** mm über Mitte.
- Erstellen Sie ein Trapez-Skizzenprofil nach DIN **103** mit folgenden Maßen:

  Nenn-Ø   : **52** mm
  Kern-Ø   : **43** mm
  Flanken-Ø   : **48** mm
  Steigung   : **16** mm
  Flankenwinkel : **30°**
  Windungen   :**20**

- Wellenabschluss Fase mit **45°**, **Ø36** mm.

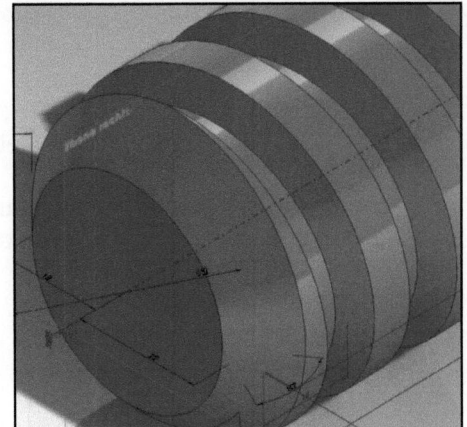

8.12.2 Die Grundkörper-Erstellung

8.12.2.1 Öffnen der eigenen Vorlagendatei

- **Neu** (Menüleiste) / / **Engelke-2025.PRTDOT** anklicken / **OK**

 Neu

 Engelke2025. PRTDOT

 Linear ausge-tragener Aufsatz

 Kreis mit Mittelpunkt

8.12.3 Der Grundzylinder

 Linear ausgetragener Aufsatz (Registerkarte **Features**)
Wählen Sie **Ebene Vorn** (1)

 Kreis mit Mittelpunkt (Registerkarte **Skizzieren**)
Erstellen Sie am Mittelpunkt einen Kreis mit **Ø52** mm (1).

 **Dialogfeld schließen**
Lineare Austragungen auf **Mitte**, Zuglänge **200** mm (2).

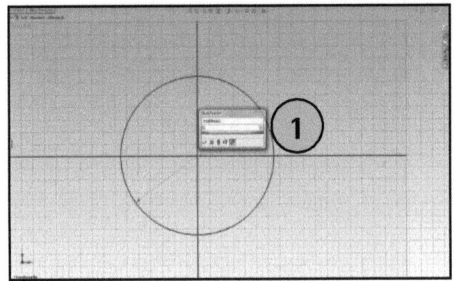

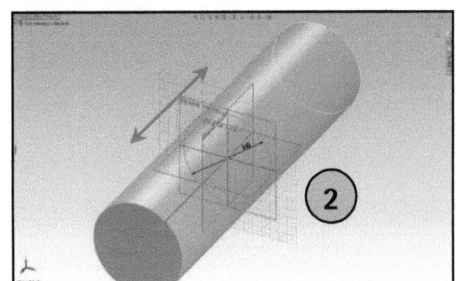

Helix und
Spirale

Kreis mit

Mittelpunkt

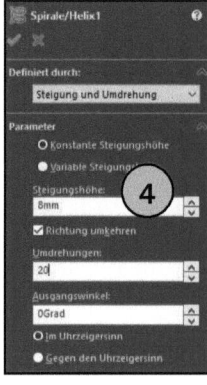

8.12.4 Das Helix-Spiralen-Feature

Helix und Spirale (Registerkarte **Features**)

Kreis mit Mittelpunkt (Registerkarte **Skizze**)
Erstellen Sie am Mittelpunkt einen Kreis mit Ø**52** mm (3).

 Dialogfeld schließen
Die Helix wird definiert durch: **Steigung und Umdrehung**
Parameter (4):
Konstante Steigungshöhe, Steigungshöhe 8 mm
20 Umdrehungen, Ausgangswinkel 0°, im Uhrzeigersinn.

 Dialogfeld schließen (5)

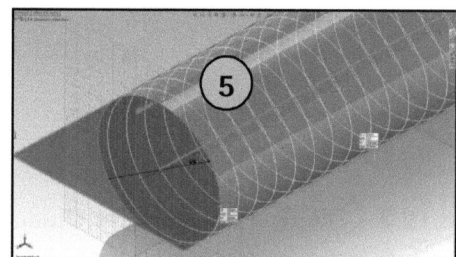

8.12.5 Das Trapezgewinde

8.12.5.1 Die Rotationsskizze

- Erstellen Sie die gezeigte Skizze auf der **Ebene Oben** (6).
- Zwei **Linien** müssen zu den Zylinderkanten **Kollinear** sein.
- Fügen Sie hierzu über **Beziehung hinzufügen** und Klicken diesen beiden Linien diese Beziehung hinzu (7, 8).
- Tragen Sie die entsprechenden Maße ein (9).
- Schließen Sie dann die Skizzenkonstruktion.

Linie

Kollinear

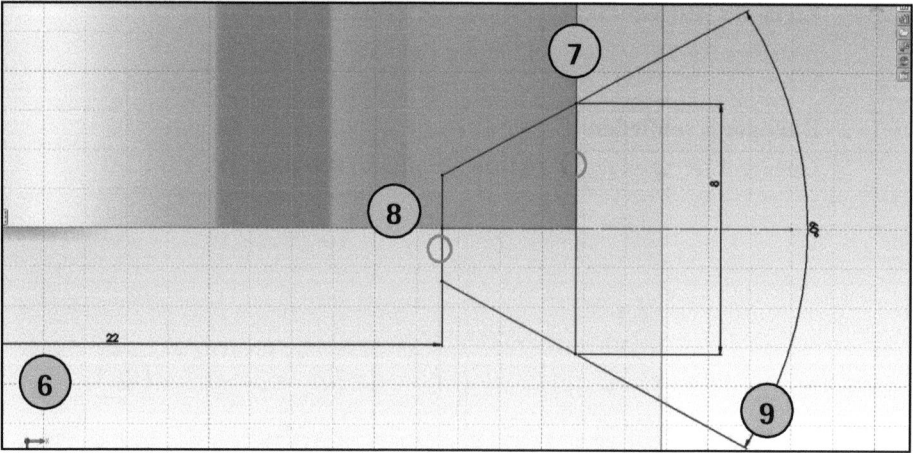

Das Trapezgewinde über das Feature „Ausgetragener Schnitt"

 Ausgetragener Schnitt (Registerkarte **Features**)

Wählen Sie das Profil (10).

Wählen Sie die Bahn (12).

 Ausgetragener
Schnitt

 Dialogfeld schließen (13)

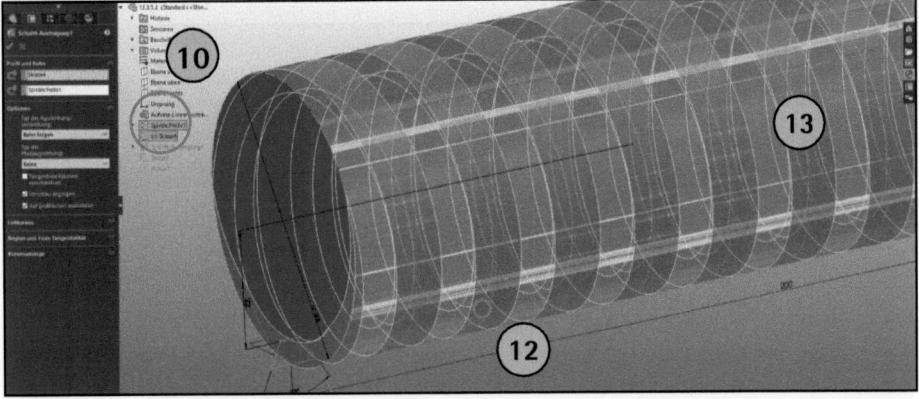

8.12.6   Die Abschlussfase

8.12.6.1   Die Abschlussfase, die Grundskizze

- Erstellen Sie die gezeigte Skizze auf der **Ebene Oben**.
- Die Kantenlinie muss zu der Zylinderkante **Kollinear** sein.
- Tragen Sie das entsprechende Winkelmaß **45°** ein (14).
- Schließen Sie dann die Skizzenkonstruktion.

 Linie

 Kollinear

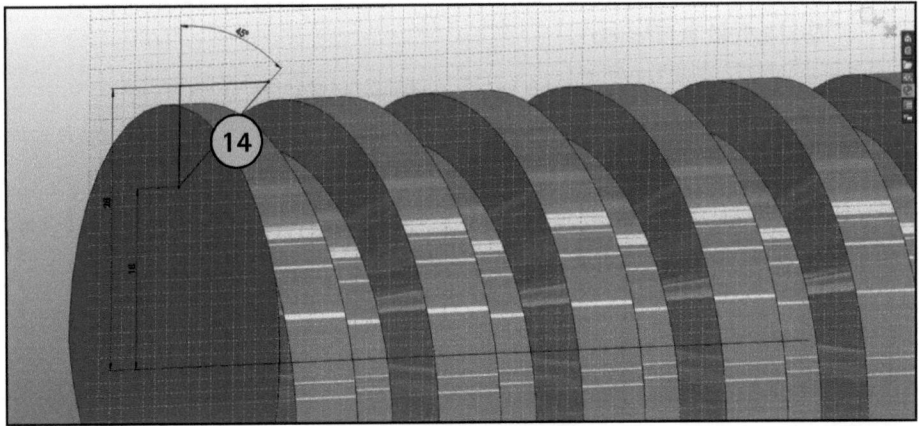

Referenz-
geometrie

Achse

Zwei Ebenen

8.12.6.2 Eintragen einer Achse

Referenzgeometrie (Registerkarte **Features**)

Achse / Zwei Ebenen (15)
Wählen Sie die Ebenen **Rechts** und **Oben** (16, 17).

Dialogfeld schließen (18)

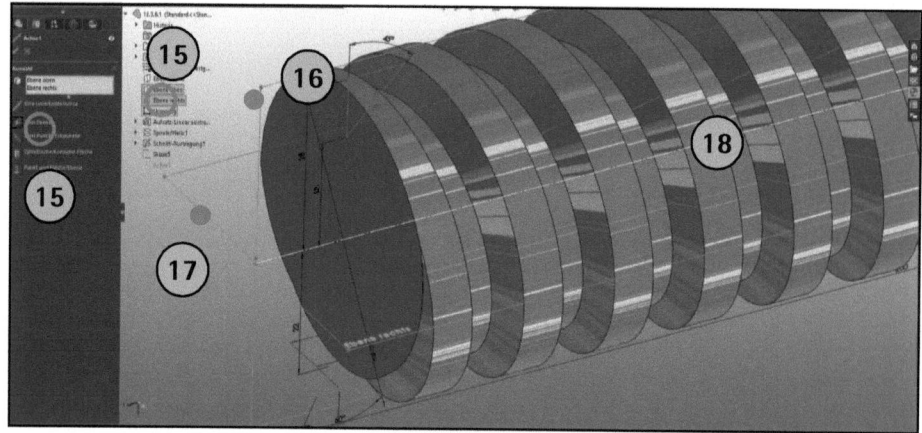

8.12.6.3 Die Fase über das Feature „Rotierter Schnitt"

Schnitt-
Rotieren

Schnitt-Rotieren (Registerkarte **Features**)
Wählen Sie die erstellte Skizze aus dem **temporären FeatureManager** (19).
Wählen Sie die erstellte **Achse** für die **Rotation** (20).

Dialogfeld schließen

8.12.7 Bauteilmaterial zuweisen

Material bearbeiten (FeatureManager)

Kontextmenüs für **Material bearbeiten** anwählen.

Wählen Sie **SOLIDWORKS-DIN-Material / DIN Stahl 1.2312 (40CrMnMoS8)**

Klicken Sie auf **Anwenden** und anschließend auf **Schließen** (21).

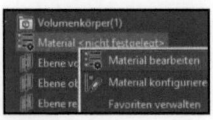

Material
bearbeiten

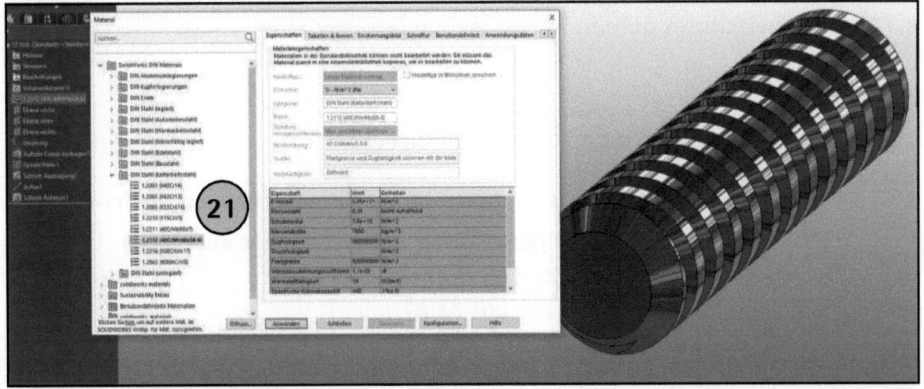

8.12.8 Dateisicherung

Auf diesen PC speichern / Geben Sie einen Namen Ihrer Wahl ein.

Auf diesen PC
speichern

8.13 Echtgeschnittenes Gewindeprofil
Ausdrehung über die Funktion „Gewinde"

Mit der Funktion **Gewinde** bringen Sie ein echtgeschnittenes Gewindeprofil **M36x4**, in die Durchgangsbohrung.

Gewindewerte **ISO 261**:

> Außen-Ø **M36**, Kern-Ø**31,67** mm, Steigung **4** mm

8.13.1 Arbeitsdatei öffnen

 Öffnen

- **Öffnen (Menüleiste)** / Bauteildatei von der Buch-DVD / OK

8.13.2 Funktion „Gewinde" über Kerndurchmesser

8.13.2.1 Vorgegebener Bohrungsdurchmesser auf Kerndurchmesser ändern

- Aktivieren Sie den Eintrag **Skizze** unter **Schnitt-Linear austragen** (1).
- Wählen Sie **Skizze bearbeiten** im **PropertyManager**.
- Ändern Sie die Bohrungsgröße auf **31,67** mm über **Intelligente Bemaßung** (2).

 Intelligente Bemaßung

 **Dialogfeld schließen**   /   **Skizze beenden**

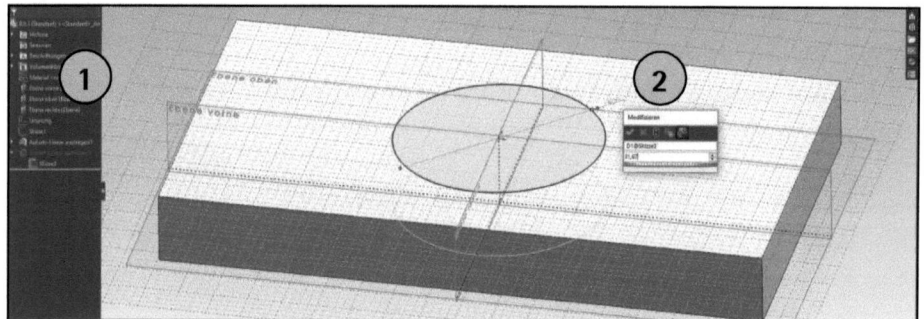

8.13.2.2 Funktion „Gewinde" über Kerndurchmesser zuweisen

 Gewinde

 Gewinde (Registerkarte **Features** / **Bohrungsassistent**)

- Wählen Sie die obere Zylinderkante als **Gewindeposition** (3).
- Wählen Sie die untere Zylinderkante als **Endbedingung** (4).

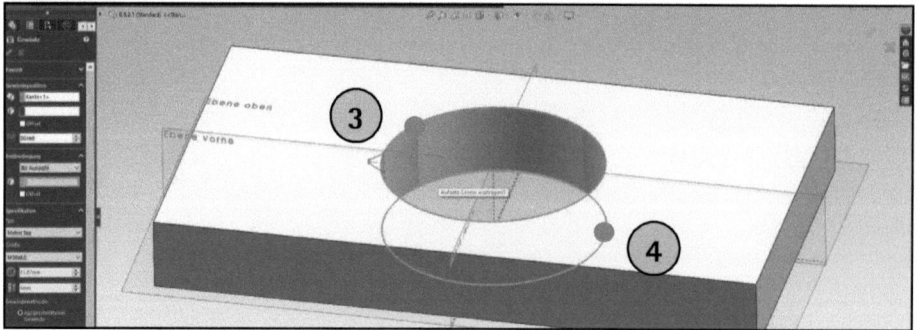

- Wählen Sie **metrisches Gewinde** Größe **M36x4** (5).
- Option **Ausgeschnittenes Gewinde**, rote Voransicht (6, 7).
- Option **Mit Startfläche trimmen** und **Mit Endfläche trimmen** (8).

 Dialogfeld schließen

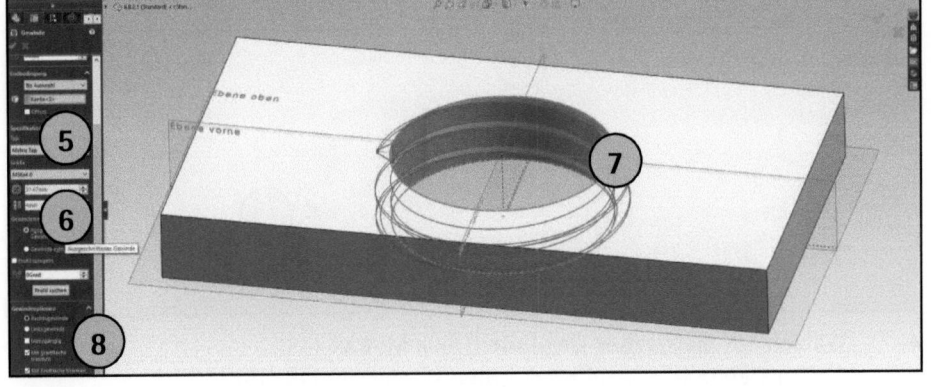

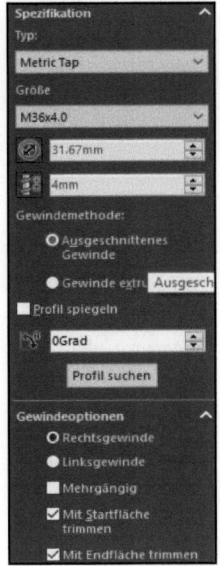

8.13.2.3 Speichern der Gewindeausdrehung

 Auf diesen PC speichern / Geben Sie einen Namen Ihrer Wahl ein.

 Auf diesen PC speichern

8.13.3 Funktion „Gewinde" über Außendurchmesser

8.13.3.1 Arbeitsdatei öffnen

- **Öffnen (Menüleiste)** / Bauteildatei von der Buch-DVD / OK

 Öffnen

8.13.3.2 Vorgegebener Bohrungsdurchmesser auf Außendurchmesser ändern

- Aktivieren Sie den Eintrag **Skizze** unter **Schnitt-Linear austragen** (9).
- Wählen Sie **Skizze bearbeiten** im **PropertyManager**.
- Ändern Sie die Bohrungsgröße auf **36** mm über **Intelligente Bemaßung** (10).

 Dialogfeld schließen / **Skizze beenden**

 Intelligente Bemaßung

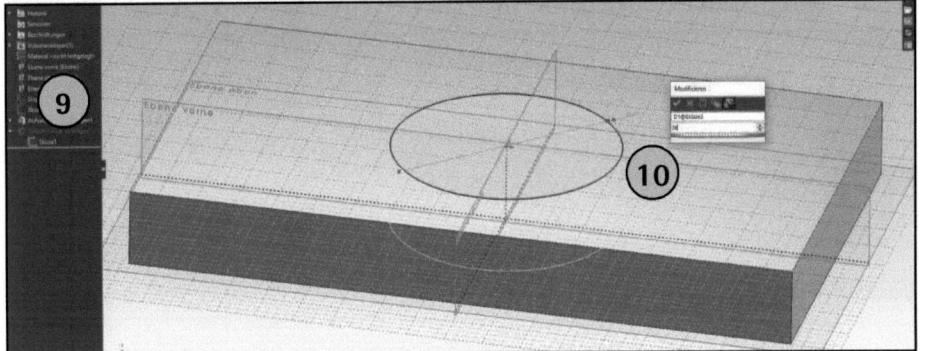

Gewinde

8.13.3.3 Funktion „Gewinde" über Außendurchmesser zuweisen

Gewinde (Registerkarte **Features** / **Bohrungsassistent**)

- Wählen Sie die obere Zylinderkante als **Gewindeposition** (11).
- Wählen Sie die untere Zylinderkante als **Endbedingung** (12).

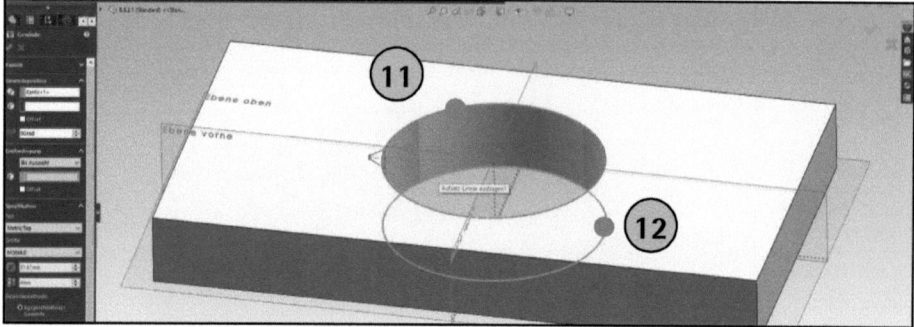

- Wählen Sie **metrisches Gewinde** Größe **M36x4** (13).
- Option **Gewinde extrudieren**, grüne Voransicht (14, 15).
- Option **Profil spiegeln** und **Horizontal spiegeln** (16)
- Option **Mit Startfläche trimmen** und **Mit Endfläche trimmen** (17).

Dialogfeld schließen

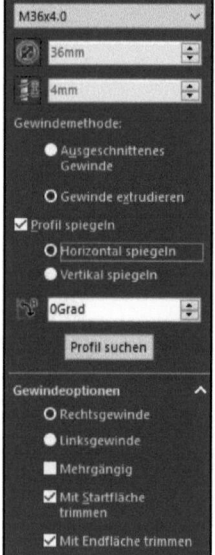

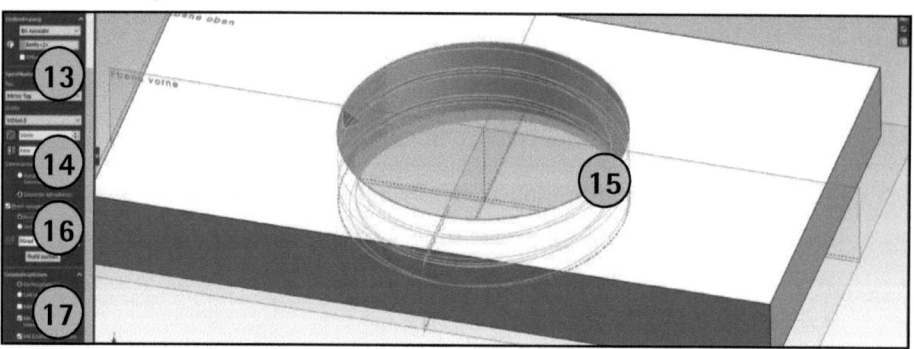

8.13.3.4 Speichern des Außengewindes

Auf diesen PC
speichern

Auf diesen PC speichern / Geben Sie einen Namen Ihrer Wahl ein.

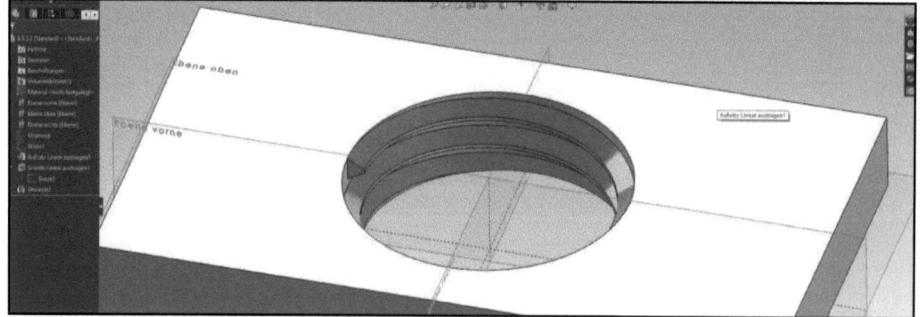

8.14 Erstellung einer Zahnradwelle über SOLIDWORKS-Toolbox

- Geradstirnrad aus der Toolbox mit folgenden Daten:
  Modul **3**, **23** Zähne, Zahnbreite **25** mm, Nabenart **Typ A**
- Material zuweisen
- zylindrische Senkbohrung und Durchgangsbohrung
- Hinzufügen der Wellenabsätze
- Setzen der Sicherungs-Ausdrehungen
- Setzen der Passfedernut
- Kantenbrechung über Fase
- Montagebohrung am Wellenende
- Auf die Freistiche nach DIN **509** ist verzichtet worden.

8.14.1 Die Konstruktionsskizze für die Bauteilerstellung

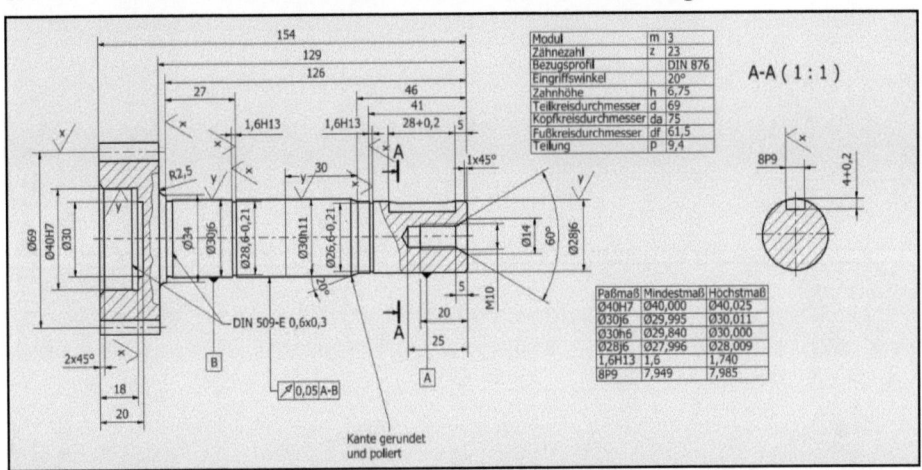

8.14.2 Die Zahnradwelle, die Bauteildarstellung

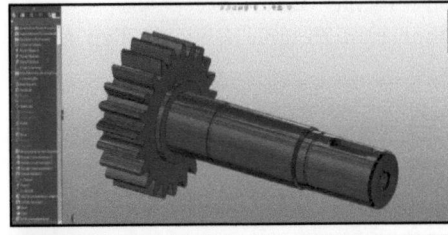

8.14.3   Die Zahnraderstellung über die SOLIDWORKS-Toolbox

8.14.3.1 Aufruf der Vorlagendatei

 Neu

- **Neu** / Aufruf der Vorlagendatei für Baugruppen **Engelke-2025.asmdot** / **OK**

8.14.3.2 Das Antriebs-Stirnrad, die Bauteilerstellung

- Wählen Sie die Eintrags-Optionen für das Zahnrad über:

 Konstruk-
tionsbiblio-
thek

 Konstruktionsbibliothek

 Toolbox

 Toolbox / 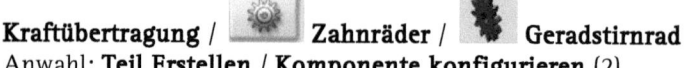 **DIN** (DIN)

 DIN

Kraftübertragung / **Zahnräder** / **Geradstirnrad** (1)
Anwahl: **Teil Erstellen** / **Komponente konfigurieren** (2)

 Zahnräder

 Gerad-
Stirnrad

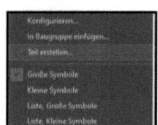

- Geben Sie für die Zahnrad-Definition folgende Daten ein:
  Modul: **3**, Anzahl der Zähne: **23**, Zahnbreite: **25** mm, Nabenart: **Typ A**
  Nenndurchmesser Welle: **0,2** mm (3, 4).
  (wird für die weiteren Konstruktionen als Zentrum gebraucht)

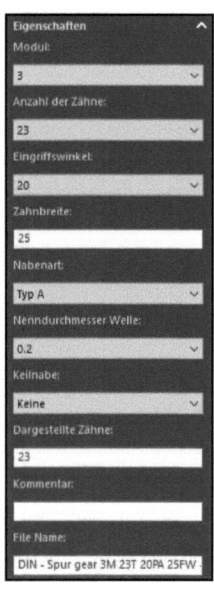

 Klicken Sie auf **OK**, um den **PropertyManager** zu schließen.

- **Speichern** Sie das, im Hintergrund entstandene Zahnrad in dem eigenen Projektordner (5), einmal mit Toolbox-Namen und ein weiteres Mal mit eigenem Namen.

Auf diesen PC speichern

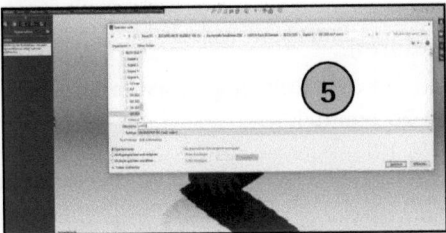

8.14.3.3 Das Stirnrad, die Darstellungsbearbeitung

- Passen Sie sich, über **Bühne bearbeiten** und **Erscheinungsbilder**, das Aussehen des neuen Grundelements der Zahnradwelle an (6, 7).

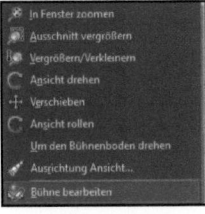

8.14.3.4 Bauteilmaterial zuweisen

Material bearbeiten (FeatureManager)

Kontextmenüs für **Material bearbeiten** anwählen.

Wählen Sie **SOLIDWORKS-DIN-Material / DIN Stahl
1.7223 (41CroMo4)**

Klicken Sie auf **Anwenden** und anschließend auf **Schließen** (8).

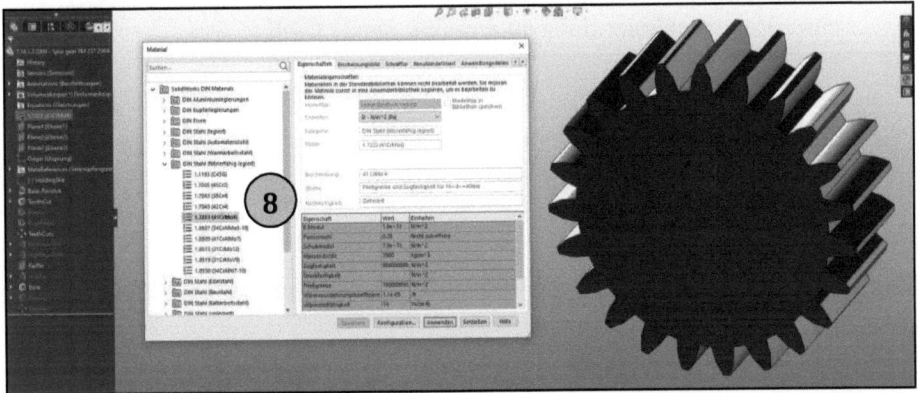

8.14.4 Erstellung der Basisgeometrie der Zahnradwelle

8.14.4.1 Innenbohrung einbringen

Bohrungs-
assistent

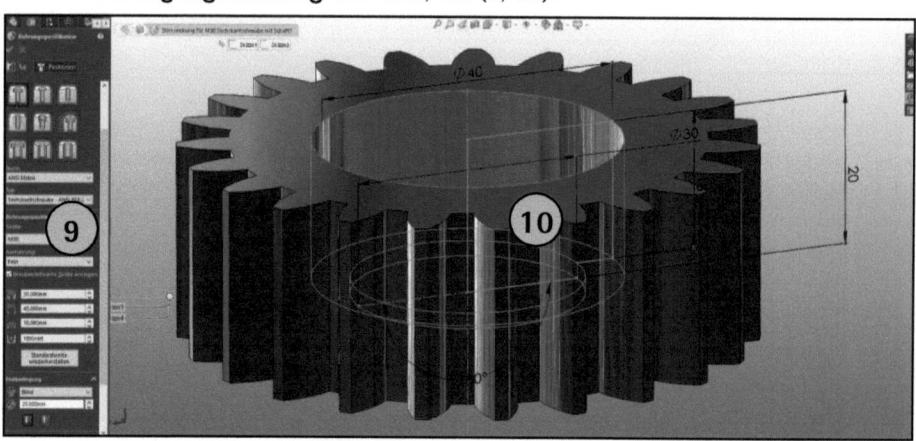

Bohrungsassistent (Registerkarte **Features**)

Bringen Sie am zentralen Mittelpunkt mit dem **Bohrungsassistenten**, eine **zylindrische Senkbohrung Ø40** mm **20** mm tief, **Durchgangsbohrung Ø30** mm, ein (9, 10).

8.14.4.2 Wellenansätze erstellen

Skizze
bearbeiten

Linear ausge-
tragener
Aufsatz

- Erstellen Sie, aus einer Kreisskizze, über **Linear ausgetragener Aufsatz**, einen Volumenkörper Höhe **3** mm Ø**34** mm (11, 12).

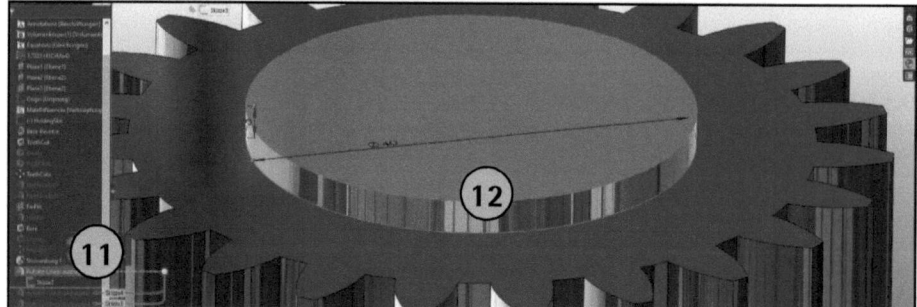

Skizze
bearbeiten

Linear ausge-
tragener
Aufsatz

- Erstellen Sie, aus einer Kreisskizze, über **Linear ausgetragener Aufsatz**, einen Volumenkörper Höhe **80** mm Ø**30** mm (13, 14).

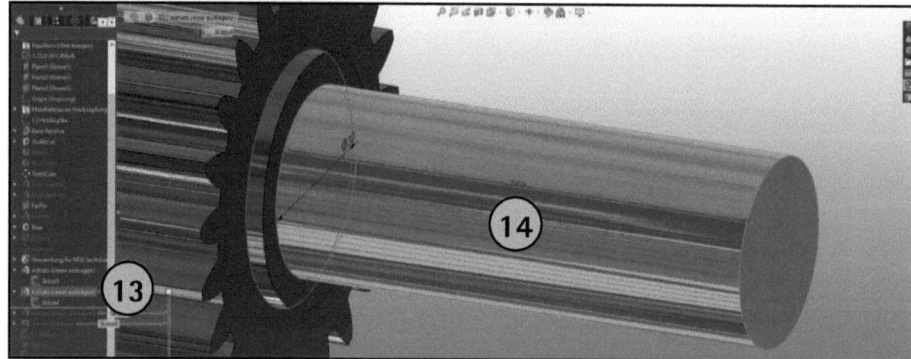

- Erstellen Sie, aus einer Kreisskizze, über **Linear ausgetragener Aufsatz**, einen Volumenkörper Höhe **46** mm Ø**28** mm (15, 16).

Skizze
bearbeiten

Linear ausge-
tragener
Aufsatz

8.14.5 Passfedernut erstellen

8.14.5.1 Tangentiale Arbeitsebene für die Basisskizze der Passfedernut

Ebene (Registerkarte **Features**)

Wählen Sie die Ebene **Plane1** als erste Referenz (17),
den **Wellen-Quadrant-Punkt** als zweite Referenz (18).

Ebene

Erste Referenz

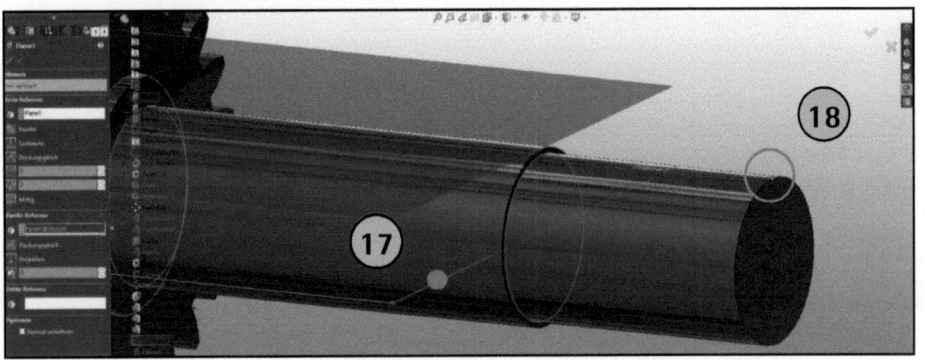

8.14.5.2 Basisskizze für die Passfedernut

- Erstellen Sie die gezeigte Skizze aus **Linien** (19) auf der neuerstellten Ebene.

Skizze

Normal auf

Linie

Kreis mit
Mittelpunkt

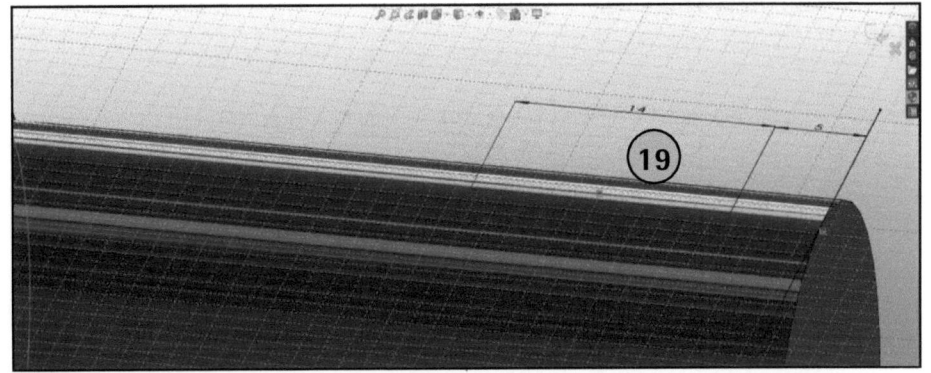

8.14.5.3 Passfedernut erstellen

Bohrungsassistent (Registerkarte **Features**)
Benutzerspezifische Größe anzeigen, keine Spitze **180°**
Typoptionen: **DIN, Blind 4** mm, Bohrtyp: **Langloch**,
Bohrergröße, Ø8 mm, Langlochlänge **28** mm (20).
Wählen Sie die Registerkarte **Positionen**.
Klicken Sie die erstellte **Ebene** an.
Wählen Sie den gezeigten **Mittelpunkt** für das **Langloch** (21).
Drehen Sie, bei Bedarf, die Lage der Passfedernut mit der **TAB**-Taste.

Dialogfeld schließen

8.14.6 Montagebohrung erstellen

Bohrungs-
assistent

Bohrungsassistent (Registerkarte **Features**)
Wählen Sie die Registerkarte **Positionen**.
Klicken Sie die erstellte **Ebene** an.

Wählen Sie den gezeigten **Mittelpunkt** (22).
Gewinde-Grundbohrung M10 Tiefe **20/24** mm Senkung **90°** (23).

Dialogfeld schließen

8.14.7 Ausdrehungen für Sicherungsringe erstellen

8.14.7.1 Vordere Ausdrehung erstellen

- Für die Sicherungsring-Ausdrehung erzeugen Sie eine **Linien**-Skizzenkonstruktion auf der senkrechten Ebene (10).

Skizze

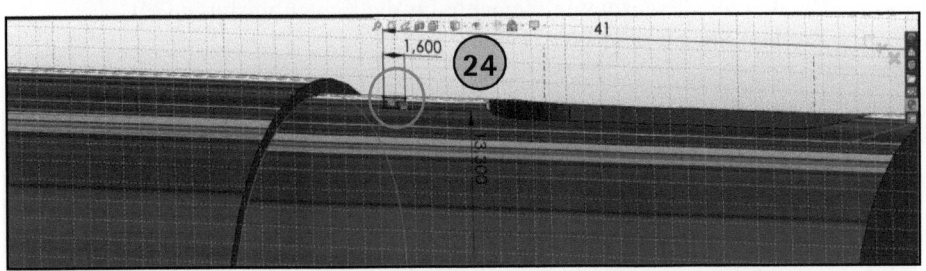

- Wählen Sie die erstellte Skizze und bilden über **Rotierter Schnitt** die Ausdrehung (25).

rotierter Schnitt

8.14.7.2 Hintere Ausdrehung erstellen

- Verfahren Sie mit der Erstellung der der hinteren Sicherungsring-Ausdrehung entsprechend (26, 27).

Skizze

rotierter Schnitt

8.14.8 Kantenbrechungen erstellen

8.14.8.1 Kantenbrechung mit Fase Wert 2 mm x 45°

 Fase

 Fase (Registerkarte **Features**)

Wählen Sie die gezeigten Elemente für die Kantenbrechung (29).
Brechen Sie mit dem Wert **2** mm x **45°** (30).

8.14.8.2 Kantenbrechung mit Fase Wert 1 mm x 20°

Fase

Fase (Registerkarte **Features**)

Wählen Sie die gezeigten Elemente für die Kantenbrechung (31).
Brechen Sie mit dem Wert **1** mm x **20°** (32).

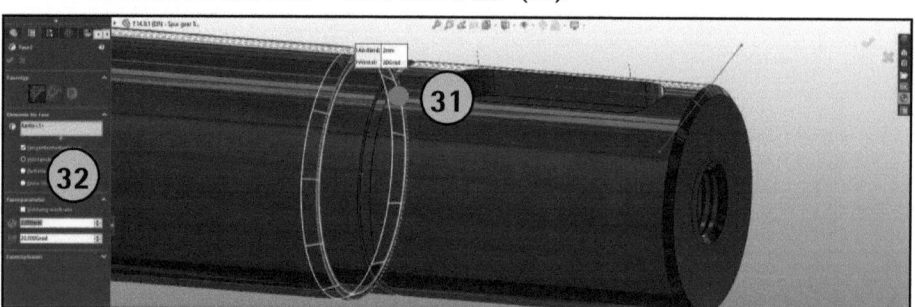

8.14.9 Speichern der Antriebswelle

 Auf diesen PC speichern / Geben Sie einen Namen Ihrer Wahl ein.

Auf diesen PC
speichern

8.15 Gehäusedeckel mit Luftdurchlass

8.15.1 Die Basisgeometrie, Vorgaben

- Öffnen des Grundkörpers
- Abrunden der oberen Außenkontur mit Radius **20** mm
- Erzeugen Sie einen Hohlkörper mit einer Wandstärke von **3** mm.
- Konstruieren Sie eine Hilfskonstruktion mit Abstand von **25** mm über Mitte für das **Lüftungsgitter**.
- Erzeugen Sie ein **Lüftungsgitter** auf Basis dieser Hilfskonstruktion.

8.15.2 Die Grundkörpererstellung

8.15.2.1 Arbeitsdatei öffnen

- **Öffnen (Menüleiste)** / Bauteildatei von der Buch-DVD / OK (1)

Öffnen

8.15.2.2 Die Basisgeometrie, Verrundungen

 Verrundung (Registerkarte **Features**)

Verrundung

 Radius **20** mm, **Vollständige Vorschau**
Verrundungsparameter **Symmetrisch**
Wählen Sie gezeigten Kanten (2, 3).

 Dialogfeld schließen

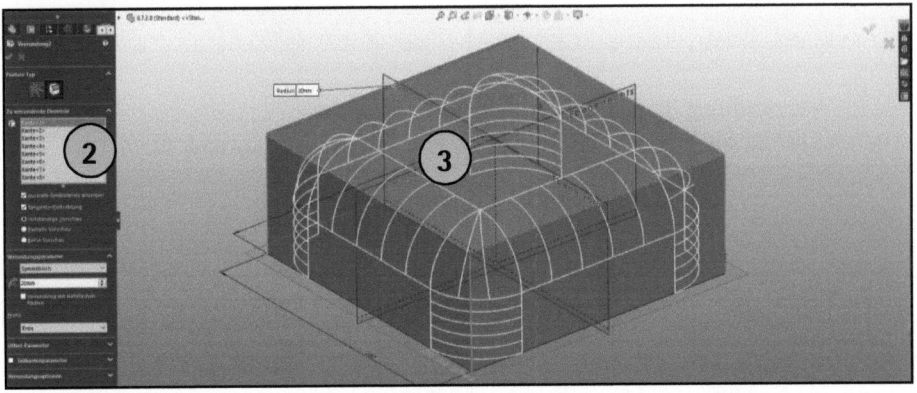

Wandung

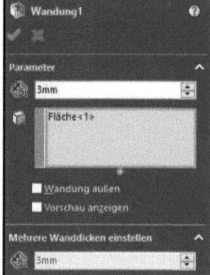

8.15.2.3 Die Basisgeometrie, Wandung

 Wandung (Registerkarte **Features**)

 Dicke **3** mm, **Vorschau anzeigen**.

 Zu entfernende Flächen, wählen Sie die Grundfläche (4).

 Dialogfeld schließen (5)

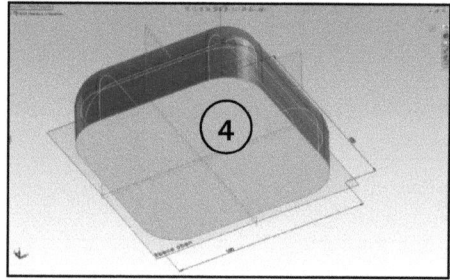 

8.15.3   Luftdurchlass

8.15.3.1 Die Basisskizze

 Linie

 Linie (Registerkarte **Skizze**)

Erstellen Sie den gezeigten Linienverlauf, indem Sie die Endpunkte und Mittelpunkte auf der oberen Teilfläche verbinden (6).

 Offset

 Offset (Registerkarte **Skizze**)

Erzeugen Sie mit Hilfe der **Offset**-Funktion Linien im Abstand von **25** mm von den Mittelachsen (7, 8).

 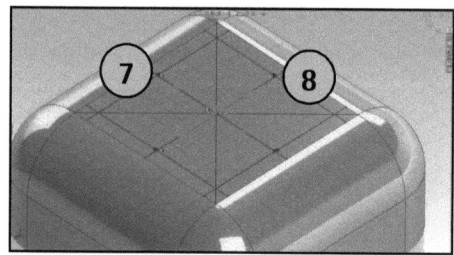

 Verrundung

Verrundung (Registerkarte **Skizzieren**)

Klicken Sie die jeweiligen Außenlinien für die Verrundung an (9, 10).

Trimmen (Registerkarte **Skizzieren**)

Trimmen

 Option **Intelligentes Trimmen**
Klicken Sie im Grafikbereich neben dem ersten Element, und ziehen Sie den
Cursor über das zu trimmende Skizzenelement (11).

 Der **Cursor** ändert sich zu einem Pfeil mit rotem Punkt, während er über
das Skizzenelement geführt wird (12).
Lassen Sie den Cursor los, wenn Sie die Skizze fertiggetrimmt haben und
dieses getrimmt wird, verfahren Sie so für alle Kanten (13).

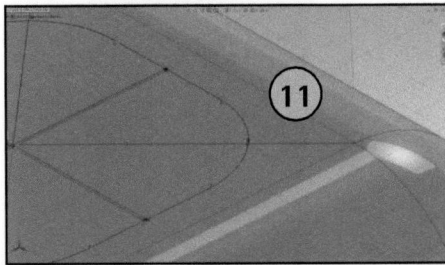

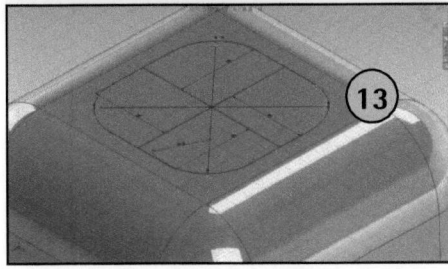

8.15.3.2 Farbzuweisung über „Erscheinungsbilder"

 Erscheinungsbilder (**Head-Up** Ansichtssymbolleiste)
Klicken Sie im **PropertyManager** auf **Farbe** und **Glänzend**.
Wählen Sie einen Farbton Ihrer Wahl (14).

Erscheinungs-
bilder

 Dialogfeld schließen

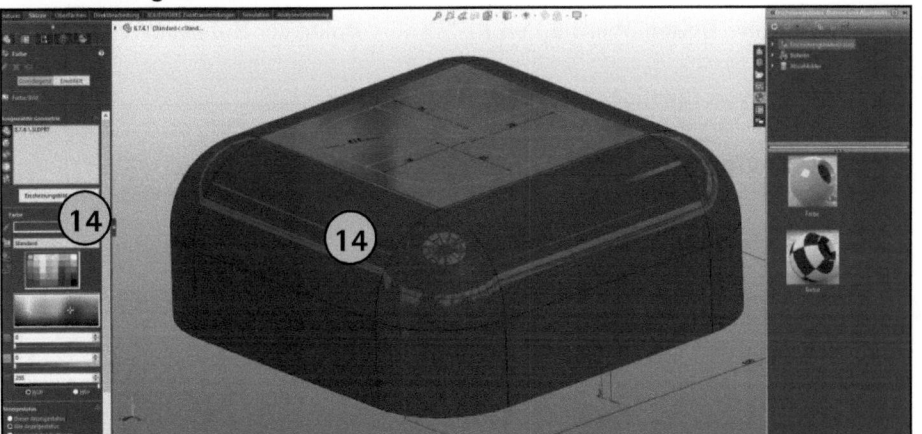

Luftdurchlass

Elemente

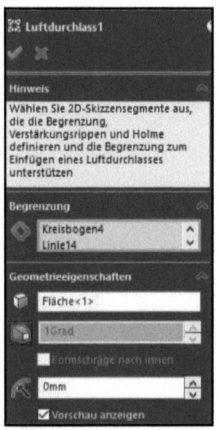

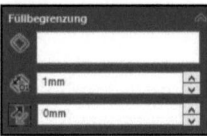

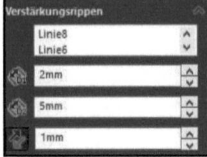

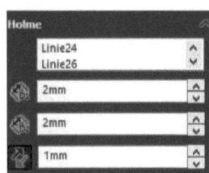

8.15.4 Der Luftdurchlass, die Erstellung

Luftdurchlass (SOLIDWORKS-**Menü** / **Einfügen**)
Im **PropertyManager** werden die folgenden Eigenschaften gesteuert:
Tiefe, **Breite** und **Offset**

Wählen Sie Skizzenelemente für die Begrenzung aus (15).
(Hierzu kann die Auswahl mit der **STRG**-Taste erfolgen)

Wählen Sie eine Fläche aus (16).

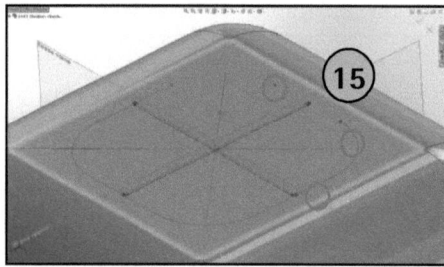

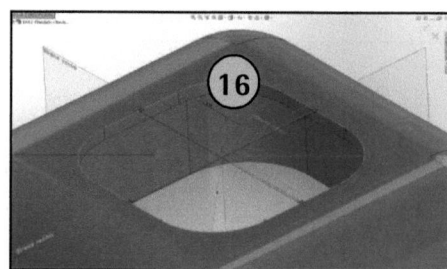

* **Verstärkungsrippen:**
Wählen Sie Skizzensegmente für die Rippen aus (17).

 Tiefe der **Rippen**, Wert: **2** mm / Breite der **Rippen**, Wert: **5** mm

 Offset von Oberfläche, Wert: **1** mm (18).

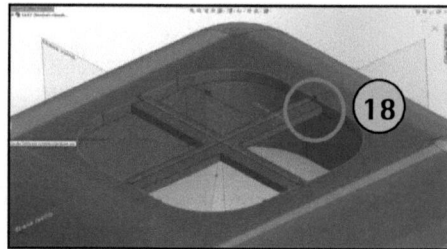

* **Holme:**
Wählen Sie Skizzensegmente für die Holme aus (19).

 Tiefe der **Holme**, Wert: **2** mm / Breite der **Holme**, Wert: **3** mm

 Offset von Oberfläche, Wert: **1** mm (20).

 Dialogfeld schließen

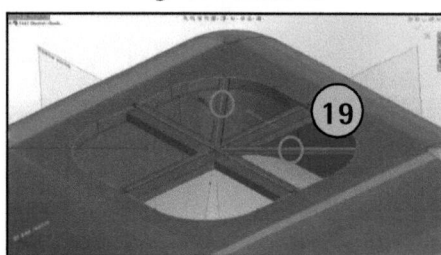

8.15.5 Dateisicherung

 Auf diesen PC speichern / Geben Sie einen Namen Ihrer Wahl ein.

 Auf diesen PC speichern

8.16 Gehäusedeckel mit Befestigungsaufsätzen

8.16.1 Die Basisgeometrie, Vorgaben

- Öffnen des Grundkörpers
- Abrunden der oberen Außenkontur mit Radius **20** mm
- Erzeugen Sie einen Hohlkörper mit einer Wandstärke von **3** mm.
- Konstruieren Sie eine Hilfskonstruktion mit Abstand von **25** mm über Mitte für die Positionierung der Befestigungsaufsätze.
- Erzeugen Sie **vier** Befestigungsaufsätze auf Basis dieser Hilfskonstruktion.

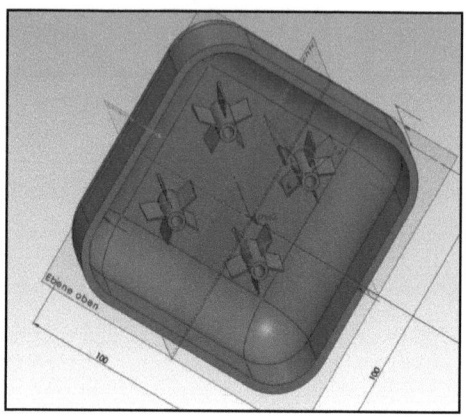

8.16.2 Die Grundskizze für die Befestigungsaufsätze

8.16.2.1 Arbeitsdatei öffnen

Öffnen

- **Öffnen (Menüleiste)** / Bauteildatei von der Buch-DVD / OK

8.16.3 Die Basisskizze, die Erstellung

- Wählen Sie die Registerkarte **Skizze** an, klicken Sie die gezeigte Fläche an.

Linie

Linie (Registerkarte **Skizzieren**)

Erstellen Sie den gezeigten Linienverlauf, indem Sie die Mittelpunkte auf der oberen Teilfläche verbinden (1).

Kreis mit Mittelpunkt

Kreis mit Mittelpunkt (Registerkarte **Skizzieren**)

Erstellen Sie einen Kreis mit Ø**50** mm am Linienschnittpunkt (2).

Kreis mit Mittelpunkt

Kreis mit Mittelpunkt (Registerkarte **Skizzieren**)

Erstellen Sie vier Kreise mit Ø**10** mm am Linien-Kreisschnittpunkt (3).

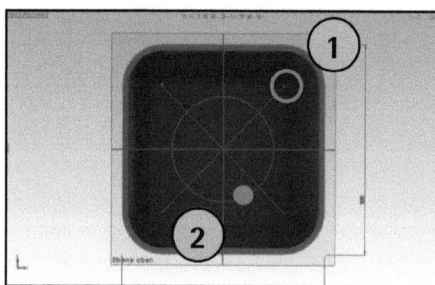

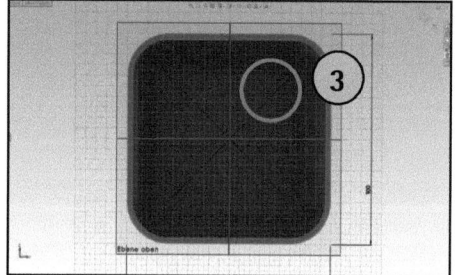

8.16.4 Der Befestigungsaufsatz

Befestigungs-Features optimieren die Erstellung von häufig verwendeten Features für Kunststoff- und Blechteile. Sie können Folgendes erstellen:

Befestigungsaufsätze. Sie können eine Vielzahl von Befestigungsaufsätzen erstellen. Legen Sie die Anzahl der Rippen fest, und wählen Sie eine Bohrung oder einen Stift aus.

Rasthaken und **Rasthakennuten.** Passen Sie den Rasthaken und die Rasthakennut an. Sie müssen zuerst einen Rasthaken erstellen, bevor Sie eine Rasthakennut erzeugen können.

Nuten und Federn. Richten zwei Kunststoffteile aufeinander aus, verknüpfen sie und halten diese zusammen. Feder- und Nut-Features unterstützen Mehrkörper und Baugruppen.

 Befestigungsaufsatz (SOLIDWORKS-**Menü** / **Einfügen**)

Wählen Sie den Typ **Hardwareaufsatz**.

 Wählen Sie eine Fläche aus (4).

 Wählen Sie eine runde Kante aus (5).

- **Aufsatz**, fehlende Werte aus der Tabelle:
  Geben Sie Durchmesser ein, Wert Ø**8** mm.
  Geben Sie die Aufsatzhöhe ein, Wert **20** mm.

- **Rippen**, fehlende Werte aus der Tabelle:
  Rippenhöhe eingeben, Wert **15** mm.
  Rippenlänge eingeben, Wert **10** mm.
  Rippenanzahl eingeben, Wert **5**.

- **Befestigungsart Bohrung**, fehlende Werte aus der Tabelle:
  Innenbohrung eingeben, Wert Ø**4** mm.
  Innenbohrungshöhe eingeben, Wert **10** mm.

 Dialogfeld schließen (6)

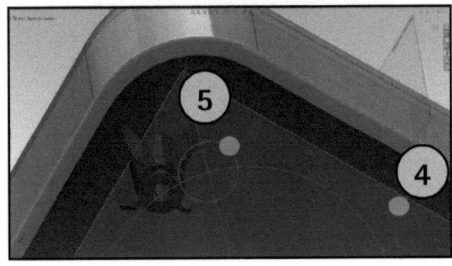

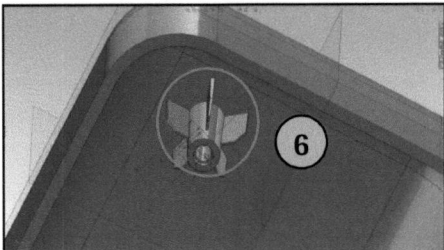

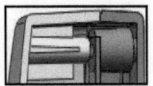
Befestigungsaufsatz

Rasthaken

Nuten und Federn

Befestigungs-Aufsatz

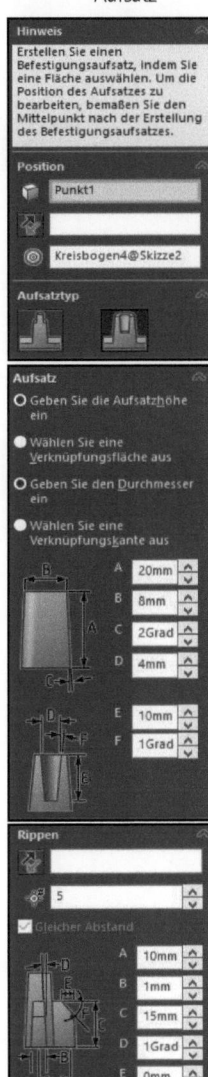

8.16.5 Befestigungsaufsätze über Kreismuster

8.16.5.1 Einrichten einer Mittenachse

Referenz-
geometrie

Achse

Zwei Ebenen

 Referenzgeometrie (Registerkarte **Features**)

 Achse (Referenzgeometrie-Symbolleiste)

 Zwei Ebenen, wählen Sie die gezeigten Ebenen (7, 8).

 Dialogfeld schließen (9)

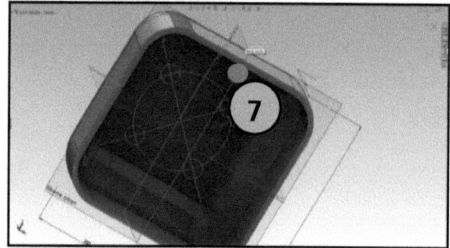

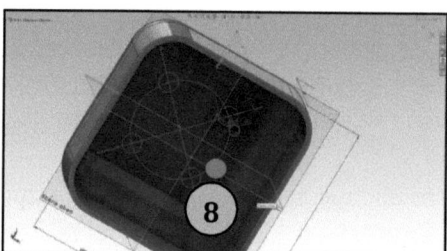

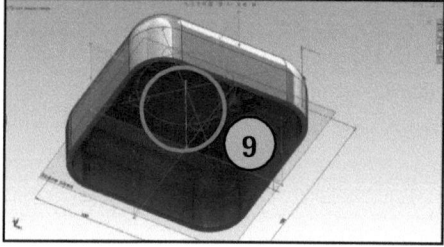

8.16.5.2 Das Kreismuster

Kreismuster

 Kreismuster (Registerkarte **Features**)

Wählen Sie den **Befestigungsaufsatz** aus dem **temporären FeatureManager** (10)

Wählen Sie die erstellte Achse (11) / **Partielle Vorschau.**

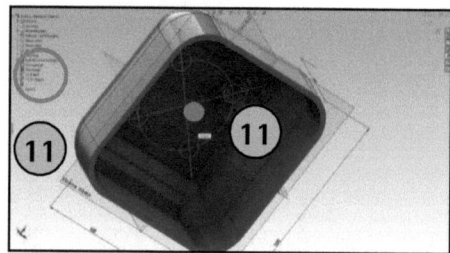

4 Feature-Elemente / **Gleicher Abstand**
Gesamtwinkel **360°**.

Dialogfeld schließen (12, 13)

Anzahl der
referenzierten
Kopien

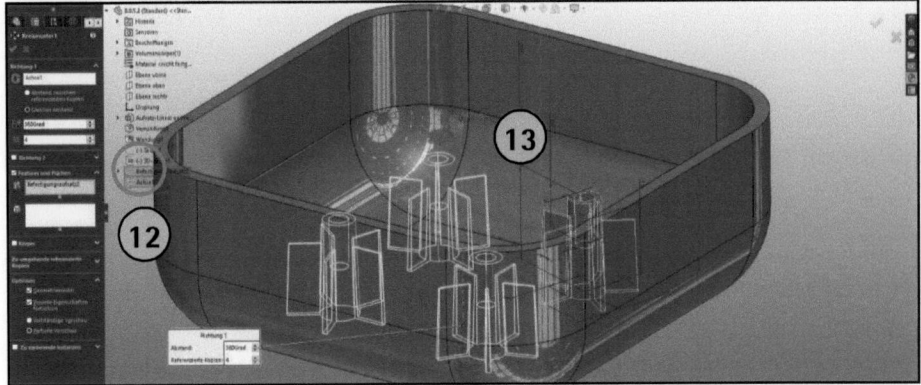

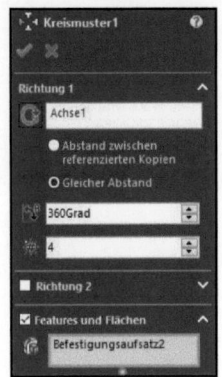

8.16.6 Farbzuweisung über „Erscheinungsbilder"

Erscheinungsbilder (**Head-Up-**Ansichtssymbolleiste)
Klicken Sie im **PropertyManager** auf **Farbe** und **Glänzend**.
Wählen Sie einen Farbton Ihrer Wahl (14).

Dialogfeld schließen

Erscheinungs-
bilder

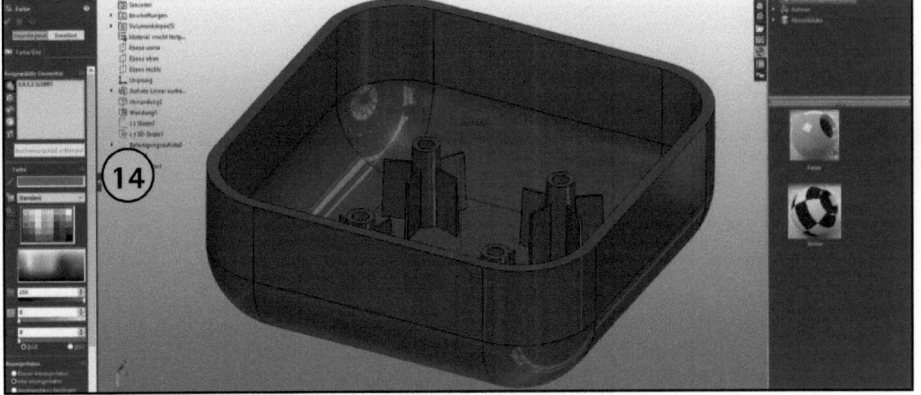

8.16.6.1 Dateisicherung

Auf diesen PC speichern / Geben Sie einen Namen Ihrer Wahl ein.

Auf diesen PC
speichern

Projekt IX

Mächtige Befehle
Übergangskörper
Seite 294 bis 313

- Trichterelement mit Befehlskombinationen
  „Formschräge", „Fase" und „Dünnwand"

- Eckig auf Eckig, 90° versetzt,
  „Übergangsausprägung" mit „Wandung"

- „Rund auf Eckig", mit Erweiterungen
  „Übergangsausprägung"

- Flachliegende Rohrleitung
  „Geführte Ausprägung"

- Erstellen einfacher Wölbungskonstruktionen
  Funktion „Kuppel"

- Sweeping-Dünnwand Volumen Objekt
  Hohlkörper aus Koordinaten-Texttabelle

8.17 Erstellen eines Trichterelements mit Formschräge

8.17.1 Die Basisgeometrie, Vorgaben

- Fasen Sie die senkrechten Kanten um **20** mm mit **45°** an.
- Ziehen Sie eine Formschräge um **20°** nach oben.
- Erzeugen Sie einen Hohlkörper mit einer Wandstärke von **5** mm.

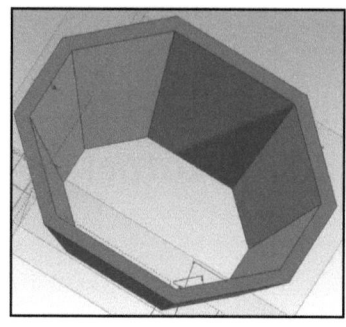

8.17.2 Arbeitsdatei öffnen und anpassen

8.17.2.1 Arbeitsdatei öffnen

Öffnen

- **Öffnen (Menüleiste)** / Bauteildatei von der Buch-DVD (1)

8.17.2.2 Anfasung des Grundkörpers, die Erstellung

Fase

 Fase (Registerkarte **Features**)

Abstand **20** mm, Winkel **45°** (2)

Wählen Sie gezeigten Kanten mit gedrückter **STRG**-Taste (3).

 **Dialogfeld schließen**

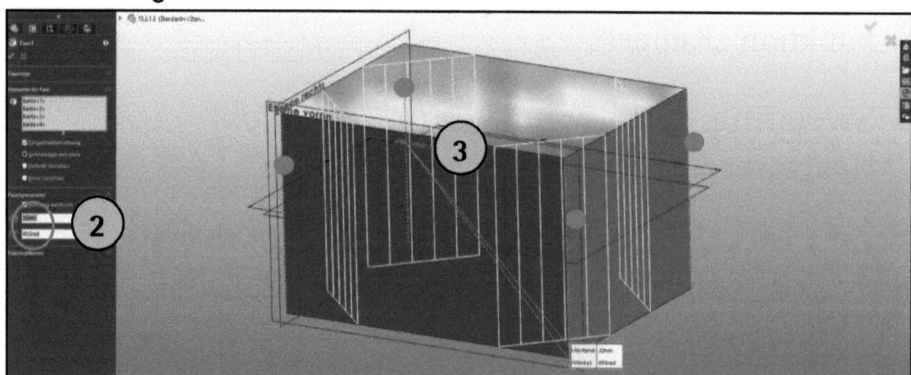

8.17.3 Formschräge für den Grundkörper

Formschräge (Registerkarte **Features**)
Neutrale Ebene (4) / Entformungsrichtung **nach oben**.

Formschräge

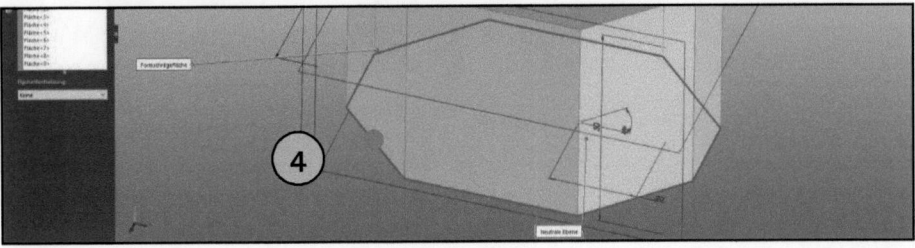

Formschrägewinkel **20°** (5)

Wählen Sie alle acht Außenflächen mit der gedrückten **Strg**-Taste (6).

Ansichten
Selektor

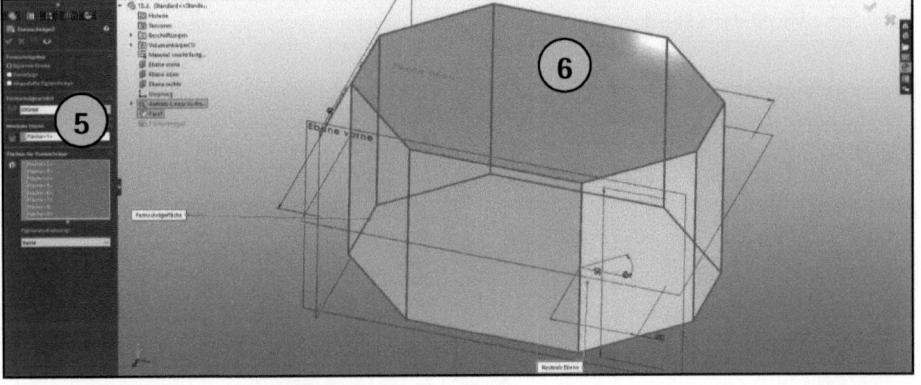

Dialogfeld schließen

8.17.4 Erzeugen eines Trichterelements

Wandung (Registerkarte **Features**)

Wandung

Zu entfernende Flächen
Wählen Sie die Grund- und Deckfläche im Grafikbereich (7, 8).

Ansichten
Selektor

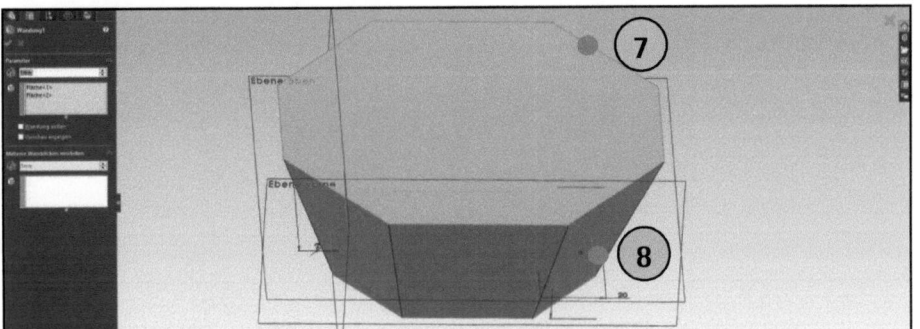

Dicke

 Setzen Sie die Dicke **5** mm fest (9).
Vorschau anzeigen (10)

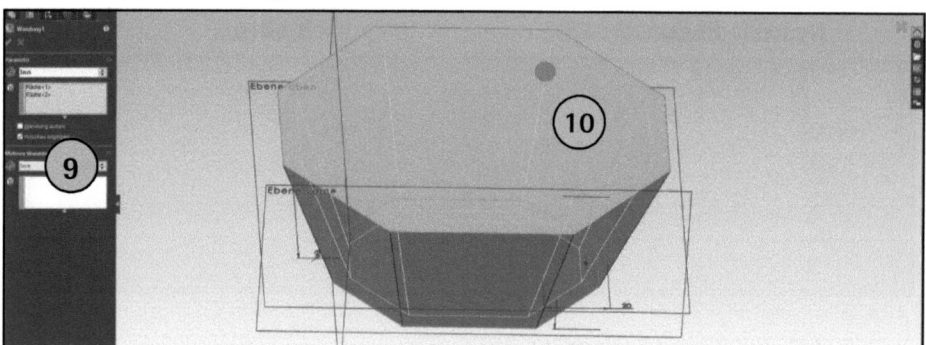

 Dialogfeld schließen

8.17.4.1 Dateisicherung

- Deaktivieren Sie die Anzeige für die Maßeintragungen
- Deaktivieren Sie die Anzeige für die Referenzebenen

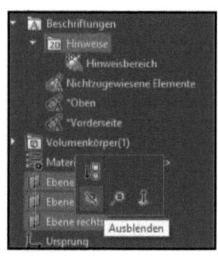

Auf diesen PC
speichern

 Auf diesen PC speichern / Geben Sie einen Namen Ihrer Wahl ein.

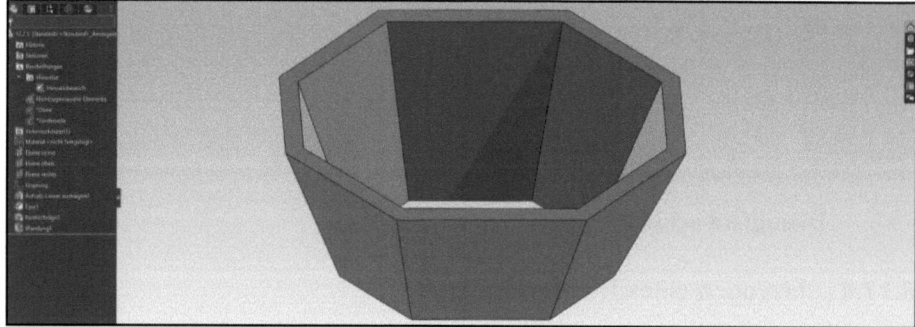

8.18 Erstellen eines rechteckigen Trichterelements

8.18.1 Die Basisgeometrie, Vorgaben

- **Rechteck** über Mitte auf der Ebene **Oben** erstellen, Maße wahlweise.
- **Rechteck** über Mitte auf einer weiteren **parallelen Ebene**, Abstand **80** mm, erstellen, **90°** versetzt.
- Einbringen einer **Wandstärke** zur Erstellung eines Hohlkörpers.
- Weisen Sie dem Trichterelement das **Material** Edelstahl zu.

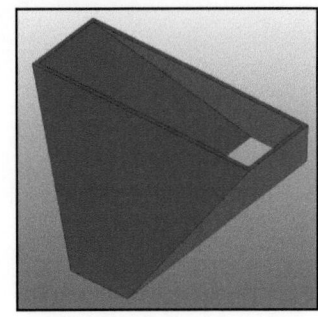

8.18.2 Die Skizzenerstellung

8.18.2.1 Öffnen der eigenen Vorlagendatei

- **Neu** (Menüleiste) / / **Engelke-2025.PRTDOT** anklicken / **OK**

 Neu

 Engelke2025. PRTDOT

 Ebene

8.18.2.2 Zusätzliche Arbeitsebene oberhalb

- Erzeugen Sie eine zusätzliche Arbeitsebene oberhalb der Basisebene **Oben**, **Offset**-Abstand **80** mm (1, 2).

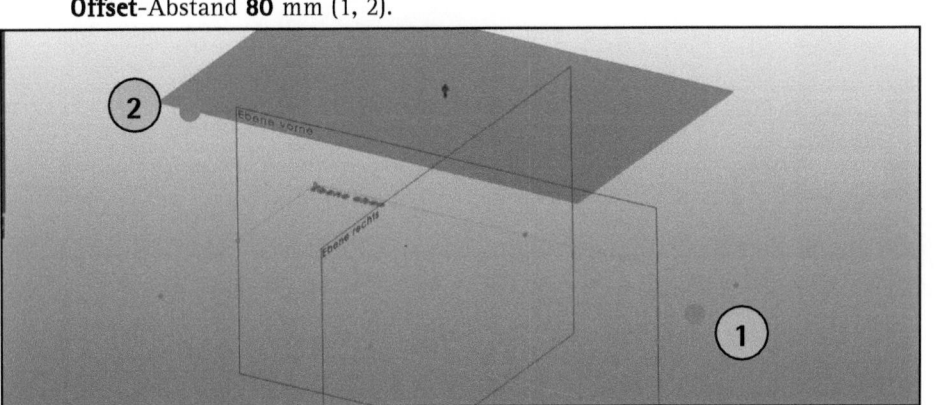

8.18.2.3 Die Basisskizze

- Konstruieren Sie auf der Arbeitsebene **Oben** ein **Rechteck über Mittelpunkt**, Maße beliebig (3).

 Mittelpunkt Rechteck

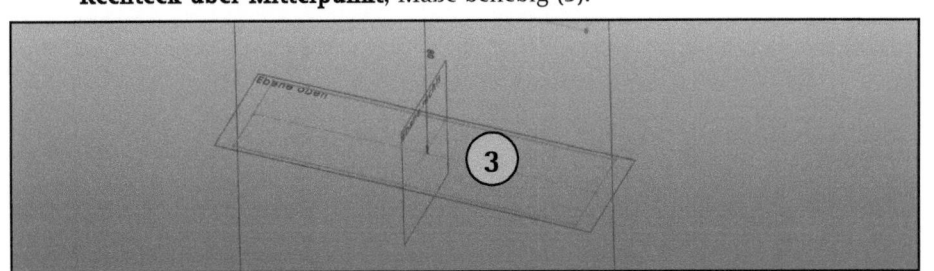

Mittelpunkt
Rechteck

8.18.2.4 Die Endskizze

- Konstruieren Sie auf der neuen Arbeitsebene1 ein
  Rechteck über Mittelpunkt, Maße beliebig (4), **90°** versetzt.

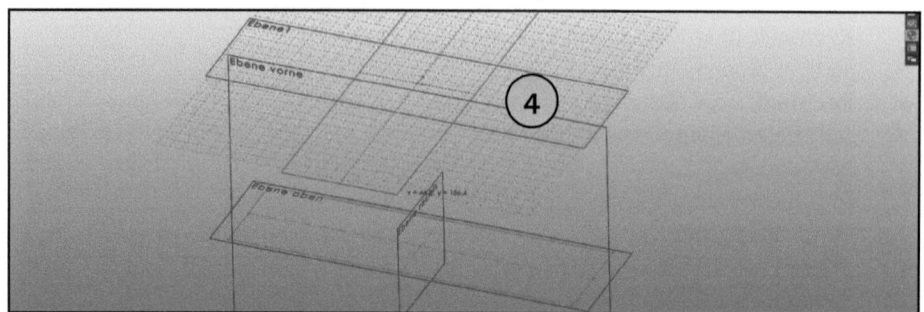

8.18.3 Der Übergangskörper

8.18.3.1 Der Übergangskörper, die Erstellung

Aufsatz / Basis
ausgeformt

Aufsatz/Basis ausgeformt (Registerkarte **Features**)

Wählen Sie die **Skizze1** und **Skizze2** (5, 6),
im **temporären FeatureManager** an (7).

- Verschieben Sie den gezeigten **Eckpunkt** (8) auf die gegenüber liegende Ecke (9).

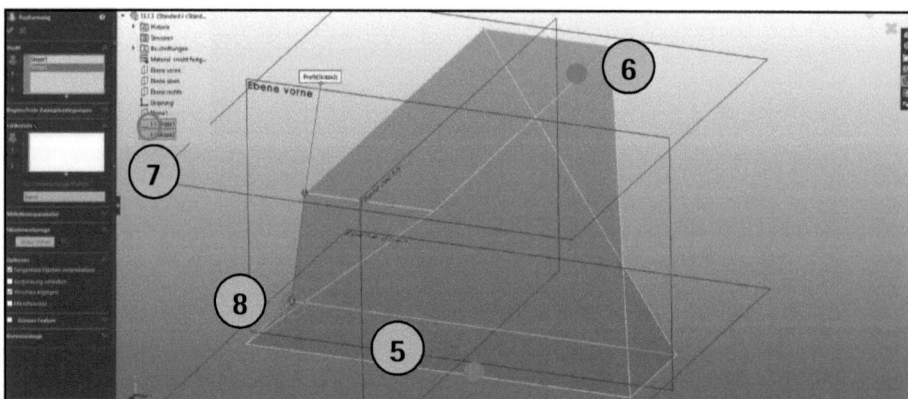

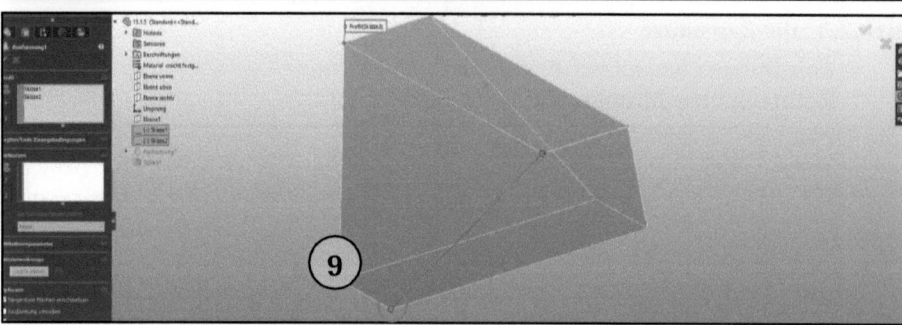

8.18.4 Ausformung als Hohlkörper

- Schalten Sie alle störenden Ebenen über **Ausblenden** aus.

 Wandung (Registerkarte **Features**)

 Setzen Sie die Dicke **2** mm fest (10).

 Zu entfernende Flächen
Wählen Sie die Deck- und Grundfläche im Grafikbereich (11, 12).

 Dialogfeld schließen

 Wandung

 Dicke

8.18.5 Bauteilmaterial zuweisen

 Material bearbeiten (FeatureManager)

Klicken Sie auf **Material / Material bearbeiten**.

Wählen Sie **SOLIDWORKS-Materials / Edelstahl 1.4401 (X5CrNiMo17-12-2)** (13) aus.

Klicken Sie auf **Anwenden** und anschließend auf **Schließen**.

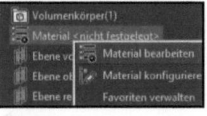

 Material bearbeiten

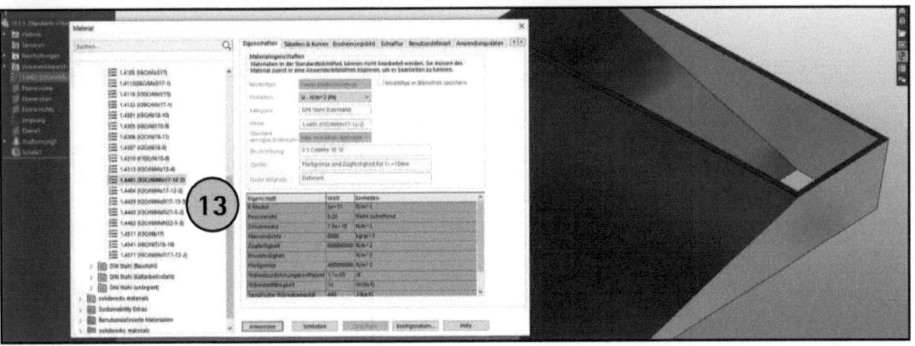

8.18.6 Dateisicherung

 Auf diesen PC speichern / Geben Sie einen Namen Ihrer Wahl ein.

 Auf diesen PC speichern

8.19 Erstellen eines Übergangskörpers „Rund auf Eckig"

8.19.1 Die Basisgeometrie, Vorgaben

- **Rechteck** auf Ebene **Oben** erstellen, Maße wahlweise.
- **Kreis** auf einer weiteren **oberen parallelen Ebene** erstellen, Maße wahlweise, aber größer als das **Rechteck**.
- **Kreis** auf einer weiteren **unteren parallelen Ebene** erstellen, Maße wahlweise aber größer als das **Rechteck.**
- Höhlkörper erstellen, **Wandstärke 5** mm.

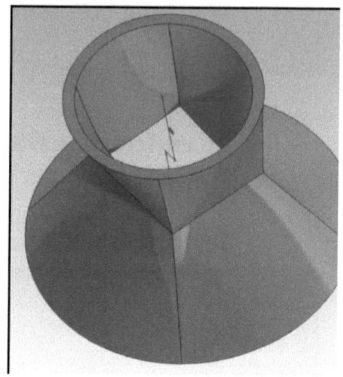

8.19.2 Die Grundkörper-Erstellung

8.19.2.1 Öffnen der eigenen Vorlagendatei

 Neu

 Engelke2025. PRTDOT

- **Neu** (Menüleiste) / / **Engelke-2025.PRTDOT** anklicken / **OK**

8.19.2.2 Die Basisskizze

 Mittelpunkt Rechteck

- Konstruieren Sie auf der Arbeitsebene **Oben** ein **Rechteck über Mittelpunkt**, Maße beliebig (1) über eine **Neue Skizze**.

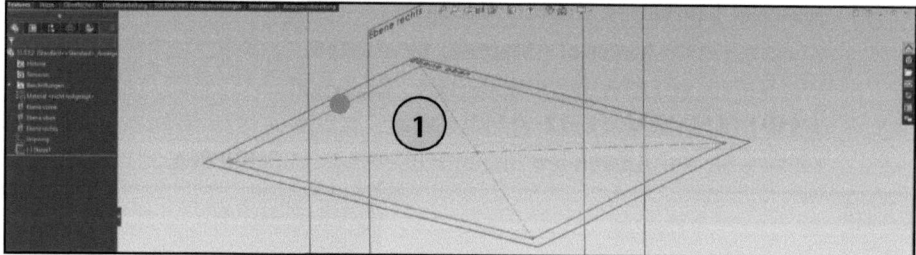

8.19.2.3 Zusätzliche Arbeitsebene oberhalb

 Ebene

- Erzeugen Sie eine zusätzliche **Arbeitsebene** oberhalb der Basisebene, **Offset**-Abstand **60** mm (2, 3).

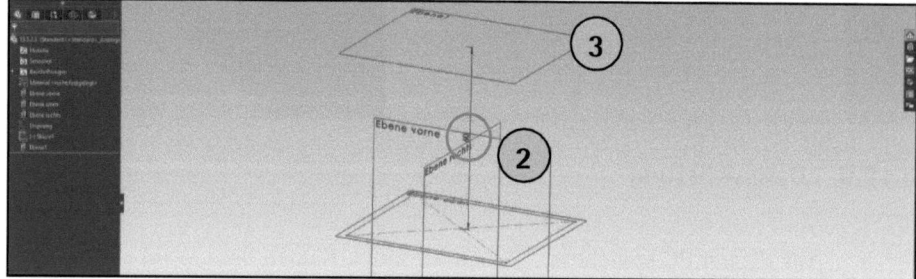

8.19.2.4 Ausformungsskizze Kreis auf der oberen Arbeitsebene

- Konstruieren Sie auf der neuen Arbeitsebene einen **Kreis über Mittelpunkt** auf dem zentralen Mittelpunkt, größer als das Rechteck (4).

Kreis mit
Mittelpunkt

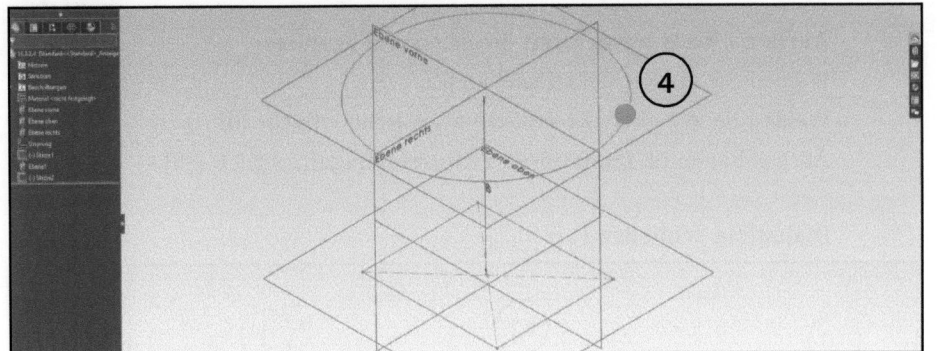

8.19.2.5 Zusätzliche Arbeitsebene unterhalb

- Erzeugen Sie eine zusätzliche **Arbeitsebene** unterhalb der Basisebene, **Offset**-Abstand **60** mm, Option **Richtung umkehren** (5, 6).

Ebene

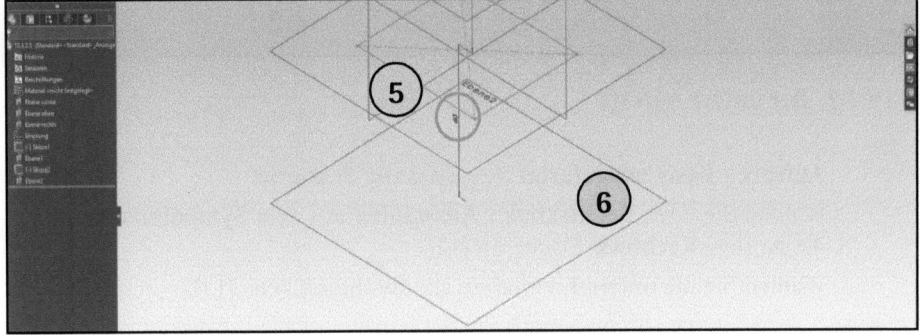

8.19.2.6 Ausformungsskizze Kreis auf der unteren Arbeitsebene

- Konstruieren Sie auf der neuen Arbeitsebene einen **Kreis über Mittelpunkt** auf dem zentralen Mittelpunkt, größer als das Rechteck (7).

Kreis mit
Mittelpunkt

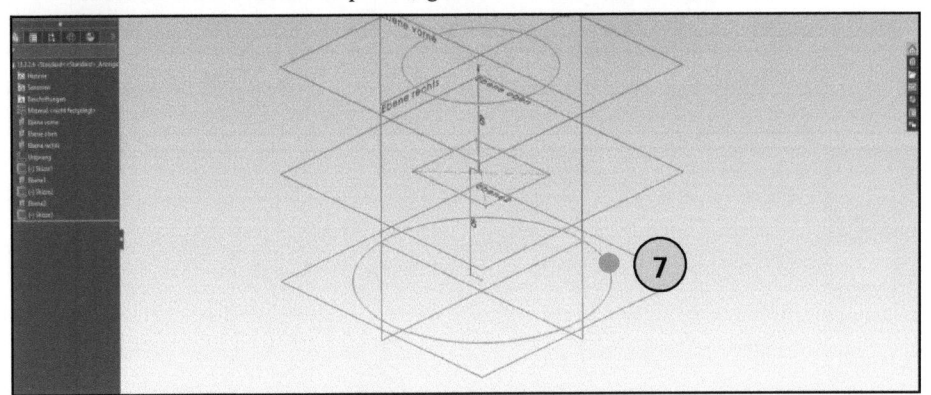

8.19.3 Die Aufsatzgenerierung

8.19.3.1 Der obere Aufsatz

Aufsatz / Basis
ausgeformt

Aufsatz / Basis ausgeformt (Registerkarte **Features**)

Wählen Sie die Rechteckfläche an (8).

Wählen Sie die obere Kreisskizze als Abschlussfläche (9).

Auswahl auch im **temporären FeatureManager** möglich (10)

Dialogfeld schließen (11)

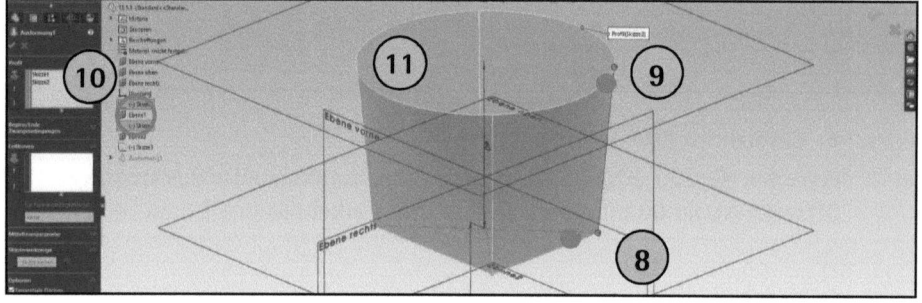

8.19.3.2 Der untere Aufsatz

Aufsatz / Basis
ausgeformt

Aufsatz / Basis ausgeformt (Registerkarte **Features**)

Wählen Sie, über **Rechtsklick / Auswählen** aus dem **Symbolmenü**,
die mittlere **Rechteck**-Fläche an (12).

Wählen Sie die untere Kreisskizze als Abschlussfläche (13).

Dialogfeld schließen (14)

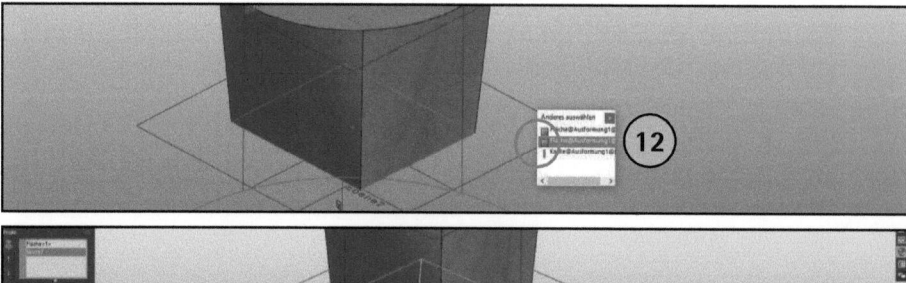

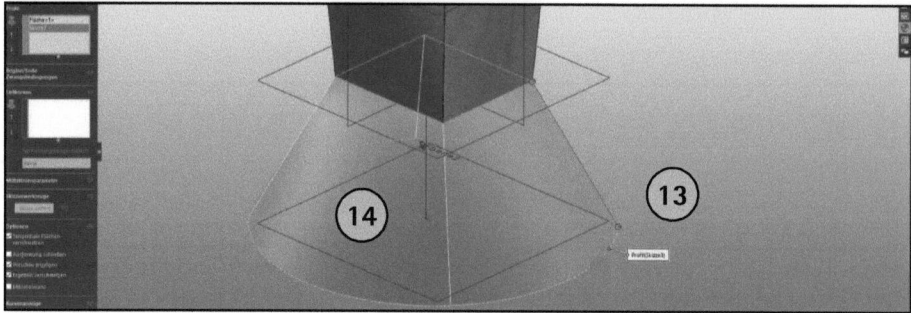

8.19.4 Ausformung eines Hohlkörpers

Wandung (Registerkarte **Features**)

Setzen Sie die Dicke **5** mm fest (15).

Zu entfernende Flächen
Wählen Sie die Grund- und Deckfläche im Grafikbereich (16, 17).

Dialogfeld schließen (18)

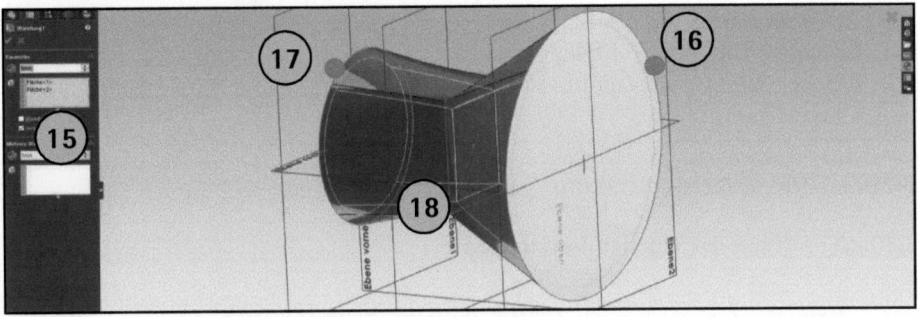

8.19.5 Bauteilmaterial zuweisen

8.19.5.1 Bauteil-Darstellung anpassen

* Deaktivieren Sie die Anzeige für die Maßeintragungen
* Deaktivieren Sie die Anzeige für die Referenzebenen

8.19.5.2 Bauteil-Material zuweisen

Material bearbeiten (FeatureManager)
Klicken Sie auf **Material / Material bearbeiten**.
Wählen Sie **SOLIDWORKS-Materials / Andere Metalle Reingold** (19) aus.
Klicken Sie auf **Anwenden** und anschließend auf **Schließen** (20).

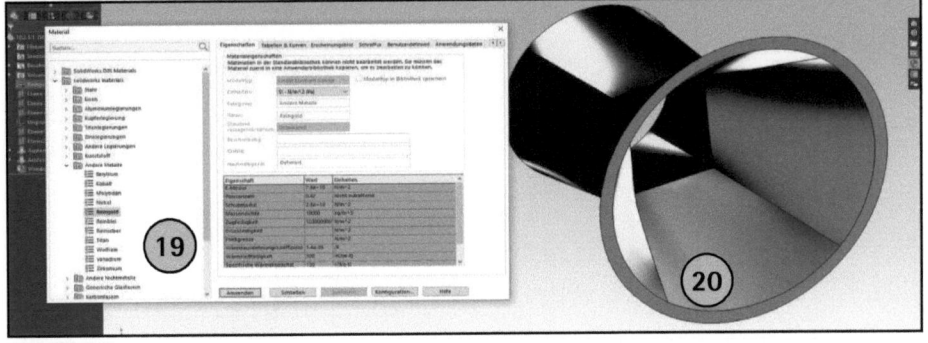

8.19.5.3 Dateisicherung

Auf diesen PC speichern / Geben Sie einen Namen Ihrer Wahl ein.

Wandung

Ansichten-Se-lektor

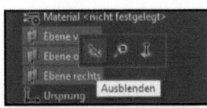

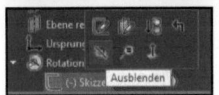

RealView-Graphics

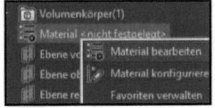

Material bearbeiten

Auf diesen PC speichern

8.20   Erstellen einer liegenden Rohrleitung

8.20.1   Die Basisgeometrie, Vorgaben

- Linien und Abrundungen als Hilfskonstruktion für den Rohrprofilpfad.
- Rohrquerschnitt Ø**15** mm an das Ende des Rohrprofilpfades.
- Kreis und Profilpfad wird zu einem Bogenelement mit geführter Ausprägung.
- Erzeugen Sie ein Rohrelement mit der Dünnwand-Option mit Stärke **1** mm.

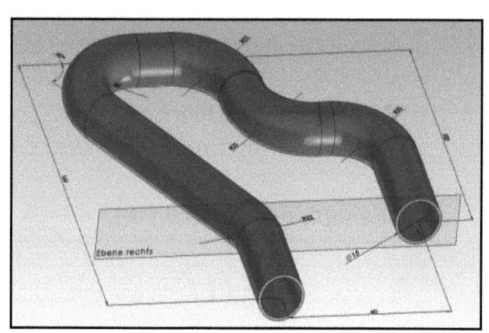

8.20.2   Die Skizzenerstellung

8.20.2.1   Öffnen der eigenen Vorlagendatei

 Neu

 Engelke2025. PRTDOT

- **Neu** (Menüleiste) / / **Engelke-2025.PRTDOT** anklicken / **OK**

8.20.3   Die Skizzenerstellung

8.20.3.1   Die Basisskizze, eckige Form

 Normal auf

 Linie

 Offset Elemente

 Skizzen-Verrundung

- Erstellen Sie ein **Linien**-System entsprechend der dargestellten Skizze.
- Wählen Sie die Ebene **Oben** an / Draufsicht über **Normal auf**.
- Erstellen Sie die Skizzenlinien, tragen Sie die Maße an (1).

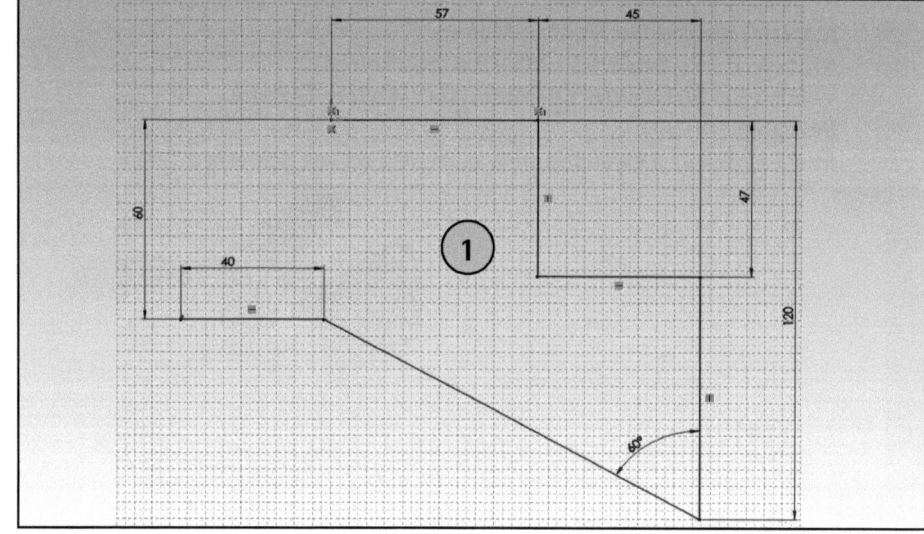

8.20.3.2 Die Basisskizze, Abrundungen

- **Runden** Sie das Linien-System entsprechend der dargestellten Skizze ab, tragen Sie die **Maße** an und schließen Sie die **Skizzenerstellung** (2).

Skizzen-Verrundung

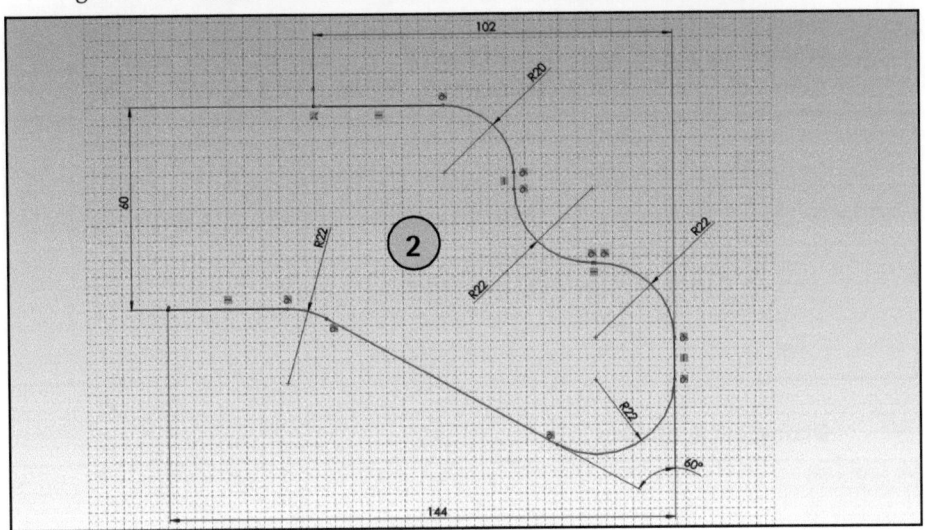

8.20.4 Die Rohrelement-Ausformung

8.20.4.1 Die Skizze für den Rohrkörper

- Die Skizzenkonstruktion beginnt auf der Arbeitsebene **Rechts**, sollte dies bei der Selbsterstellung nicht so sein, muss eine parallele Arbeitsebene durch den Skizzenendpunkt gelegt werden (3).
- Klicken Sie die Arbeitsebene **Rechts**, wählen Sie im Kontextmenü **Skizze**.
- Erstellen Sie auf der Arbeitsebene am Konstruktionslinien-Endpunkt (4) einen **Kreis** mit Ø**15** mm und beenden Sie die Skizze (5).

Kreis über Mittelpunkt

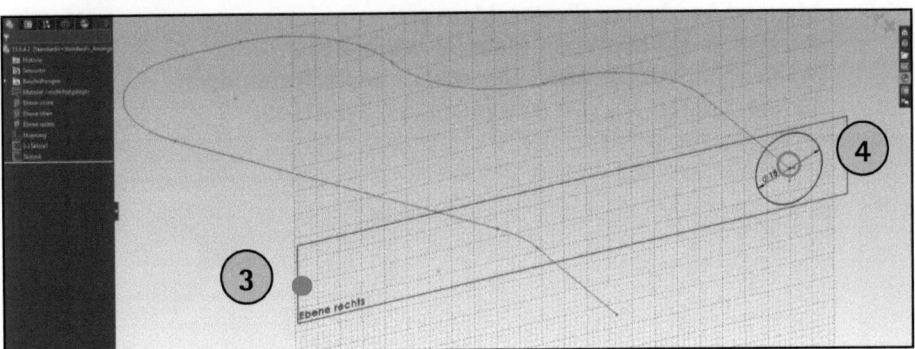

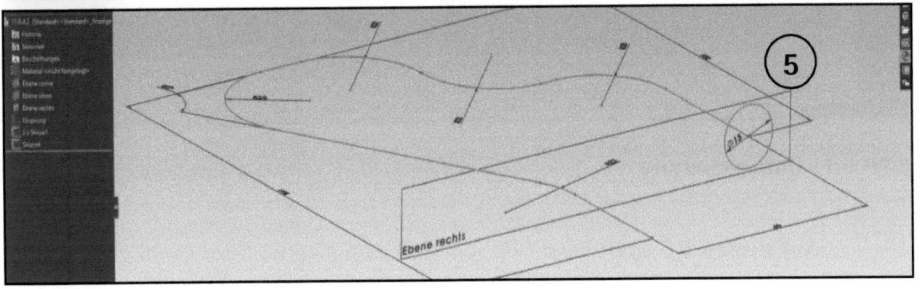

8.20.4.2 Der Rohrkörper mit Dünnwand-Option

Aufsatz / Basis austragen

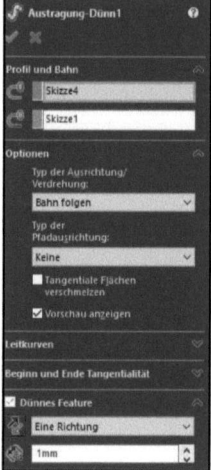

Aufsatz / Basis austragen (Registerkarte **Features**)

Wählen Sie die Kreisfläche (6).
Wählen Sie die Skizzen-Kurvenlinie (7).
Aktivieren Sie die Option **Dünnwand**, Wandstärke **1** mm (8).

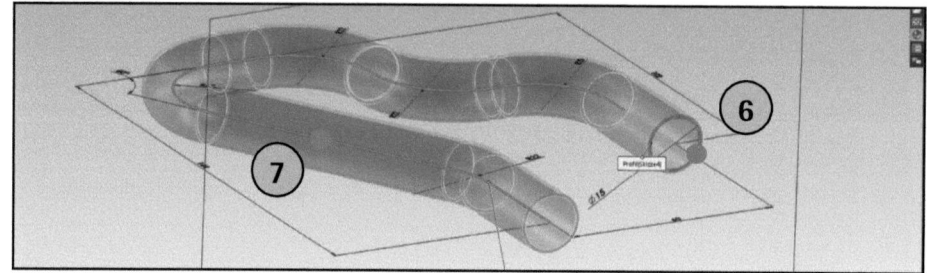

Dialogfeld schließen (9)

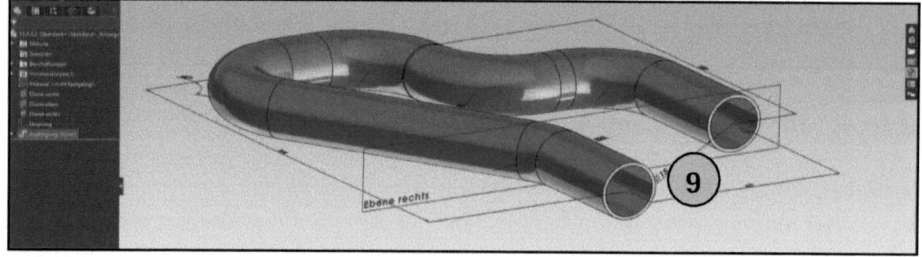

8.20.5 Bauteilmaterial zuweisen

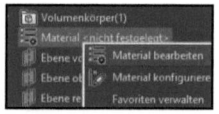

Material bearbeiten

- Deaktivieren Sie alle störenden Darstellungen

Material bearbeiten (FeatureManager)

Klicken Sie auf **Material / Material bearbeiten**.
Wählen Sie **SOLIDWORKS-Materials / Kupferlegierungen**
Chrom-Kupfer (10) aus. **Anwenden** und **Schließen**.

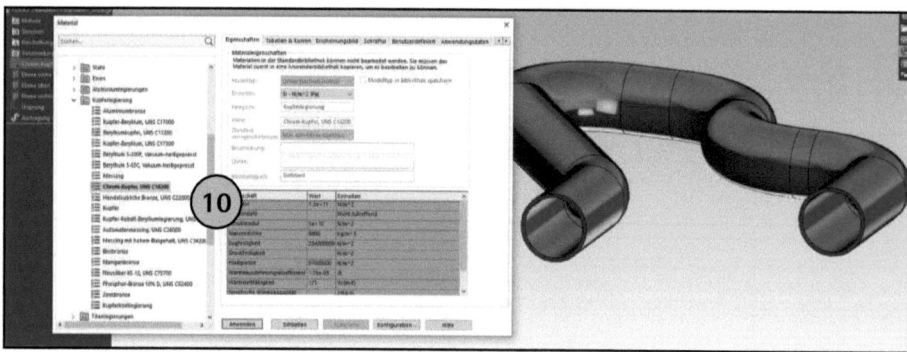

8.20.5.1 Dateisicherung

Auf diesen PC speichern

Auf diesen PC speichern / Geben Sie einen Namen Ihrer Wahl ein.

8.21 Erstellen einfacher Wölbungskonstruktionen

8.21.1 Einfache Wölbungskonstruktion auf einem Quader

8.21.1.1 Arbeitsdatei öffnen

- **Öffnen (Menüleiste)** / Bauteildatei von der Buch-DVD.

 Öffnen

8.21.1.2 Die Kuppelgenerierung

 Kuppel (SOLIDWORKS-Menü / **Einfügen**)

Aktivieren Sie die Option **Vorschau anzeigen**.

Wählen Sie die obere Fläche des Quaders (1).

Setzen Sie den Höhenwert auf **100** mm (2).

 Kuppel

✅ **Dialogfeld schließen** (3)

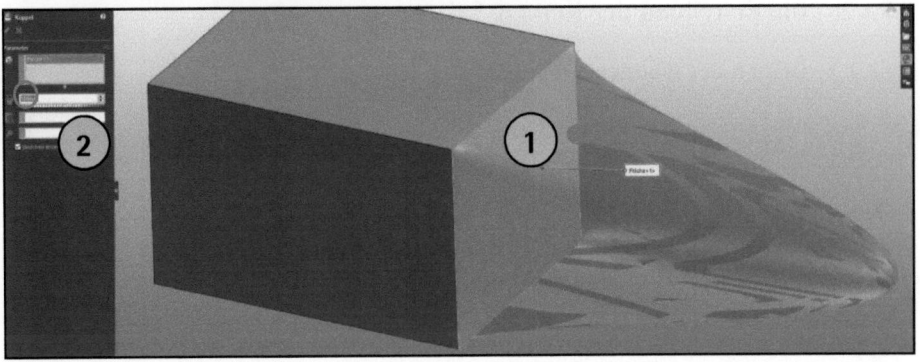

8.21.1.3 Dateisicherung

 Auf diesen PC speichern / Geben Sie einen Namen Ihrer Wahl ein.

 Auf diesen PC speichern

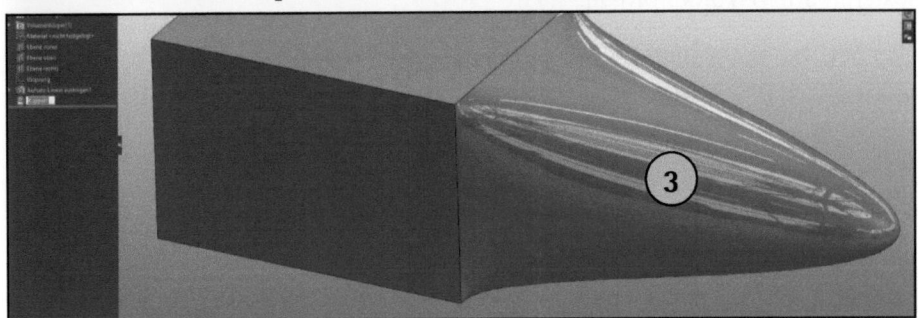

8.22 Sweeping-Dünnwand-Hohlkörper-Objekt XYZ-Kurve aus einer Textdatei

8.22.1 Die Basisgeometrie, Vorgaben

- Erstellen Sie eine Textdatei mit nebensehendem Inhalt.
- Erzeugen Sie eine **XYZ-Kurve** aus dieser Textdatei.
- Erstellen Sie eine senkrechte **Linie** als Rotationsachse.
- **Polygon** und **Profilpfad** wird zu einem Sweeping-Volumen-Objekt mit **Basis austragen**.
- Erzeugen Sie ein Hohlelement mit der **Dünnwand**-Option mit Stärke **2** mm.

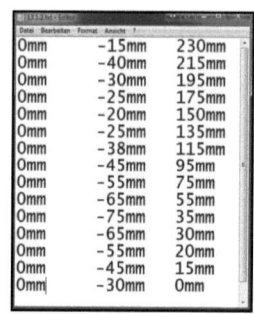

0mm	−15mm	230mm
0mm	−40mm	215mm
0mm	−30mm	195mm
0mm	−25mm	175mm
0mm	−20mm	150mm
0mm	−25mm	135mm
0mm	−38mm	115mm
0mm	−45mm	95mm
0mm	−55mm	75mm
0mm	−65mm	55mm
0mm	−75mm	35mm
0mm	−65mm	30mm
0mm	−55mm	20mm
0mm	−45mm	15mm
0mm	−30mm	0mm

Neu

Engelke2025. PRTDOT

8.22.2 Die Erstellung der Kurven-Skizze

8.22.2.1 Öffnen der eigenen Vorlagendatei

- **Neu** (Menüleiste) / / **Engelke-2025.PRTDOT** anklicken / **OK**

8.22.2.2 Die Textdatei für die XYZ-Punkte

Erstellen Sie mit einem Texteditor oder einer Arbeitsblattanwendung eine Datei, die Koordinatenwerte für Kurvenpunkte enthält. Das Dateiformat muss eine dreispaltige, durch Tabulator oder Leertaste begrenzte Liste von **nur X-, Y-** und **Z**-Koordinaten sein. Fügen Sie keine Spaltentitel, wie X, Y oder Z oder andere zusätzliche Daten hinzu. Klicken Sie auf **Durchsuchen**, und gehen Sie zur Kurvendatei, die Sie öffnen möchten. Sie können **.sldcrv**-Dateien oder .txt-Dateien öffnen, bei denen das gleiche Format wie bei **.sldcrv**-Dateien verwendet wird. Sie können 3D-Kurven in Microsoft Excel erstellen, diese als **.txt**-Datei speichern und diese später in SOLIDWORKS öffnen.

Kurve durch XYZ-Punkte

8.22.2.3 Die Kurvenlinie als erste Kurve aus der Textliste

Kurve durch XYZ-Punkte (Registerkarte **Features** / **Kurven**)
Durchsuchen (1)
Öffnen Sie die Textdatei von der Buch-DVD / **OK** (1, 2)

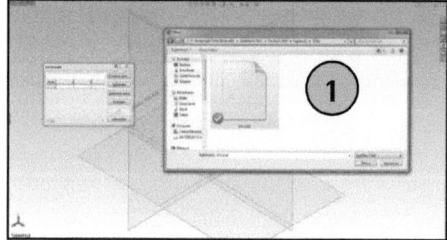

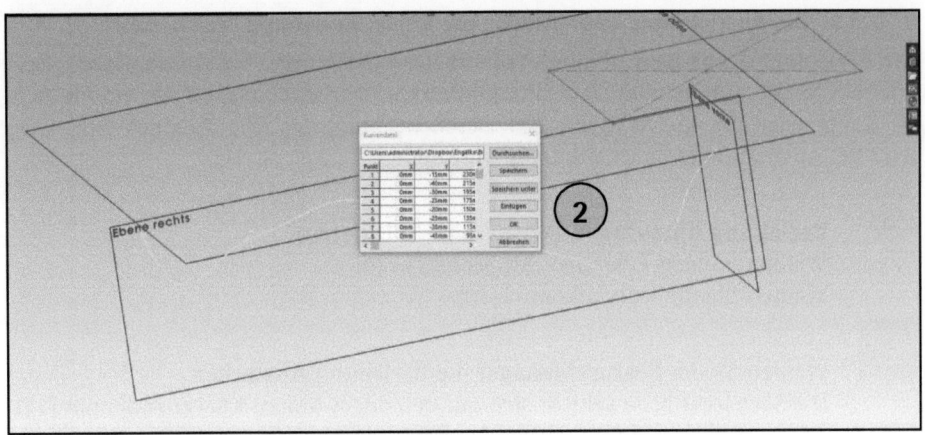

8.22.3 Die Erstellung der Basisskizze

8.22.3.1 Die Hohlkörper-Achse, als Ausrichtelement der Grundfläche

Referenzgeometrie (Registerkarte **Features**)

Achse / Zwei Ebenen, wählen Sie die Ebenen (3, 4).

Dialogfeld schließen (5)

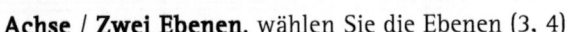
Referenz-
geometrie

Achse

Zwei Ebenen

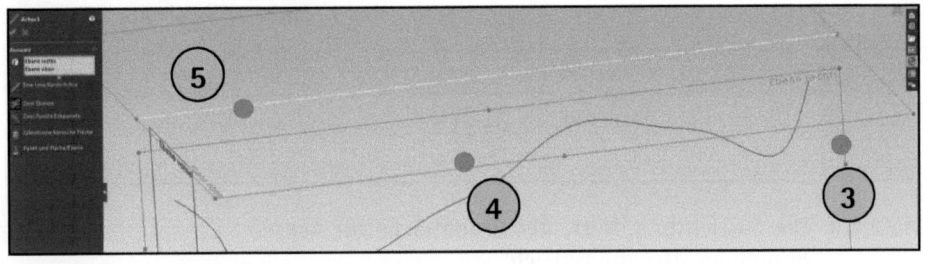

8.22.3.2 Die Hohlkörper-Grundfläche

• Klicken Sie die Arbeitsebene **Vorn**, wählen Sie **Skizze** (6).

Polygon (Register **Skizzieren**)
Ziehen Sie ein Polygon, **6 Seiten**.
Mittelpunkt des Polygons ist der Ursprungspunkt (7).
Eckpunkt frei ziehen legen, ca. **26** mm **270°** (8).

Polygon

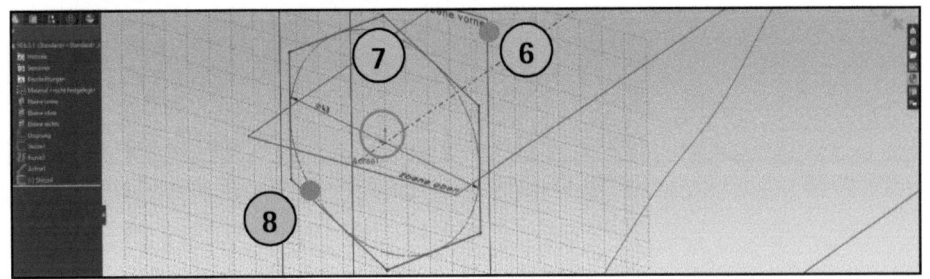

8.22.3.3 Die Ausrichtung, Grundfläche zur Kurve, Beziehung "Anstecken"

Die Beziehung **Anstecken** verbindet ein Skizzenpunkt und eine Achse, Kante, Linie oder ein Spline miteinander. Der Skizzenpunkt ist dort deckungsgleich, wo die Achse, Kante oder die Kurve in die Skizzierebene eindringt. Die **Ansteck**-Beziehung wird bei Austragungen mit Leitkurven verwendet.

Beziehung hin-
zufügen

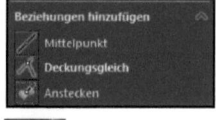

Beziehung
Anstecken

Beziehung hinzufügen (Registerkarte **Skizzieren**)
Wählen Sie den Eckpunkt des Sechsecks (9).
Wählen Sie die Kurvenkontur (10).

Wählen Sie im **FeatureManager** die Beziehung **Anstecken**.
Die Sechseckfläche schiebt sich auf den angewählten Kurvenendpunkt (11).

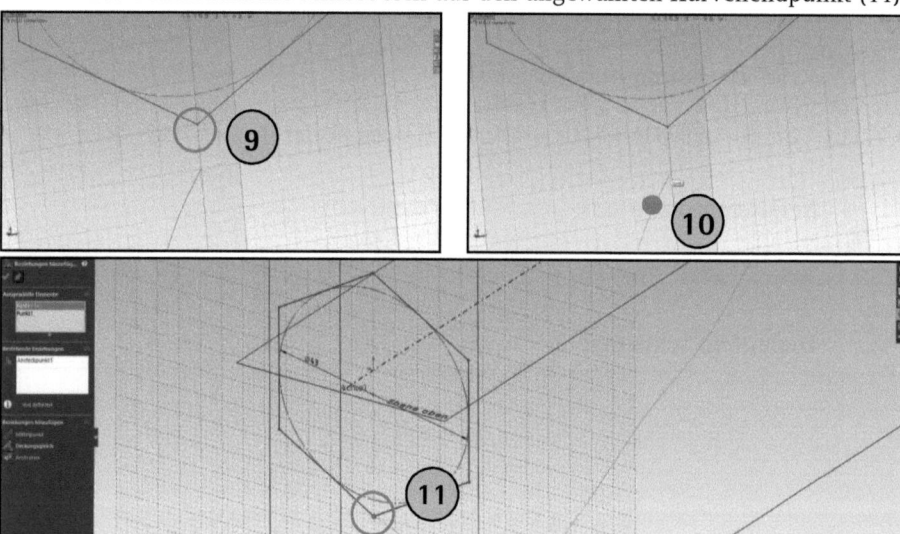

8.22.3.4 Die Ausrichtung, Mitte der Grundfläche zur Achse, Beziehung „Deckungsgleich"

Beziehung hin-
zufügen

Beziehung hinzufügen (Registerkarte **Skizzieren**)

Wählen Sie den Endpunkt der Achse (12).

Wählen Sie den Mittelpunkt der Sechseckfläche (13).

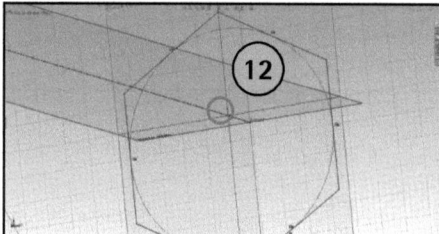

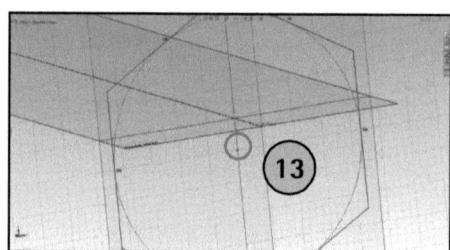

Wählen Sie im **FeatureManager** die Beziehung **Deckungsgleich**.

Die Sechseckfläche schiebt sich auf den angewählten Achsenendpunkt (14).

 Beziehung
Deckungs-
gleich

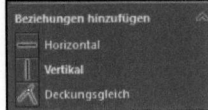

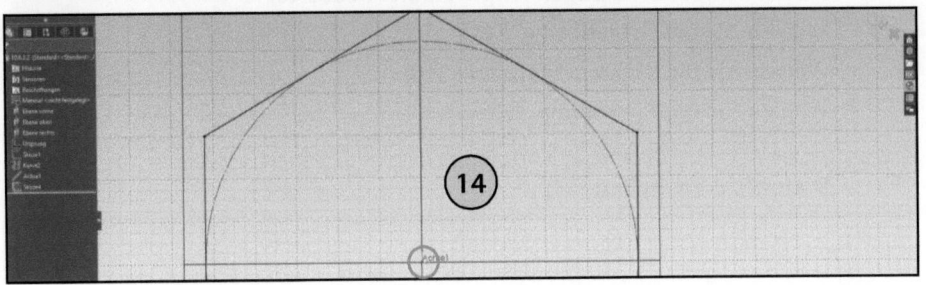

 Skizze beenden

 Skizze beenden

8.22.3.5 Drehachse als Linien-Skizze

Für die Funktion **Aufsatz / Basis austragen** kann die eingeplante Achse nicht als Rotationselement verwendet werden, so muss eine Linie als Drehachse eingezeichnet werden.

* Klicken Sie die Arbeitsebene **Rechts**, wählen Sie **Skizze** (15).

 Linie (Registerkarte **Skizzieren**)

Zeichnen Sie eine Linie vom Ursprungspunkt (16)
ca. **240** mm, **180°** (17).

 Linie

 Skizze beenden

 Skizze beenden

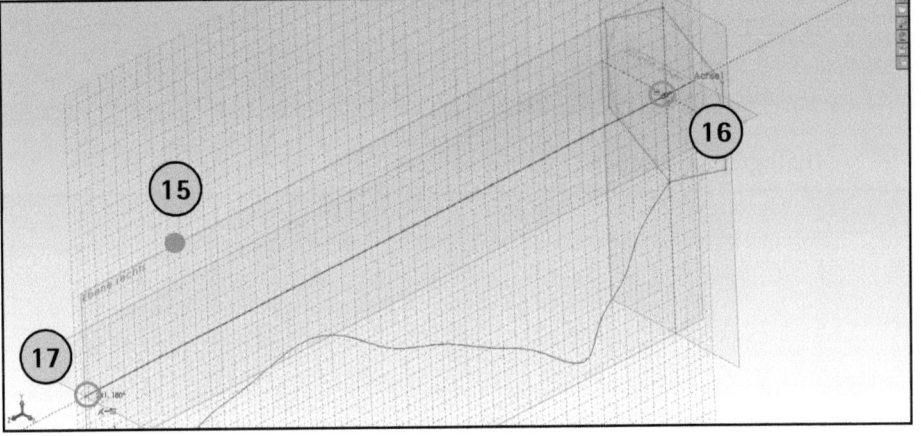

Aufsatz / Basis
austragen

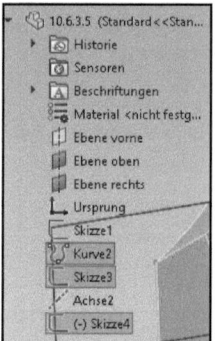

Wandung

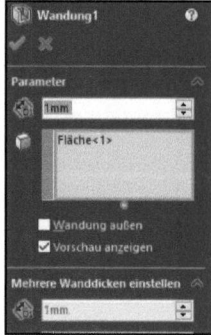

8.22.4 Der Körpergenerierung

Aufsatz / Basis austragen (Registerkarte **Features**)

Wählen Sie die Grundfläche (18).

Wählen Sie die Skizzen-Mittellinie (19).

Wählen Sie die Kurvenlinie (20).

Dialogfeld schließen (21)

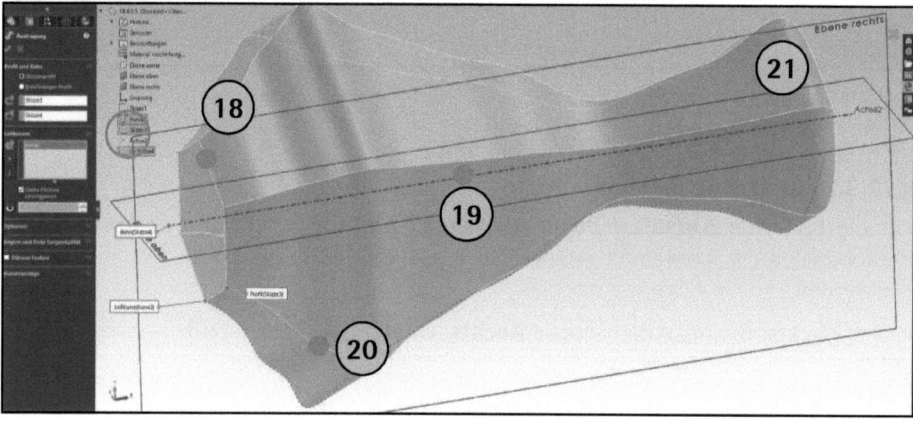

8.22.5 Ausformung als Hohlkörpers

Wandung (Registerkarte **Features**)

Dicke **1** mm

Zu entfernende Flächen, Deckfläche anwählen (22).

Dialogfeld schließen (23)

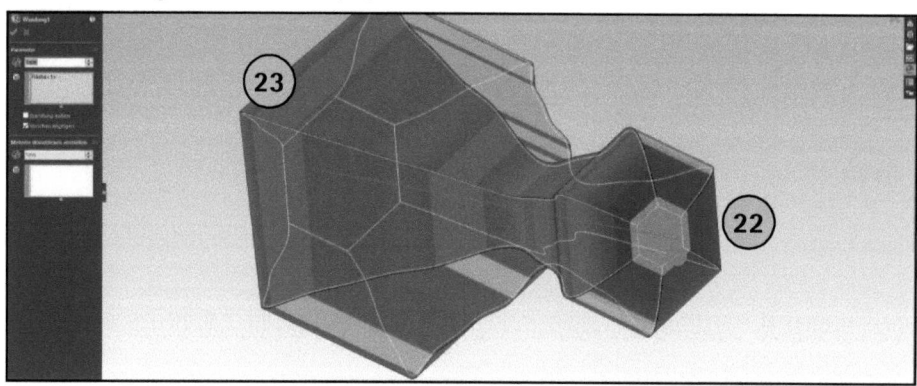

8.22.6 Bauteilmaterial zuweisen

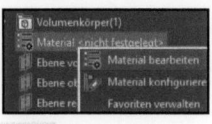

- Deaktivieren Sie alle störenden Darstellungen.

Material bearbeiten (FeatureManager)

Klicken Sie auf **Material / Material bearbeiten**.

Wählen Sie **SOLIDWORKS-Materials / Kupferlegierungen Chrom-Kupfer** (24) aus.

Anwenden und **Schließen**.

Material
bearbeiten

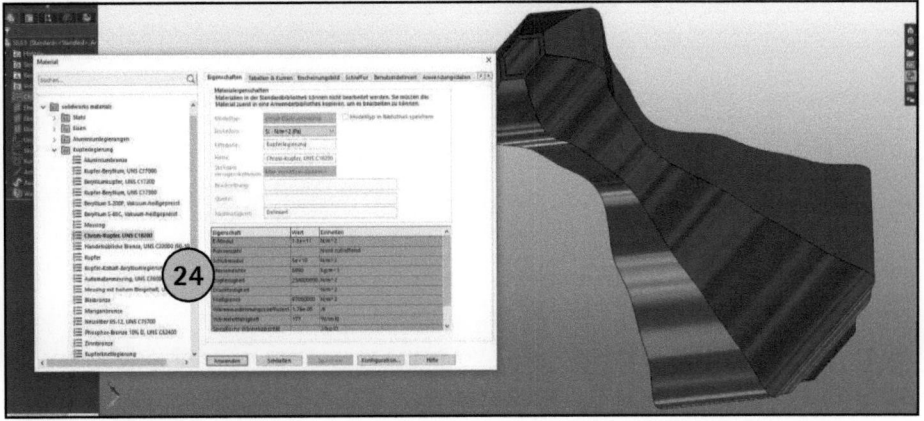

8.22.6.1 Dateisicherung

Auf diesen PC speichern / Geben Sie einen Namen Ihrer Wahl ein.

Auf diesen PC
speichern

Projekt X

Mächtige Befehle
Flächenmodellierungen
Seite 316 bis 332

- Oberflächen Versus Volumenkörper
  Vergleichsdarstellung

- Oberflächenkörper, rechteckiges Trichterelement
  Grundprofilkurven

- Begrenzungsflächen-Oberflächenkörper
  verschiedenen Profilflächenformen, eckenbestimmt

8.23 Oberflächen versus Volumenkörper, Vergleichsdarstellung

8.23.1 Die Skizzenerstellung

Neu

8.23.1.1 Öffnen der eigenen Vorlagendatei

Engelke2025.
PRTDOT

- **Neu** (Menüleiste) / / **Engelke-2025.PRTDOT** anklicken / **OK**

8.23.1.2 Ausformungsskizzen „Polygon", sechs Seiten, auf der Basisebene „Oben"

Polygon

- Konstruieren Sie, auf der Arbeitsebene **Oben**, ein **Polygon**, **sechs** Seiten, Radius ca. **40** mm (1).

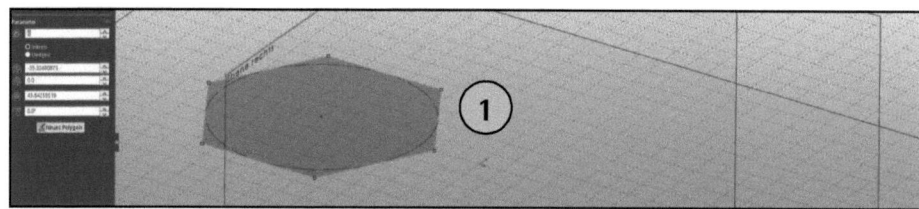

Polygon

- Erstellen Sie, auf der Arbeitsebene Oben, mit einer neuen Skizze ein weiteres **Polygon**, **sechs** Seiten, Radius ca. **40** mm (2).

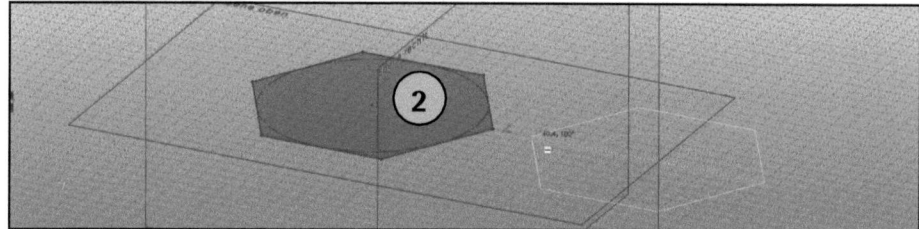

8.23.2 Die Volumenerstellung

Linear ausge-
tragener Auf-
satz

 Linear ausgetragener Aufsatz (Registerkarte **Features**)

Wählen Sie das konstruierte **Polygon** als Basisskizze (3).

Ziehen Sie mit der Skalierung auf **50** mm (4).

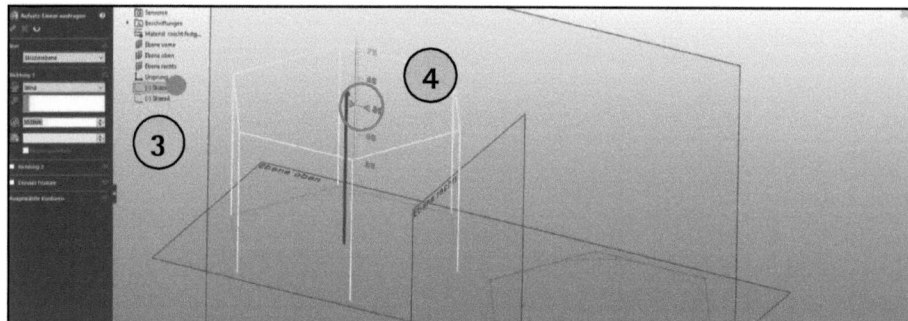

8.23.3 Die Oberflächenerstellung

Oberfläche Linear austragen (Registerkarte Oberflächen)

Wählen Sie das konstruierte **Polygon** als Basisskizze (5).

Ziehen Sie mit der Skalierung auf **50** mm (6).

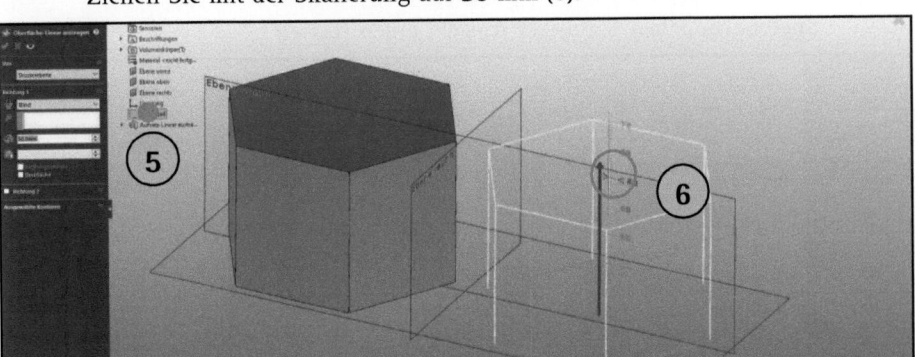

Aktivieren Sie die Option **Deckfläche** (7, 8).

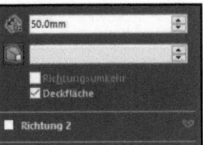

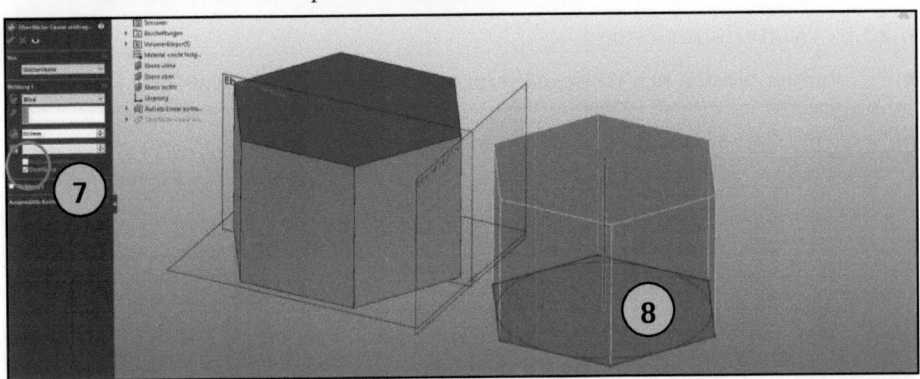

Planare Oberfläche (Registerkarte Oberflächen)

Drehen Sie die Bauteillage.

Wählen Sie alle **sechs** Seiten des **Polygons** (9, 10).

8.23.4 Darstellungsvergleich Volumenkörper versus Oberflächen, die Schnittansicht

Schnittansicht
Oben

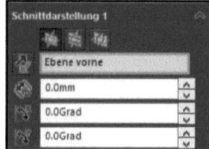

Schnittansicht (Head-Up Ansichts-Symbolleiste)

Ebene **Vorne** (11, 12)

Speichern, geben Sie dieser Ansicht einen Namen.

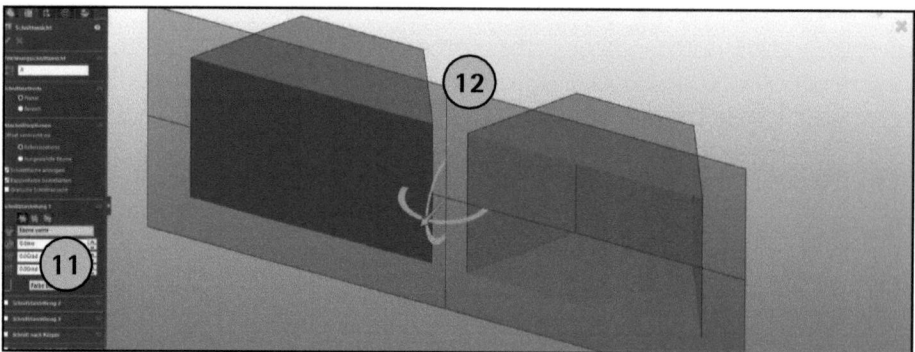

8.23.5 Materialzuweisung

- Weisen Sie den beiden Grundkörpern ein Material Ihrer Wahl zu (13).

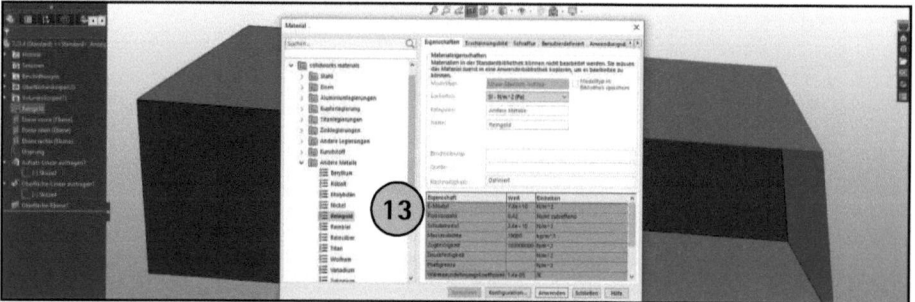

8.23.6 Darstellungsvergleich Volumenkörper versus Oberflächen

Die Schnittansicht der beiden Grundkörper zeigt den eindeutigen Unterschied zwischen Volumenkörper (14) und Oberflächenkörper (15).

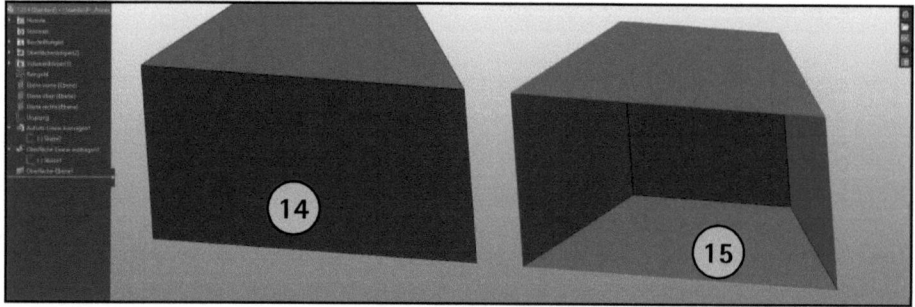

8.24 Oberflächenkörper, rechteckiges Trichterelement

8.24.1 Oberflächen-Ausformung generieren

8.24.1.1 Arbeitsdatei öffnen

Öffnen

- **Öffnen** Sie die Bauteildatei von der Buch-DVD.

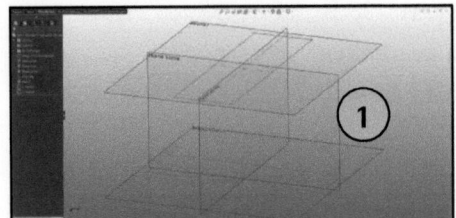

8.24.1.2 Grundprofilkurven zu einer Oberflächen-Ausformung generieren

Oberflächen-Ausformung (Registerkarte **Oberflächen**)

Klicken Sie in die **Profilbox**, wählen Sie den **SelectionManager**.

Wählen Sie das erste Kurvenprofil über **Geschlossenes Profil** im **SelectionManager** (2, 3).

Akzeptieren Sie die Auswahl mit OK.

Oberflächen-Ausformung

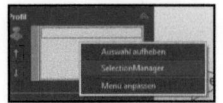

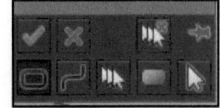

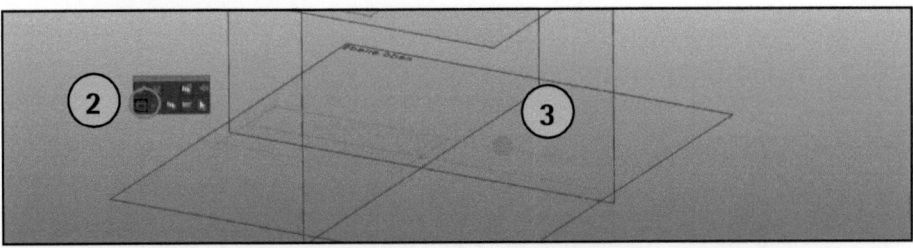

Wählen Sie das zweite Kurvenprofil über **Geschlossenes Profil** im **SelectionManager** (4, 5).

Akzeptieren Sie die Auswahl mit **OK**.

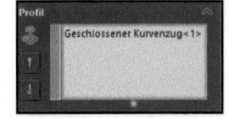

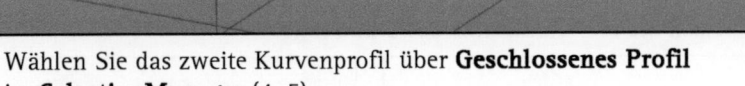

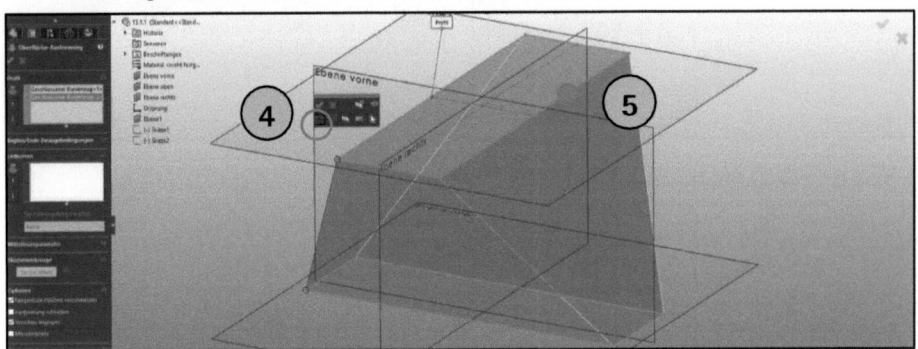

- Schließen Sie die **Ausformungs**-Funktion.

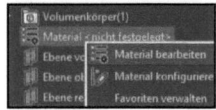

Material
bearbeiten

8.24.2 Endbearbeitung der geschlossenen Oberflächen-Ausformung

8.24.2.1 Bauteilmaterial zuweisen

- Deaktivieren Sie die Anzeige für die Skizzen.

- Deaktivieren Sie die Anzeige für die Referenzebenen.

Material bearbeiten (FeatureManager)

Klicken Sie auf **Material / Material bearbeiten**.

Wählen Sie **SOLIDWORKS-Materials / Kupferlegierungen Chrom-Kupfer** aus.

- Klicken Sie auf **Anwenden** und anschließend auf **Schließen** (6).

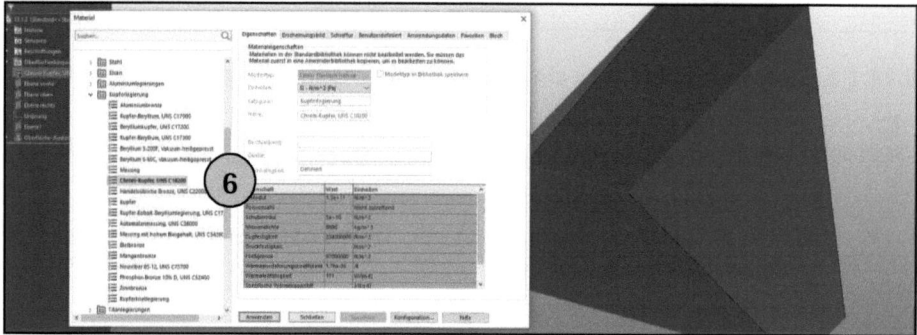

8.24.3 Wandstärke auftragen

Wandstärke
auftragen

Wandstärke auftragen (Registerkarte **Oberflächen**)

Wählen Sie die erstelle Oberfläche (7).

Setzen Sie die Wandstärke auf **5** mm (8).

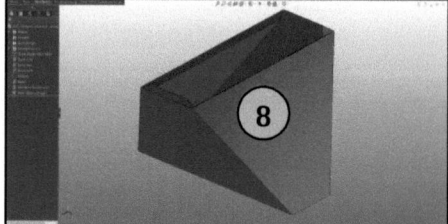

8.24.3.1 Dateisicherung

Auf diesem PC
speichern

Auf diesen PC speichern / Geben Sie einen Namen Ihrer Wahl ein.

8.25 Begrenzungsflächen-Oberflächenkörper, mit verschiedenen Profilflächenformen, eckenbestimmt

8.25.1 Begrenzungsoberflächen-Ausformung generieren

8.25.1.1 Arbeitsdatei öffnen

- **Öffnen** Sie die Bauteildatei von der Buch-DVD.

 Öffnen

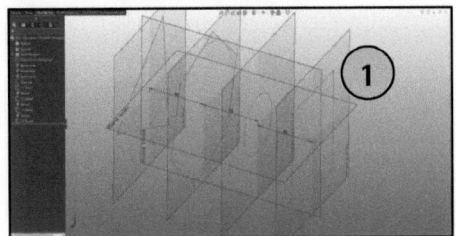

8.25.1.2 Grundprofilkurven zu einer Begrenzungsoberflächen-Ausformung generieren

 Begrenzungsoberflächen (Registerkarte **Oberflächen**)
Klicken Sie in die **Profilbox**, wählen Sie den **SelectionManager**.
Wählen Sie das erste Kurvenprofil über **Geschlossenes Profil**
im **SelectionManager** (2, 3).
Akzeptieren Sie die Auswahl mit **OK**.

Begrenzungs-
oberflächen

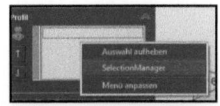

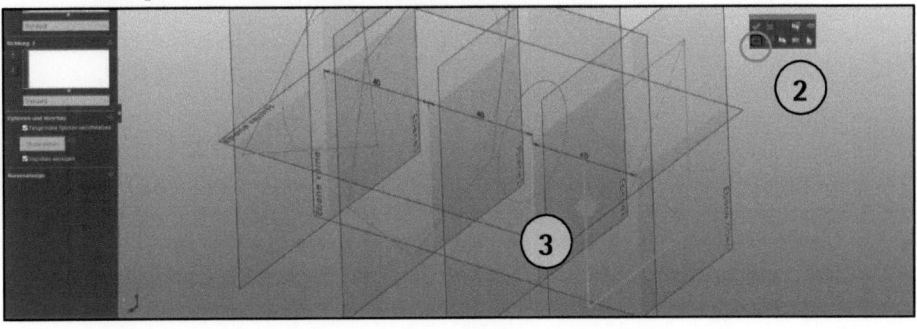

- Wählen Sie das zweite Kurvenprofil über **Geschlossenes Profil**
  im **SelectionManager** (2, 3).
- Akzeptieren Sie die Auswahl mit **OK**.

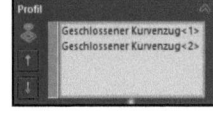

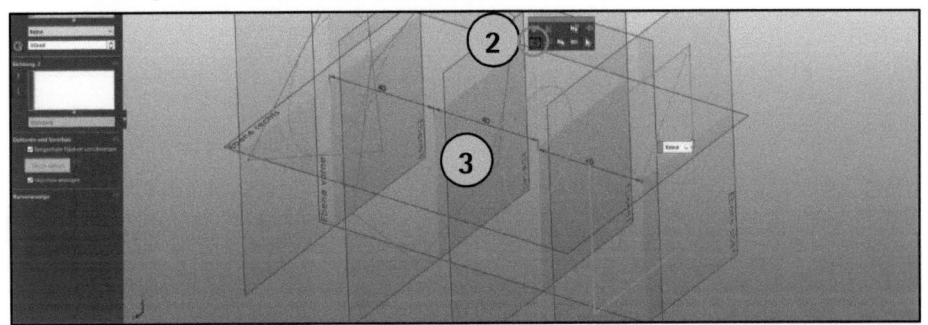

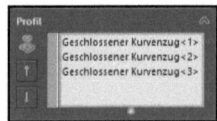

- Wählen Sie das dritte Kurvenprofil über **Geschlossenes Profil** im **SelectionManager** (2, 3). Akzeptieren Sie die Auswahl mit **OK**

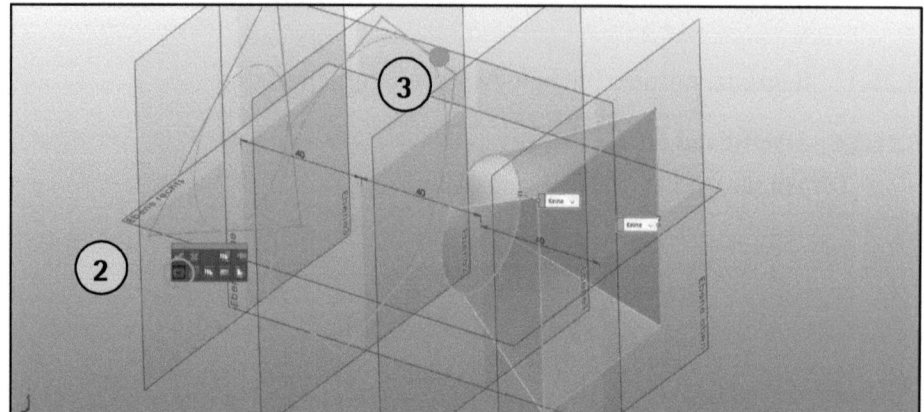

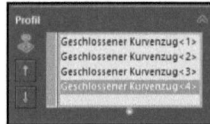

- Wählen Sie das vierte Kurvenprofil über **Geschlossenes Profil** im **SelectionManager** (2, 3).
- Akzeptieren Sie die Auswahl mit **OK**

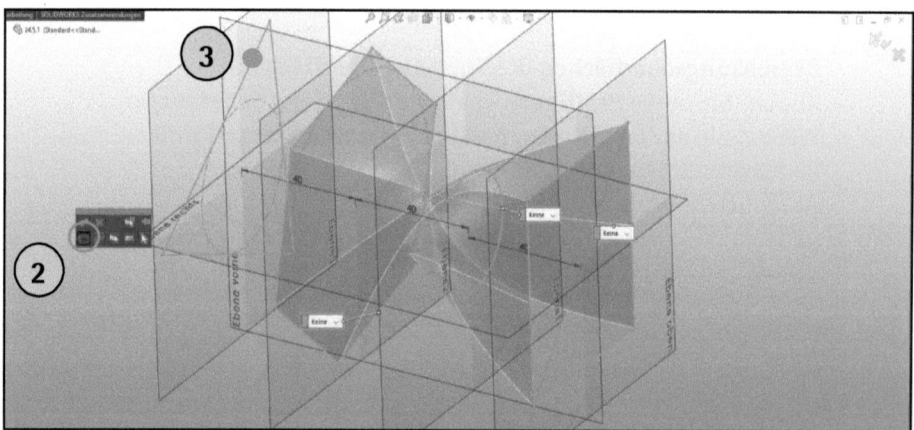

- Verschieben Sie die **Scheitelpunkte, grüner Kreis,** nach Wahl. Das Verschieben verändert jedes Mal den Oberflächen-Übergangskörper (4).

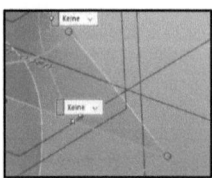

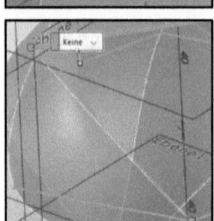

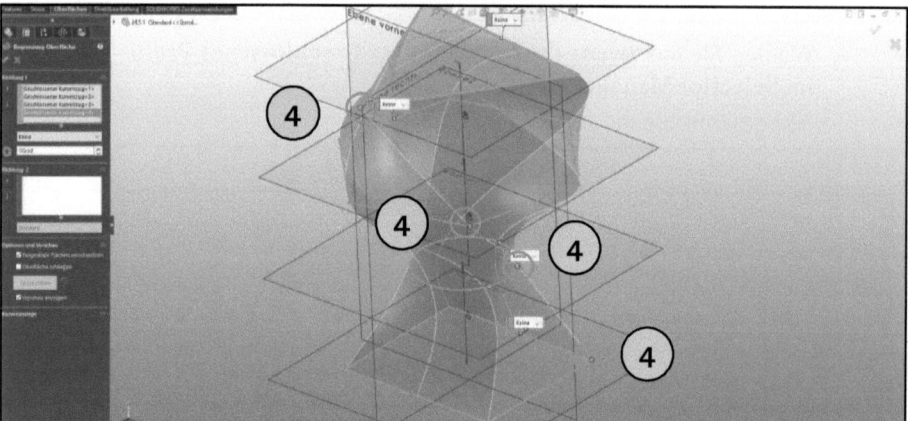

- Schließen Sie die **Begrenzungs**-Ausformung.

8.25.2 Anpassen der Bauteil-Darstellung

- Deaktivieren Sie die Anzeige für die Skizzen.
- Deaktivieren Sie die Anzeige für die Referenzebenen.

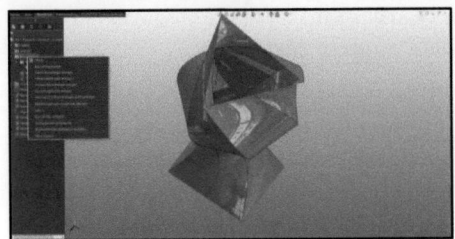

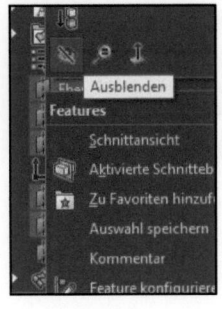

8.25.3 Schließen der Grundfläche über „Planare Oberfläche"

Planare Oberfläche (Registerkarte **Oberflächen**)

Drehen Sie die Bauteillage.

Wählen Sie alle **vier** Seiten des **Polygons** (5).

Planare
Oberfläche

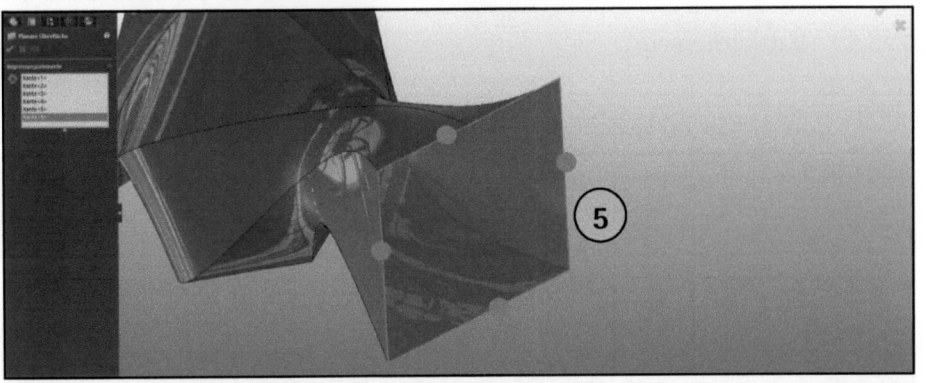

8.25.4 Wandstärke auftragen

Wandstärke auftragen (Registerkarte **Oberflächen**)

Wählen Sie die erstelle Oberfläche (6).

Setzen Sie die Wandstärke auf **2** mm (7, 8).

Wandstärke
auftragen

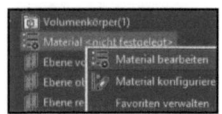

8.25.5 Bauteilmaterial zuweisen

Material
bearbeiten

Material bearbeiten (FeatureManager)
Klicken Sie auf **Material / Material bearbeiten**.
Wählen Sie **SOLIDWORKS-Materials / Andere Metalle
Reingold** aus.

• Klicken Sie auf **Anwenden** und anschließend auf **Schließen** (9).

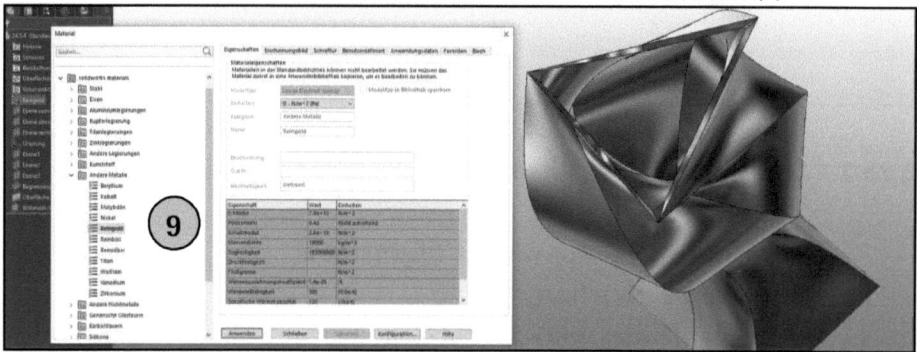

8.25.5.1 Dateisicherung

Auf diesen PC
speichern

Auf diesen PC speichern / Geben Sie einen Namen Ihrer Wahl ein.

8.26 Ausgeformte Oberflächen, mit Kurven-Trimmfläche differenziert

8.26.1 Trimmfläche generieren

8.26.1.1 Arbeitsdatei öffnen

* **Öffnen** Sie die Bauteildatei von der Buch-DVD.

Öffnen

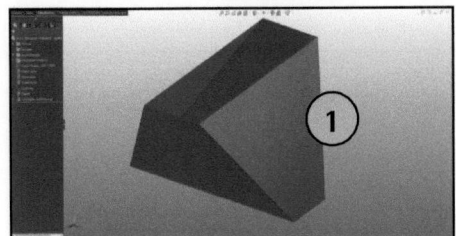

8.26.1.2 Grundskizze für Trimmfläche erstellen

* Erstellen Sie auf der **Arbeitsebene Vorne**, mit der Funktion **Spline**, eine frei gewählte Kurve, (2, 3).

Spline

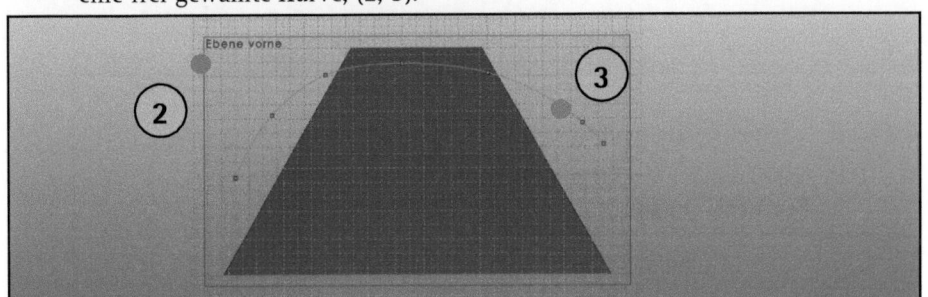

8.26.1.3 Trimmfläche erstellen

Linear ausgetragene Oberfläche (Registerkarte **Oberflächen**)
Setzen Sie die Option **Mittig** (4).
Ziehen Sie die gewählte **Kurve** auf ca. **190** mm (5).

Linear ausge-
tragene Ober-
fläche

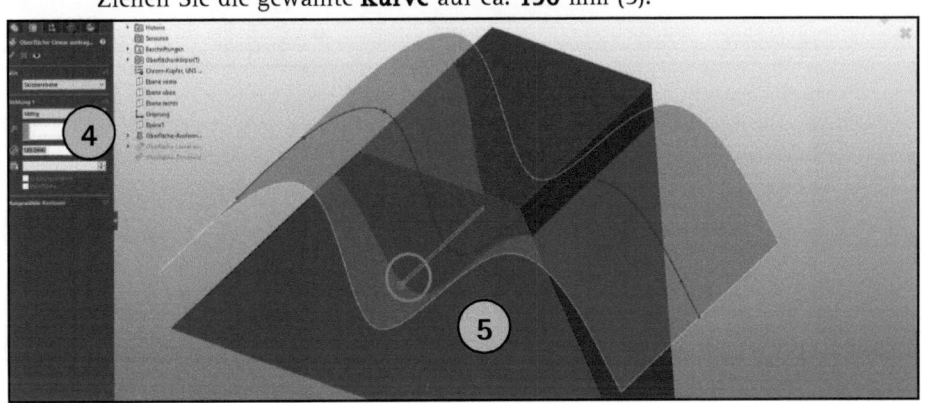

8.26.2 Oberflächenkörper über Trimmfläche differenzieren

8.26.2.1 Differenzierten Oberflächenkörper erstellen

Oberfläche
trimmen

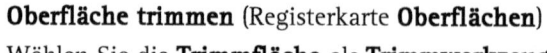

Oberfläche trimmen (Registerkarte **Oberflächen**)

Wählen Sie die **Trimmfläche** als **Trimmwerkzeug** (6).

Wählen Sie den unteren Teil des Oberflächenkörpers als
Auswahl beibehalten (7).

8.26.2.2 Trimmfläche deaktivieren

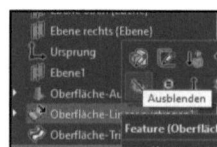

- Deaktivieren Sie die **Trimmfläche** (9) über **Ausblenden** (8)
  im **FeatureManager**.

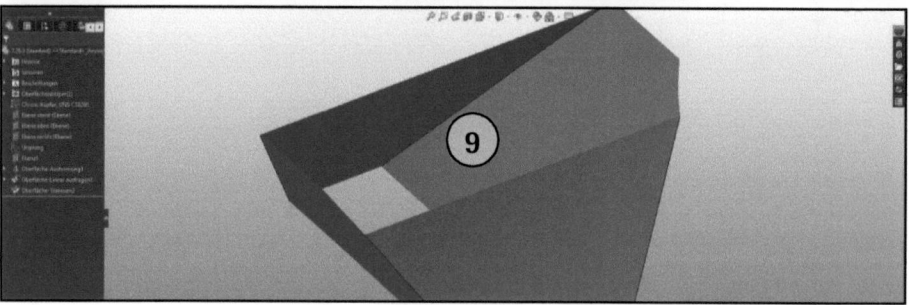

8.26.2.3 Wandstärke auftragen

Wandstärke auftragen (Registerkarte **Oberflächen**)

Wählen Sie die erstelle Oberfläche (10).

Setzen Sie die Wandstärke auf **1** mm (11).

 Wandstärke auftragen

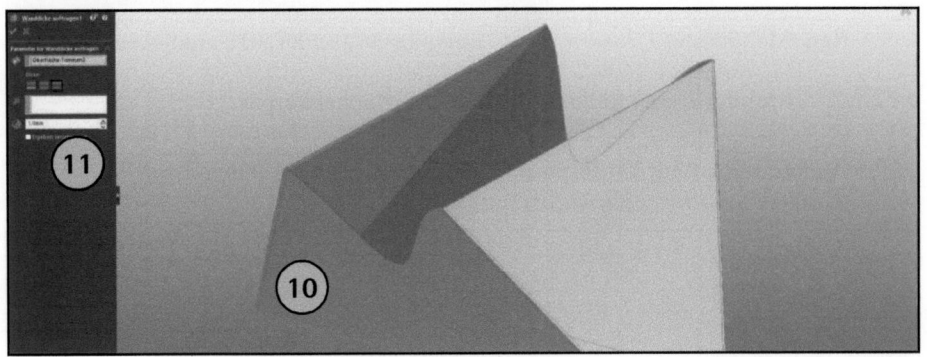

8.26.2.4 Dateisicherung

Auf diesen PC speichern / Geben Sie einen Namen Ihrer Wahl ein.

 Auf diesen PC speichern

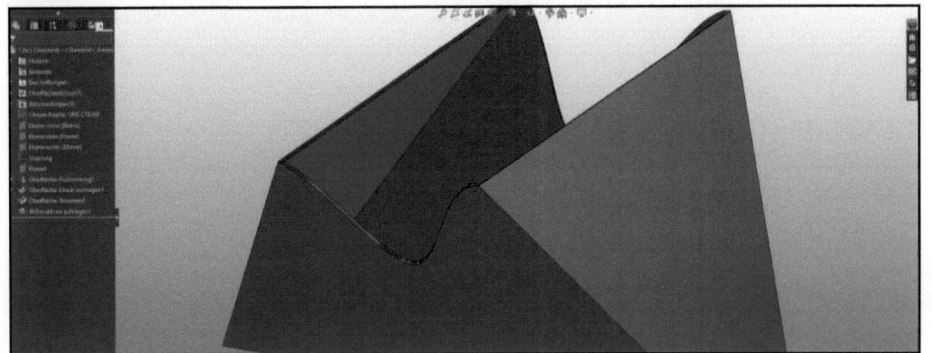

8.27 Oberflächenkörper, Freiformbearbeitung

8.27.1 Die Basiskörper-Erstellung

8.27.1.1 Öffnen der eigenen Vorlagendatei

Neu

Engelke2025.
PRTDOT

- **Neu** (Menüleiste) / / 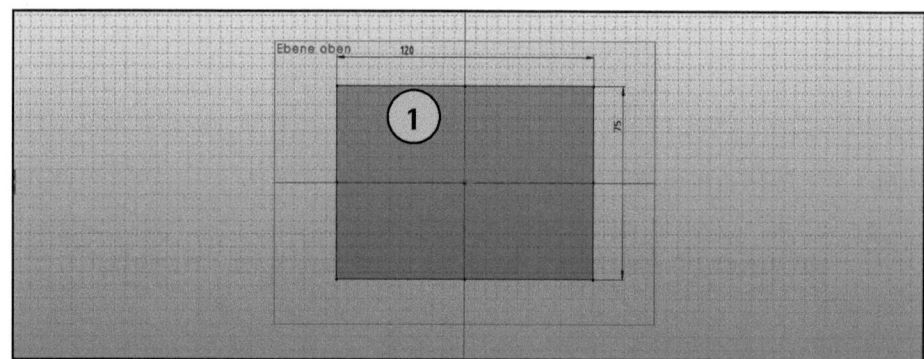 **Engelke-2025.PRTDOT** anklicken / **OK**

8.27.1.2 Grundskizzenerstellung für den Oberflächenkörper

Mittelpunkt
Rechteck

- Konstruieren Sie auf der Arbeitsebene **Vorn**
  ein **Rechteck über Mittelpunkt**, Maße **120** mm x **75** mm,
  auf dem **Arbeitsebenen-Mittelpunkt** (1)

8.27.2 Die Oberflächenerstellung

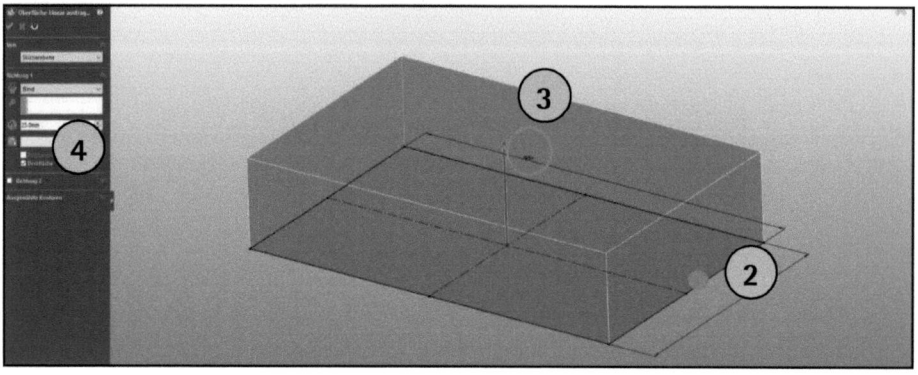

Oberfläche
Linear austra-
gen

Oberfläche Linear austragen (Registerkarte **Oberflächen**)

Wählen Sie das konstruierte **Rechteck** als Basisskizze (2).

Ziehen Sie mit der Skalierung auf **25** mm (3).

Aktivieren Sie die Option **Deckfläche** (4).

8.27.3 Die Freiform-Anpassungen

Freiform (Registerkarte **Oberflächen**)
Wählen Sie die obere Fläche (5)
Option **Kurven hinzufügen** (6, 7)

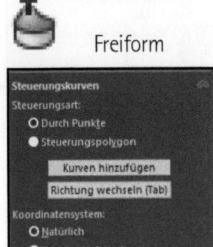

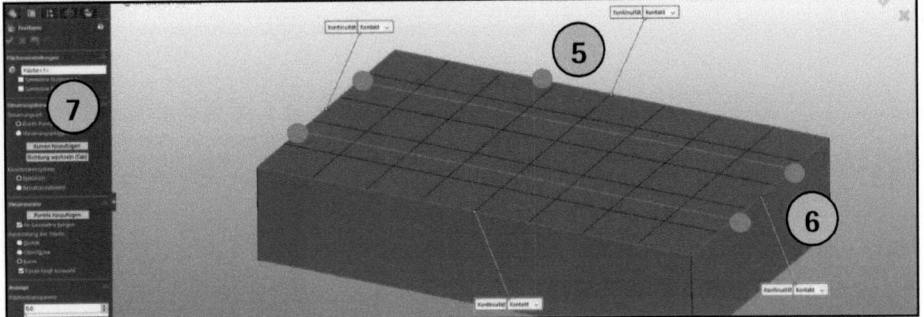

- Option **Richtung wechseln** (6, 7)

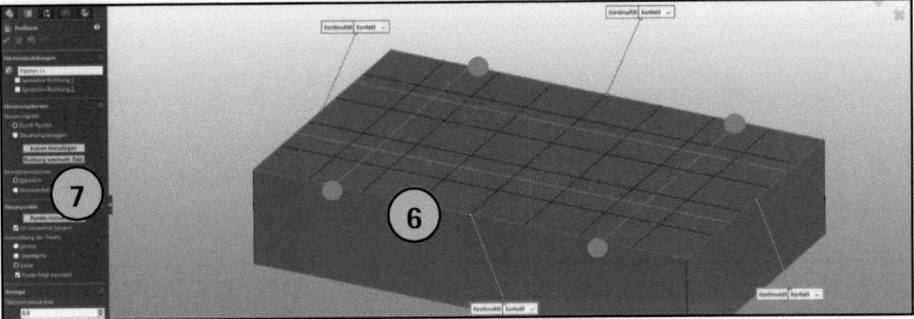

- Option **Netzdichte** Wert **25** (8, 9)

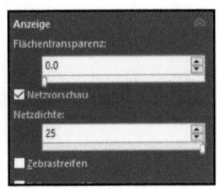

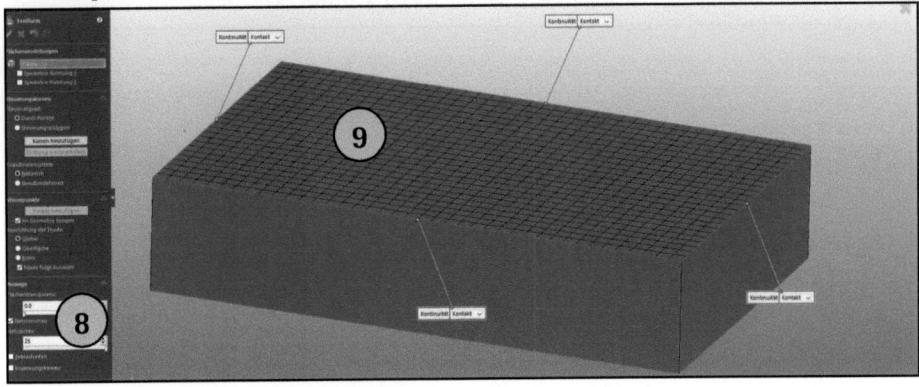

- Option **Punkte hinzufügen** (10)
- Klicken Sie den gezeigten Punkt (11).

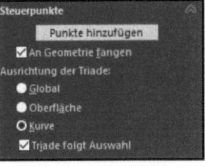

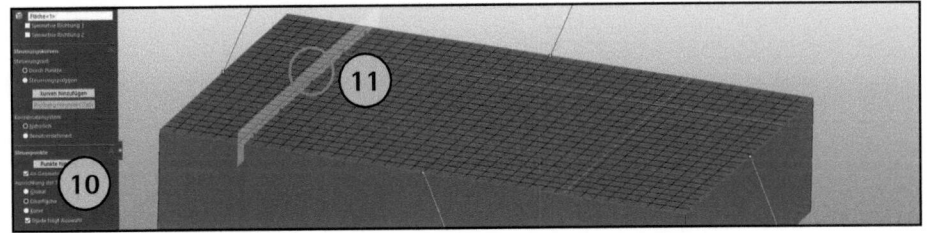

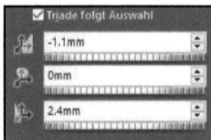

- Deaktivieren Sie die Taste **Punkte auswählen** durch Klicken (12).
- Ziehen Sie an der **Triade** die **Z-Richtung** vorsichtig nach oben (13).
- Werte ca.: X=**1,1** mm, Y=**0** mm, Z=**2,4** mm

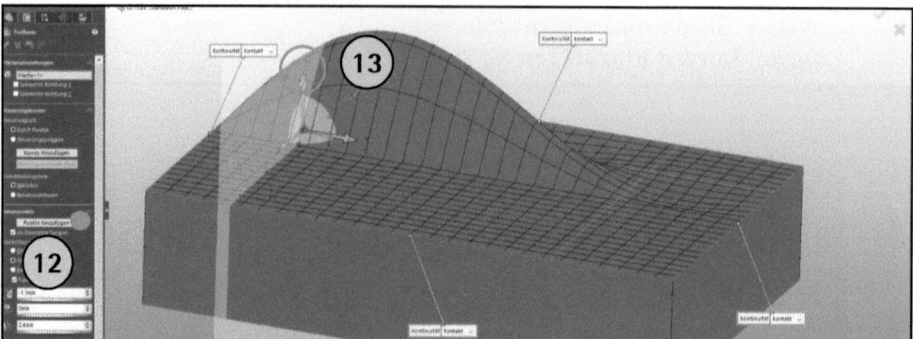

- Option **Punkte hinzufügen** (14)
- Klicken Sie den gezeigten Punkt (15).

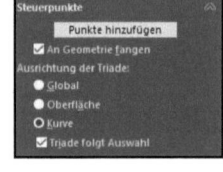

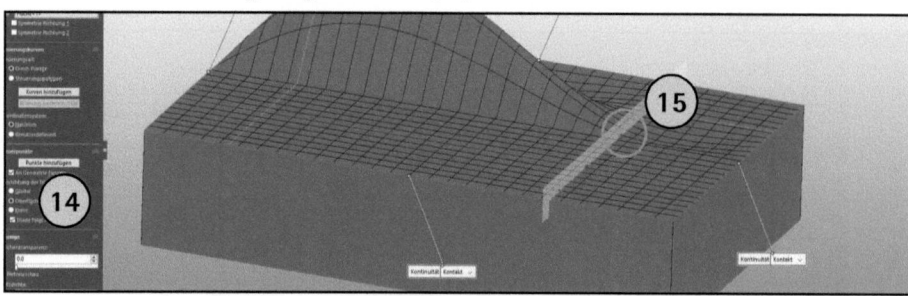

- Deaktivieren Sie die Taste **Punkte auswählen** durch Klicken.
- Ziehen Sie an der **Triade** die **Z-Richtung** vorsichtig nach unten (16).
- Werte ca.: X=**-0,7** mm, Y=**1,4** mm, Z=**-16,1** mm (17)

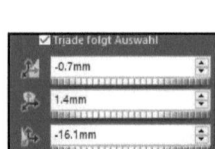

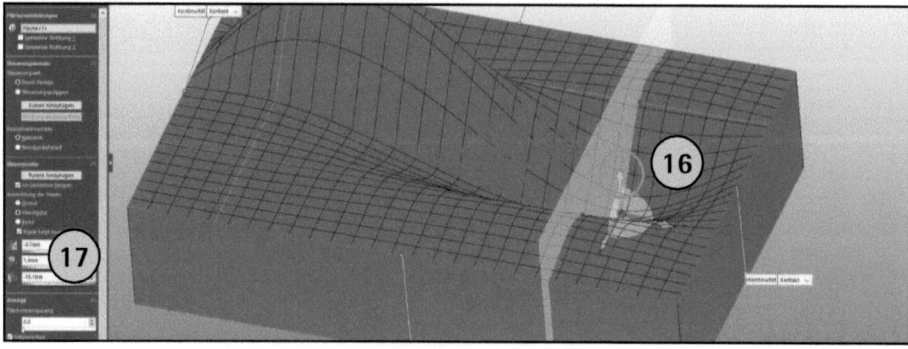

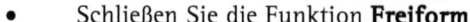

- Schließen Sie die Funktion **Freiform**.

Freiform (Registerkarte **Oberflächen**)
Wählen Sie die obere Fläche (1)
Option **Kurven hinzufügen** (2)

Freiform

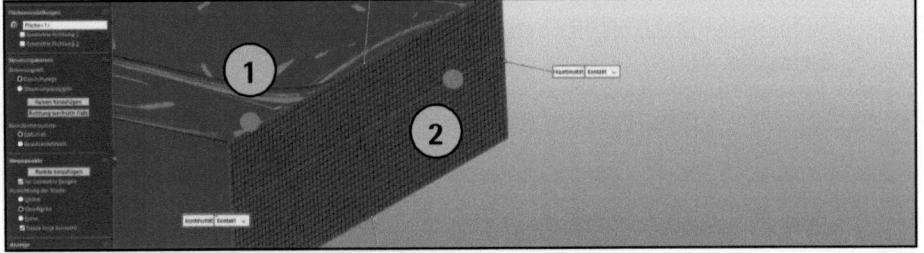

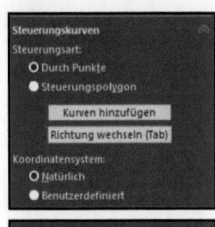

- Option **Netzdichte** Wert **25** (3)

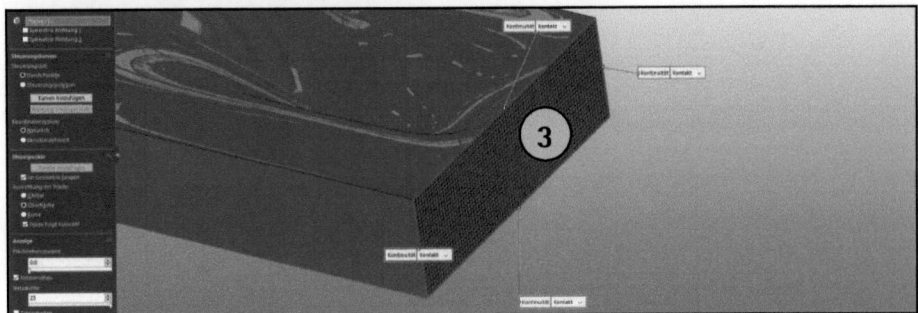

- Option **Punkte hinzufügen**
- Klicken Sie den gezeigten Punkt (4).

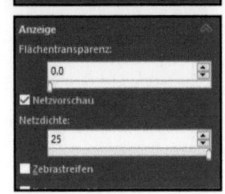

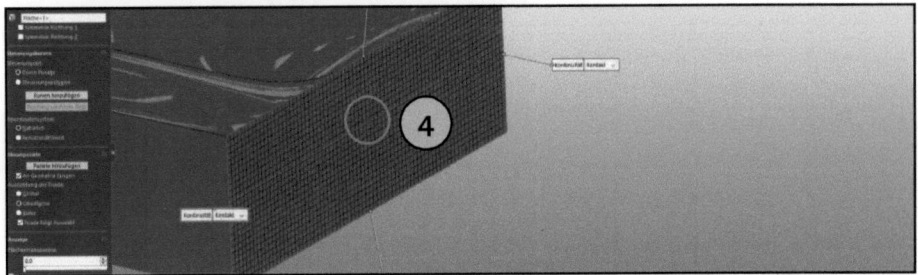

Deaktivieren Sie die Taste **Punkte auswählen** durch Klicken.

Ziehen Sie an der **Triade** die **Z-Richtung** vorsichtig nach vorn (5).

Werte ca.: X=**14** mm, Y=**0** mm, Z=**44,8** mm

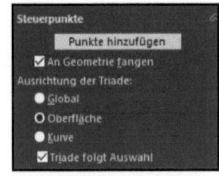

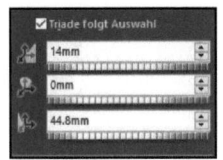

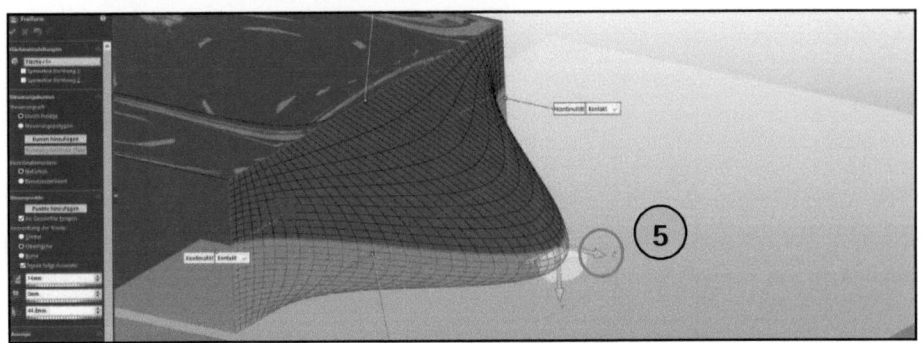

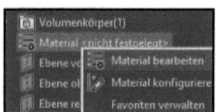

8.27.4 Bauteilmaterial zuweisen

Material
bearbeiten

Material bearbeiten (FeatureManager)
Klicken Sie auf **Material / Material bearbeiten**.
Wählen Sie **SOLIDWORKS-Materials / Andere Metalle**
Reingold aus.

- Klicken Sie auf **Anwenden** und anschließend auf **Schließen** (6).

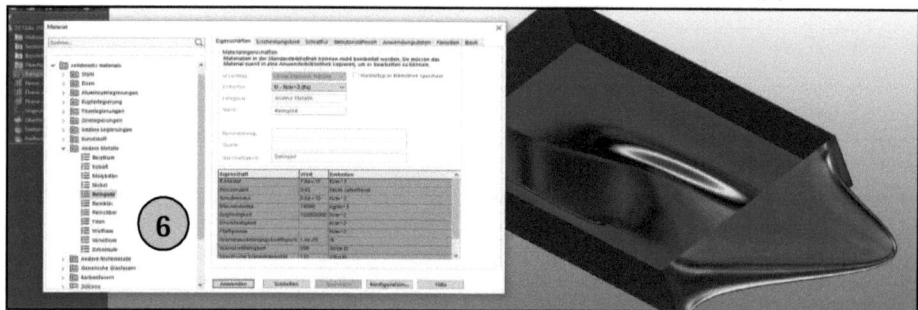

8.27.5 Wandstärke auftragen

Wandstärke
auftragen

Wandstärke auftragen (Registerkarte **Oberflächen**)
Wählen Sie die erstelle Oberfläche (7).
Setzen Sie die Wandstärke auf **1** mm (8).

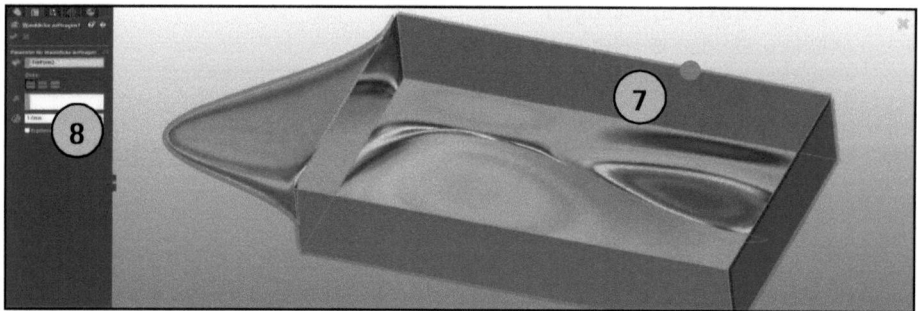

8.27.5.1 Dateisicherung

Auf diesen PC
speichern

Auf diesen PC speichern / Geben Sie einen Namen Ihrer Wahl ein

9

Dassault Systèmes
3DEXPERIENCE©
SOLIDWORKS for Makers
SOLIDWORKS Connected
2025

Bauteile
Erstellen und Anpassen

Geometrie-
Änderungen

9 Geometrie-Änderungen

9.1 Vorbemerkungen

Die nun folgenden Formelement-Funktionen sind für spezielle Aufgaben in der Konstruktionstechnik zu verwenden. Der Eingabeverlauf ist in SOLIDWORKS vorgeschrieben und muss eingehalten werden. Vor der Anwendung innerhalb einer Konstruktion eines Bauteiles sollten diese kleinen Übungen zumindest einmal ausgeführt worden sein, auch macht es Sinn, vor Anwendung dieser Funktionen das, bis dahin, erstellte Bauteil zu speichern.

Sie werden feststellen, dass es Sinn macht, die Lerneinheiten und Lernzielkontrollen abzuarbeiten, denn die nun folgenden Bearbeitungen stellen doch eine höhere Anforderung an den Anwender.

9.1.1 Instant3D

Instant3D unterstützt das Klicken und Ziehen ermöglicht schnelle, intuitive Bearbeitungen mit wenigen Mausklicks.

Mit **Instant3D** kann jeder Anwender seine Konstruktionen auf dem Bildschirm in Echtzeit bearbeiten und dadurch wie ein Experte konstruieren. Instant3D bietet neue Möglichkeiten der Konstruktionsvisualisierung und reduziert gleichzeitig die zur Ausführung von Konstruktionsaufgaben erforderlichen Schritte um ein Vielfaches. Bei der Auswahl eines Konstruktionsbereichs werden neue Ziehpunkte eingeblendet, mit denen Konstruktionen in Echtzeit bearbeitet und erstellt werden können. Es gibt keine Dialog- oder Eingabefelder. Der Anwender wählt einfach Flächen zum Ziehen aus. Diese werden dann an Linealen auf dem Bildschirm gefangen, um genaue Werte zu erhalten. Dank Instant3D kann der Anwender seine gesamte Aufmerksamkeit wirklich der Konstruktion und Entwicklung widmen und muss sich nicht auf die Bedienung des CAD- System konzentrieren.

Hier die Auflistung der Formelement- Funktionen die in diesem Kapitel erlernt werden sollen:

- Geometrieänderungen
  Kreisänderung, Rechteck-Änderung, Langloch-Änderung, Kreislageänderung, Lageänderung eines Rechtecks, Lageänderung eines Langlochs.

- Lageänderungen über Beziehung
  Lageänderung **Verschmelzen, Horizontal, Parallel, Symmetrisch, Tangential.**

- Modelländerungen
  Quaderhöhe ändern, Quader über Grundskizze ändern, Polygonhöhe ändern, Polygon über Grundskizze ändern, Polygon-Eckenzahl ändern, Lage der Bohrung ändern, Durchmesser der Bohrung ändern, Bohrebene der Bohrung ändern, Bohrung kopieren, Abrundungsradien ändern, Drehteil ändern.

Projekt XI

Geometrieänderungen
Seite 336 bis 340

- Modifizieren von Skizzen
  Kreisänderung
- Modifizieren von Skizzen
  Rechteck-Änderung
- Modifizieren von Skizzen
  Langloch-Änderung
- Lageänderungen von Skizzen
  Kreislageänderung
- Lageänderungen von Skizzen
  Rechtecklageänderung
- Lageänderungen von Skizzen
  Langlochlageänderung
- Lageänderungen von Skizzen über Beziehung
  Lageänderung „Verschmelzen"
- Lageänderungen von Skizzen über Beziehung
  Lageänderung „Horizontal"
- Lageänderungen von Skizzen über Beziehung
  Lageänderung „Symmetrisch"
- Lageänderungen von Skizzen über Beziehung
  Lageänderung „Tangential"
- Lageänderungen von Skizzen über Beziehung
  Lageänderung „Rechteck"

9.2 Modifizieren von Skizzen, Geometrieänderungen

9.2.1 Geometrieänderungen, eine Auswahl

9.2.1.1 Kreisänderung

Kreis über Mittelpunkt

Intelligente Bemaßung

- Erstellen Sie einen Kreis, der dargestellte Durchmesser ist über die Dialogbox **Intelligente Bemaßung** zu ändern (1, 2).

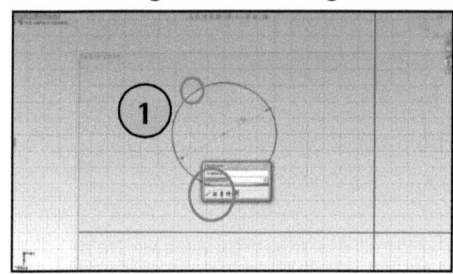
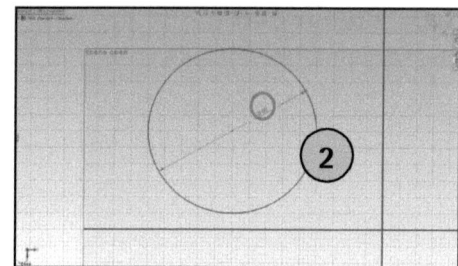

9.2.1.2 Rechteck-Änderung

Rechteck über Mittelpunkt

Intelligente Bemaßung

- Erstellen Sie ein Rechteck, die dargestellte Länge und Breite ist über die Dialogbox **Intelligente Bemaßung** zu ändern (3, 4).

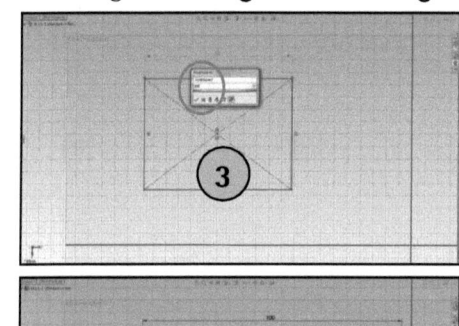
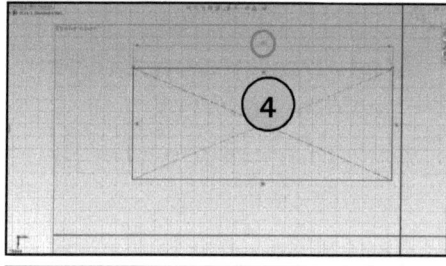

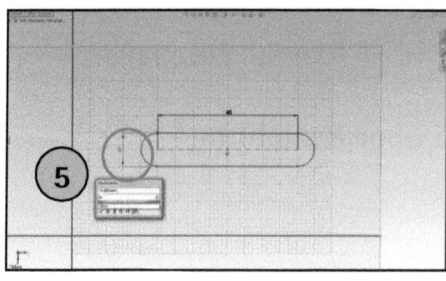
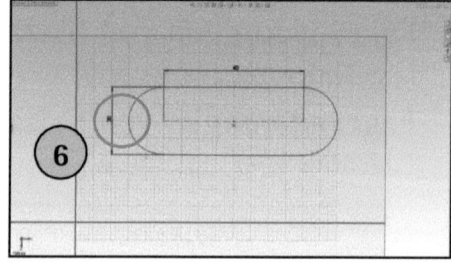

9.2.1.3 Langloch-Änderung

Langloch über Mittelpunkt

Intelligente Bemaßung

- Erstellen Sie ein Langloch, Doppelklicken Sie auf das zu ändernde Maß, ändern Sie die dargestellte Größe über die Dialogbox (5, 6).

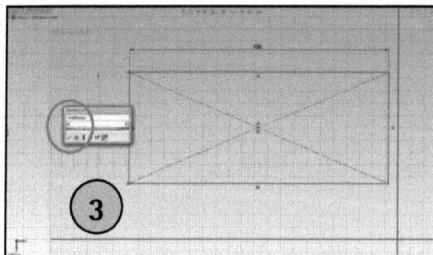
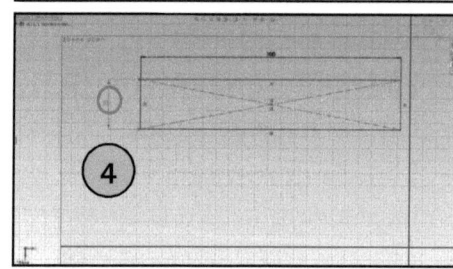

9.3 Modifizieren von Skizzen, Lageänderungen

9.3.1 Lageänderungen, eine Auswahl

9.3.1.1 Kreislageänderung

- Doppelklicken Sie auf das zu ändernde Maß, ändern Sie den dargestellten Abstand über die Dialogbox **Intelligente Bemaßung** (1, 2).

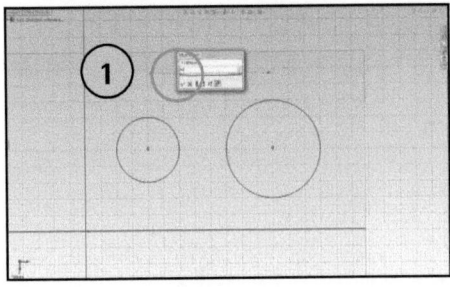 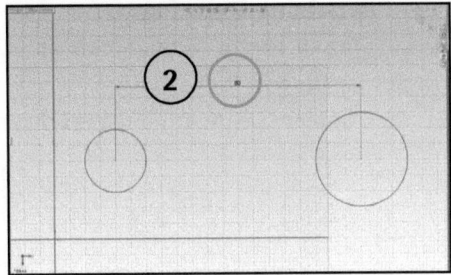

9.3.1.2 Lageänderung eines Rechtecks

- Klicken Sie auf den zentralen Mittelpunkt, ziehen Sie mit gedrückter Maustaste eine neue Lage (3, 4).

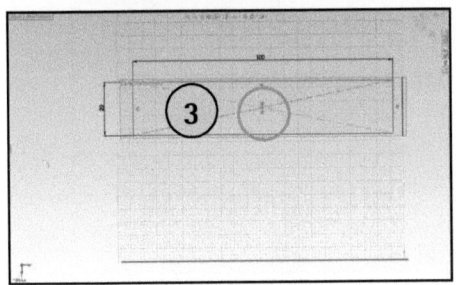 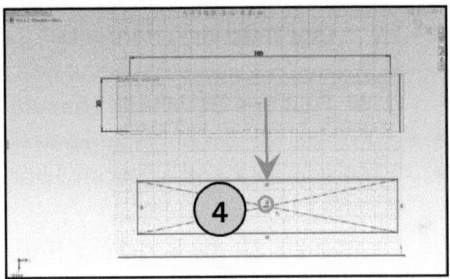

9.3.1.3 Lageänderung eines Langlochs

- Klicken Sie auf die Mittellinie, ziehen Sie mit gedrückter Maustaste eine neue Lage (5, 6).

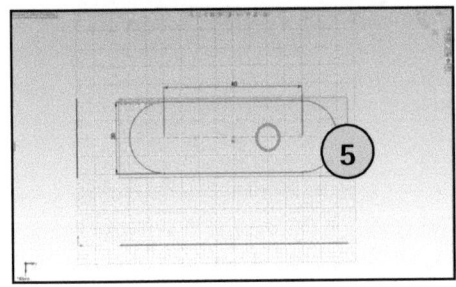 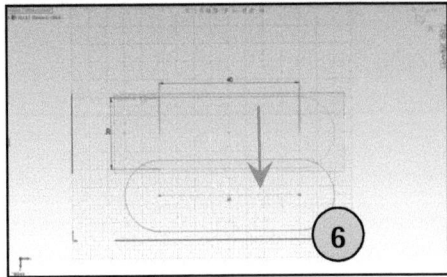

9.4 Modifizieren von Skizzen, Lageänderungen über Beziehung

9.4.1 Lageänderungen über Beziehung, eine Auswahl

9.4.1.1 Lageänderung „Verschmelzen"

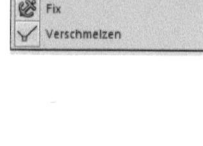

Skizze hinzufügen

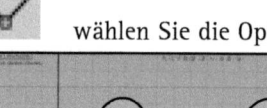

- Wählen Sie aus der Symbolleiste **Skizze** die Funktion **Beziehung Hinzufügen**.
- Klicken Sie die Mittelpunkte an (1, 2).

wählen Sie die Option **Verschmelzen** (3).

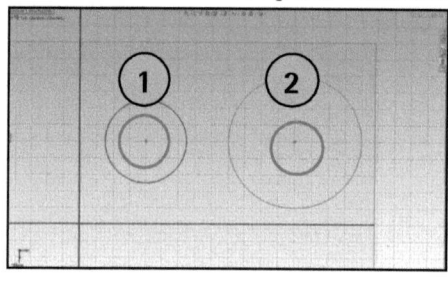 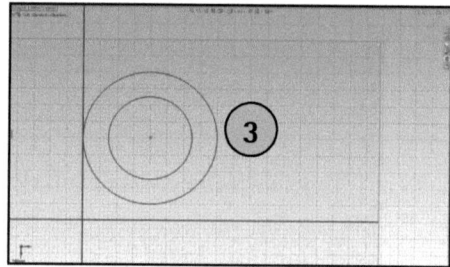

9.4.1.2 Lageänderung „Horizontal"

Skizze hinzufügen

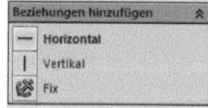

- Wählen Sie aus der Symbolleiste **Skizze** die Funktion **Beziehung Hinzufügen**.
- Klicken Sie den Mittelpunkt an (4).
- Klicken Sie die waagerechte Linie an (5).

Wählen Sie die Beziehung **Horizontal** (6).

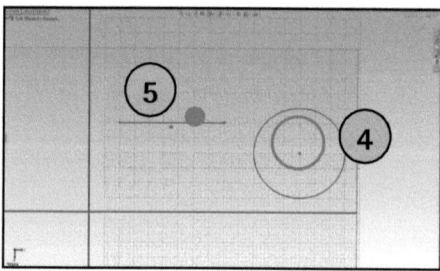 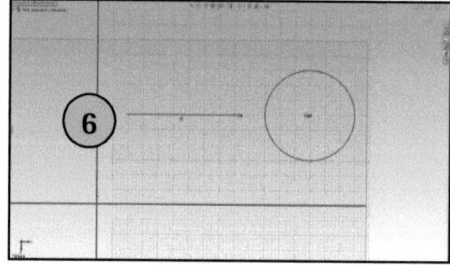

9.4.1.3 Lageänderung „Parallel"

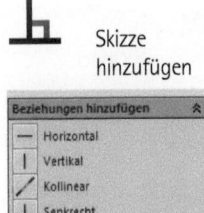

- Wählen Sie aus der Symbolleiste **Skizze** die Funktion **Beziehung Hinzufügen**.

 Klicken Sie die Linien an (7), wählen Sie die Beziehung **Parallel** (8).

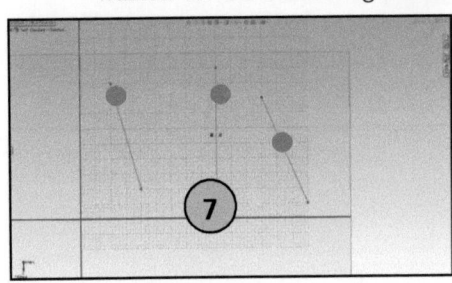
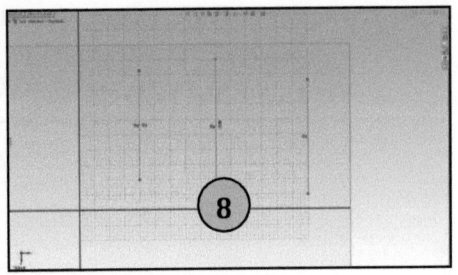

9.4.1.4 Lageänderung „Symmetrisch"

Skizze hinzufügen

- Wählen Sie aus der Symbolleiste **Skizze / Beziehung Hinzufügen**.
- Klicken Sie die Linien mit gedrückter **STRG**-Taste an (9).

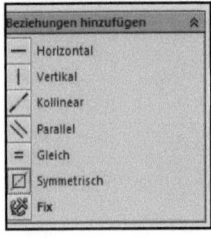

 Wählen Sie die Beziehung **Symmetrisch** (10).

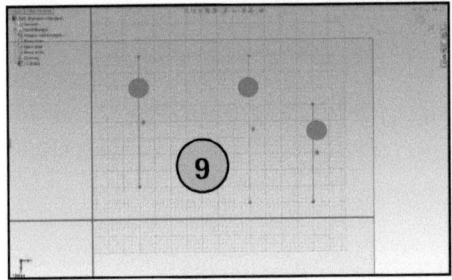
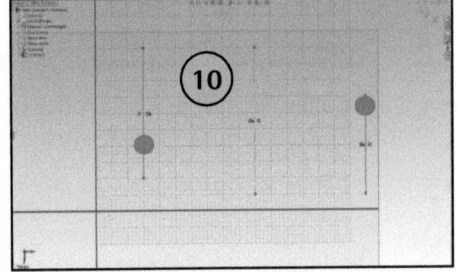

9.4.1.5 Lageänderung „Tangential"

Skizze hinzufügen

- Wählen Sie aus der Symbolleiste **Skizze / Beziehung Hinzufügen**.
- Klicken Sie die Linien mit gedrückter **STRG**-Taste an (11).

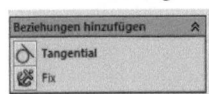

 Wählen Sie die Beziehung **Tangential** (12).

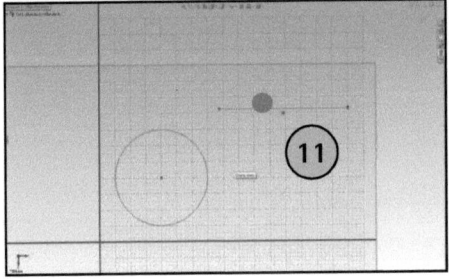
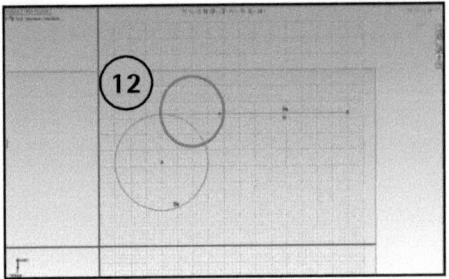

Öffnen

Beziehung hinzufügen

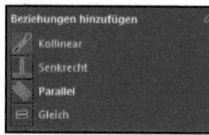

9.4.1.6 Die Rechteck-Lageänderung, Ausrichtung an Mittellinie

 Öffnen Sie die Bauteildatei von der Buch-DVD.

- Wählen Sie aus der Symbolleiste **Skizze / Beziehung Hinzufügen**.
- Wählen Sie die Rechteck-Mittellinie (1).
- Wählen Sie die Rahmenkontur Ebene **Vorn** (2).

Wählen Sie im **FeatureManager** die Beziehung **Kollinear** (3).

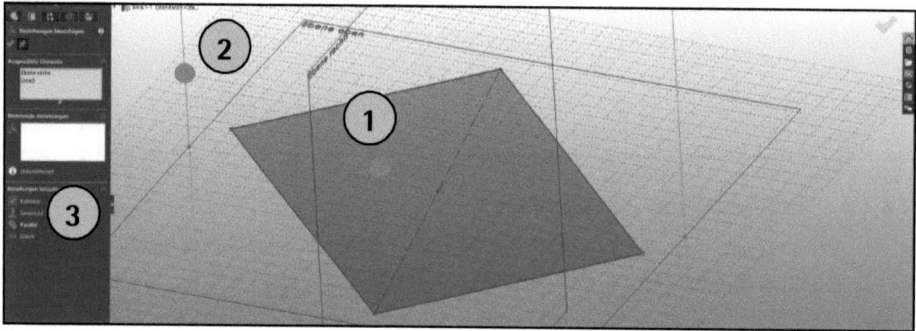

9.4.1.7 Die Rechteck-Lageänderung, Ausrichtung an Hilfslinie

Öffnen

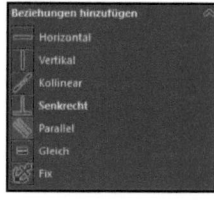
Beziehung hinzufügen

 Öffnen Sie die Bauteildatei von der Buch-DVD.

- Wählen Sie aus der Symbolleiste **Skizze / Beziehung Hinzufügen**.
- Wählen Sie die Rechteck-Außenkontur (4).
- Wählen Sie die eingezeichnete Hilfslinie (5).

Wählen Sie im **FeatureManager** die Beziehung **Parallel** (6, 7).

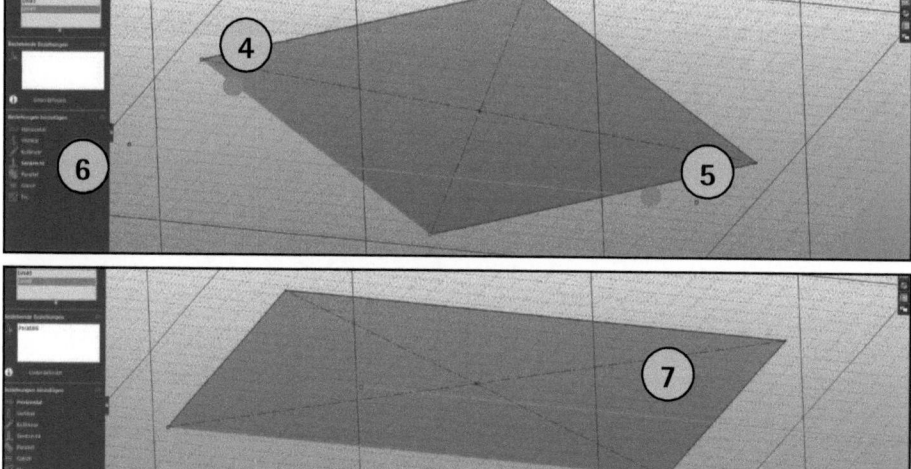

Projekt XII

Modelländerungen
Seite 342 bis 354

- Würfelmodell ändern
  Quader auf Würfelmodell ändern

- Quadermodell ändern
  Quaderhöhe ändern
  Quader über Grundskizze ändern

- Polygonmodell ändern
  Polygonhöhe ändern
  Polygongröße über Grundskizze ändern
  „Polygon", Eckenanzahl ändern

- Pyramide ändern
  Geometrieänderung über Formschrägenanpassung

- Kantenbrechung
  „Fase"
  „Verrundung"

- „Bohrungsassistent"
  Bohrungsgröße
  Bohrungsform

- Muster
  „Lineares Muster"
  „Kreismuster"

9.5 Erstellen und Modifizieren von Features

9.5.1 Würfel über Geometrieänderungen

9.5.1.1 Arbeitsdatei öffnen

 Öffnen

 Öffnen (Menüleiste) / Bauteildatei von der Buch-DVD / **OK**

9.5.1.2 Maße der Basisskizze ändern

 Linear ausge-
tragener
Aufsatz

 Erweitern Sie im **FeatureManager** die Funktion
Linear ausgetragener Aufsatz

- Wählen Sie in der **Kontext-Symbolleiste** die Option **Skizze Einblenden**.
- Klicken Sie das Maß **70** mm und ändern dies auf **100** mm (1, 2).

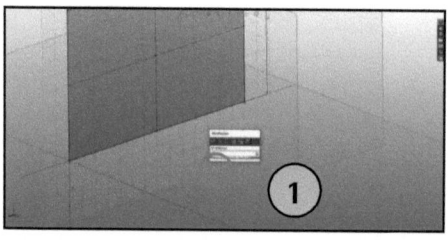

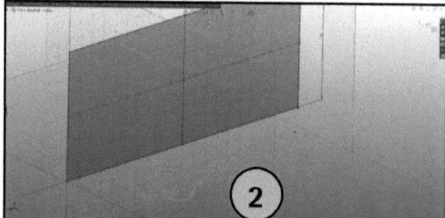

- Klicken Sie das Maß **25** mm und ändern dies auf **100** mm (3, 4).

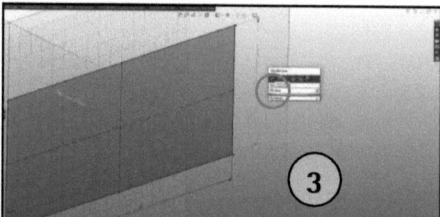

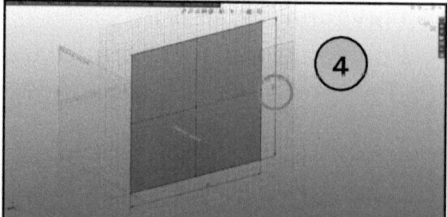

- **Dialogfeld schließen**

9.5.1.3 Feature „Aufsatz Linear austragen" Maßzuweisung ändern

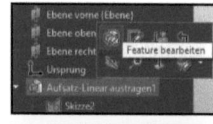

- Klicken Sie, im **FeatureManager**, auf **Linear ausgetragener Aufsatz**.
- Über **Rechtsklick**, öffnen der Dialogbox, Auswahl **Feature bearbeiten**.
- Ändern Sie die **Maßeintragung**, im **PropertyManager**, auf **100** mm.

 Dialogfeld schließen

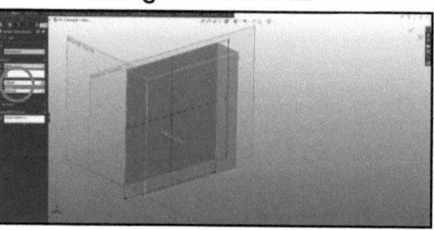

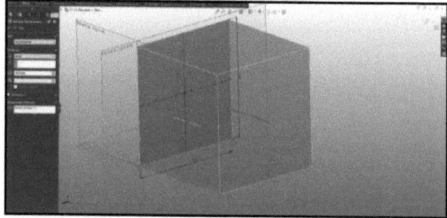

9.5.1.4 Dateisicherung

 Auf diesen PC
speichern

 Auf diesen PC speichern / Geben Sie einen Namen Ihrer Wahl ein.

9.5.2 Extrusionskörper „Würfel", Lageänderung

 Öffnen (Menüleiste) / Bauteildatei von der Buch-DVD / **OK**

9.5.2.1 Basisskizze um Mittellinie ergänzen

* Aktivieren Sie **Skizze bearbeiten** im **FeatureManager**, unterhalb der Funktion **Aufsatz Linear austragen**.
* Klicken Sie Mitte **Rechteck** hinten und Mitte **Rechteck** vorn um die **Linie** zu platzieren, Option **Für Konstruktion** (1, 2).

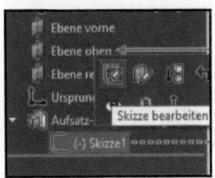

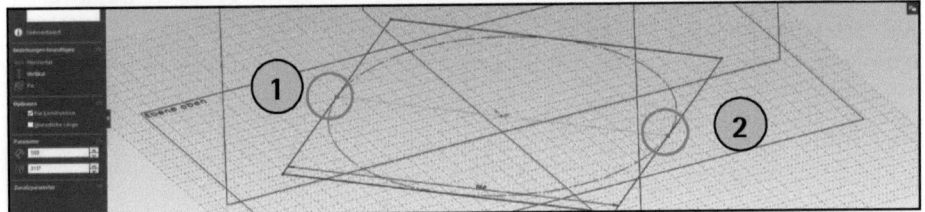

 Linie

9.5.2.2 Die Skizzen-Lageänderung

 Beziehung hinzufügen
Wählen Sie die neue Mittellinie (3).
Wählen Sie die Rahmenkontur **Ebene Vorn** (4).

 Beziehung hinzufügen

 Wählen Sie im **FeatureManager** die Beziehung **Kollinear** (5, 6).

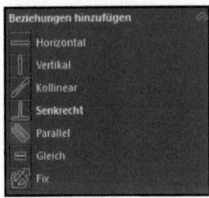

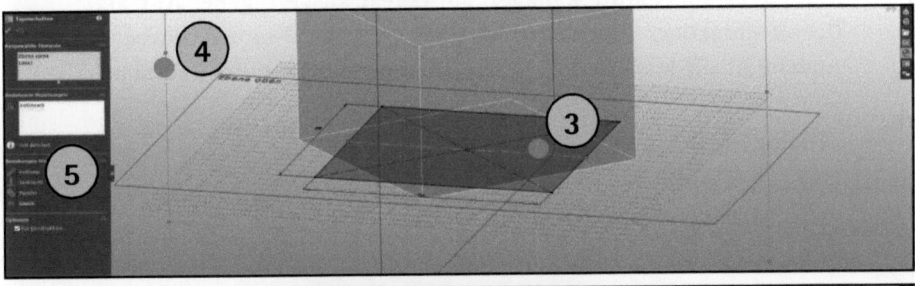

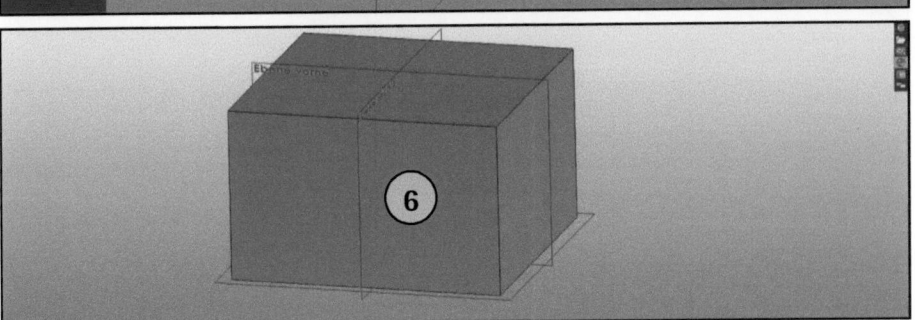

9.5.2.3 Dateisicherung

 Auf diesen PC speichern / Geben Sie einen Namen Ihrer Wahl ein.

 Auf diesen PC speichern

9.5.3 Quadermodell ändern

9.5.3.1 Arbeitsdatei öffnen

Öffnen

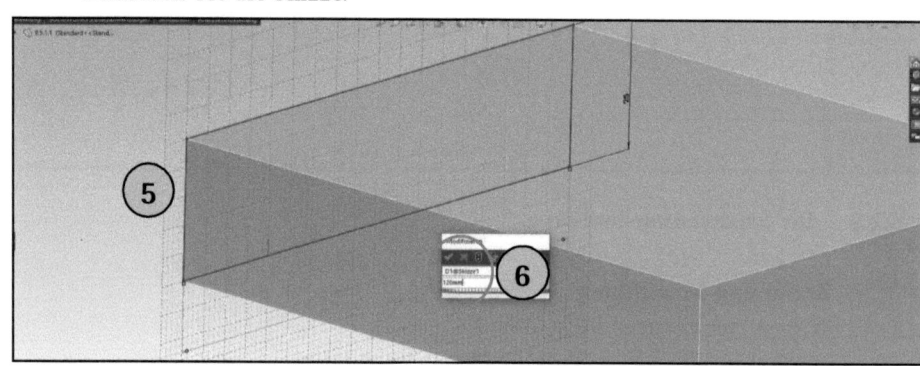

Öffnen Sie die Bauteildatei von der Buch-DVD.

9.5.3.2 Quaderbreite über Grundskizze ändern

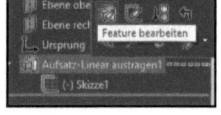

- Aktivieren Sie die **Skizze** unterhalb von **Linear ausgetragener Aufsatz**. (5).
- Ändern Sie das Breitenmaß auf **120** mm (6) über **Intelligente Bemaßung**.
- Schließen Sie die Skizze.

Intelligente Bemaßung

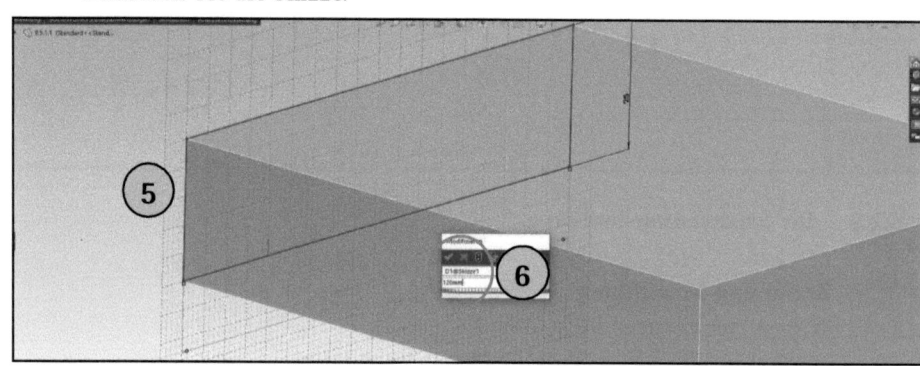

9.5.3.3 Feature „Aufsatz Linear austragen" Längenzuweisung ändern

- Klicken Sie, im **FeatureManager**, auf **Linear ausgetragener Aufsatz**.
- Über **Rechtsklick**, öffnen der Dialogbox, Auswahl **Feature bearbeiten**.
- Ändern Sie die Maßeintragung, im **PropertyManager**, auf **110** mm (7).

Linear ausge-
tragener
Aufsatz

Dialogfeld
schließen

Dialogfeld schließen (8)

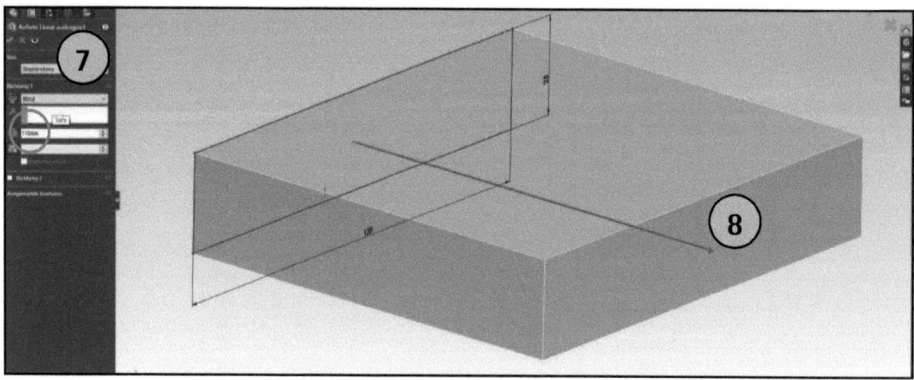

9.5.3.4 Dateisicherung

Auf diesen PC
speichern

Auf diesen PC speichern / Geben Sie einen Namen Ihrer Wahl ein.

9.5.4 Polygonmodell ändern

9.5.4.1 Arbeitsdatei öffnen

 Öffnen Sie die Bauteildatei von der Buch-DVD.

 Öffnen

9.5.4.2 Feature „Aufsatz Linear austragen", Polygonhöhe ändern

- Klicken Sie, im **FeatureManager**, auf **Linear ausgetragener Aufsatz**.
- Über **Rechtsklick**, öffnen der Dialogbox, Auswahl **Feature bearbeiten**.
- Ändern Sie die Maßeintragung, im **PropertyManager**, auf **40** mm (1).

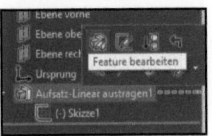

 Dialogfeld schließen (2)

 Linear ausge-
tragener
Aufsatz

 Dialogfeld
schließen

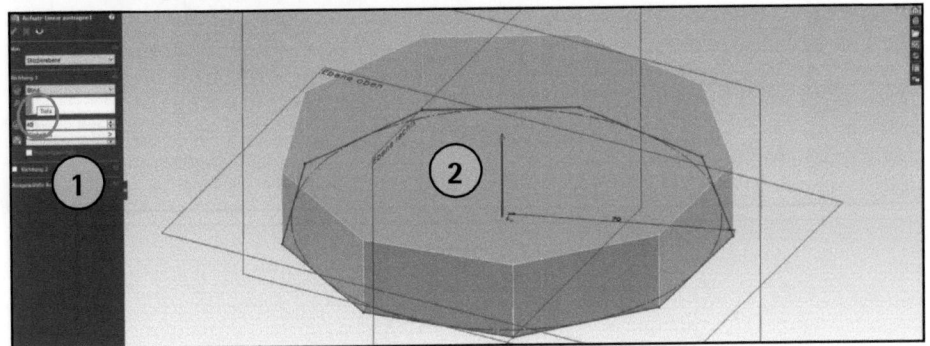

9.5.4.3 Polygongröße über Grundskizze ändern

- Aktivieren Sie die **Skizze** unterhalb von **Linear ausgetragener Aufsatz**.
- Ändern Sie das **Radienmaß** von **100** mm auf **50** mm (3).

 Dialogfeld schließen (4)

 Dialogfeld
schließen

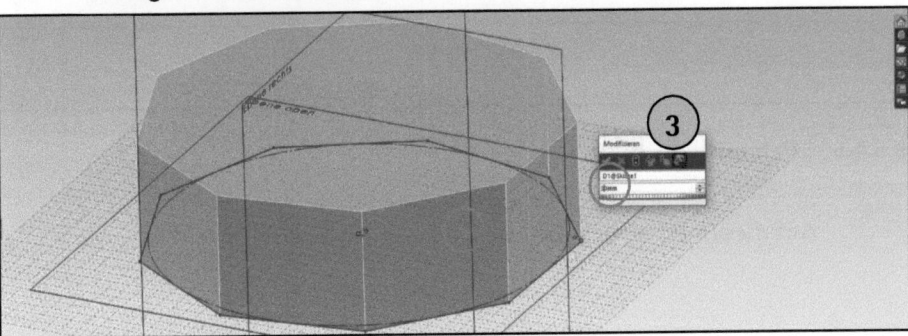

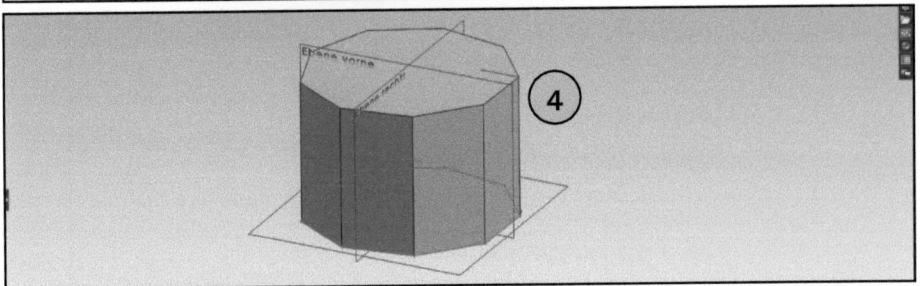

Skizze
bearbeiten

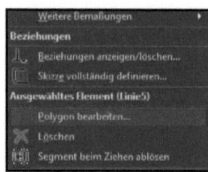

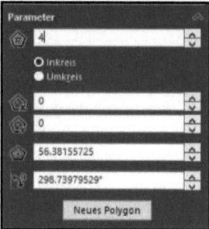

Dialogfeld
schließen

9.5.4.4 Skizzengeometrie „Polygon" bearbeiten

- Wählen Sie in der **Kontext**-Symbolleiste die Option **Skizze Einblenden**.
- Wählen Sie eine **Polygon**-Kontur an (5).
- Rufen Sie, über Rechtsklick, das **Kontextmenü** auf (6).
- Anwahl Option **Polygon bearbeiten** (7).
- **6** Ecken auf **4** Ecken ändern (8).

Dialogfeld schließen

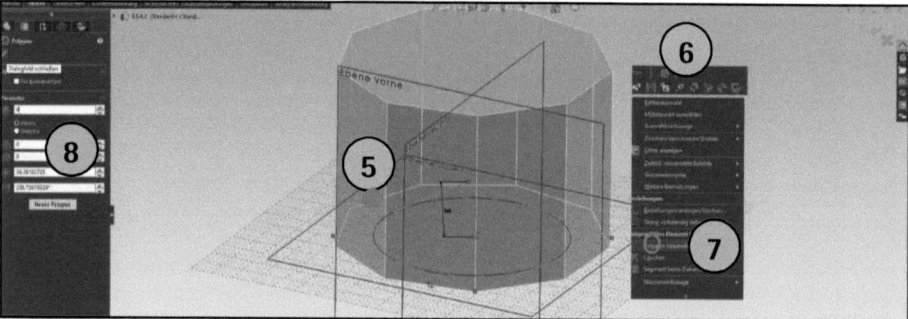

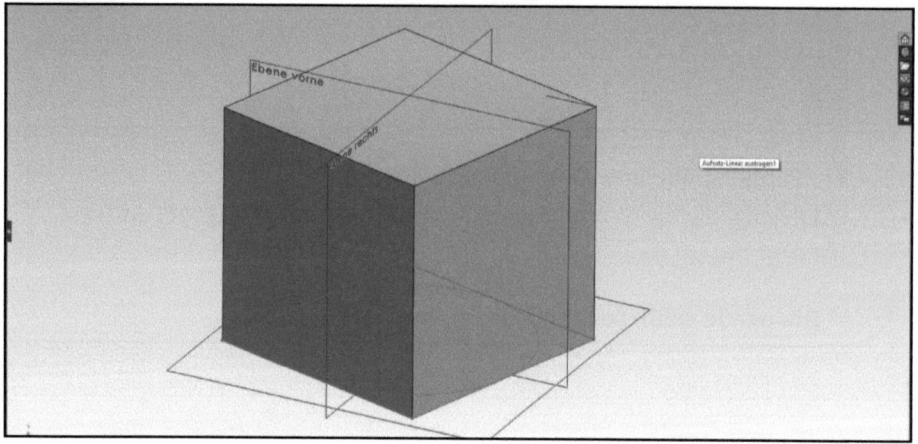

9.5.4.5 Datensicherung

Auf diesen PC
speichern

Auf diesen PC speichern / Geben Sie einen Namen Ihrer Wahl ein.

9.6 Geometrieänderung über Formschrägenanpassung

9.6.1 Formschrägenanpassung

9.6.1.1 Arbeitsdatei öffnen

Öffnen Sie die Bauteildatei von der Buch-DVD.

Öffnen

9.6.1.2 Grundkörper mit der Option „Formschräge" ändern

- Wählen Sie in der **Kontext-Symbolleiste** die Option **Feature bearbeiten**.
- Wählen Sie die Option **Formschräge** (1).
- Ändern Sie den Wert von **15°** (2) auf **30°** (3).

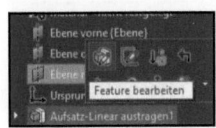

 Dialogfeld schließen (4)

Formschräge

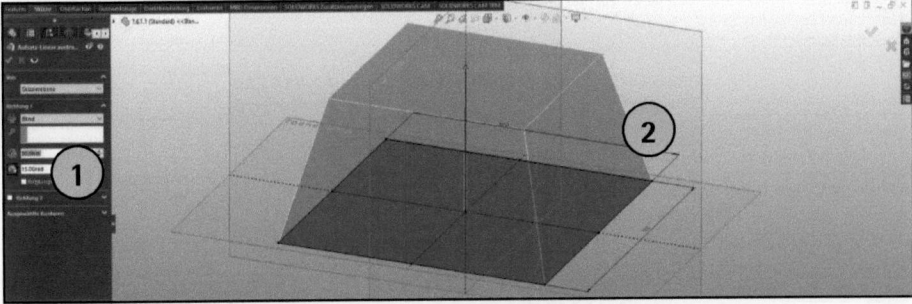

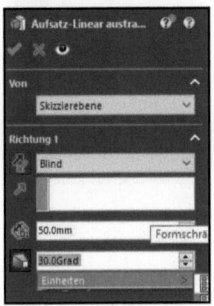

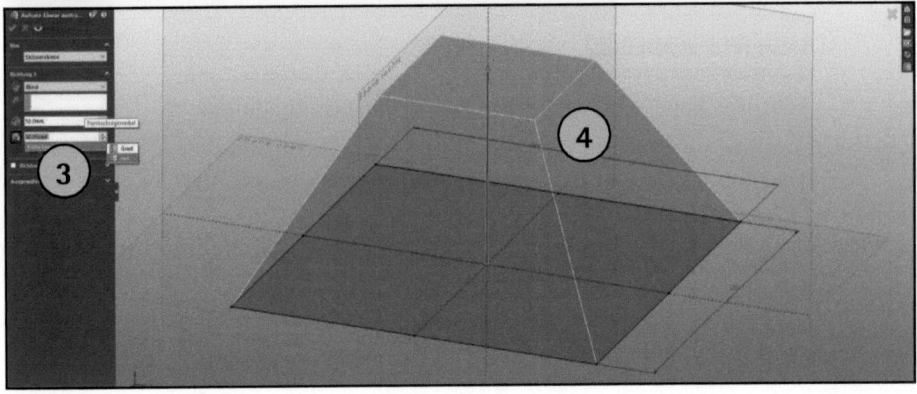

9.6.1.3 Datensicherung

Auf diesen PC speichern / Geben Sie einen Namen Ihrer Wahl ein.

Auf diesen PC speichern

9.7 Kantenbrechung „Fase" und Verrundung

9.7.1 Kantenbrechung „Fase"

9.7.1.1 Arbeitsdatei öffnen

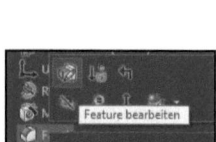
Öffnen

- **Öffnen** Sie die Bauteildatei von der **Buch-DVD**.

9.7.1.2 Feature „Fase" Abstandszuweisung ändern

- Klicken Sie, im **FeatureManager**, auf **Fase1**.
- Über **Rechtsklick**, öffnen der Dialogbox, Auswahl **Feature bearbeiten**.
- Ändern Sie die **Maßeintragung**, im **PropertyManager**, auf Abstand **3** mm (1, 2).

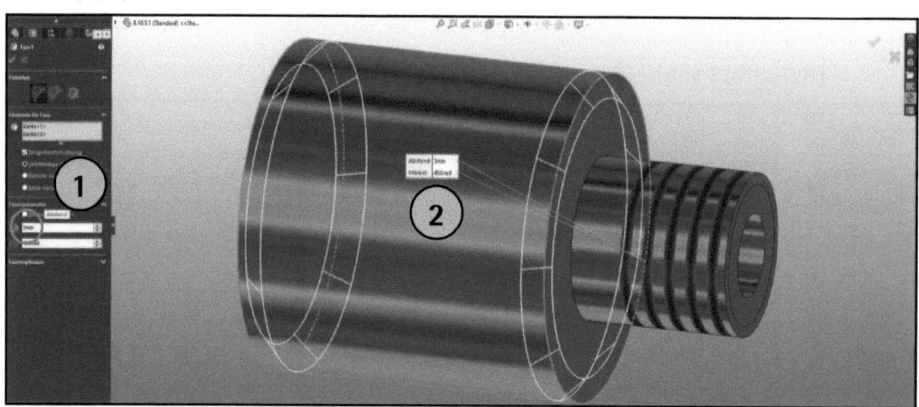

 Dialogfeld schließen

9.7.1.3 Feature „Fase" Abstands- und Winkelzuweisung ändern

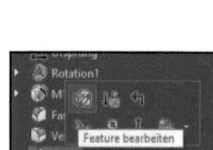

- Klicken Sie, im **FeatureManager**, auf **Fase2**.
- Ändern Sie die **Maßeintragung**, im **PropertyManager**, auf Abstand **3** mm und Winkel **30°** (3, 4).

9.7.1.4 Datensicherung

Auf diesen PC speichern

 Auf diesen PC speichern / Geben Sie einen Namen Ihrer Wahl ein.

9.7.2 Kantenbrechung „Verrundung"

9.7.2.1 Arbeitsdatei öffnen

- **Öffnen** Sie die Bauteildatei von der **Buch-DVD**.

Öffnen

9.7.2.2 Feature „Verrundung" Radienzuweisung ändern

- Klicken Sie, im **FeatureManager**, auf **Verrundung**.
- Über Rechtsklick, öffnen der Dialogbox, Auswahl **Feature bearbeiten**.
- Ändern Sie die **Maßeintragung**, im **PropertyManager**, auf Radius **3** mm (1, 2).

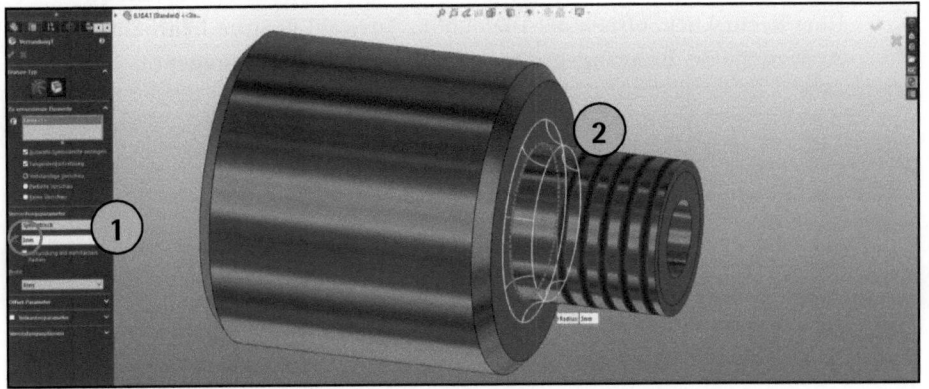

9.7.2.3 Datensicherung

Auf diesen PC speichern / Geben Sie einen Namen Ihrer Wahl ein.

Auf diesen PC
speichern

9.8 „Bohrungsassistent", Bohrungsgröße und Bohrungsform ändern

9.8.1 „Bohrungsassistent", Bohrungsgröße ändern

Öffnen

9.8.1.1 Arbeitsdatei öffnen

- **Öffnen** Sie die Bauteildatei von der **Buch-DVD**.

9.8.1.2 Feature „Bohrungsassistent" Bohrungsgröße ändern

- Klicken Sie, im **FeatureManager**, auf den Eintrag **Bohrungsassistent**.
- Über Rechtsklick, öffnen der Dialogbox, Auswahl **Feature bearbeiten**.
- Ändern Sie die **Bohrungsgröße** auf **M6**, im **PropertyManager** (1, 2, 3).

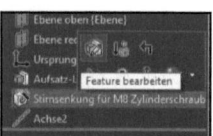

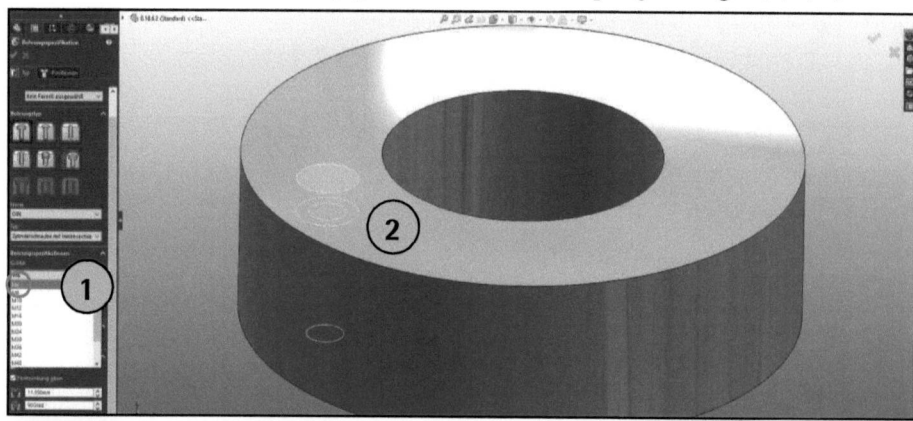

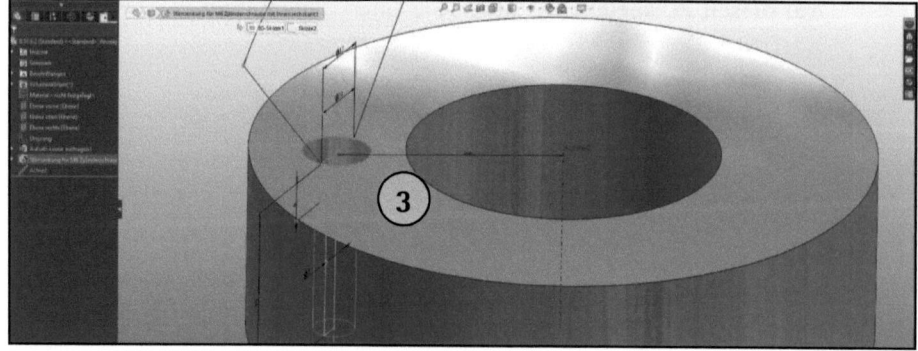

Auf diesen PC speichern

9.8.1.3 Datensicherung

Auf diesen PC speichern / Geben Sie einen Namen Ihrer Wahl ein.

9.8.2 „Bohrungsassistent", Bohrungsform ändern

9.8.2.1 Arbeitsdatei öffnen

- **Öffnen** Sie die Bauteildatei von der **Buch-DVD**.

Öffnen

9.8.2.2 Feature „Bohrungsassistent" Bohrungsform ändern

- Klicken Sie, im **FeatureManager**, auf den Eintrag **Bohrungsassistent**.
- Über Rechtsklick, öffnen der Dialogbox, Auswahl **Feature bearbeiten**.
- Ändern Sie die **Bohrungsform** auf **Gerade Gewindebohrung**,
  Größe **M10**, Norm **ISO**, Bohrungstiefe **Durch Alles**, Gewindetiefe **Blind** und
  Formsenkung Oben im **PropertyManager** (1, 2).

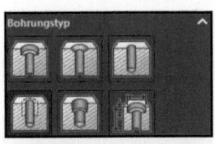

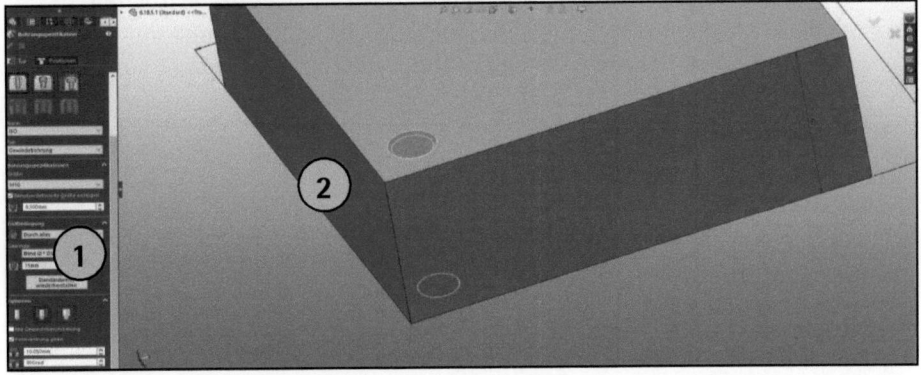

9.8.2.3 Gewindedarstellung zuweisen

- Aktivieren Sie **Beschriftungen** (Feature-Manager), **Details (Kontextmenü)**
- Setzen Sie **Gewindedarstellung / Schattierte Gewindedarstellung** (3, 4).

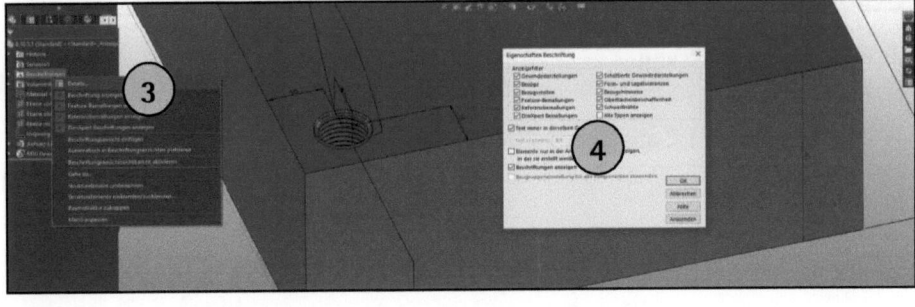

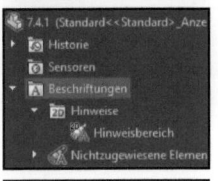

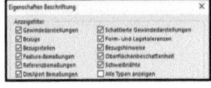

9.8.2.4 Datensicherung

Auf diesen PC speichern / Geben Sie einen Namen Ihrer Wahl ein.

Auf diesen PC
speichern

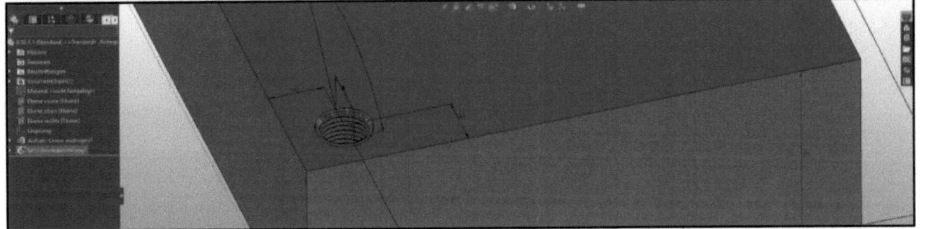

9.9 Musteranordnung
„Lineares Muster" und „Kreismuster" ändern

Öffnen

9.9.1 Muster „Lineares Muster" ändern

9.9.1.1 Arbeitsdatei öffnen

* **Öffnen** Sie die Bauteildatei von der **Buch-DVD**.

9.9.1.2 Feature „Lineares Muster" Musteränderung

* Klicken Sie, im **FeatureManager**, auf den Eintrag **Lineares Muster**.
* Über Rechtsklick, öffnen der Dialogbox, Auswahl **Feature bearbeiten**.
* Ändern Sie die Bohrungsanzahl in **Richtung1** und **Richtung2** auf **6** (1), ändern Sie den Bohrungsabstand in **Richtung1** und **Richtung2** auf **16** (2), im **PropertyManager** (1, 2, 3).

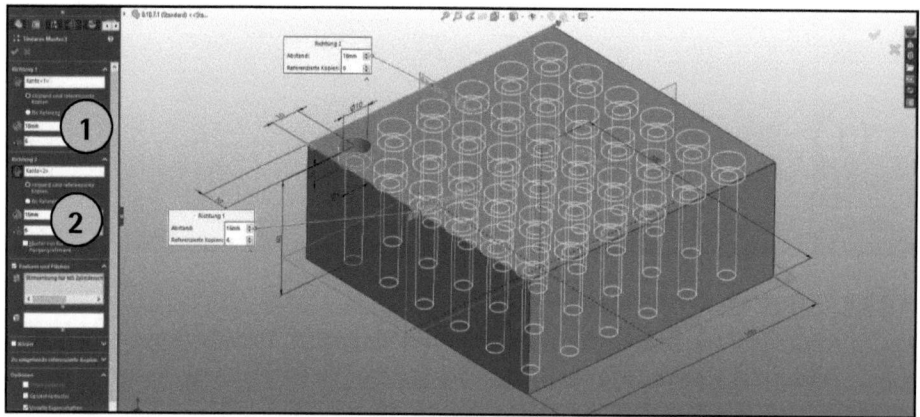

9.9.1.3 Datensicherung

Auf diesen PC
speichern

Auf diesen PC speichern / Geben Sie einen Namen Ihrer Wahl ein (3).

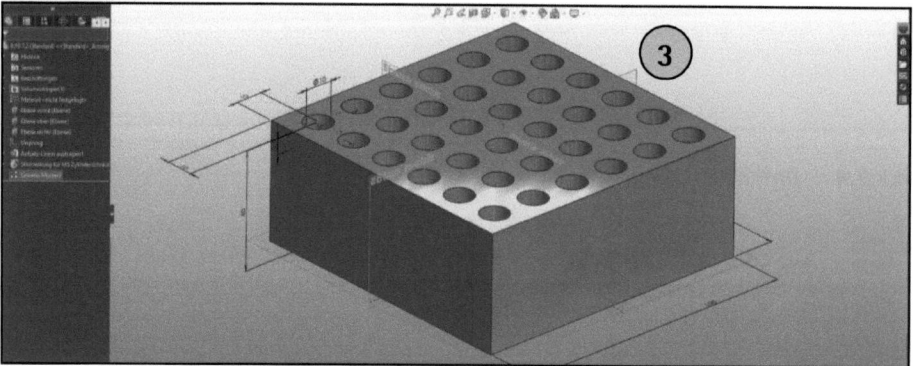

9.9.2 Muster, „Kreismuster" ändern

9.9.2.1 Arbeitsdatei öffnen

- **Öffnen** Sie die Bauteildatei von der **Buch-DVD**.

Öffnen

9.9.2.2 Feature „Kreismuster" Musteränderung

- Klicken Sie, im **FeatureManager**, auf den Eintrag **Kreismuster**.
- Über Rechtsklick, öffnen der Dialogbox, Auswahl **Feature bearbeiten**.
- Ändern Sie die Bohrungsanzahl auf **6** im **PropertyManager** (1, 2, 3).

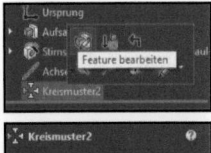

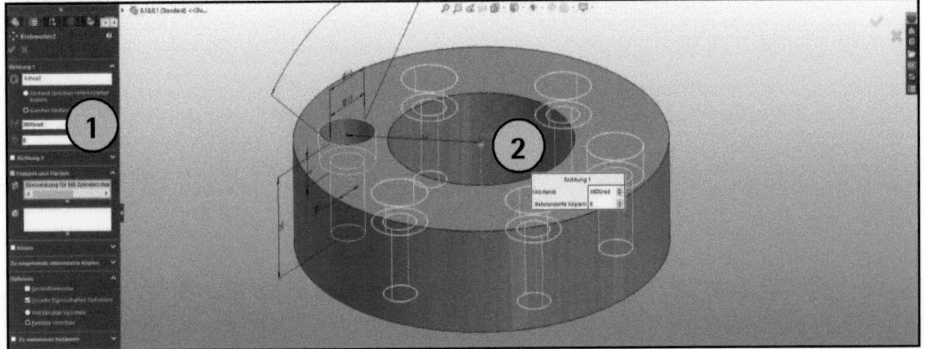

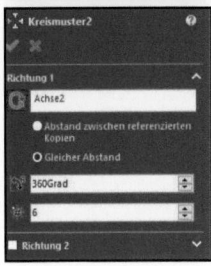

9.9.2.3 Datensicherung

Auf diesen PC speichern / Geben Sie einen Namen Ihrer Wahl ein.

Auf diesen PC speichern

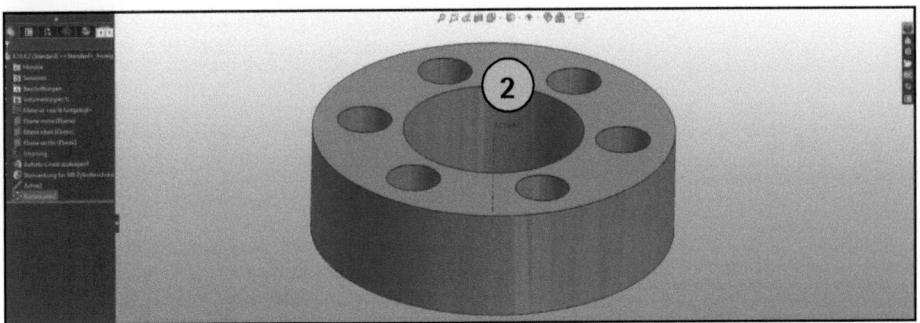

Projekt XIII

Instant3D
Modelländerungen

- Würfelgeometrie ändern

- Lage der Bohrung ändern

- Durchmesser der Bohrung ändern

- Bohrebene der Bohrung ändern

- Volumenabschrägungen ändern
  Kegelstumpf auf Kegel
  Pyramidenstumpf auf Pyramide

9.10 Instant3D Modelländerungen, eine Auswahl

Mit **Instant3D** können Sie Geometrie- und Bemaßungsziehpunkte ziehen, um Features zu erstellen und modifizieren. Zur Erstellung von Features müssen Sie den Modus Skizze bearbeiten beenden, **Instant3D** ist standardmäßig aktiviert.

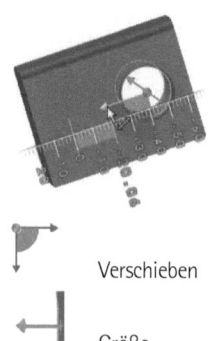

9.10.1 Würfel über Geometrieänderungen, dynamische Feature-Bearbeitung

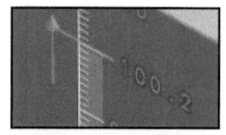
Verschieben

Größe anpassen

9.10.1.1 Dynamische Feature-Bearbeitung

Sie können Features dynamisch bearbeiten, indem Sie die Elemente einer Skizze ziehen, wobei Sie die Skizze selbst öffnen oder auch nicht öffnen können.

Elemente können nicht verschoben oder vergrößert/verkleinert werden, wenn sie durch Bemaßungen oder Beziehungen beschränkt sind.

Das Feature wird im Grafikbereich hervorgehoben. Das Modell wird nicht in den Einfügemodus versetzt. Wird mehr als eine Skizze zum Erstellen des Features verwendet (wenn das ausgewählte Feature beispielsweise eine Ausformung oder Austragung ist), dann werden alle im Feature verwendeten Skizzen hervorgehoben. Wenn Sie mit dem Feature zufrieden sind, klicken Sie auf einen leeren Bereich des Dokumentfensters, oder drücken Sie die **Esc**-Taste, um die Bearbeitungsschritte rückgängig zu machen.

Obwohl das Verrundungs-Feature separat von dem linear ausgetragenen Schnitt erstellt wurde, wird es mit dem ausgetragenen Schnitt verschoben und ändert mit ihm seine Größe aufgrund von Eltern- und Kind-Beziehungen.

9.10.1.2 Einheitenanpassung

Sie können die zugewiesene Längenänderung in den zugewiesenen Einheiten (Anzahl der Dezimalstellen über die Lage des Mauszeigers beeinflussen).

Neben dem Zahlenstrahl: Ungekürzte Anzahl der Dezimalstellen, Korrektur über nachträgliches Anwählen der sich ergebenden Maßzahl und Korrektur auf den gewünschten Wert.

Auf dem Zahlenstrahl: **Grünes DoppelPfeil-Symbol** (1) erscheint,
Maß springt entsprechend der voreingestellten Genauigkeit, hier **1** mm.

9.10.2 Würfel, Geometrieänderungen, dynamische Feature-Bearbeitung

9.10.2.1 Arbeitsdatei öffnen

 Öffnen Sie die Bauteildatei von der Buch-DVD.

 Öffnen

9.10.2.2 Maß der Quaderhöhe ändern

Klicken Sie auf **Instant3D** in der Features-Symbolleiste.

Klicken Sie auf die obere Quaderfläche.

Verwenden Sie den Ziehpfeil, um die obere Fläche zu ziehen.

Ziehen Sie die Länge **100** mm, Zuglage auf dem Zahlenstrahl (1).

Zum Abschluss klicken Sie auf einen leeren Bereich des Dokumentfensters

Instant3D

Größe anpassen

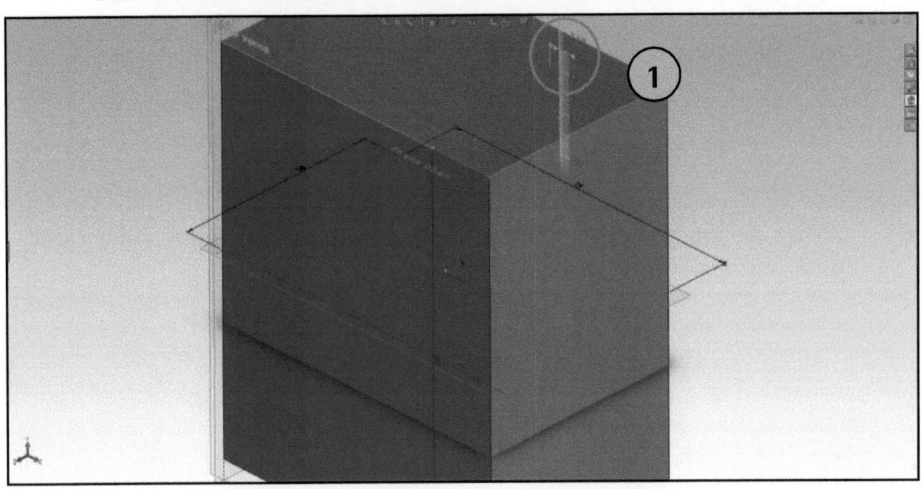

9.10.2.3 Maß der Quaderkanten ändern

Die Verwendung des Ziehpfeil ist nicht möglich, da eine Maßvorgabe vorliegt.

* Klicken Sie auf die vordere Quaderfläche.
* Klicken Sie das Maß **75** mm und ändern dies auf **100** mm (2).
* Klicken Sie das Maß **50** mm und ändern dies auf **100** mm (3).

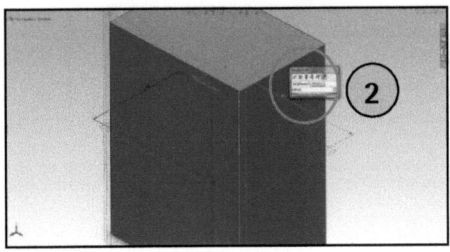
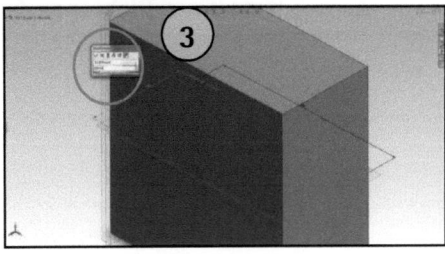

9.10.2.4 Datensicherung

Auf diesen PC speichern (Standard Symbolleiste)
Geben Sie einen Namen Ihrer Wahl ein.

 Auf diesen PC speichern

9.10.3 Quader, Geometrieänderungen, dynamische Feature-Bearbeitung

9.10.3.1 Arbeitsdatei öffnen

 Öffnen

 **Öffnen** Sie die Bauteildatei von der Buch-DVD.

9.10.3.2 Quaderlänge ändern

• Wählen Sie die vordere Fläche (1).

• Klicken Sie auf den Richtungspfeil (2), oder im **Symbol-Flyout** (3) auf **Feature bearbeiten**.

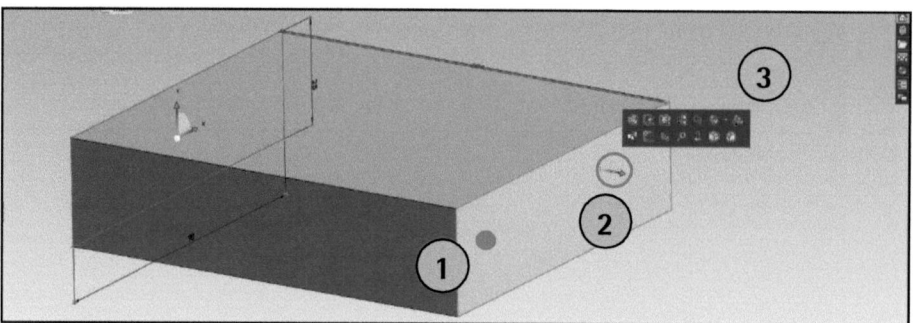

• Ziehen Sie am geklickten Pfeil auf das Maß **110** mm (4), ganze Zahlen sind direkt auf der Millimeterskala erreichbar.

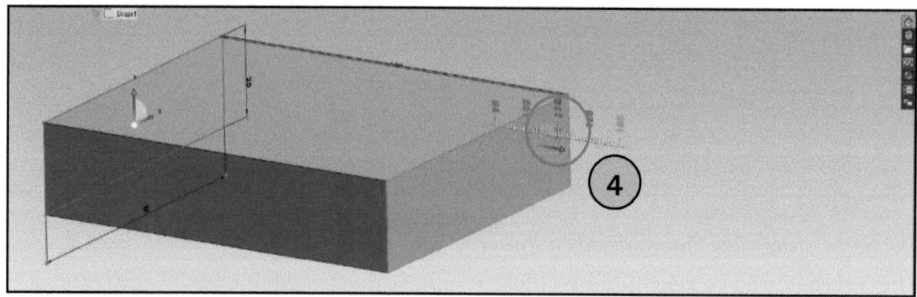

9.10.3.3 Lage in X-Richtung verändern

• Wählen Sie die obere Fläche (5).
• Klicken Sie auf den **Richtungspfeil** (6).

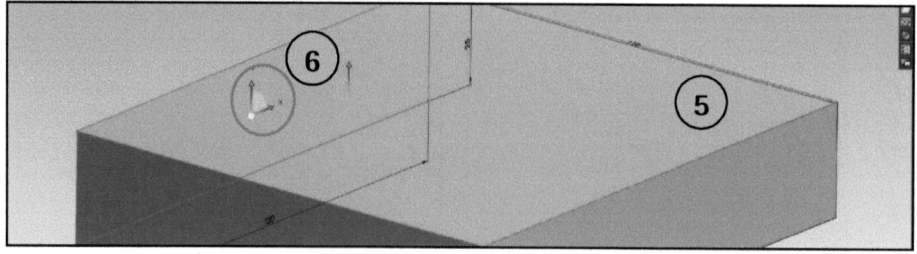

9.10.3.4 Dateisicherung

 Auf diesen PC speichern

 Auf diesen PC speichern / Geben Sie einen Namen Ihrer Wahl ein.

9.10.4 Bohrungsänderungen im Bauteil, „Bohrungsassistent"

9.10.4.1 Arbeitsdatei öffnen

 Öffnen Sie die Bauteildatei von der Buch-DVD.

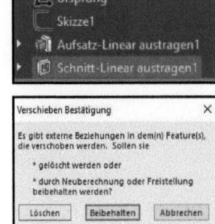

Öffnen

9.10.4.2 Lage der Bohrung ändern, Mittelpunktverlagerung

* Klicken Sie die Wandung der Bohrung (1).
* Klicken Sie **Löschen** um alle Feature-Beziehungen zu löschen (2).

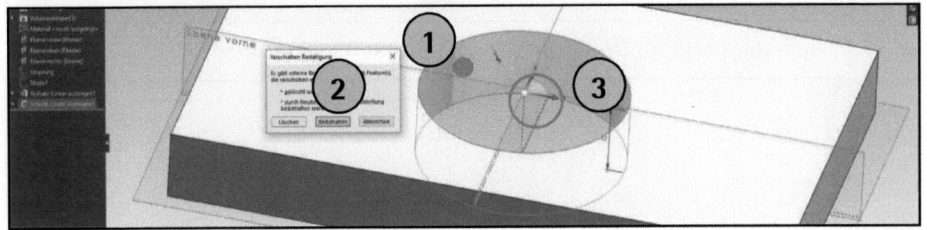

* Klicken Sie den **Richtungspfeil X** (3)
* Ziehen damit die Bohrung in die gewünschte Lage (4).

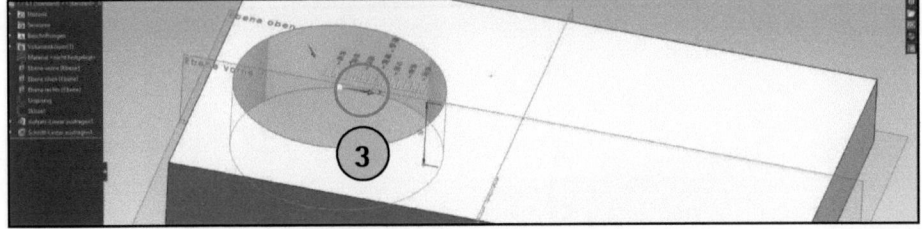

* Ziehen damit die Bohrung in die gewünschte Lage (4).

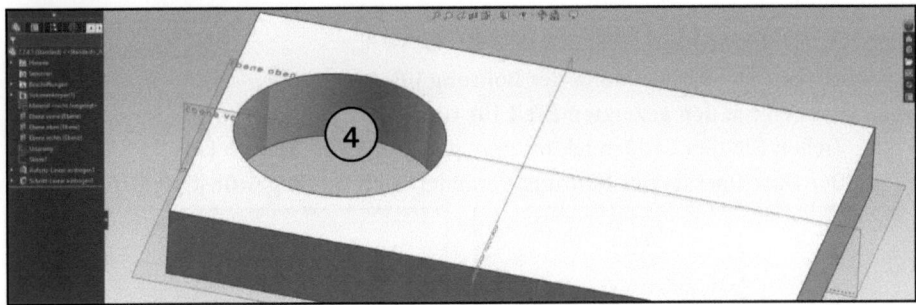

9.10.4.3 Lage der Bohrung ändern, Mittelpunktverlagerung über Skizze

* Aktivieren Sie die Skizze unterhalb von der Funktion **Bohrung** (5).

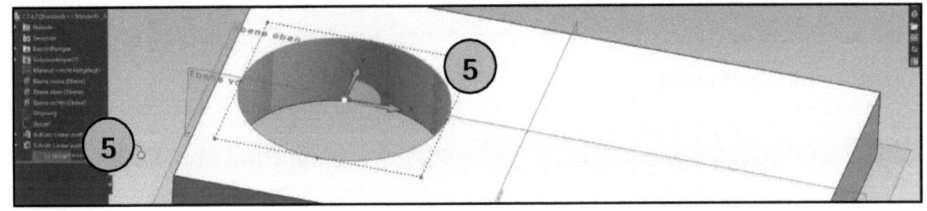

- Klicken Sie den **Richtungspfeil X** (6)

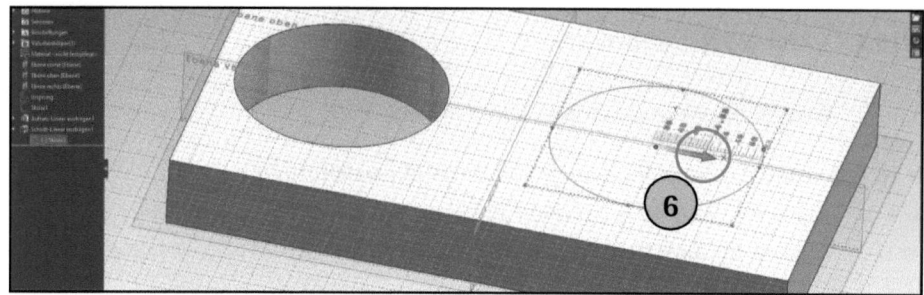

- Ziehen damit die Bohrung in die gewünschte Lage (7, 8).

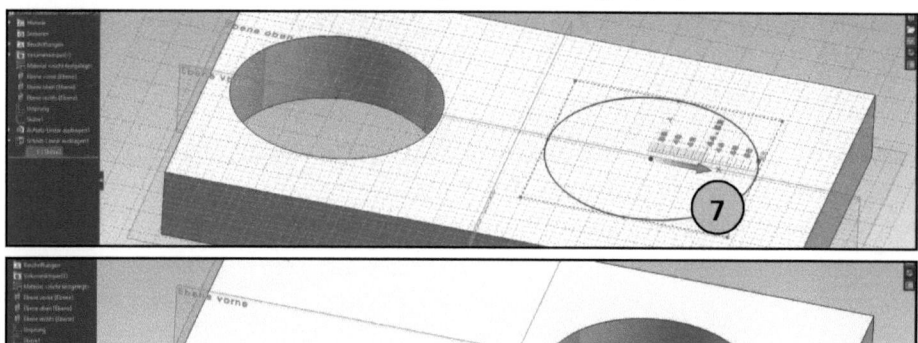

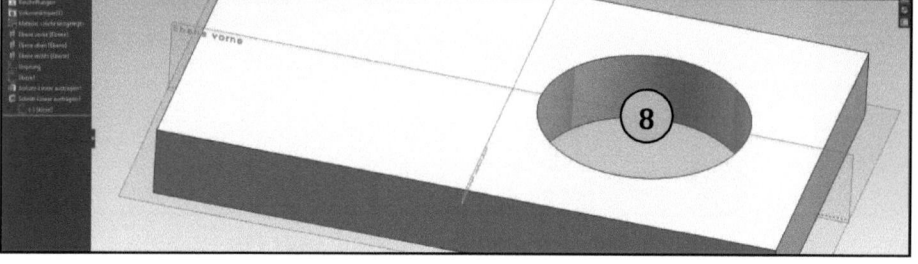

9.10.4.4 Bohrungsgröße über „Instant3D" ändern

- Klicken Sie die Wandung der Bohrung (9).
- Klicken Sie den gezeigten **Pfeil** für Größenänderung (10).
- Ziehen Sie den Größenvektor, gezeigter **Pfeil**, um **10** mm (11).
- Der Durchmesser der Bohrung verändert sich in die gewünschte Größe.

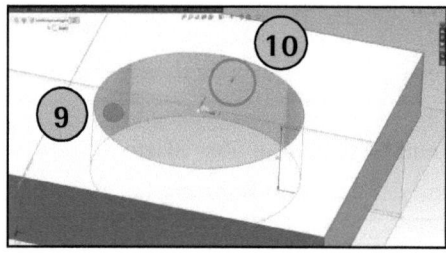

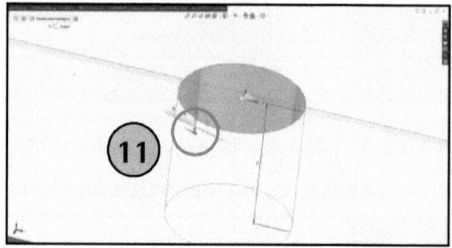

9.10.4.5 Dateisicherung

Auf diesen PC
speichern

Auf diesen PC speichern / Geben Sie einen Namen Ihrer Wahl ein.

9.10.5 Bohrungsänderungen im Bauteil, „Bohrungsassistent"

9.10.5.1 Arbeitsdatei öffnen

 Öffnen Sie die Bauteildatei von der Buch-DVD.

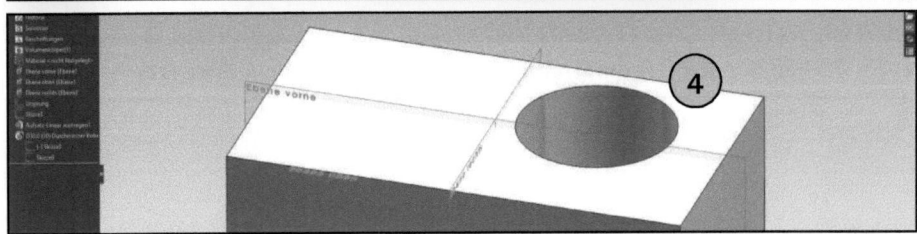 Öffnen

9.10.5.2 Lage der Bohrung ändern, Mittelpunktverlagerung

- Klicken Sie die Wandung der Bohrung (1).

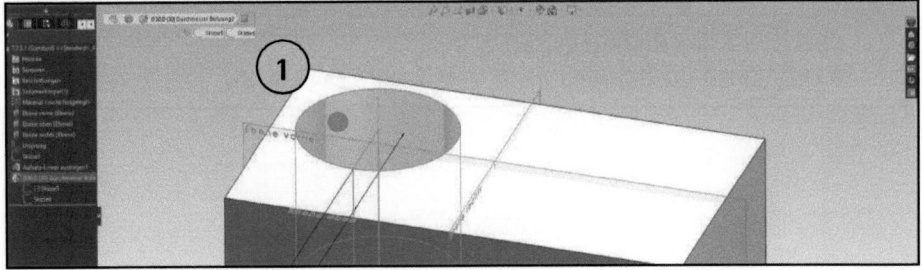

- Klicken Sie den **Bohrungsmittelpunkt** (2)

- Ziehen damit die Bohrung in die gewünschte Lage (3, 4).

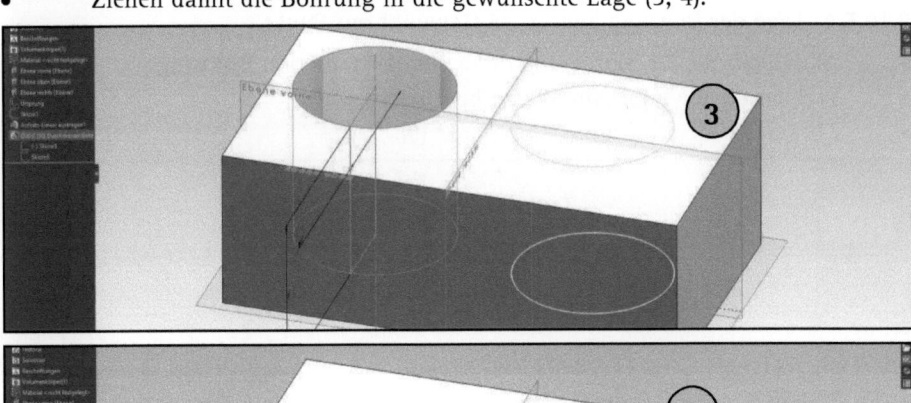

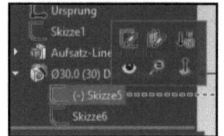

9.10.5.3 Lage der Bohrung ändern, Mittelpunktverlagerung über Skizze

- Aktivieren Sie die Skizze unterhalb von der Funktion **Bohrung** (5).

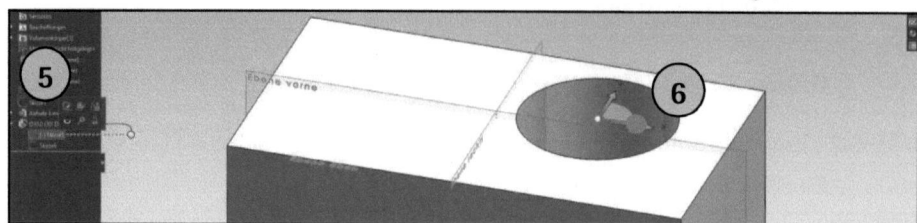

- Klicken Sie den **Richtungspfeil X** (6).
- Ziehen damit die Bohrung in die gewünschte Lage (7, 8).

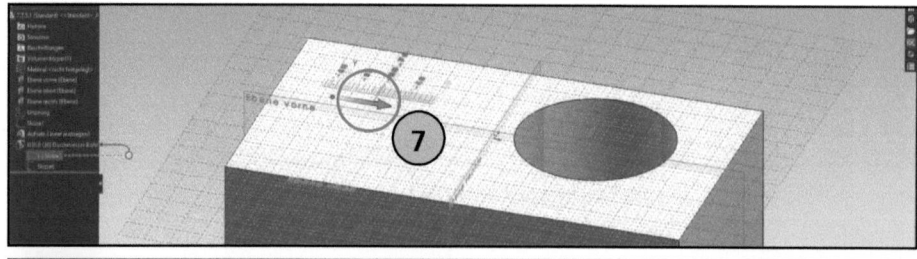

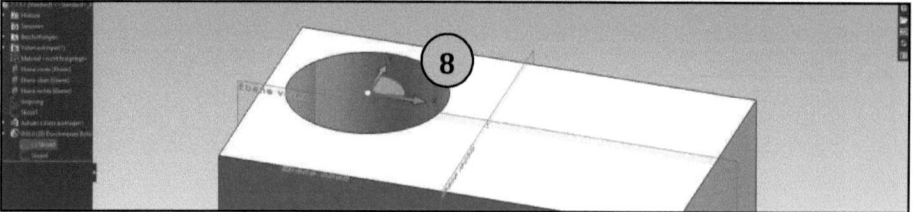

9.10.5.4 Lage der Bohrung ändern, Mittelpunkt auf Punkt

- Aktivieren Sie die Skizze unterhalb von der Funktion **Bohrung**.
- Wählen Sie die Funktion **Skizze bearbeiten**.
- Klicken Sie den Bohrungsmittelpunkt (9).

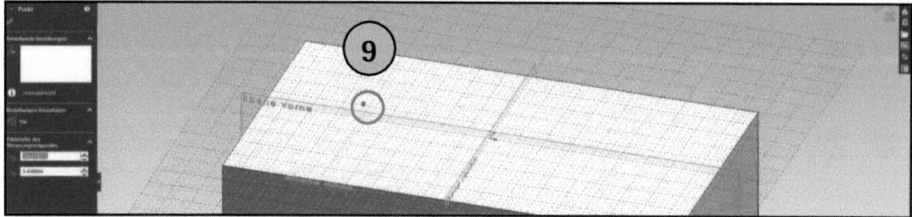

- Ziehen Sie den Bohrungsmittelpunkt auf den Punkt der Ecke (10).

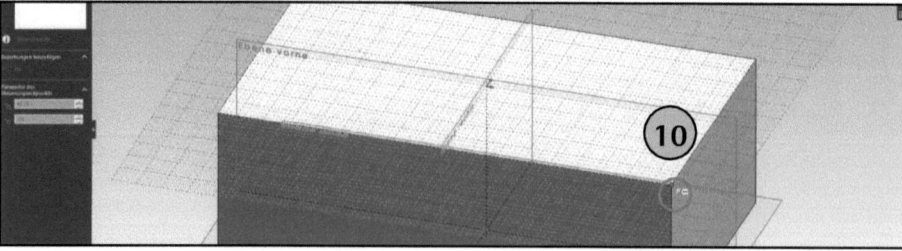

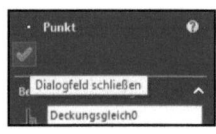

 Dialogfeld schließen

Aktivieren Sie **Skizze beenden** (11)

 Skizze
beenden

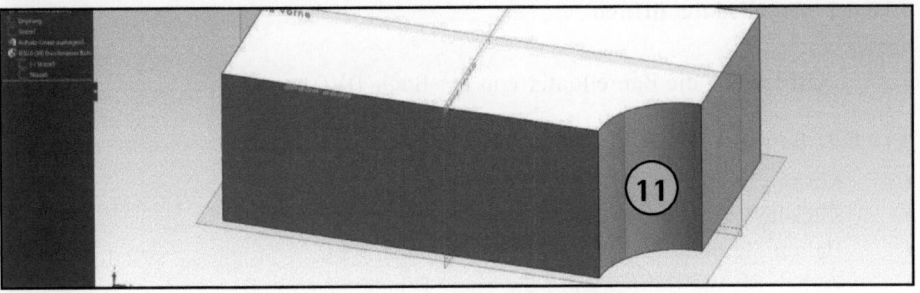

9.10.5.5 Datensicherung

 Auf diesen PC speichern (Standard Symbolleiste)
Geben Sie einen Namen Ihrer Wahl ein.

 Auf diesen PC
speichern

9.10.6 Bohrung im Bauteil kopieren, „Bohrungsassistent"

9.10.6.1 Arbeitsdatei öffnen

 Öffnen

 Öffnen Sie die Bauteildatei von der Buch-DVD.

9.10.6.2 Bohrung kopieren

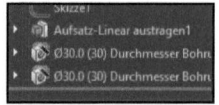

- Klicken Sie die Wandung der Bohrung (1).
- Klicken Sie in den zentralen Achsenschnittpunkt (2).
- Halten Sie beim Ziehen die **Strg**-Taste gedrückt.
- Ziehen Sie die Bohrung auf die obere Quaderseite (3, 4).

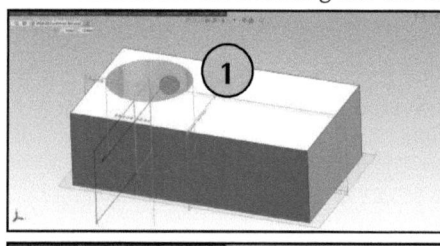

9.10.6.3 Bohrung auf eine andere Quaderseite kopieren

- Klicken Sie die Wandung der Bohrung (5).
- Klicken Sie in den zentralen Achsenschnittpunkt (6).
- Halten Sie beim Ziehen die **Strg**-Taste gedrückt.
- Ziehen Sie die Bohrung auf die vordere Quaderseite (7, 8).

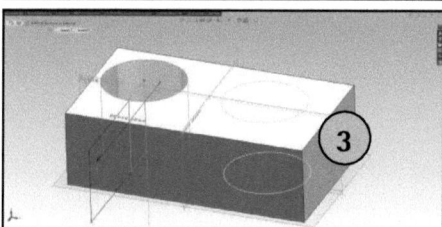
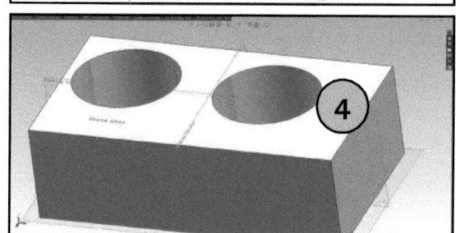
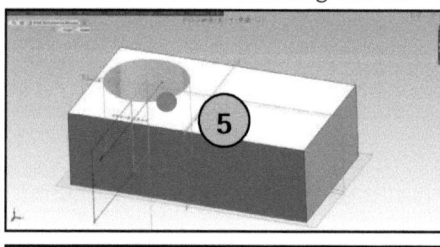

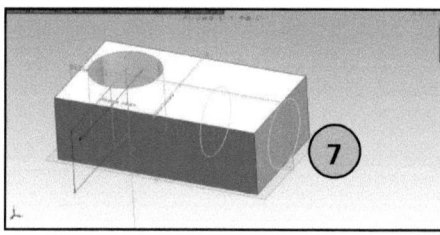
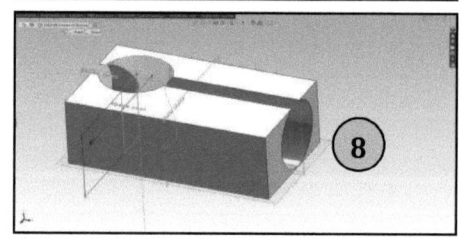

9.10.6.4 Dateisicherung

 Auf diesen PC speichern

 Auf diesen PC speichern / Geben Sie einen Namen Ihrer Wahl ein.

9.10.7 Rotationsvolumen ändern

9.10.7.1 Arbeitsdatei öffnen

 Öffnen Sie die Bauteildatei von der Buch-DVD.

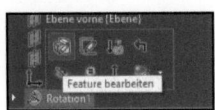 Öffnen

9.10.7.2 Rotationswinkel verändern

- Wählen Sie in der **Kontext-Symbolleiste** die Option **Feature bearbeiten**.
- Tragen Sie die neue, gewünschte Gradzahl, hier **230°**, ein (1, 2).

 Dialogfeld schließen (3)

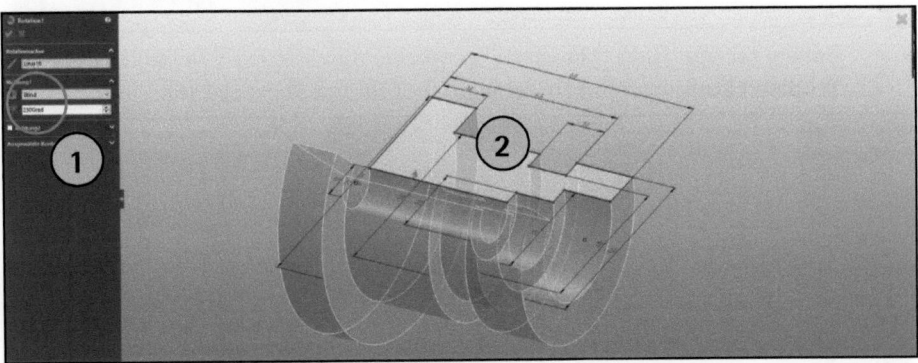

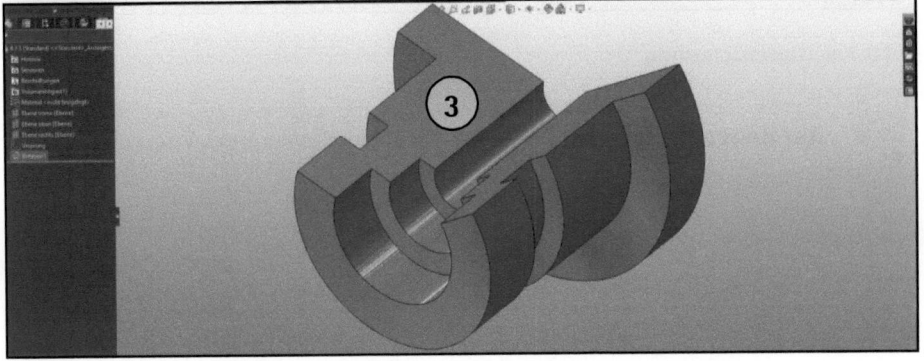

9.10.7.3 Dateisicherung

 Auf diesen PC speichern / Geben Sie einen Namen Ihrer Wahl ein.

9.10.7.4 Rotationswinkel verändern

- Klicken Sie die Wandung des Vektorausschnitts (4).
- Klicken Sie nun den erscheinenden **Einzelpfeil** (5).

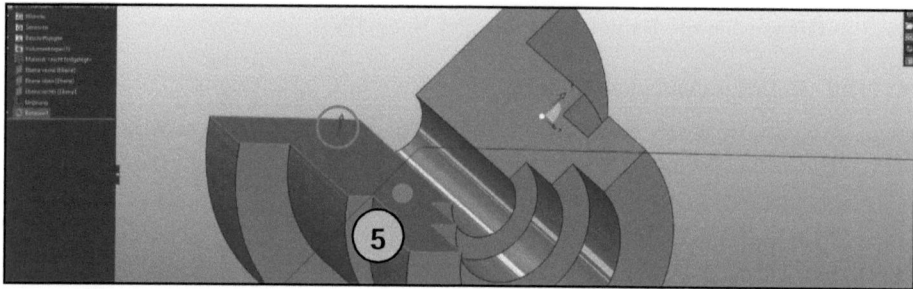

- Halten Sie die linke Maustaste gedrückt, durch Ziehen verändern Sie den **Winkelvektor**, der Winkelwert wird als Zahl mit angezeigt (6).

9.10.7.5 Dateisicherung

 Auf diesen PC speichern

 Auf diesen PC speichern / Geben Sie einen Namen Ihrer Wahl ein.

9.11 Kegelstumpf auf Kegel, Geometrieänderung über „Instant3D"

9.11.1 Arbeitsdatei öffnen

 Öffnen Sie die Bauteildatei von der Buch-DVD (1).

 Öffnen

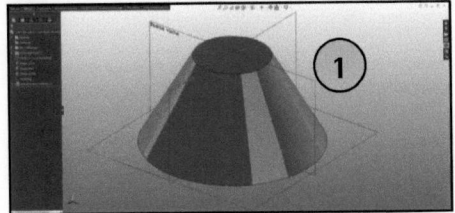

9.11.2 Grundkörper anpassen

* Wählen Sie die obere Kegelstumpffläche (2).
* Klicken Sie den **Richtungspfeil** (3).

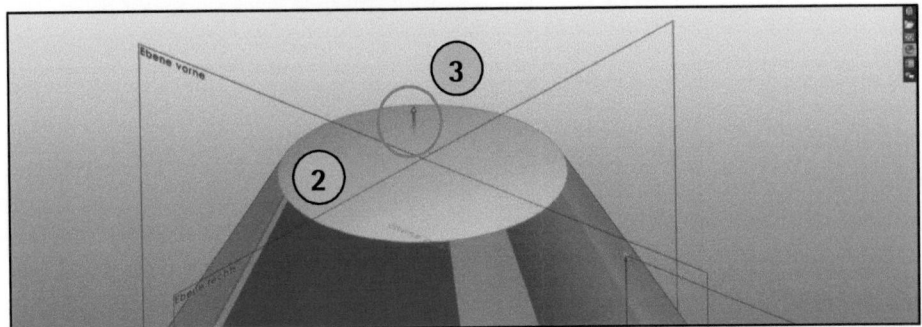

* Ziehen Sie, am **Pfeil**, die Fläche nach oben, bis sich ein Grundkörper **Kegel** bildet (4), das **Lineal** zeigt keine Zahlenangabe mehr (5).

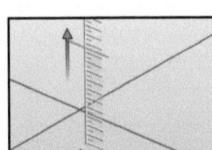

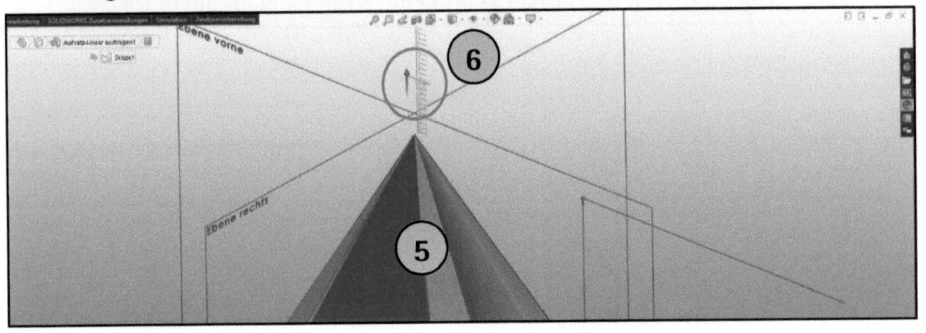

9.11.2.1 Datensicherung

 Auf diesen PC speichern (Standard Symbolleiste)
Geben Sie einen Namen Ihrer Wahl ein.

 Auf diesen PC speichern

9.12 Pyramidenstumpf auf Pyramide, Geometrieänderung über „Instant3D"

9.12.1 Arbeitsdatei öffnen

Öffnen

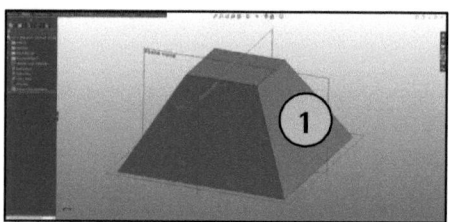
Öffnen Sie die Bauteildatei von der Buch-DVD (1).

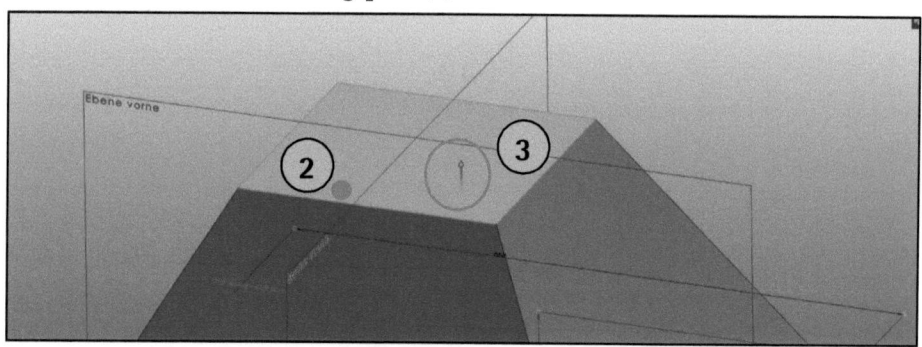

9.12.2 Grundkörper anpassen

- Wählen Sie die obere Pyramidenstumpffläche (2).
- Klicken Sie den **Richtungspfeil** (3).

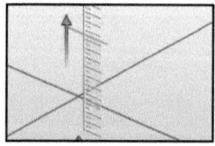

- Ziehen Sie, am **Pfeil**, die Fläche nach oben, bis sich ein Grundkörper **Pyramide** bildet (4), das **Lineal** zeigt keine Zahlenangabe mehr (5).

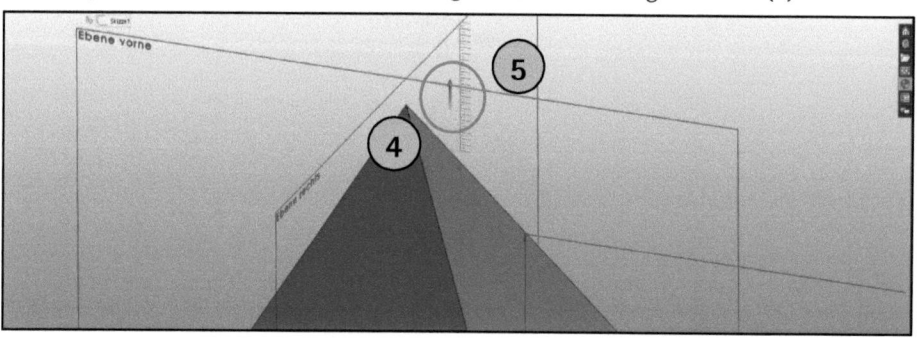

9.12.2.1 Datensicherung

Auf diesen PC speichern

Auf diesen PC speichern (Standard Symbolleiste)
Geben Sie einen Namen Ihrer Wahl ein.

10

Dassault Systèmes
3DEXPERIENCE©
SOLIDWORKS for Makers
SOLIDWORKS Connected
2025

Bauteile
Erstellen und Anpassen

Bauteile

10 Bauteile

10.1 Vorbemerkungen

Bei der Bauteilkonstruktion fertigen Sie Skizzen an, erstellen mithilfe von Elementwerkzeugen dreidimensionale Elemente und kombinieren diese Elemente anschließend zu Bauteilen.

Die Form der Skizze wird durch Abhängigkeiten gesteuert (standardmäßig werden diese beim Skizzieren automatisch angewendet), und die Größe der Skizze wird durch Bemaßungen gesteuert. Sie können einige Teile der Skizziergeometrie unbemaßt lassen, wenn Sie die Größe später ändern möchten.

10.1.1 Bemaßungen, eine Übersicht

Mit Bemaßungen können Sie Wertbeschriftungen zu 3D PMI-Modellen oder 2D-Konstruktionsgeometrie hinzufügen, indem Sie Merkmale wie Größe, Position und Ausrichtung von Elementen messen. Sie können z.B. die Länge einer Linie, den Abstand zwischen Punkten oder den Winkel messen, den eine Linie mit der horizontalen oder vertikalen Ebene bildet. Bemaßungen sind mit ihren 3D-Modell- oder 2D-Bezugselementen verknüpft, damit Entwürfe leicht geändert werden können. Solid Edge enthält ein vollständiges Sortiment an Bemaßungsfunktionen zum Dokumentieren von Teilen, Baugruppen und Zeichnungen.

10.1.2 Parametrische Bemaßungen

Bei parametrischen Bemaßungen wird die Größe der Geometrie angepasst, wenn Sie den Bemaßungswert ändern. Sie haben beim Skizzieren freie Hand, ohne sich über die korrekte Größe der Geometrie Gedanken zu machen. Wenn Sie eine Skizzenbemaßung bearbeiten, passt sich deren Position beim Aktualisieren der Skizziergeometrie an. Wenn Sie die Ansicht Ihrer Skizze drehen, richten sich die Bemaßungen neu aus, sodass sie problemlos gelesen werden können. Parametrische Bemaßungen können so definiert werden, dass Parameterwerte, Parameternamen oder Ausdrücke angezeigt werden.

Beim Skizzieren wird die Größe der Geometrie automatisch berechnet. Wenn die Größe Ihren Anforderungen entspricht, können Sie diese übernehmen. Normalerweise fügen Sie jedoch zum Festlegen der korrekten Größe Bemaßungen hinzu. Sie können die Geometrie grob skizzieren und daraus ein Element erstellen. Später können Sie zum Bearbeiten der Skizze zu dieser zurückkehren und Bemaßungen hinzufügen, um die Größe des Elements präzise zu bestimmen.

Ein wesentlicher Vorteil parametrischer Bemaßungen liegt darin, dass Sie diese steuern können. Sie können Bemaßungen mit Parametern in einer Tabellenkalkulation festlegen, Bemaßungen über Gleichungen steuern, um Proportionen zwischen geometrischen Elementen beizubehalten, oder Bemaßungen als konstante Werte definieren.

Projekt XIV

Bauteile
Drehteile und Wellen
Seite 372 bis 392

- ## Wellenelement
  Aufgesetzte Zylinder, Innenbohrungen über Hohlzylinder
  und Materialzuweisung

- ## Kupplungsbolzen
  Aufbau über Grundkörper,
  Außengewinde über Gewindedarstellung und Funktion „Gewinde"
  und Materialzuweisung

- ## Antriebswelle
  Rotationskörper über Mitte, Kantenbrechung, Zentrierbohrung,
  Langloch über Bohrungsassistent und Materialzuweisung

- ## Lagerbolzen
  Rotationskörper über Mitte, Außengewinde Funktion „Gewinde",
  Kantenbrechung und Materialzuweisung

- ## Gehäusedom
  Rotations-Grundkörper über
  „Aufsatz/Basis rotiert", „Verrundung" und „Material zuweisen"
  Lochkreis-Durchgangsbohrungen über „Kreismuster" einbringen
  Gewinde-Grundbohrung über „Kreismuster" setzen

10.2 Wellenelement über aufgesetzte Zylinder und Hohlzylinder

10.2.1 Die Basisgeometrie

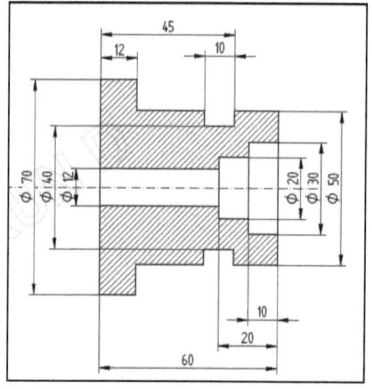 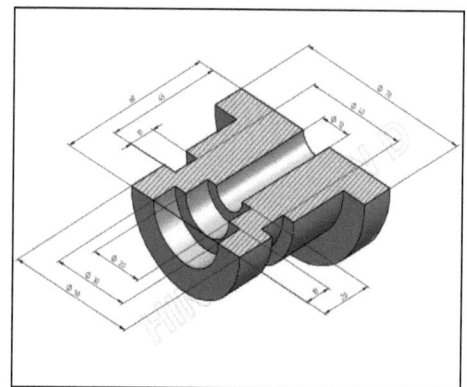

10.2.2 Der Basiszylinder als Grundkörper

10.2.2.1 Öffnen der eigenen Vorlagendatei

 Neu

 Engelke2025. PRTDOT

* **Neu** (Menüleiste) /  / **Engelke-2025.PRTDOT** anklicken / **OK**

10.2.2.2 Das erste Grundvolumen über einen zylindrischen Grundkörper

 Linear ausge-tragener Aufsatz

Linear ausgetragener Aufsatz (Registerkarte **Features**)
Wählen Sie die **Ebene Rechts**.

 Kreis mit Mittelpunkt

Kreis mit Mittelpunkt (Registerkarte **Skizze**)

Bewegen Sie den Cursor über den Ursprung.
Klicken Sie die Größe auf ca. **40** mm.

 Dialogfeld schließen

Dialogfeld schließen

 Intelligente Bemaßung

Intelligente Bemaßung (Registerkarte **Skizzieren**)
Wählen Sie die Kreiskontur und ziehen das Maß auf Lage.
Ändern Sie die Maßeintragung auf **70** mm (1).

 Skizze beenden

Skizze beenden

10.2.2.3 Die Volumengenerierung

Die Grafik-Anzeige blendet auf eine perspektivische Anzeige um.

- Ziehen Sie mit der Skalierung auf **12** mm (2).

 Dialogfeld schließen

 Dialogfeld schließen

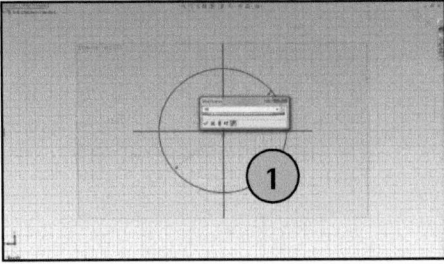 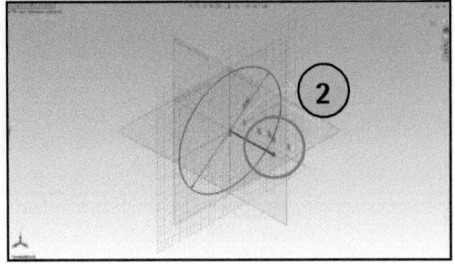

10.2.2.4 Die nächste Zylinder-Konstruktion

 Linear ausgetragener Aufsatz (Registerkarte **Features**)

Wählen Sie die vordere Kreisfläche als Ebene.

 Kreis mit Mittelpunkt (Registerkarte **Skizze**)

Klicken Sie, um die Kreismitte am Ursprung zu platzieren.

Geben Sie in die Dialogbox den Wert **50** mm ein (3).

 Dialogfeld schließen / **Skizze beenden**

 Linear ausge-tragener Aufsatz

 Kreis mit Mittelpunkt

 Dialogfeld schließen

 Skizze beenden

10.2.2.5 Die Grundzylinder-Konstruktionen

- Die Grafik-Anzeige blendet auf eine perspektivische Anzeige um.
- Ziehen Sie mit der Skalierung auf **23** mm (4).

 Dialogfeld schließen (5)

 Dialogfeld schließen

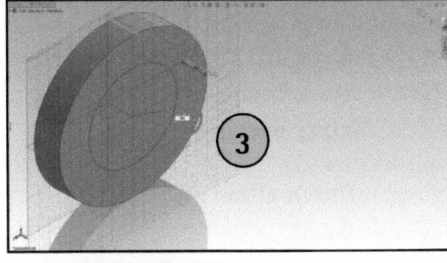 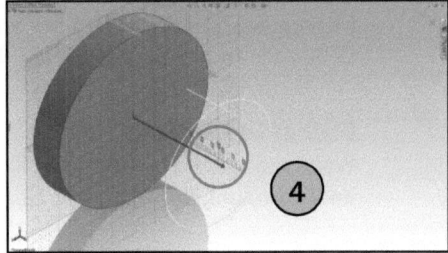

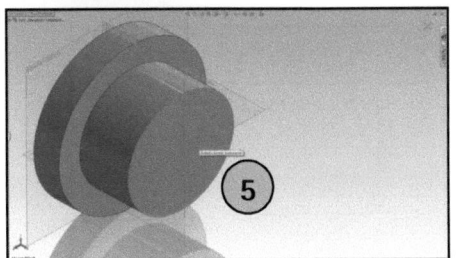

Linear ausge-
tragener
Aufsatz

Kreis mit
Mittelpunkt

10.2.2.6 Die weiteren Zylinder-Konstruktionen

Erstellen Sie entsprechend der gezeigten Konstruktion die weiteren Zylinder:

- Kreis Ø**40** mm, Aufsatzstärke **10** mm (6, 7).
- Kreis Ø**50** mm, Aufsatzstärke **15** mm (8, 9, 10).

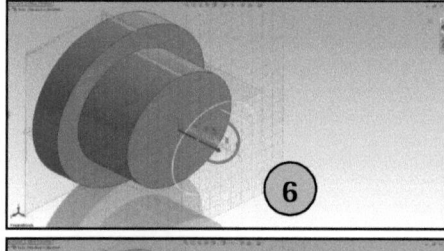
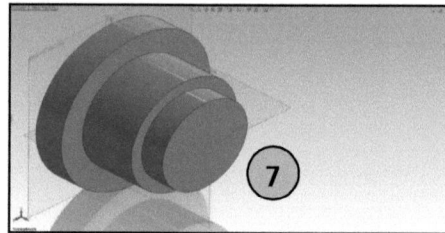

10.2.2.7 Datensicherung

Auf diesen PC
speichern

Auf diesen PC speichern / Geben Sie einen Namen Ihrer Wahl ein.

10.2.3 Eingabeablauf für die Innenkörper

10.2.3.1 Eingabeablauf für den ersten Innenkörper

Linear aus-
getragener
Schnitt

Kreis mit
Mittelpunkt

Dialogfeld
schließen

Skizze beenden

Dialogfeld
schließen

Linear ausgetragener Schnitt (Registerkarte **Features**)
Wählen Sie die vordere Kreisfläche als Ebene (10).

Kreis mit Mittelpunkt (Registerkarte **Skizze**)
Klicken Sie, um die Kreismitte am Ursprung zu platzieren.
Geben Sie in die Dialogbox den Wert für R **6** mm (Ø**12** mm) ein (11, 12).

 Dialogfeld schließen / **Skizze beenden**
Wählen Sie den konstruierten Kreis als Basisskizze.
Endbedingungen für lineare Austragungen **Durch alles** (13).

 Dialogfeld schließen (14)

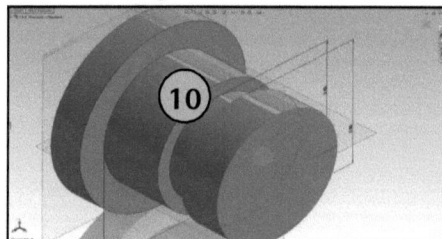
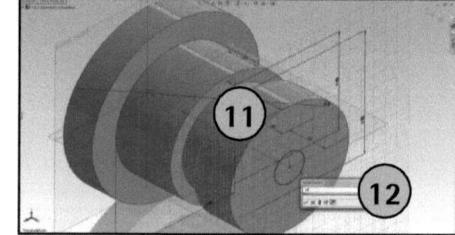

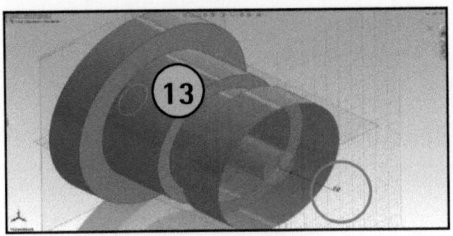
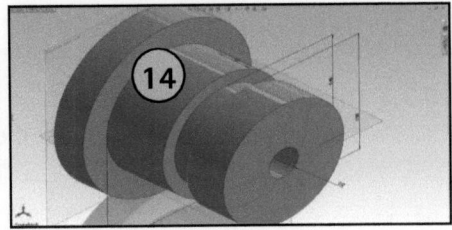

10.2.3.2 Die weiteren Bohrungs-Konstruktionen

- Erstellen Sie entsprechend der vorherigen Konstruktion die weiteren Zylinder: Kreis Ø**20** mm (15), Tiefe **20** mm (16).

Linear aus-
getragener
Schnitt

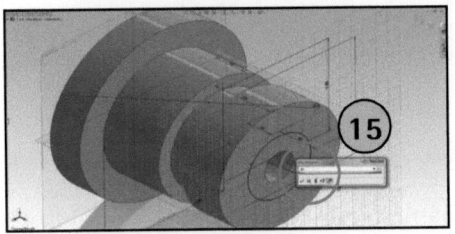

Kreis mit
Mittelpunkt

- Kreis Ø**30** mm (17), Tiefe **10** mm (18).

Linear aus-
getragener
Schnitt

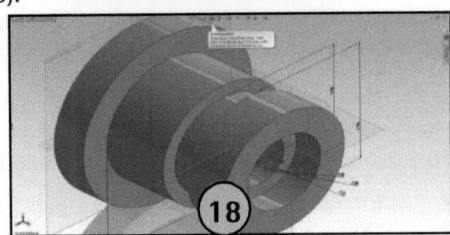

Kreis mit
Mittelpunkt

10.2.4 Materialienzuweisung, Voreinstellungen und Zuweisung

- Setzen Sie, für die **Arbeitsebenen** und Skizzen, die Option **Ausblenden**.
- Schalten Sie den Anzeigemodus **RealViewGraphics** nach Wahl.
- Setzen Sie, für die **Beschriftungen**, die Option **Ausblenden**

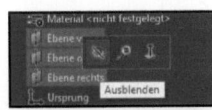

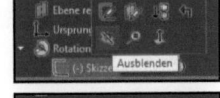

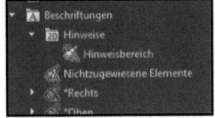

Material bearbeiten (FeatureManager)
Klicken Sie in einem Teildokument im mit der rechten Maustaste auf **Material** um das Kontextmenüs für **Material bearbeiten** anzuzeigen.
Wählen Sie **SOLIDWORKS Materials / Stahl Nichtrostender Stahlguss**.
Klicken Sie auf **Anwenden** und anschließend auf **Schließen** (19).

RealView-
Graphics

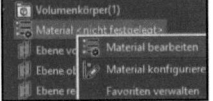

Material
bearbeiten

10.2.4.1 Dateisicherung

Auf diesen PC speichern / Geben Sie einen Namen Ihrer Wahl ein.

Auf diesen PC
speichern

10.3 Der Kupplungsbolzen

10.3.1 Der Kupplungsbolzen, die Konstruktionsskizze für die Bauteilerstellung

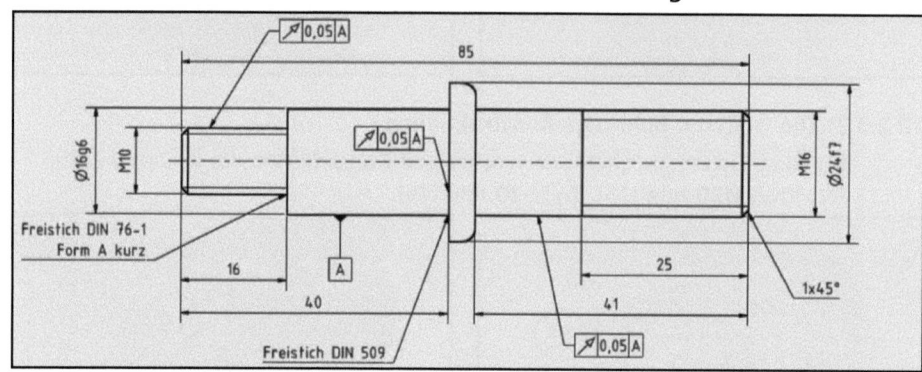

10.3.2 Der Kupplungsbolzen, die Basisbauteilerstellung

10.3.2.1 Öffnen der eigenen Vorlagendatei

 Neu

 Engelke2025. PRTDOT

 Kreis mit Mittelpunkt

 Linear ausgetragener Aufsatz

 AnsichtenSelektor

- **Neu** (Menüleiste) /  / **Engelke-2025.PRTDOT** anklicken / **OK**

10.3.2.2 Der Kupplungsbolzen, die Erstellung

- Erstellen Sie einen Zylinder über **Linear ausgetragener Aufsatz** mit **Kreis Ø24** mm und einer Höhe von **4** mm, **Ebene Rechts** (1).

- Erstellen Sie weiter Zylinder über **Linear ausgetragener Aufsatz** mit:
  Kreis Ø16 mm und einer Höhe von **41** mm (2),
  Kreis Ø16 mm und einer Höhe von **24** mm (3),
  Kreis Ø10 mm und einer Höhe von **16** mm (4).

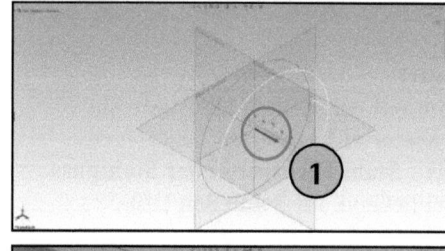
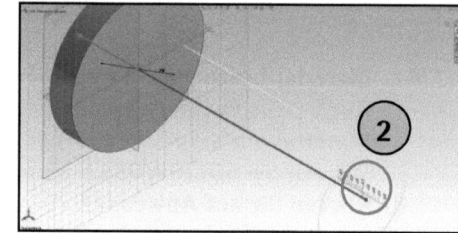
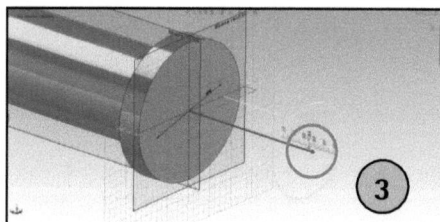
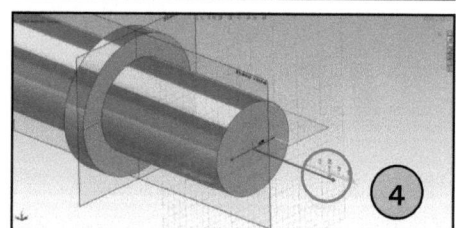

10.3.2.3 Der Kupplungsbolzen, Materialzuweisung

Material bearbeiten (FeatureManager)

Klicken Sie in einem Teildokument im mit der rechten Maustaste auf **Material** um das Kontextmenüs für **Material bearbeiten** anzuzeigen. Wählen Sie **SOLIDWORKS Materials / Stahl Nichtrostender Chromstahl** aus.
Klicken Sie auf **Anwenden** und anschließend auf **Schließen** (5).

Material bearbeiten

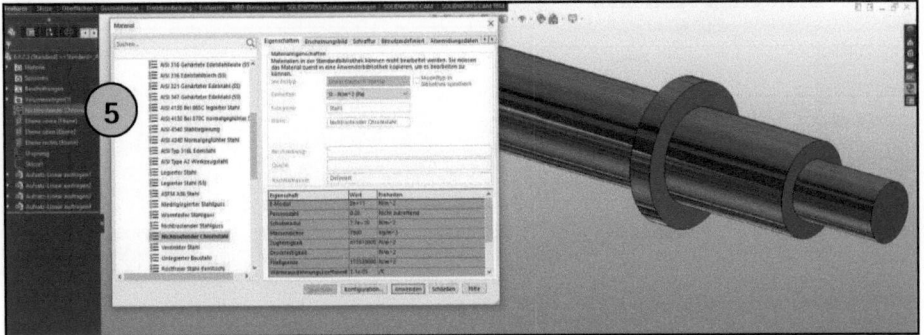

10.3.2.4 Datensicherung zur Weiterbearbeitung

Auf diesen PC speichern (Standard Symbolleiste)
Geben Sie einen Namen Ihrer Wahl ein.

Auf diesen PC speichern

10.3.3 Der Kupplungsbolzen, Außengewinde über Gewindedarstellung

10.3.3.1 Der Kupplungsbolzen, Außengewinde-Zuweisung, langer Ansatz M16 über Gewindedarstellung

Gewindedarstellung / Beschriftungen (PullDown-Menü **Einfügen**)

Klicken Sie die vordere Kante des langen Zylinderansatzes (6).
Setzen Sie die Optionen (7):
Norm: **ISO**, Typ: **Maschinengewinde**, Größe: **M16**, Länge: **Blind 25** mm

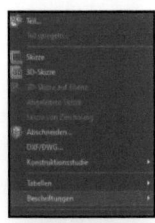

Dialogfeld schließen

Gewinde-darstellung

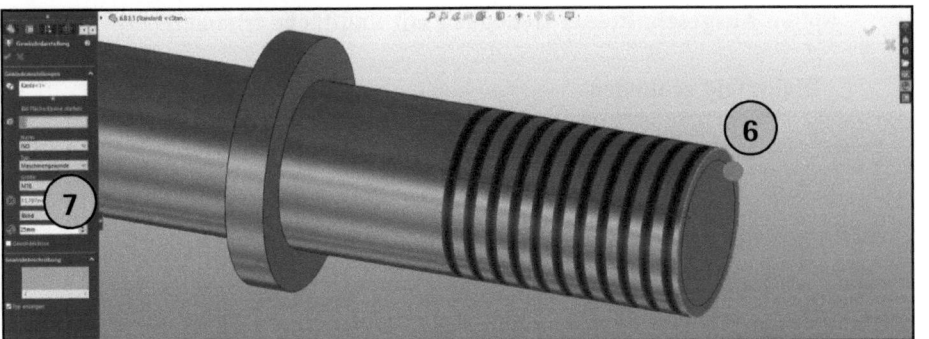

10.3.3.2 Der Kupplungsbolzen, Außengewinde-Zuweisung, kurzer Ansatz M10, über Gewindedarstellung

Gewinde-
darstellung

Gewindedarstellung / **Beschriftungen** (PullDown-Menü **Einfügen**)
Klicken Sie die vordere Kante des kurzen Zylinderansatzes (8).
Setzen Sie die Optionen (9):
Norm: **ISO**, Typ: **Maschinengewinde**, Größe: **M16**, Länge: **Blind 25** mm

 Dialogfeld schließen

10.3.4 Der Kupplungsbolzen, Außengewinde über Funktion „Gewinde"

10.3.4.1 Vorbereitetes Bauteil öffnen

Öffnen

 Öffnen Sie das vorbereitete Bauteil.

10.3.4.2 Der Kupplungsbolzen, Außengewinde-Zuweisung, kurzer Wellenansatz über die Funktion „Gewinde"

Mit der Funktion **Gewinde** bringen Sie ein echtgeschnittenes Gewindeprofil **M10x1,5** mm, durch Anwahl der vorderen Fasenkante, auf den Endzapfen, Option **geschnittenes Gewinde**.

Gewinde

 Gewinde (Registerkarte **Features / Bohrungsassistent**)
- Wählen Sie die vordere Zylinderkante als **Gewindeposition** (10).
- Wählen Sie die hintere Zylinderkante als **Endbedingung** (11).
- Wählen Sie **metrisches Gewinde** Größe **M10x1,5**.
- Option **Ausgeschnittenes Gewinde** , mit **Endfläche trimmen** (12).

 Dialogfeld schließen

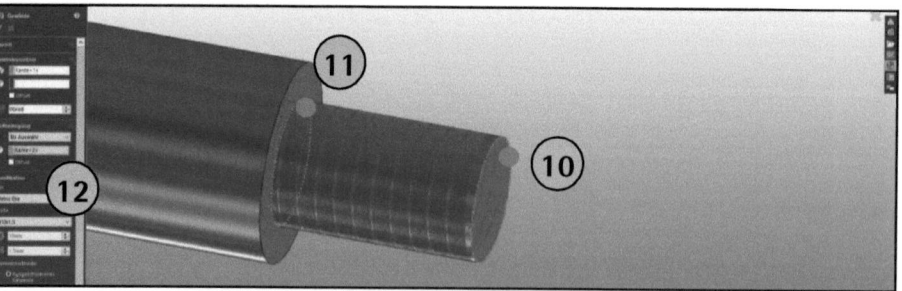

10.3.4.3 Der Kupplungsbolzen, Außengewinde-Zuweisung, langer Wellenansatz über die Funktion „Gewinde"

 Gewinde (Registerkarte **Features / Bohrungsassistent**)

 Gewinde

- Wählen Sie die vordere Zylinderkante als **Gewindeposition** (13).

- Endbedingung **Blind** Abstand **25** mm.

- Wählen Sie **metrisches Gewinde** Größe **M16x2**.

- Option **Ausgeschnittenes Gewinde** (14).

 Dialogfeld schließen

10.3.5 Der Kupplungsbolzen, Fasen und Abrundung

10.3.5.1 Der Kupplungsbolzen, Fasen

 Fase (Registerkarte **Features**)

 Fase

Wählen Sie die gezeigten Elemente für die Kantenbrechung (15).

Brechen Sie mit dem Wert **0,5** mm x **30°** (16).

 Dialogfeld schließen

Verrundung

10.3.5.2 Der Kupplungsbolzen, Verrundungen

Verrundung (Registerkarte **Features**)

Wählen Sie die gezeigte Zylinderkante (17).
Brechen Sie mit dem Wert R = **2** mm (18).

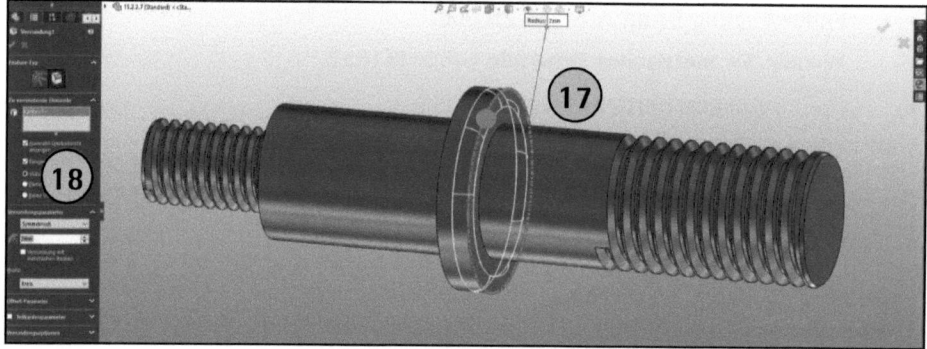

10.3.5.3 Speichern des Kupplungsbolzens

Auf diesen PC
speichern

Auf diesen PC speichern / Geben Sie einen Namen Ihrer Wahl ein.

10.4 Antriebswelle

10.4.1 Die Antriebswelle, Konstruktionsskizze für die Bauteilerstellung

Fehlende Maße sind sinnvoll zu ergänzen.

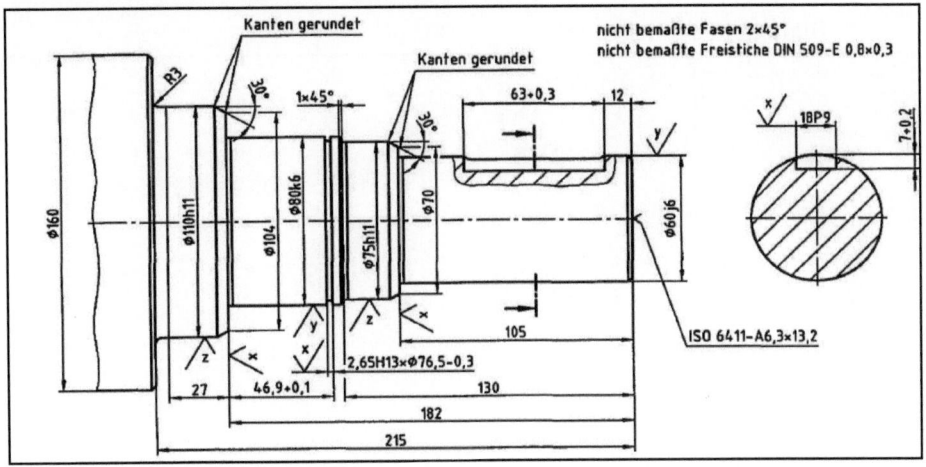

10.4.2 Die Antriebswelle, Bauteilerstellung

10.4.2.1 Die Antriebswelle, Basisskizze

- **Neu** (Menüleiste) / / **Engelke-2025.PRTDOT** anklicken / **OK**

- Erstellen Sie auf der Ebene **Vorn** einen Linienverlauf, entsprechend der dargestellten Skizze (1).

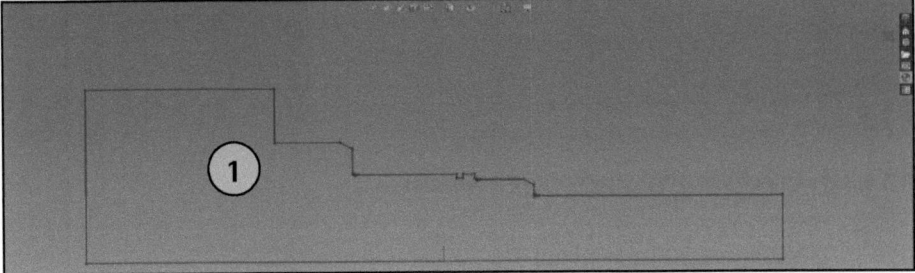

- Weisen Sie, über **Intelligente Bemaßung** die dargestellten Maße zu (2).

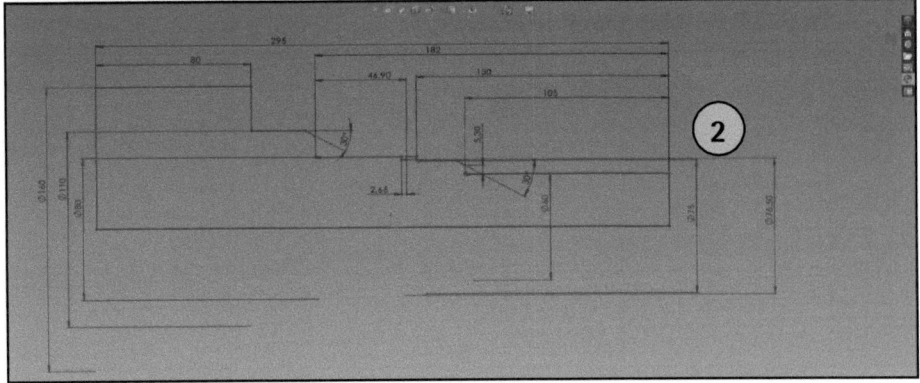

 Neu

 Engelke2025.
PRTDOT

 Linie

 Intelligente
Bemaßung

Aufsatz /
Basis rotiert

10.4.2.2 Die Volumenerstellung

Aufsatz / Basis rotiert (Registerkarte **Features**)
Klicken Sie die waagerechte Linie als Rotationsachse an (3).

Dialogfeld schließen (4)

10.4.3 Materialienzuweisung

10.4.3.1 Bauteilmaterial zuweisen

Material
bearbeiten

- Weisen Sie der Antriebswelle I über **Material zuweisen** das Material **Gehärteter Edelstahl** zu (5).

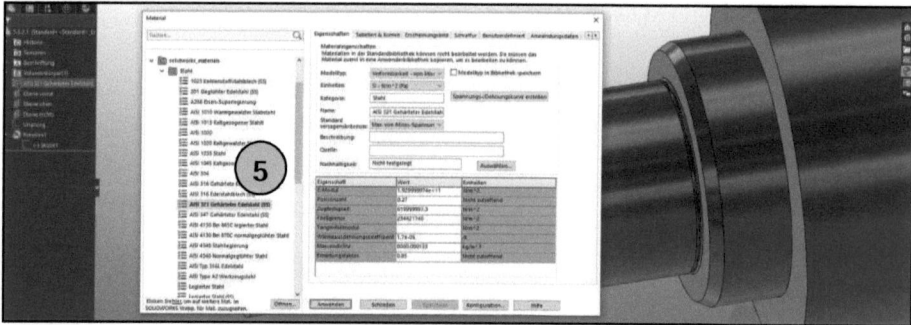

10.4.3.2 Oberflächenbeschaffenheit zuweisen

Erscheinungs-
bild bearbeiten

Oberflächen-
beschaffenheit

Erscheinungsbilder (**Head-Up**-Ansichtssymbolleiste)
Klicken Sie im **PropertyManager** auf **Erweitert** (6)
und auf die Registerkarte **Oberflächenbeschaffenheit**
Wählen Sie: **Maschinell bearbeitet** (7)

10.4.4 Die Antriebswelle, Fasen zur Kantenbrechung

10.4.4.1 Die Antriebswelle, Fase Wert 1 mm x 45°

Fase (Registerkarte **Features**)

Wählen Sie die gezeigten Elemente für die Kantenbrechung (8).
Brechen Sie mit dem Wert **1** mm x **45°** (9).

Fase

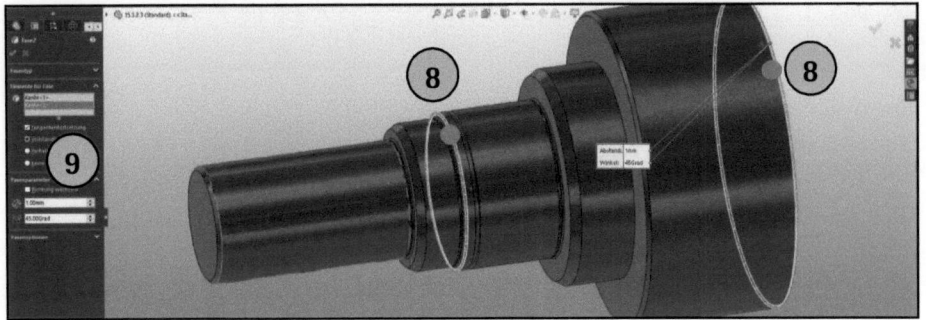

10.4.4.2 Die Antriebswelle, Fase Wert 2 mm x 45°

Fase (Registerkarte **Features**)

Wählen Sie die gezeigten Elemente für die Kantenbrechung (10).
Brechen Sie mit dem Wert **2** mm x **45°** (11).

Fase

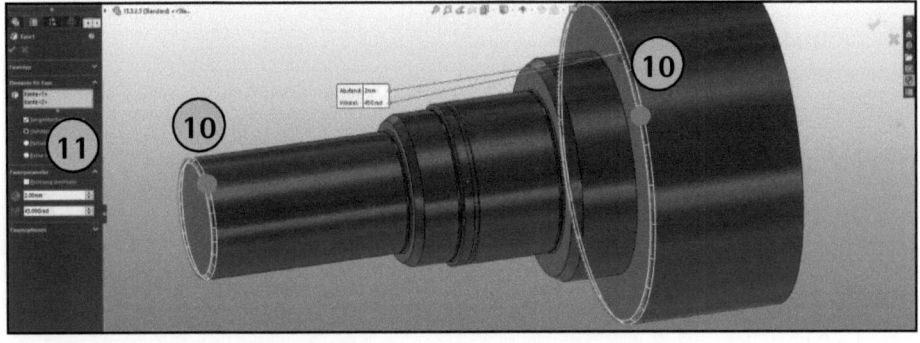

10.4.5 Passfedernut erstellen

10.4.5.1 Tangentiale Arbeitsebene für die Basisskizze der Passfedernut

Ebene (Registerkarte **Features**)

Wählen Sie die Ebene **Vorn** als Referenz (12), Abstand **30** mm (13).

Ebene

Erste Referenz

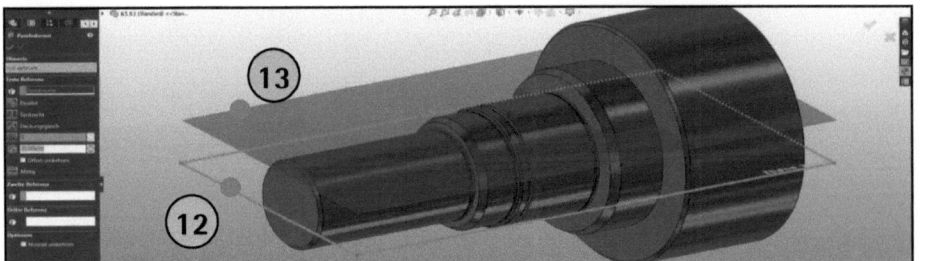

Skizze

Normal auf

Linie

Kreis mit
Mittelpunkt

10.4.5.2 Basisskizze für die Passfedernut

- Erstellen Sie die gezeigte Skizze aus **Linie** (14) und **Kreis** (15) auf der neuerstellten Ebene.

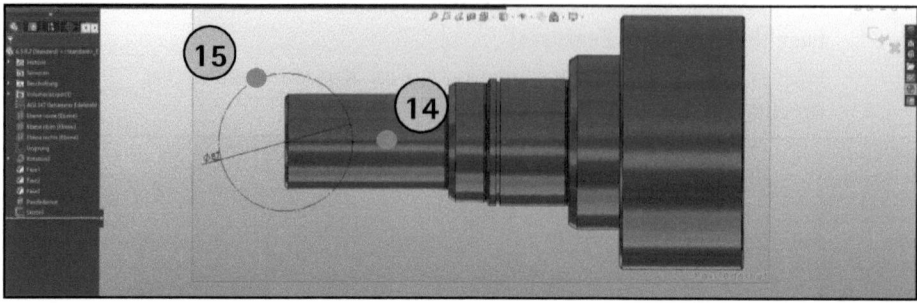

10.4.5.3 Passfedernut erstellen

Bohrungs-
assistent

Bohrungsassistent (Registerkarte **Features**)
Benutzerspezifische Größe anzeigen, keine Spitze **180°**
Typoptionen: **DIN**, **Blind 7** mm, Bohrtyp: **Langloch**,
Bohrergröße, Ø**18** mm, Langlochlänge **45** mm (16).
Wählen Sie die Registerkarte **Positionen**.
Klicken Sie die erstellte **Ebene** an (17).
Wählen Sie den gezeigten **Mittelpunkt** für das **Langloch** (18).
Drehen Sie, bei Bedarf, die Lage der Passfedernut mit der **TAB**-Taste.

Dialogfeld schließen

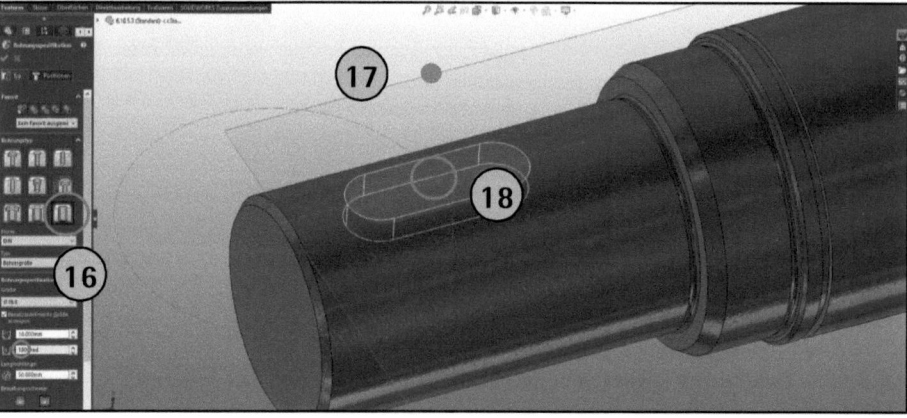

10.4.6 Zentrierbohrungen erstellen

10.4.6.1 Zentrierbohrung auf der Passfederseite

 Bohrungsassistent (Registerkarte **Features**)
Klicken Sie die Registerkarte **Typ**.
Bohrungstyp: **Zentrierbohrung** als **Senkbohrung**, Norm: **ISO**
Die Geometriedaten: Außen-Ø**12,6** mm, Innen-Ø**6,6** mm,
Senkung **90°**, Tiefe **7** mm, Bohrspitze **118°**, Option **Blind** (19).
Wählen Sie die Registerkarte **Positionen**.
Klicken Sie die gezeigte Zylinderfläche (20).
Positionieren Sie die Bohrung auf die Zylindermitte durch Klicken (21).

 Dialogfeld schließen

Bohrungs-
assistent

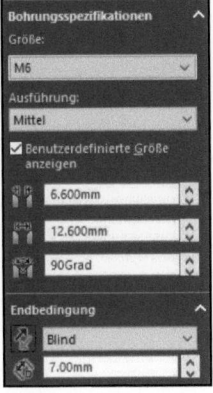

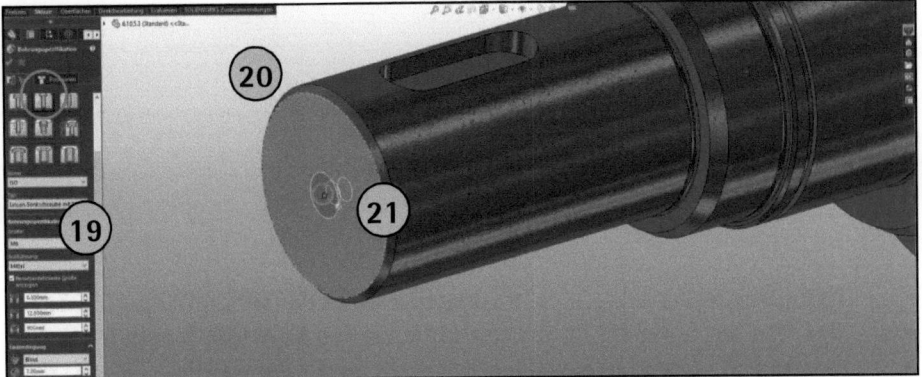

10.4.6.2 Weitere Zentrierbohrung auf der Passfederseite

• Verfahren Sie mit der Zentrierbohrung auf der anderen Wellenseite entsprechend (22).

10.4.6.3 Speichern der Antriebswelle

 Auf diesen PC speichern / Geben Sie einen Namen Ihrer Wahl ein.

Auf diesen PC
speichern

10.5 Der Lagerbolzen

10.5.1 Der Lagerbolzen, die Konstruktionsskizze für die Bauteilerstellung

Fehlende Maße sind sinnvoll zu ergänzen.

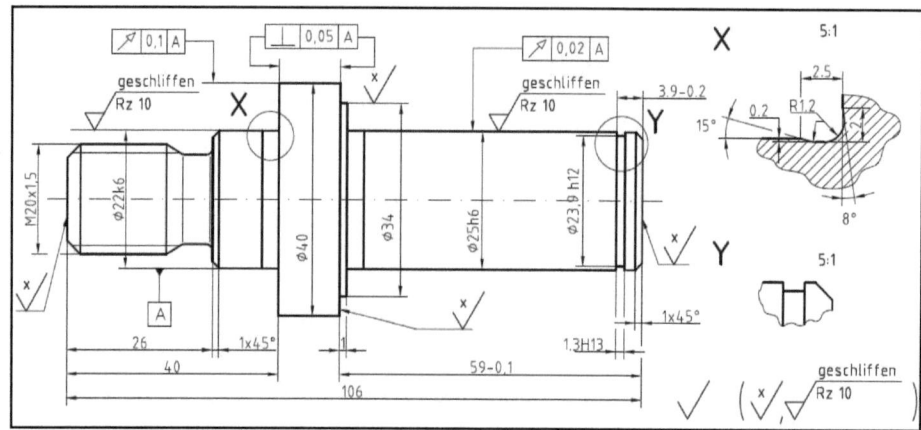

10.5.2 Der Lagerbolzen, die Bauteilerstellung

10.5.2.1 Der Lagerbolzen, die Skizzenerstellung

Neu

Engelke2025.
PRTDOT

Linie

Intelligente
Bemaßung

- **Neu** (Menüleiste) / ⬜ / ⬛ **Engelke-2025.PRTDOT** anklicken / **OK**
- Erstellen Sie, Mitte der Ebene, eine **Linie**, Option **Konstruktionslinie** (1).
- Erstellen Sie einen Linienverlauf entsprechend der dargestellten Skizze (2).
- Weisen Sie, über **Intelligente Bemaßung** die dargestellten Maße zu (3).

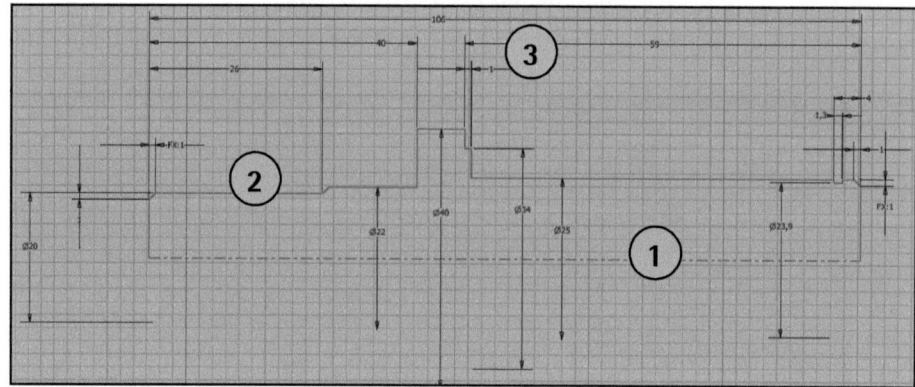

10.5.2.2 Der Lagerbolzen, Rotationskörper

Aufsatz / Basis rotiert (Registerkarte Features)

Bilden Sie einen Rotationskörper mit der Funktion **Aufsatz / Basis rotiert**, wählen Sie die **Skizze** aus dem aufklappenden **FeatureManager**, (4) die Rotationssachse wird automatisch erkannt (5).

Aufsatz / Basis rotiert

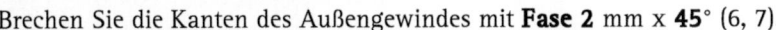

10.5.2.3 Der Lagerbolzen, Fasen zuweisen

Fase (Registerkarte Features)

Brechen Sie die Kanten des Außengewindes mit **Fase 2** mm x **45°** (6, 7).

Fase

Fase (Registerkarte Features)

Brechen Sie die Kanten des Zapfens mit **Fase 1** mm x **45°** an den dargestellten Wellenkanten (8, 9).

Fase

Gewinde

10.5.2.4 Der Lagerbolzen, physisches Gewinde zuweisen

Geben Sie dem rechten Zapfenansatz eine **Außengewinde** Größe **M5** über die ganze Länge mit der Funktion **Gewinde**.

Wählen Sie die vordere Zylinderkante als **Gewindeposition** (10).
Wählen Sie die hintere Zylinderkante als **Endbedingung** (11).
Wählen Sie **metrisches Gewinde** Größe **M5 x 0,8**.
Option **Ausgeschnittenes Gewinde** (12).

10.5.2.5 Materialzuweisung

Material bearbeiten

Material bearbeiten (FeatureManager)

Weisen Sie dem Lagerbolzen über **Material zuweisen** das Material **Rostfreier Stahl ferritisch** zu (13).

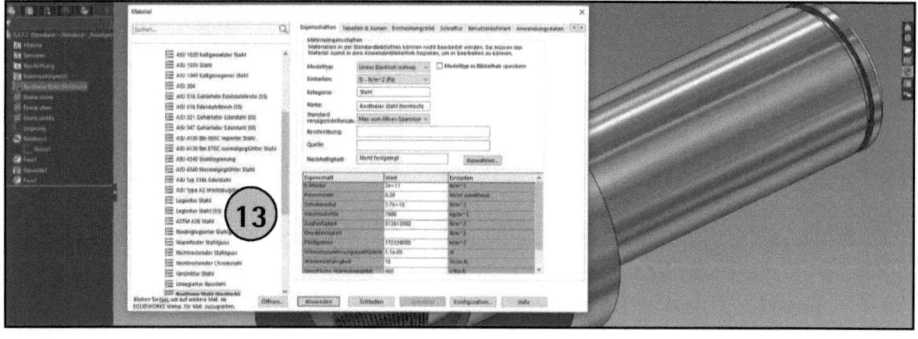

10.5.2.6 Speichern des Lagerbolzens

Auf diesen PC speichern

Auf diesen PC speichern / Geben Sie einen Namen Ihrer Wahl ein.

10.6 Der Gehäusedom, Bauteilerstellung

10.6.1 Gehäusedom, Vorgaben:

- Der Grundkörper entsteht über **Drehung** einer **Skizze** um **360°**.
- 6 **Durchgangsbohrungen** Ø9 mm, Lochkreis **140** mm, Eintragung über **Kreismuster**.
- 4 **Gewindegrundbohrungen** M6 mm, Tiefe **9/15** mm, Lochkreis **85** mm, Eintragung über **Kreismuster**.
- Weisen Sie dem Grundkörper das Material **Manganbronze** zu.
- Die Konstruktion des Gehäuses erfolgt ohne Darstellung der Freistiche.

10.6.2 Der Gehäusedom, die Basisgeometrie

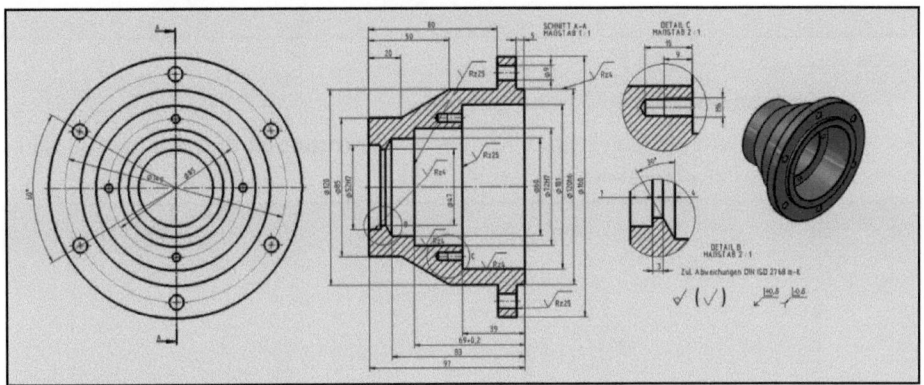

10.6.3 Der Grundkörper

10.6.3.1 Öffnen der eigenen Vorlagendatei

- **Neu** (Menüleiste) / / **Engelke-2025.PRTDOT** anklicken / **OK**

Neu

Engelke2025.
PRTDOT

10.6.3.2 Grundkörper erstellen und anpassen

- Erstellen Sie, Mitte der Ebene, eine **Linie**, Option **Konstruktionslinie**, weiterhin einen Linienverlauf entsprechend der dargestellten Skizze (1).
- Weisen Sie, über **Intelligente Bemaßung**, die dargestellten Maße zu (2).

Linie

Intelligente
Bemaßung

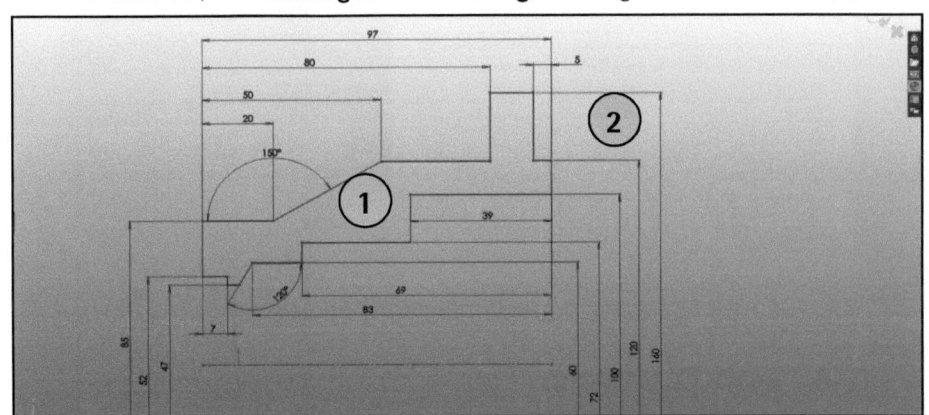

Aufsatz /
Basis rotiert

Aufsatz / Basis rotiert (Registerkarte **Features**)

Bilden Sie einen Rotationskörper mit der Funktion **Aufsatz / Basis rotiert**,
wählen Sie die Skizze aus dem aufklappenden **FeatureManager**,
die Rotationssachse wird automatisch erkannt (3, 4).

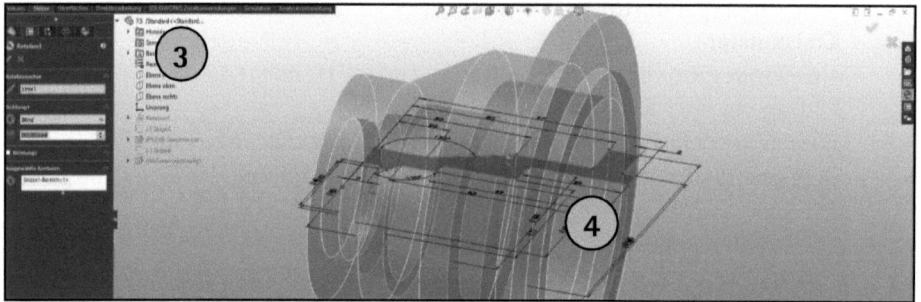

Verrundung

Verrundung (Registerkarte **Features**)

- Bearbeiten Sie die gezeigten Kanten mit **Verrundung** R=**0,5** mm, Auswahl
  mit der Fenster-Auswahlfunktion (5, 6).

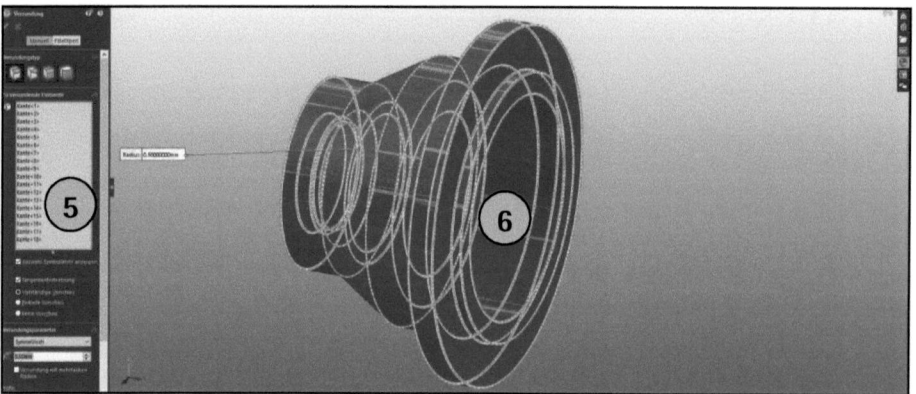

Material
bearbeiten

- Weisen Sie dem Gehäuse über **Material zuweisen** das Material
  Manganbronze zu (7).

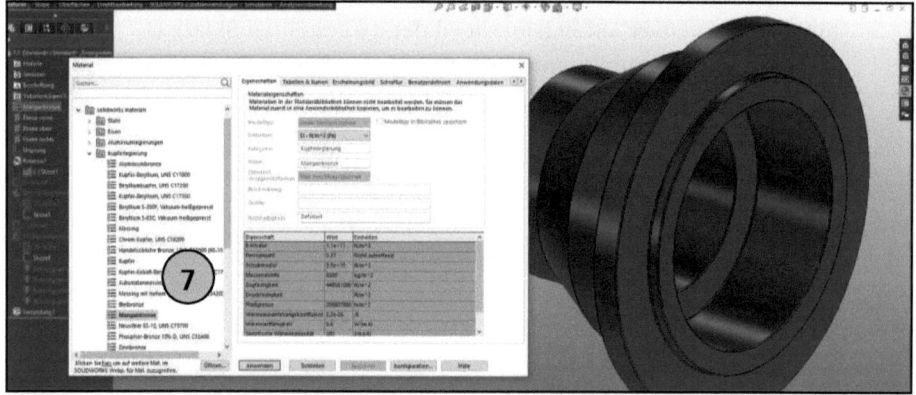

Auf diesen PC
speichern

Auf diesen PC speichern / Geben Sie einen Namen Ihrer Wahl ein.

10.6.4 Lochkreis-Bohrungen einbringen

10.6.4.1 Flanschbohrungen setzen

- Erstellen Sie mit Hilfe einer neuen **Skizze** auf dem Innenring einen Lochkreis mit Ø**140** mm (8).
- Setzen Sie einen **Punkt** auf den Achsenschnittpunkt (9).

 Linie

 Kreis

 Punkt

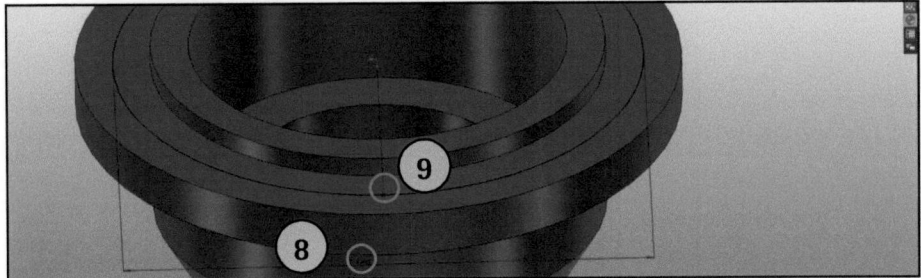

 Bohrungsassistent (Registerkarte **Features**)

 Bohrungs-assistent

- Bringen Sie an dem Punkt mit dem **Bohrungsassistenten**, eine **Durchgangsbohrung** Ø**9** mm (10, 11) ein.

 Kreismuster (Registerkarte **Features**)

 Kreismuster

- Erzeugen Sie, mit Hilfe der Funktion **Kreismuster** (Feature), Anzahl **6** Stück, einen **60°**-Versatz der Bohrung, Anwahl des inneren Zylinders als Grundelement (12, 13).

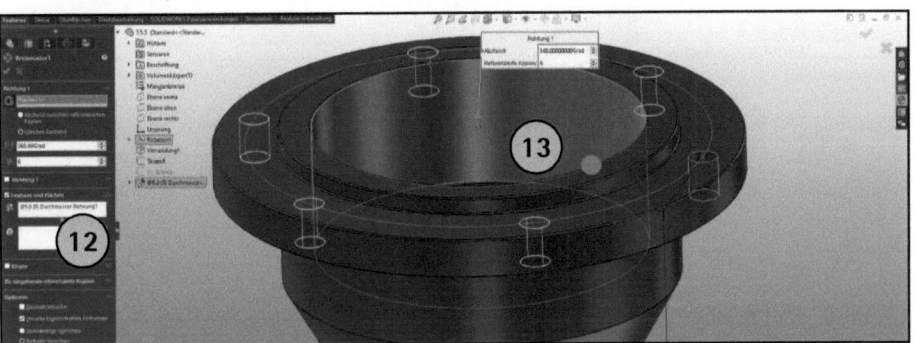

Linie

Kreis

Punkt

10.6.4.2 Montagebohrungen setzen

- Erstellen Sie mit Hilfe einer neuen **Skizze** auf dem Innenring einen Lochkreis mit Ø**85** mm (14).
- Setzen Sie einen **Punkt** auf den Achsenschnittpunkt (15).

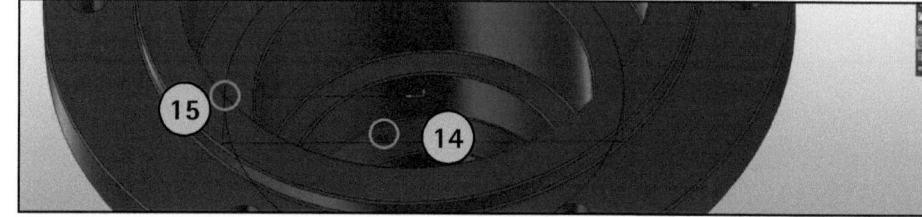

Bohrungs-assistent

 Bohrungsassistent (Registerkarte **Features**)

- Bringen Sie an dem Punkt mit dem **Bohrungsassistenten**, eine **Gewinde-Grundbohrung M6**, Gewindetiefe **9** mm, Bohrtiefe **15** mm (16, 17) ein.

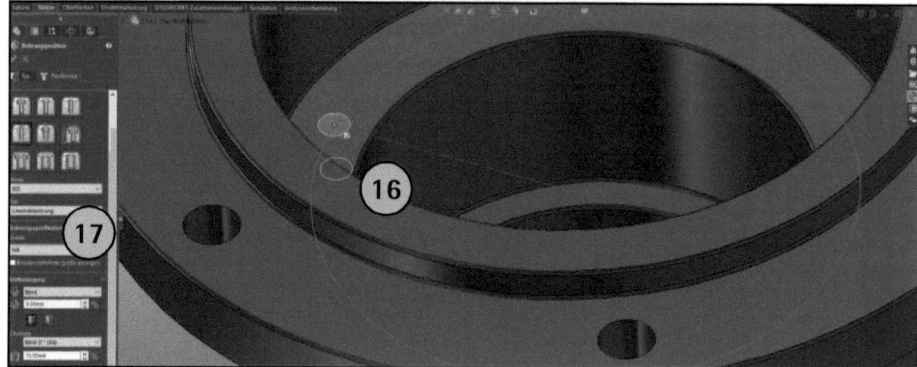

Kreismuster

 Kreismuster (Registerkarte **Features**)

- Erzeugen Sie, mit Hilfe der Funktion **Kreismuster** (Feature), Anzahl **4** Stück, einen **90°**-Versatz der Bohrung, Anwahl des inneren Zylinders als Grundelement (18, 19).

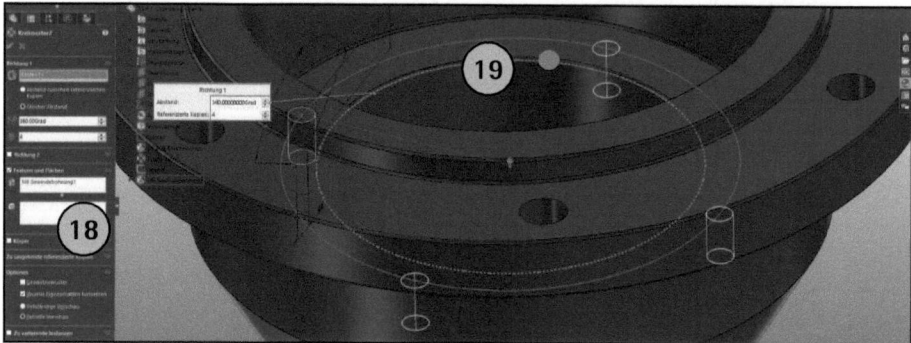

10.6.4.3 Dateisicherung

Auf diesen PC speichern

 Auf diesen PC speichern / Geben Sie einen Namen Ihrer Wahl ein.

Projekt XV

Bauteile
Bohrplatten
Seite 394 bis 416

- ## Bauteilerstellung Bohrplatte
  Grundblech erstellen und Außenkanten abrunden
  Mittenbohrung
  Durchgangs-Gewindebohrungen
  Senkbohrung DIN 74 für Senkschraube
  Senkbohrung DIN 974 für Zylinderschraube
  Materialzuweisung

- ## Bauteilerstellung Winkelhalterung
  Grundkörper mit Langloch
  Halterungsbohrungen im Grundkörper
  Langlochbohrungen im Ansatzkörper
  Kantenabrundung am Ansatzkörper
  Bauteilmaterial zuweisen

10.7 Die Bohrplatte

10.7.1 Bohrplatte, Vorgaben:

- Grundblech, **25** x **200** x **120**, Skizzenmaße korrigiert.
- Außenkanten abgerundet mit R=**10** mm, Skizzenmaße korrigiert.
- Mittenbohrung **DIN EN 20273**, Ø30.
- Achsen-Kombination 1, Abstand **80** mm zu **100** mm
  für Durchgangs-Gewindebohrung **M10** x **1,5**.
- Achsen-Kombination 2, Abstand **45** mm zu **130** mm,
  Senkbohrung DIN **74** für Senkschraube **M10**, **DIN EN ISO 10642**.
- Achsen-Kombination 3, Abstand **175** mm zu **98** mm,
  Senkbohrung DIN **974-1** für Zylinderschraube DIN ISO **4762**.

10.7.2 Bohrplatte, die Basisgeometrie

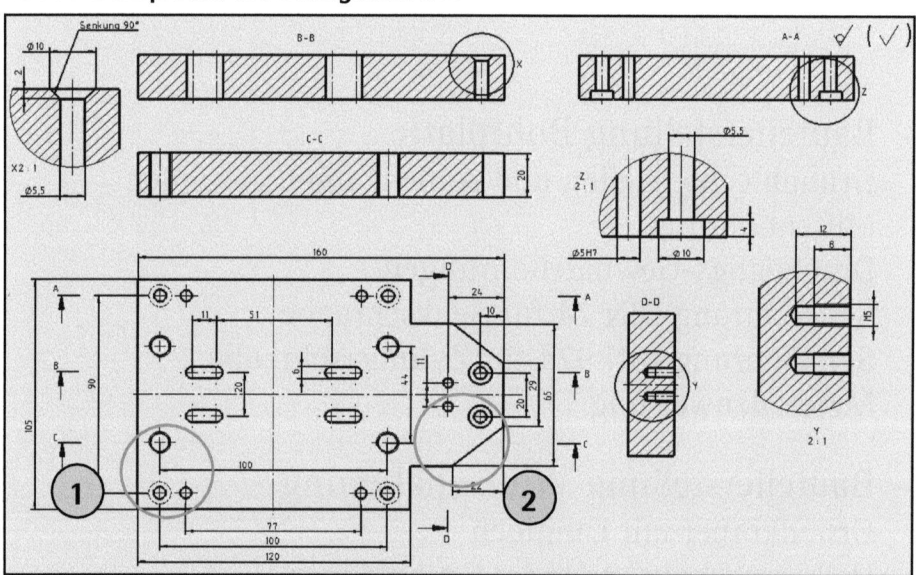

10.7.2.1 Erstellungsablauf, exemplarisch

- Vorlagendatei öffnen und Grundquader erstellen.
- Quaderförmigen Ausbruch erstellen, beidseitig über **Spiegeln**.
- Fasenförmigen Ausbruch erstellen, beidseitig über **Spiegeln**.
- Erstellen der Skizze für Bohrungs- und Langlochlage mit mäßliche Bestimmung der Grundskizze.
- Einbringen der Bohrungselemente, auf Lage der zylindrischen Senkbohrung von unten ist zu achten.
- Erstellen einer Arbeitsebene auf Mitte der Blechseite **120** mm, aktivieren der Ursprungsebene auf Blechbreite **105** mm.
- Spiegeln der Elemente unter über beide Arbeitsebenen.
- Einbringen der Bohrungselemente im vorderen Teil der Bohrplatte.
- **Spiegeln** der Elemente unter über die mittleren Arbeitsebenen.
- **Materialzuweisung** für die Bohrplatte.

10.7.3 Der Grundkörper

10.7.3.1 Öffnen der eigenen Vorlagendatei

- **Neu** (Menüleiste) / / **Engelke-2025.PRTDOT** anklicken / **OK**

 Neu

Engelke2025.
PRTDOT

10.7.3.2 Die Basiskonstruktion

- Wählen Sie die Registerkarte **Skizze** an, klicken Sie die gezeigte Fläche an.

 Mittelpunkt Rechteck (Registerkarte **Skizzieren**)

Wählen Sie Ebene, **Ebene Vorn**

Für den Mittelpunkt klicken Sie den Schnittpunkt der Ebenen.

Ziehen Sie den Cursor die Rechteck-Außenkontur.

 Mittelpunkt Rechteck

 Intelligente Bemaßung (Registerkarte **Skizzieren**)

Wählen Sie die Rechteck-Konturen aus (1).

 Intelligente Bemaßung

 Dialogfeld schließen

 Linear ausgetragener Aufsatz (Registerkarte **Features**)

Wählen Sie das konstruierte Rechteck als Basisskizze.

Ziehen Sie mit der Skalierung auf **20** mm (2).

 Linear ausge-tragener Auf-satz

 Dialogfeld schließen

 Dialogfeld schließen

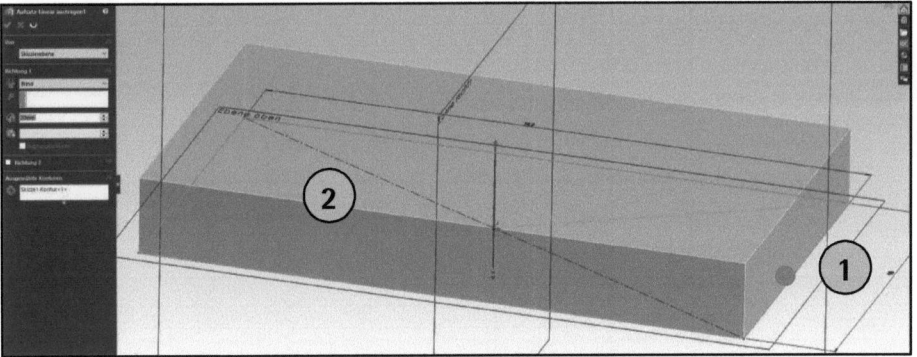

10.7.3.3 Die seitlichen Differenz-Quader

- Einzeichnen der Rechteck-Basisfläche:

Ecken-
Rechteck

Ecken-Rechteck (Registerkarte **Skizzieren**)

Wählen Sie Ebene, **Ebene Oben**

Für den ersten Eckpunkt klicken Sie den Außenpunkt des Quaders.

Ziehen Sie mit dem Cursor die Rechteck-Außenkontur (3).

✔ **Dialogfeld schließen**

Intelligente
Bemaßung

Intelligente Bemaßung (Registerkarte **Skizzieren**)

Wählen Sie die Rechteck-Konturen aus.

✔ **Dialogfeld schließen**

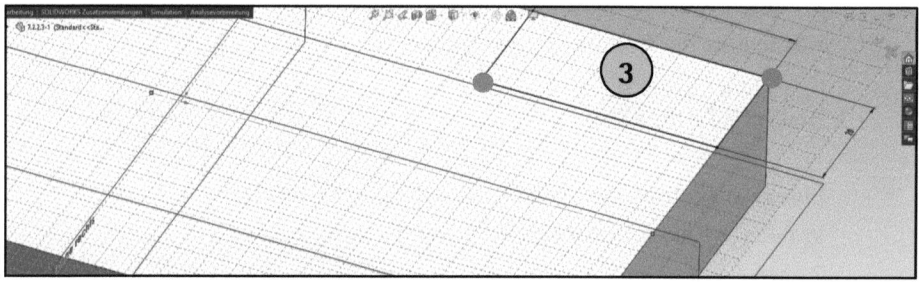

- Einzeichnen der **Spiegelachse**:

Linie

Linie (Registerkarte **Skizze**)

Wählen Sie die **Ebene Oben**

Klicken Sie den Quadermittelpunkt als Startpunkt (4).

Ziehen Sie eine Länge von **85** mm in Richtung **180°** (5).

Linientyp: **Konstruktion**.

Dialogfeld
schließen

✔ **Dialogfeld schließen**

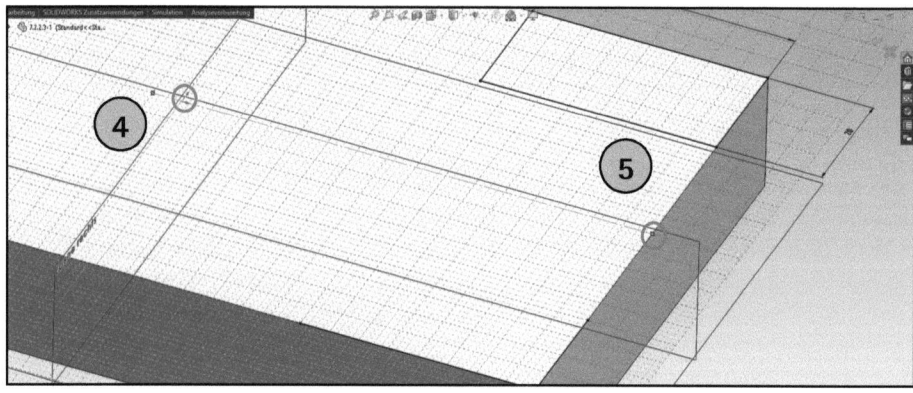

Elemente spiegeln (Registerkarte **Skizzieren**)

Wählen Sie die einzelnen Elemente des Rechtecks (6).
Klicken Sie im **PropertyManager** auf die Option **Spiegeln um** (7).
Wählen Sie die eingezeichnete Linie als Achse aus (8).

 Elemente spiegeln

 Dialogfeld schließen (9)

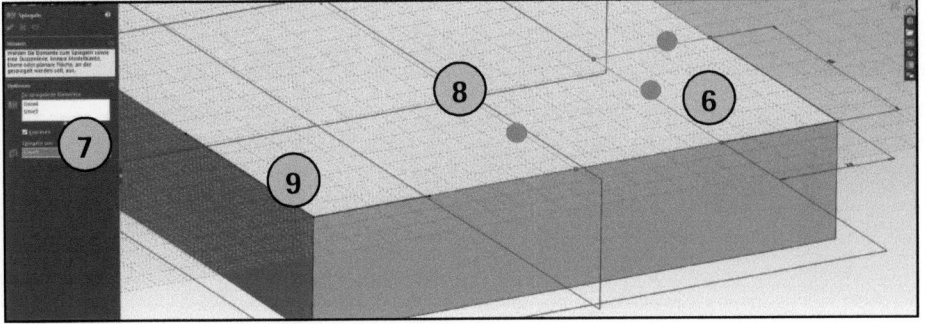

 Linear ausgetragener Schnitt (Registerkarte **Features**)

Wählen Sie die konstruierten Rechtecke als Basisskizze (10).
Ziehen Sie mit der Skalierung auf **20** mm nach unten.

 Linear aus-
getragener
Schnitt

 Dialogfeld schließen

 Dialogfeld
Schließen

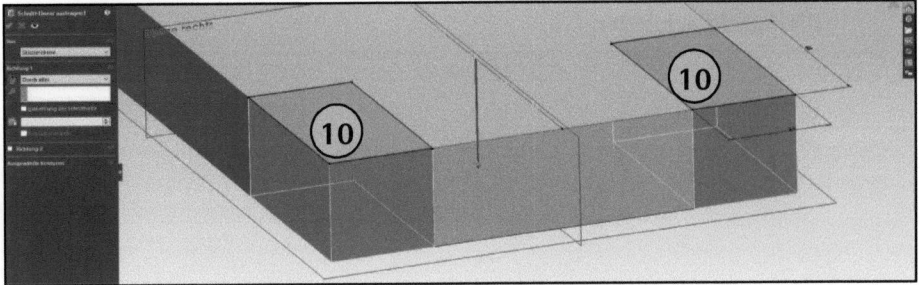

10.7.3.4 Die seitlichen Kantenbrechungen des Quaderansatzes über „Fase"

 Fase (Registerkarte **Features**)

Wählen Sie die gezeigte Körperkante (11)

 Fase

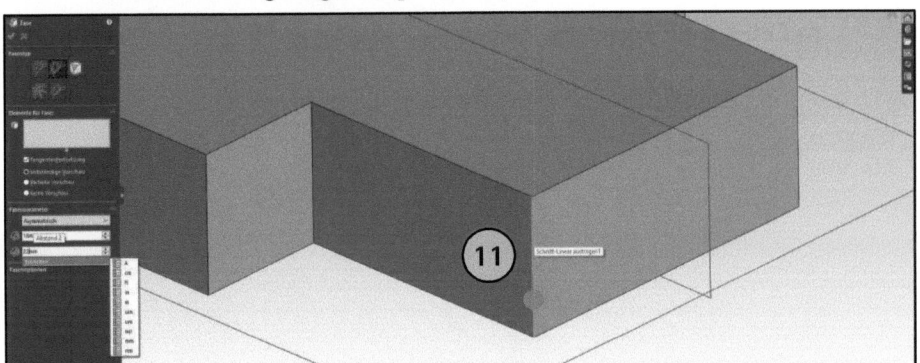

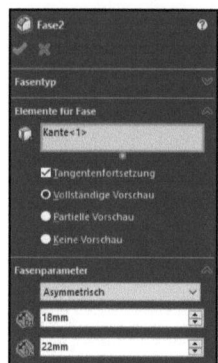

- Option **Asymmetrisch**

- Abstand D1: **18** mm, Abstand D2: **22** mm (12).

✔ **Dialogfeld schließen** (13)

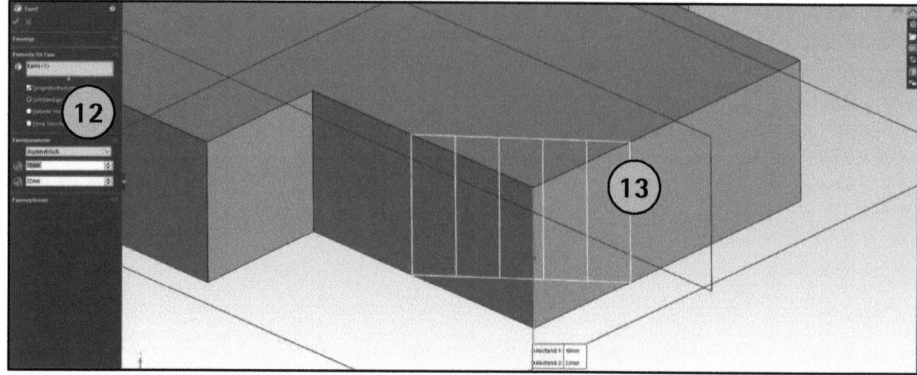

 Spiegeln

 Spiegeln (Registerkarte **Features**)

Wählen Sie die Funktion **Fase** im **temporären FeatureManager** (14).

Wählen Sie die Ursprungsebene **Vorn** (15).

Aktivieren Sie die Option **Geometriemuster** im **FeatureManager**.

✔ **Dialogfeld schließen** (16)

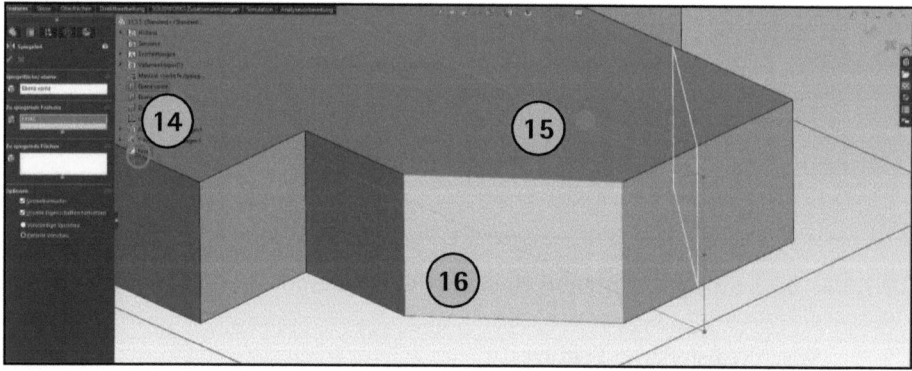

 Auf diesen PC speichern

 Auf diesen PC speichern (Geben Sie einen Namen Ihrer Wahl ein).

10.7.4 Grundskizzen für Bohrungen mit Rechteck über Mitte

Wählen Sie die Registerkarte **Skizze** an, klicken Sie die gezeigte Fläche an.

Normal auf (Head-Up Ansichtssymbolleiste)

Wählen Sie die Funktion **Normal Auf** an.

Mittelpunkt Rechteck (Registerkarte **Skizzieren**)

Klicken Sie, für jedes der drei benötigten Rechtecke, auf den Schnittpunkt der Ebenen im Grafikbereich, um den Mittelpunkt (17) zu definieren.

Ziehen Sie dann die Rechtecke auf die folgenden Maße und weisen Sie den erstellten Rechtecken die Eigenschaft **Konstruktion** zu.

61 x **20** mm (18)

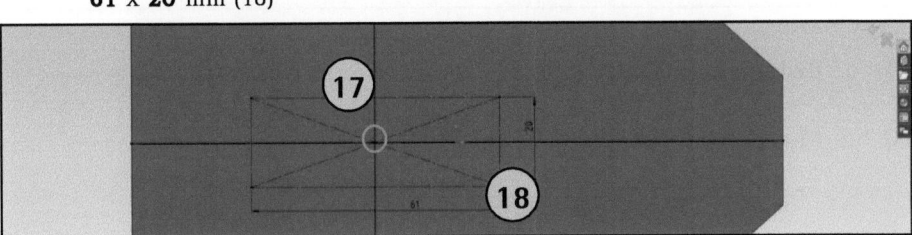

Mittelpunkt Rechteck (Registerkarte **Skizzieren**)

100 x **44** mm (19)

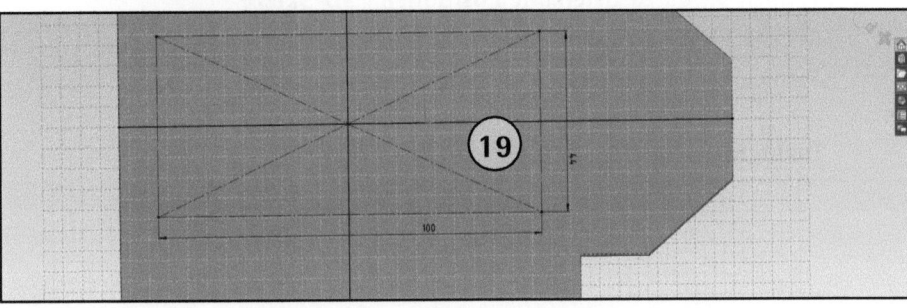

Mittelpunkt Rechteck (Registerkarte **Skizzieren**)

77 x **90** mm (20)

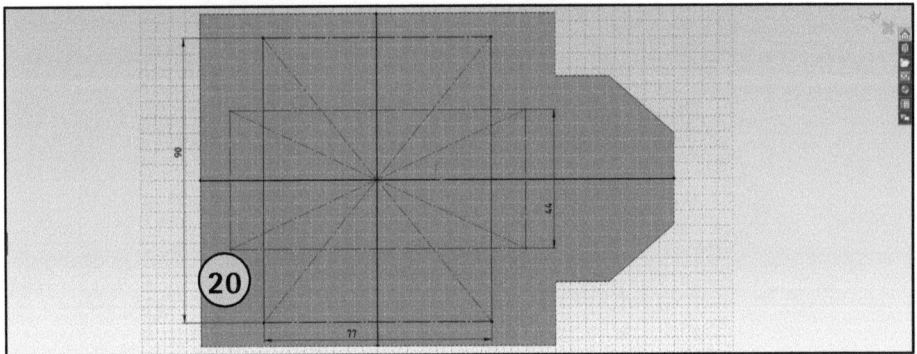

Normal auf

Mittelpunkt
Rechteck

Mittelpunkt
Rechteck

Mittelpunkt
Rechteck

Mittelpunkt
Rechteck

Mittelpunkt Rechteck (Registerkarte **Skizzieren**)
100 x **90** mm (21)

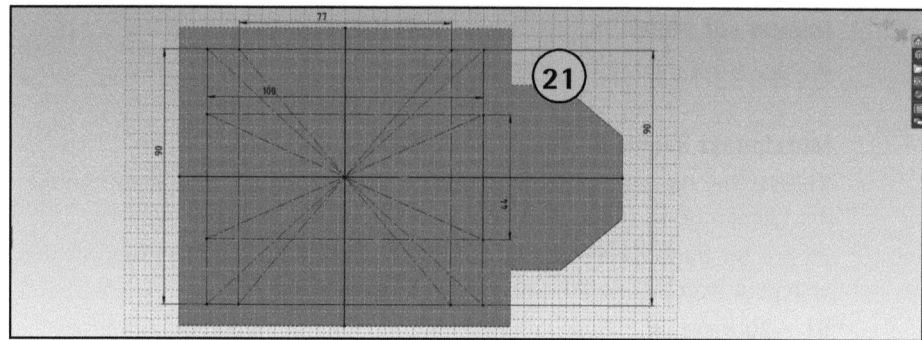

Dialogfeld
schließen

Skizze beenden

 Dialogfeld schließen / **Skizze beenden**

10.7.5 Montagebohrungen und Langlöcher

10.7.5.1 Die Gewinde-Durchgangsbohrung M10

Bohrungs-
assistent

 Bohrungsassistent (Registerkarte **Features**)
Typoptionen: **DIN**, **Gewindebohrung**, **M10**, **Durch alles**
Wählen Sie die Registerkarte **Positionen** / **3D-Skizze**.
Klicken Sie die sichtbare Fläche an.
Wählen Sie den Mittelpunkt für die Gewindebohrung.

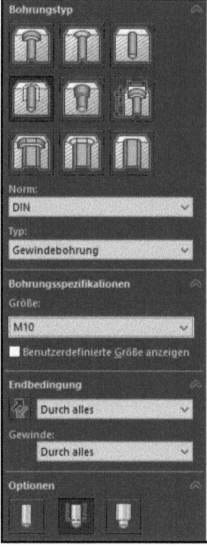

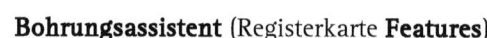 **Dialogfeld schließen** (22, 23)

10.7.5.2 Die Durchgangsbohrung Ø 5 mm

 Bohrungsassistent (Registerkarte **Features**)
Bohrungs-Ø**30** mm, Tiefe: **Durch alles**, Position klicken.
Wählen Sie die Registerkarte **Positionen / 3D-Skizze**.
Wählen Sie die gezeigte Arbeitsebene.
Wählen Sie den Mittelpunkt für die Durchgangsbohrung (24, 25).

 Dialogfeld schließen

Bohrungs-
assistent

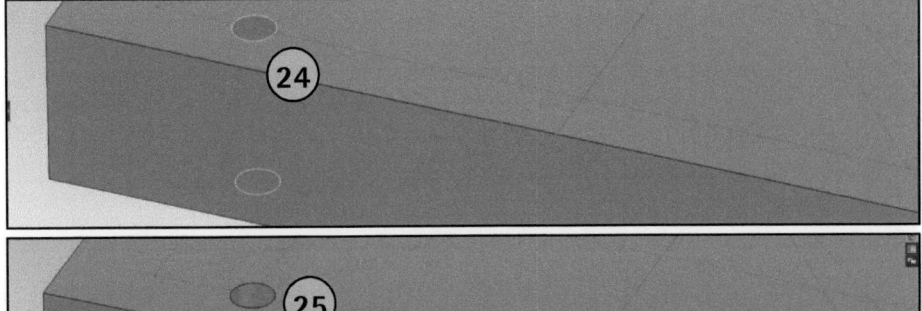

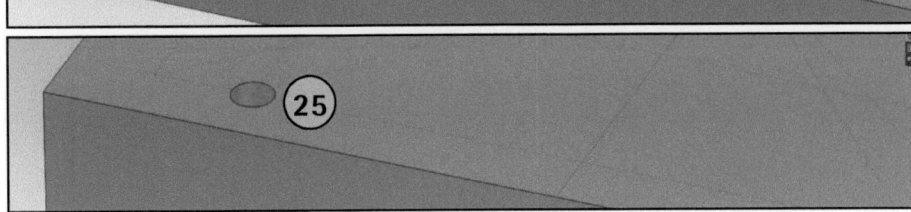

10.7.5.3 Die Senkbohrung DIN 974-1, M5

 Bohrungsassistent (Registerkarte **Features**)
Typoptionen: **DIN, Durch alles,**
Zylinderschraube DIN EN ISO 4762, M5
Wählen Sie die Registerkarte **Positionen / 3D-Skizze**.
Klicken Sie die sichtbare Fläche an.
Wählen Sie den Mittelpunkt für die Senkbohrung.

 Dialogfeld schließen (26, 27)

Bohrungs-
assistent

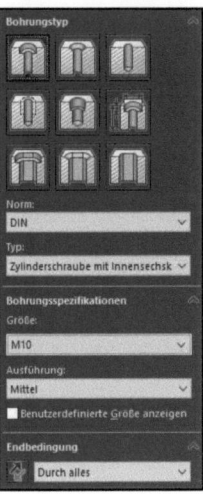

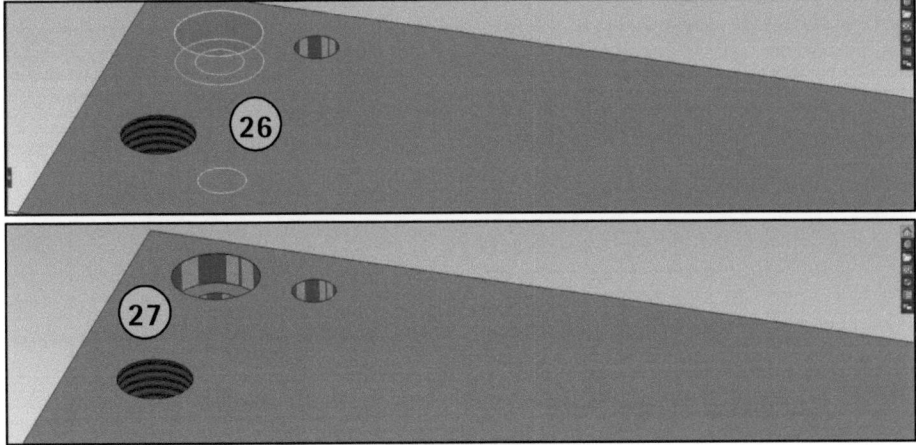

Bohrungs-
assistent

10.7.5.4 Langlocherstellung

Bohrungsassistent (Registerkarte **Features**)
Typoptionen: **DIN, Durch alles,**
Langloch, Bohrergröße, Ø5,5 mm, Langlochlänge **16** mm.
Wählen Sie die Registerkarte **Positionen / 3D-Skizze.**
Klicken Sie die sichtbare Fläche an.
Wählen Sie den gezeigten Mittelpunkt für das Langloch (28).

Dialogfeld schließen (29, 30, 31)

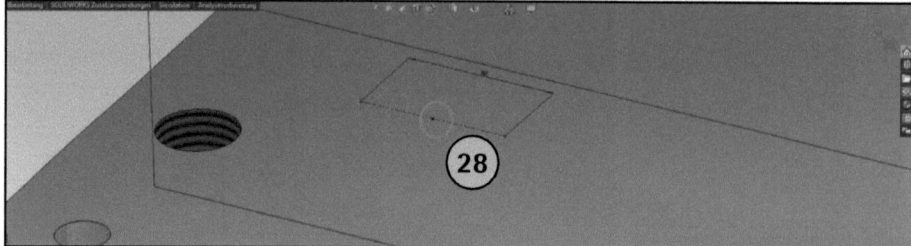

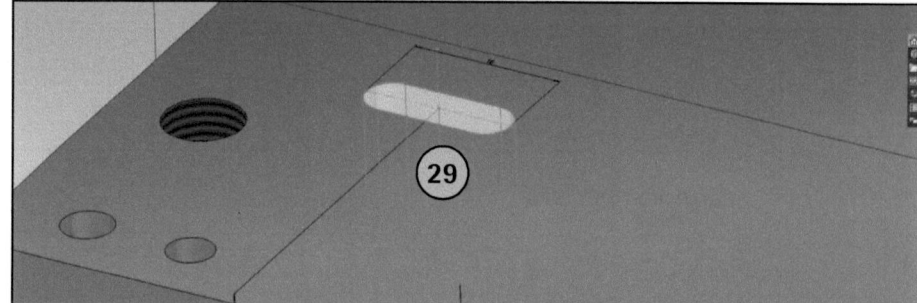

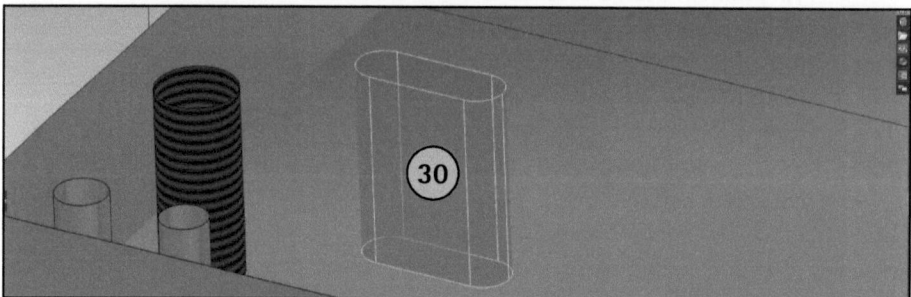

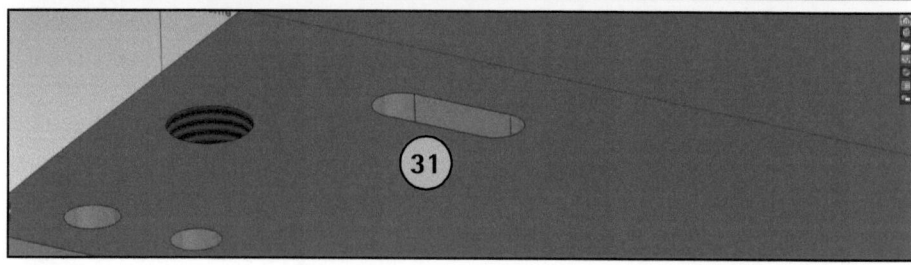

Auf diesen PC
speichern

Auf diesen PC speichern (Geben Sie einen Namen Ihrer Wahl ein).

10.7.6 Generierung der fehlenden Montagebohrungen über „Spiegeln"

10.7.6.1 Zuweisung der Ursprungsebene „Vorn"

- Blenden Sie die Ursprungsebene **Vorn** ein.

10.7.6.2 Einrichtung einer mittleren Arbeitsebene

 Ebene (Registerkarte **Features / Referenzgeometrie**)
Wählen Sie die hintere Bohrplattenfläche (32).
Wählen Sie die vordere Ansatzfläche (33).

 Aktivieren Sie **Mittig** im **FeatureManager** (34).

 Dialogfeld schließen

 Ebene

Erste Referenz

Mittig

10.7.6.3 Spiegelung der eingebrachten Bohrungen über die erste Ebene

 Spiegeln (Registerkarte **Features**)
Wählen Sie die entsprechenden **Bohrungen** im
temporären FeatureManager (35).
Wählen Sie die Ebene **Mittig** (36).

 Dialogfeld schließen (37)

Spiegeln

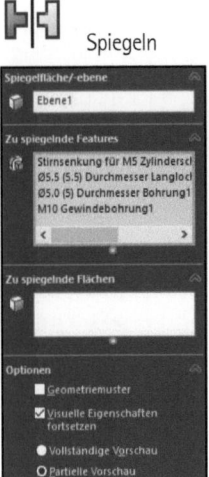

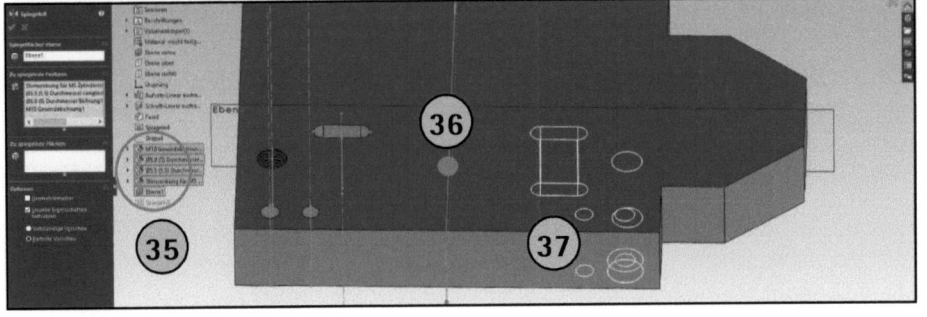

10.7.6.4 **Weitere Spiegelung der eingebrachten Bohrungen über die zweite Ebene**

 Spiegeln

 Spiegeln (Registerkarte **Features**)
Wählen Sie die entsprechende **Spiegelung** im **temporären FeatureManager** (38).

Dialogfeld schließen

Wählen Sie die Ebene **Vorn** (39) ✓ **Dialogfeld schließen** (40)

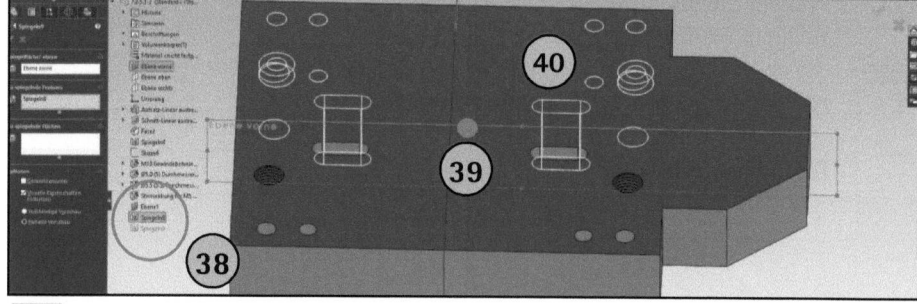

 Auf diesen PC speichern

 Auf diesen PC speichern (Geben Sie einen Namen Ihrer Wahl ein).

10.7.7 **Montagebohrungen auf der rechten Bohrplattenseite**

10.7.7.1 **Grundskizzen mit Rechteck über Mitte**

- Wählen Sie die Registerkarte **Skizze** an, klicken Sie die gezeigte Fläche.

 Normal auf

 Wählen Sie die Funktion **Normal Auf** an.

Linie

 Linie (Symbolleiste **Skizzieren**)
Fügen Sie die Mittellinien ein, Option **Für Konstruktion.**

Offset Elemente

 Offset Elemente (Registerkarte **Skizzieren**)
Fehlenden Linien über **Offset** beidseitig **6** mm (41) und **10** mm (42).
Abstand je **10** mm (43) und **24** mm (44) von rechter Bohrplattenkante

✓ **Dialogfeld schließen** / **Skizze beenden**

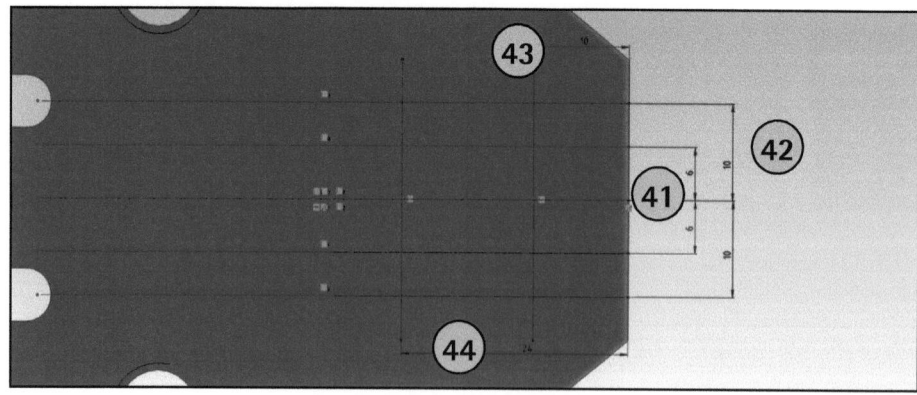

10.7.7.2 Die Gewindebohrung M5

Bohrungsassistent (Registerkarte **Features**)

Typoptionen: **DIN, Gewindebohrung, M5, Durch alles**

Wählen Sie die Registerkarte **Positionen / 3D-Skizze**.

Klicken Sie die sichtbare Fläche an.

Wählen Sie den Mittelpunkt für die Gewindebohrung (45).

 Dialogfeld schließen (46)

Bohrungs-assistent

10.7.7.3 Die Senkbohrung für M5

Bohrungsassistent (Registerkarte **Features**)

Typoptionen: **DIN, Durch alles**

Senkschraube DIN EN ISO 10642, M5

Wählen Sie die Registerkarte **Positionen / 3D-Skizze**.

Klicken Sie die sichtbare Fläche an.

Wählen Sie den Mittelpunkt für die Senkbohrung (47).

 Dialogfeld schließen (48)

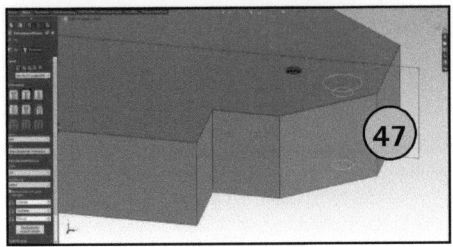 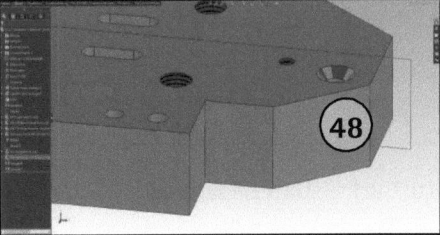

Bohrungs-assistent

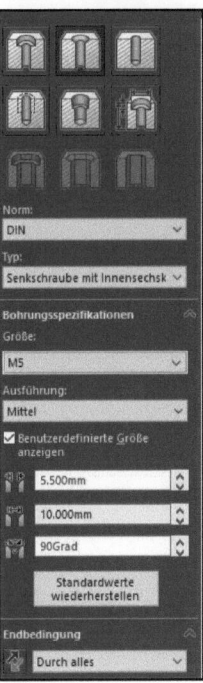

Spiegeln

10.7.7.4 Spiegelung der eingebrachten Bohrungen über die erste Ebene

Spiegeln (Registerkarte **Features**)
Wählen Sie die entsprechenden **Bohrungen** im
temporären FeatureManager (49).
Wählen Sie die Ebene **Vorn** (50).

Dialogfeld schließen (51)

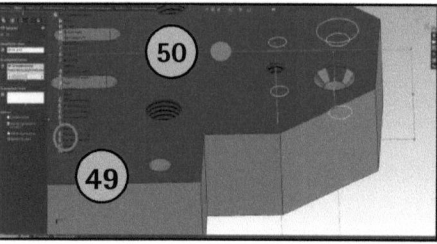
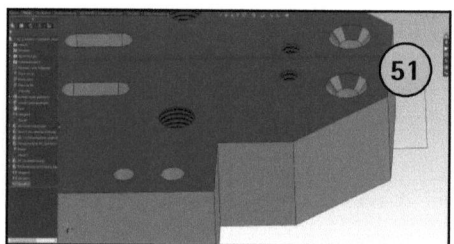

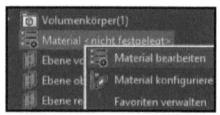

10.7.8 Bauteilmaterial zuweisen

Material bearbeiten (FeatureManager)

Klicken Sie in einem Teildokument im mit der rechten Maustaste auf
Material um das Kontextmenüs für **Material bearbeiten** anzuzeigen.

Wählen Sie **SOLIDWORKS-Materials / Stahl Werkzeugstahl** (52) aus.

Klicken Sie auf **Anwenden** und anschließend auf **Schließen**.

Material
bearbeiten

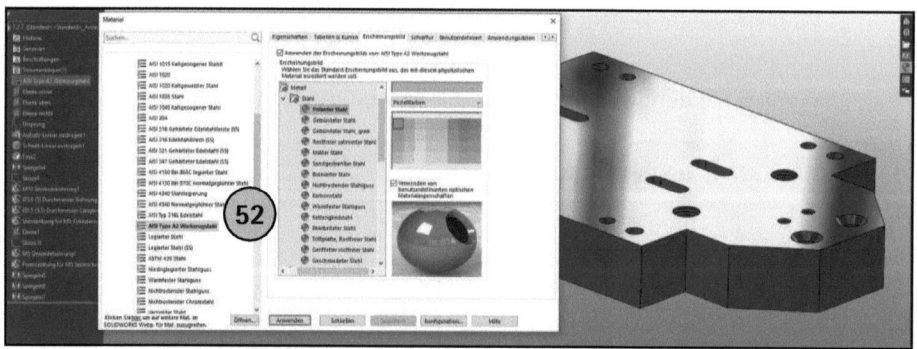

10.7.8.1 Dateisicherung

Auf diesen PC
speichern

Auf diesen PC speichern / Geben Sie einen Namen Ihrer Wahl ein.

10.8 Die Winkelhalterung

10.8.1 Winkelhalterung, Vorgaben

- Erstellen Sie eine Basisskizze, die Verrundungen **R 8** mm und **R 12** mm werden in die Skizze eingebracht.

- Setzen Sie ein **Langloch**, Breite **12** mm, Länge **44** mm, Tiefe **10** mm, auf die Laschenfläche einbringen.

- Ziehen Sie die Skizzenfläche auf ein Volumen mit der Höhe **10** mm.

- Setzen Sie einen Quader, Kantenlänge **52** mm x **10** mm Höhe **30** mm, auf die hintere Volumenfläche.

- Bringen Sie die **Durchgangsbohrungen** Ø6 mm mit Abstand **14** mm über Mitte und **10** mm von der Kante des Ansatzes ein, für die zweite Bohrung wäre **Spiegeln** möglich.

- Setzen Sie ein **Langloch**, Breite **6** mm, Länge **8** mm, Tiefe **10** mm auf die Ansatzfläche.

- Ein zweites **Langloch** wird über eine Spiegelfunktion erstellt.

10.8.2 Die Winkelhalterung, Basisgeometrie

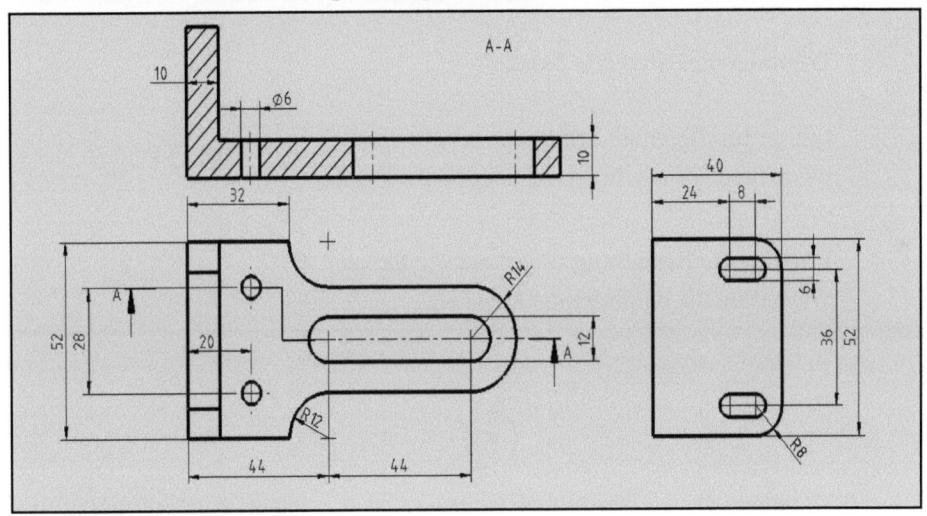

10.8.3 Der Grundkörper

10.8.3.1 Öffnen der eigenen Vorlagendatei

- **Neu** (Menüleiste) / /  **Engelke-2025.PRTDOT** anklicken / **OK**

Neu

Engelke2025.
PRTDOT

10.8.4 Der Grundkörper mit Langloch

10.8.4.1 Die Basiskonstruktion

- Wählen Sie die Registerkarte **Skizze** an, klicken Sie die gezeigte Fläche an.
- Wählen Sie die Registerkarte **Skizze**, Ebene **Vorn** an.

 Linie

 Linie

 Offset

 Verrundung

 Trimmen

 Intelligente Bemaßung

Linie (Registerkarte **Skizze**)

Zeichnen Sie die Mittellinie vom Ursprungspunkt, Option **Konstruktionslinie** (1).

Linie (Registerkarte **Skizze**)

Zeichnen Sie die Grundlinie ein (2).

Offset (Registerkarte **Skizze**)

Erzeugen Sie parallele Linien, Option **beidseitig** (3, 4).

Verrundung (Registerkarte **Skizze**)

Runden Sie die Ecken mit R=**12** mm und **14** mm ab (5).

Trimmen (Registerkarte **Skizze**)

Option **Intelligentes Trimmen**

Bearbeiten Sie alle überstehenden Linienstücke.

Intelligente Bemaßung (Registerkarte **Skizze**)

Tragen Sie die dargestellten Maße ein.

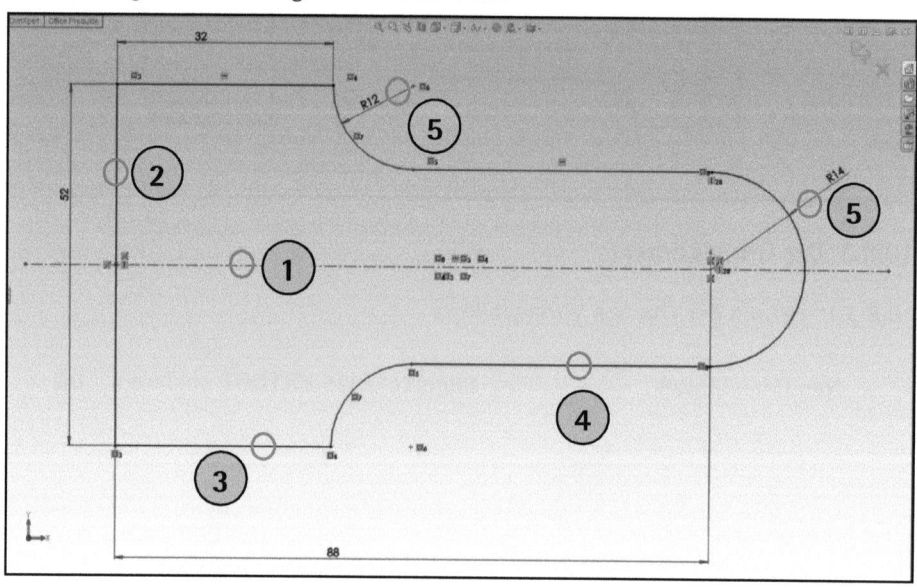

10.8.4.2 Die Langlochkonstruktion über eine Skizze

Die Langloch-Option **Gerades Langloch** skizziert ein gerades Langloch mit zwei Endpunkten.

Bei Auswahl eines bestehenden Langlochs können Sie dem ausgewählten Element Beziehungen hinzufügen. Die Liste enthält nur Beziehungen, die beim ausgewählten Element möglich sind.

Sie können Mittelkreuze in Schlitze/Langlöcher und Schlitze / Langlöcher in Bohrungstabellen einfügen, sowie Bohrungsbeschreibungen für gerade Schlitze / Langlöcher anzeigen.

Langloch (Registerkarte **Skizzieren**)

Gerades Langloch

Wählen Sie den linken Start-Mittelpunkt (6).

Ziehen Sie die Langlochlänge auf **44** mm (7).

Ziehen Sie die Breite auf ca. **12** mm (8).

Intelligente Bemaßung (Registerkarte **Skizze**)

Tragen Sie die dargestellten Maße ein.

Dialogfeld schließen

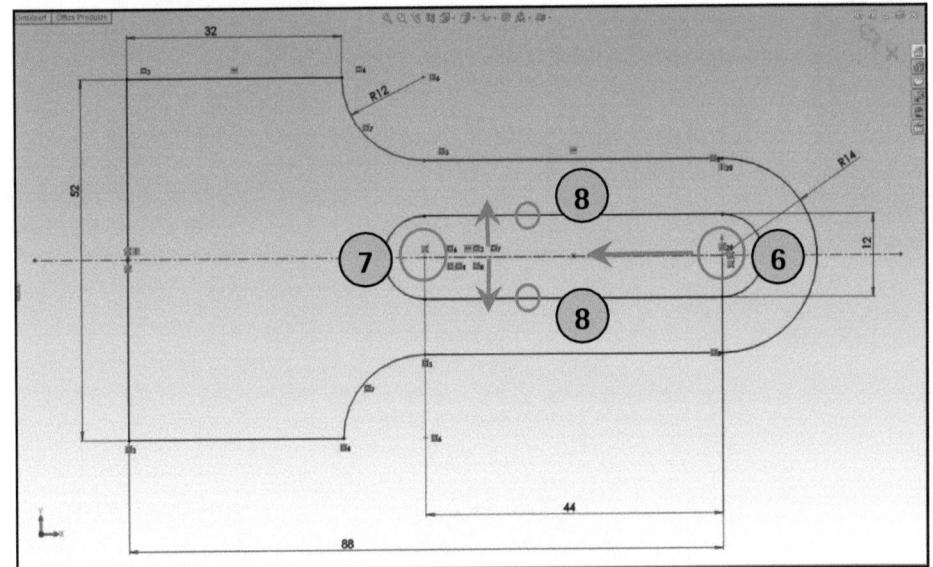

 Langloch

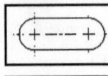

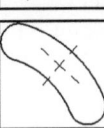

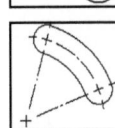

 Langloch

 Gerades Langloch

 Intelligente Bemaßung

10.8.4.3 Die Volumenbildung des Grundkörpers

Linear ausge-
tragener Auf-
satz

Linear ausgetragener Aufsatz (Registerkarte **Features**)

Wählen Sie die erstellte Basisskizze (9).
Ziehen Sie mit der Skalierung auf **10** mm (10).

Dialogfeld schließen (11)

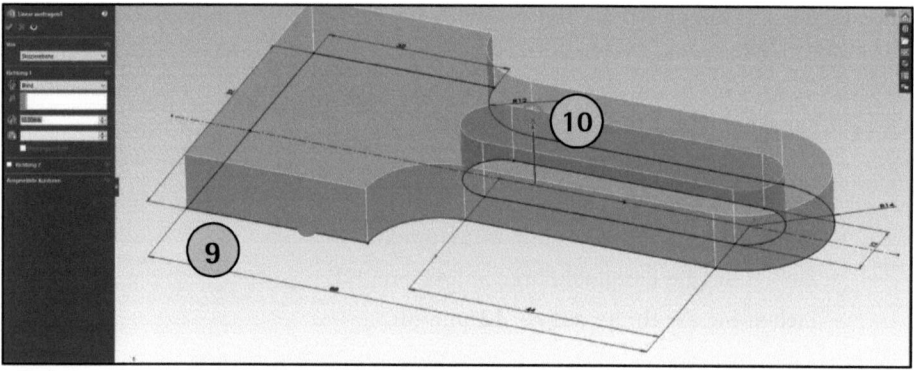

Auf diesen PC
speichern

Auf diesen PC speichern / Geben Sie einen Namen Ihrer Wahl ein.

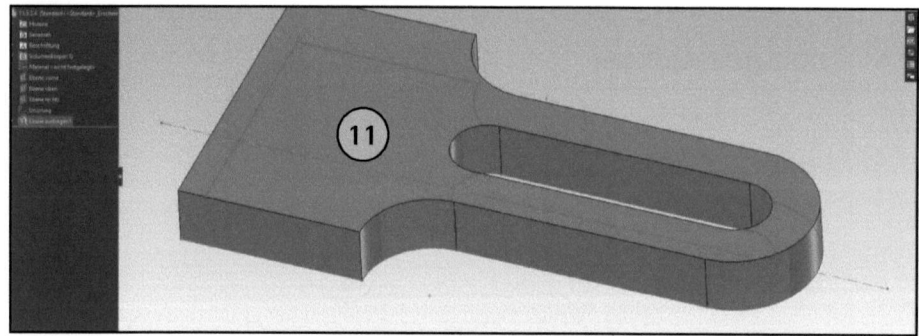

10.8.5 Der Ansatzwinkel

10.8.5.1 Die Basis-Skizzenkonstruktion

- Wählen Sie die Registerkarte **Skizze**.

 Normal auf (Head-Up Ansichtssymbolleiste)
Klicken Sie auf die Oberfläche des Grundkörpers.

 Normal auf

 Linie (Registerkarte **Skizze**)
Erzeugen Sie die gezeigte Linienkonstruktion (12).

 Linie

 Intelligente Bemaßung (Registerkarte **Skizze**)
Tragen Sie das dargestellte Maß ein (13).

 Intelligente Bemaßung

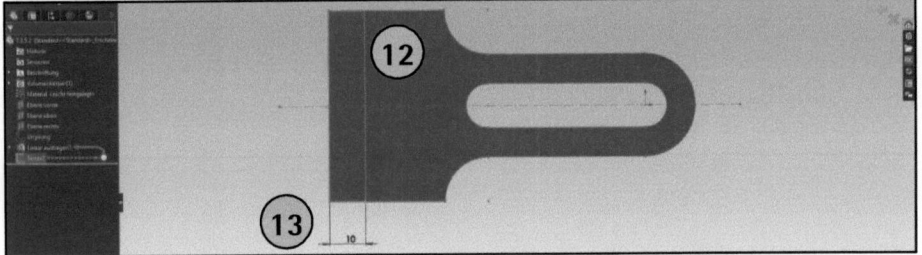

 Dialogfeld schließen

10.8.5.2 Die Volumenbildung des Ansatzwinkels

 Linear ausgetragener Aufsatz (Registerkarte **Features**)
Wählen Sie die erstellte Basisskizze (14).
Ziehen Sie mit der Skalierung auf **30** mm (15).

 Linear ausgetragener Aufsatz

 Dialogfeld schließen

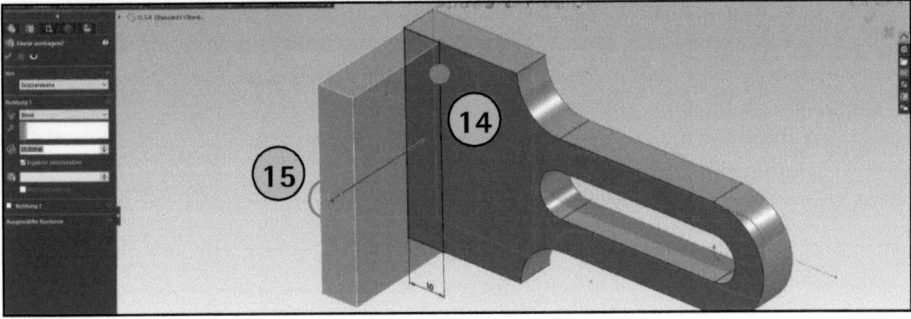

 Auf diesen PC speichern / Geben Sie einen Namen Ihrer Wahl ein.

 Auf diesen PC speichern

10.8.6 Die Halterungsbohrungen im Grundkörper

10.8.6.1 Die Basis-Skizzenkonstruktion

- Wählen Sie die Registerkarte **Skizze**.

Normal auf

Normal auf (**Head-Up** Ansichtssymbolleiste)
Klicken Sie auf die Oberfläche des Grundkörpers.

Linie

Linie (Registerkarte **Skizze**)
Erzeugen Sie die gezeigte Mittellinienkonstruktion (16).
Option **Konstruktionslinie**.

Offset
Elemente

Offset (Registerkarte **Skizze**)
Erzeugen Sie parallele Linien, Option **beidseitig** (17, 18).

Intelligente
Bemaßung

Intelligente Bemaßung (Registerkarte **Skizze**)
Tragen Sie die dargestellten Maße ein (19).

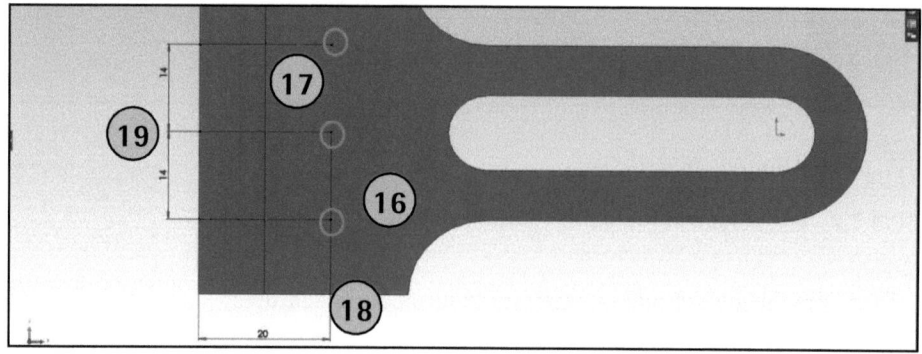

10.8.6.2 Die Montagebohrungen im Grundkörper

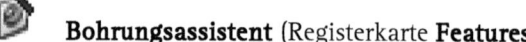

Bohrungs-
assistent

Bohrungsassistent (Registerkarte **Features**)
Typoptionen: **DIN, Durch alles, Durchgangsbohrung**, Ø **6** mm (20).
Wählen Sie die Registerkarte **Positionen / 3D-Skizze**.
Klicken Sie die sichtbare Fläche an.
Wählen Sie die zwei Mittelpunkte für die Bohrung (21).

- **Dialogfeld schließen** (22)

Dialogfeld
schließen

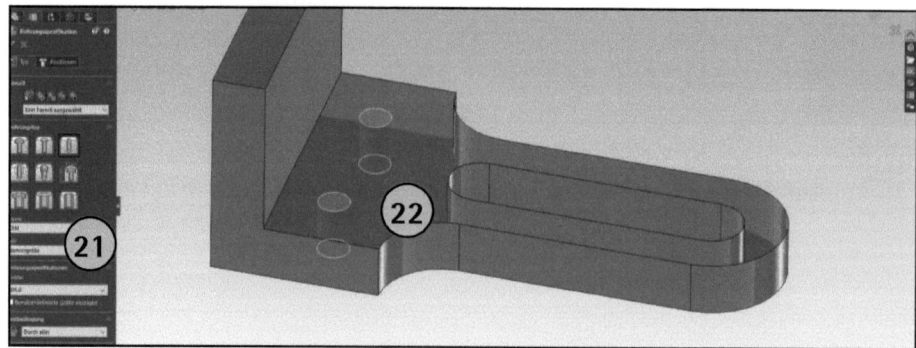

Auf diesen PC speichern / Geben Sie einen Namen Ihrer Wahl ein.

Auf diesen PC
speichern

10.8.7 Die Langlochbohrungen im Ansatzkörper

10.8.7.1 Die Langloch-Basisskizze

* Wählen Sie die Registerkarte **Skizze**.

 Normal auf (**Head-Up** Ansichtssymbolleiste)
Klicken Sie auf die hintere Fläche des Ansatzkörpers.

 Linie (Registerkarte **Skizze**)
Erzeugen Sie die gezeigte Mittellinienkonstruktion (24).
Option **Konstruktionslinie**

 Offset (Registerkarte **Skizze**)
Erzeugen Sie eine parallele Linie (25).

 Gerades Langloch (Registerkarte **Skizze**)
Wählen Sie den linken Start-Mittelpunkt (26).
Langlochlänge auf **8** mm (27), **Langlochbreite** auf ca. **6** mm (28).

 Intelligente Bemaßung (Registerkarte **Skizze**)
Tragen Sie die dargestellten Maße ein.

Normal auf

Linie

Offset

Gerades
Langloch

Intelligente
Bemaßung

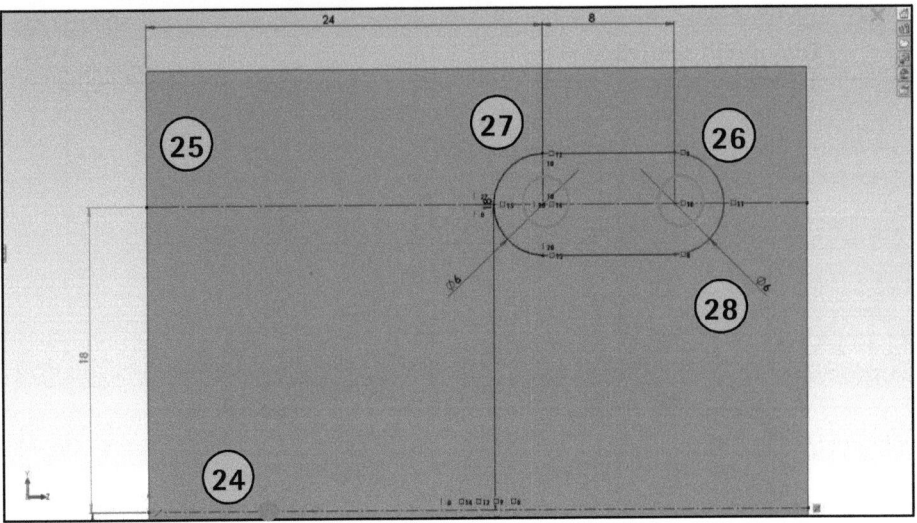

10.8.7.2 Die Langloch-Basisskizze, Weiterführung

Elemente spiegeln

Elemente spiegeln (Registerkarte **Skizzieren**)

Wählen Sie die einzelnen Elemente des Langlochs (29).

Klicken Sie im **PropertyManager** auf **Spiegeln um**.

Wählen Sie die Achse aus (30).

Dialogfeld schließen (31)

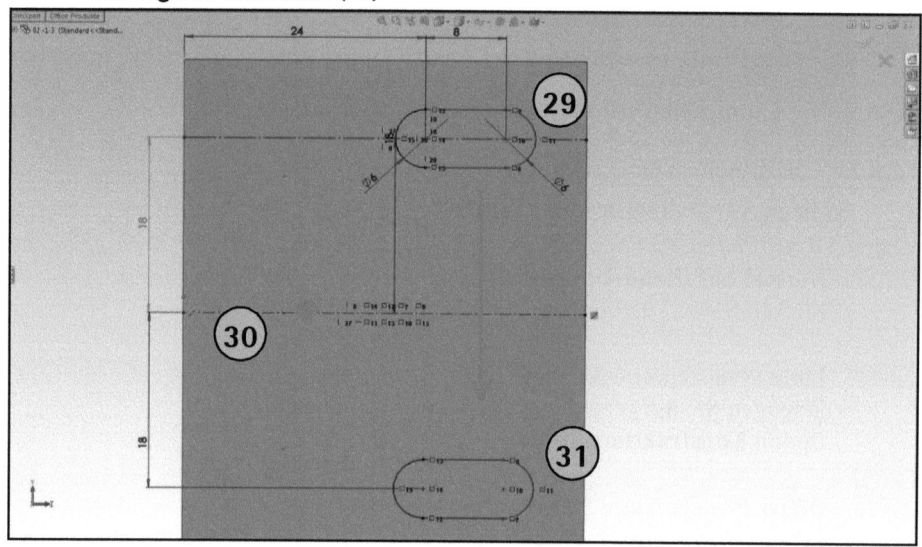

10.8.7.3 Die Differenz-Volumenbildung der Langlöcher im Ansatzwinkel

Linear ausgetragener Schnitt

Linear ausgetragener Schnitt (Registerkarte **Features**)

Wählen Sie die Langlochskizzen aus dem **temporären FeatureManager** (32).

Wählen Sie die Option **Durch Alles** (33).

Dialogfeld schließen (34)

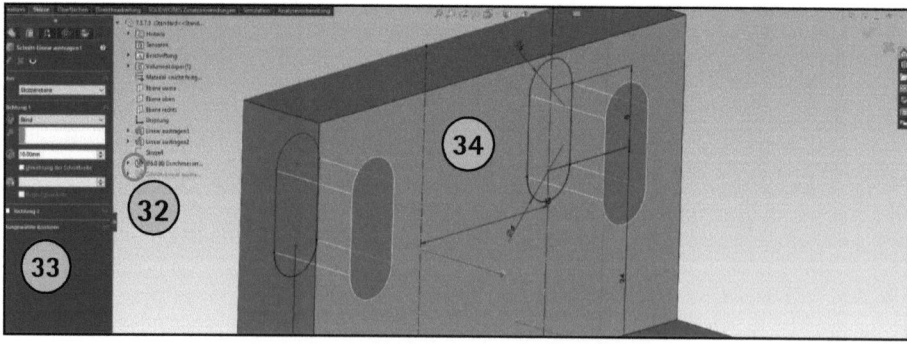

10.8.8 Kantenabrundung am Ansatzkörper

Verrundung (Registerkarte **Features**)

Verrundung

Setzen Sie den Radius **8** mm (35).
Wählen Sie die gezeigten Außenkanten (36, 37).
Setzen Sie die Option **Vollständige Vorschau**.

Dialogfeld schließen (38)

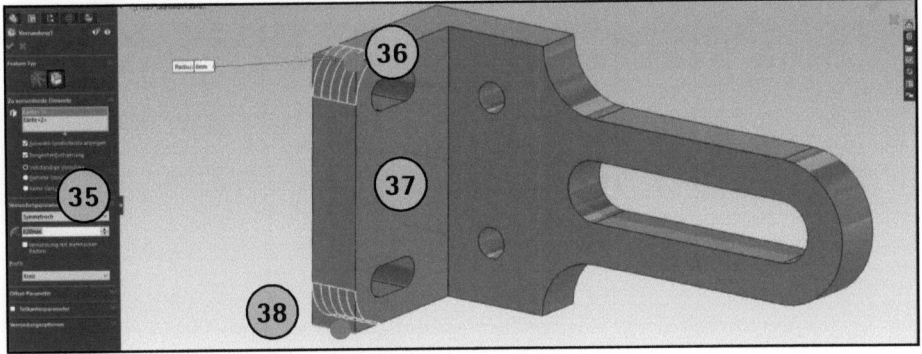

10.8.9 Bauteilmaterial zuweisen

Material bearbeiten (FeatureManager)

Klicken Sie in einem Teildokument im mit der rechten Maustaste auf
Material um das Kontextmenüs für **Material bearbeiten** anzuzeigen.

Wählen Sie **SOLIDWORKS-Materials / Stahl**
Rostfreier Stahl ferritisch (39) aus.

Klicken Sie auf **Anwenden** und anschließend auf **Schließen**.

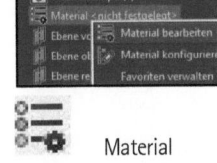
Material
bearbeiten

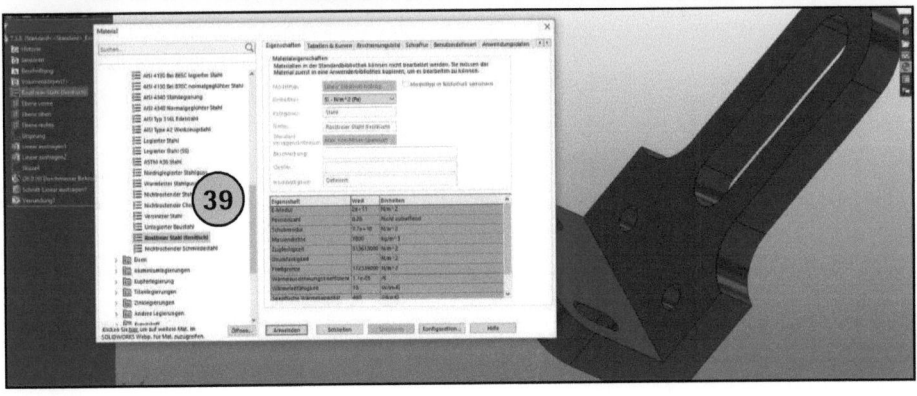

10.8.9.1 Dateisicherung

Auf diesen PC speichern / Geben Sie einen Namen Ihrer Wahl ein.

Auf diesen PC
speichern

11

Dassault Systèmes
3DEXPERIENCE©
SOLIDWORKS for Makers
SOLIDWORKS Connected
2025

Bauteile
Erstellen und Anpassen

Die DVD zum Buch
Bestellmöglichkeit

11 Die DVD zum Buch, Bestellmöglichkeit

11.1 Vorbemerkungen

Dies Buch erscheint über BOD, da es für Fachbuchverlage nicht gewinnbringend ist, CAD Bücher in hoher Druckqualität für einen kleineren Anwenderbereich zu verlegen. Um dieses Buch auch kostenüberschaubar einem kleineren Anwenderkreis zur Verfügung zu stellen habe ich auf ein Druckformat in Farbe verzichtet.

11.2 Die Buch-DVD, Preis und Bestellmöglichkeit

Für interessierte Käufer dieses Buches biete ich die Möglichkeit an, eine DVD mit allen erstellten Bauteildaten für die Version SOLIDWORKS Connected 2025 und der **farbigen** PDF-Ausgabe dieses Buches zu bestellen.

Die Bestellung der Buch-DVD kann per Email, **engelke.cad@web.de**, erfolgen, eine Kaufbestätigung des Buches ist der Email als Anlage der Bestellung mitzugeben, die Lieferung dieser DVD-Version erfolgt kostenfrei.

11.3 Die Buch-DVD, Inhalte im Überblick

11.3.1 Die Buch-DVD, SOLIDWORKS Connected 2025, Dateien zu den Lerneinheiten

Die Buch-DVD beinhaltet die, in den Kapiteln **3** bis **8** und Kapitel **12** bis **16** beschriebenen Arbeitsdateien, in den Kapitel-Verzeichnissen auf dieser Buch-DVD.

11.3.2 Die Buch-DVD, SOLIDWORKS Connected 2025, PDF-Dateien

Die komplette Papierausgabe des Buches, sowie alle Support-Kapitel, sind auf der Buch-DVD in einer Farbausgabe, im PDF-Format, beigegeben, um die Nachteile der Graustufen-Ausgabe des Buches zu mildern.

11.3.3 Die Buch-DVD, Auflistung der Inhalte, Kurzüberblick

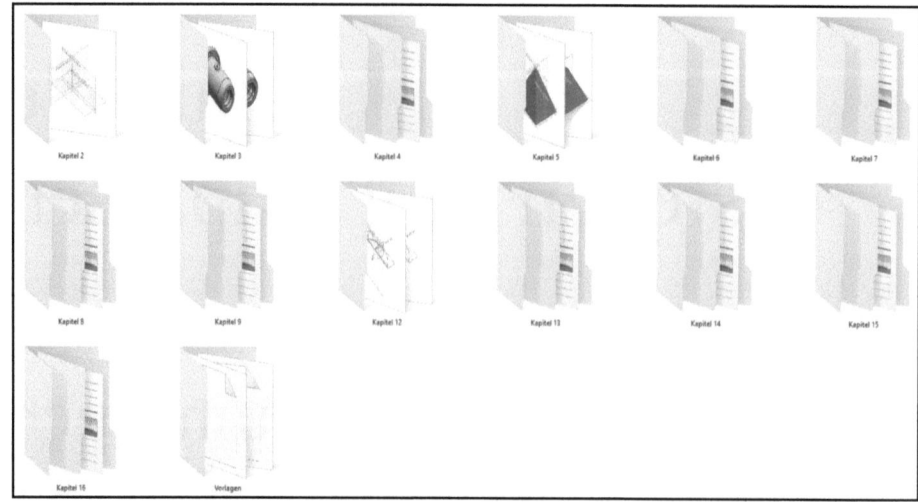

Dassault Systèmes
3DEXPERIENCE©
SOLIDWORKS for Makers
SOLIDWORKS Connected
2025

Bauteile
Erstellen und Anpassen

Buchbereich
Index

Index